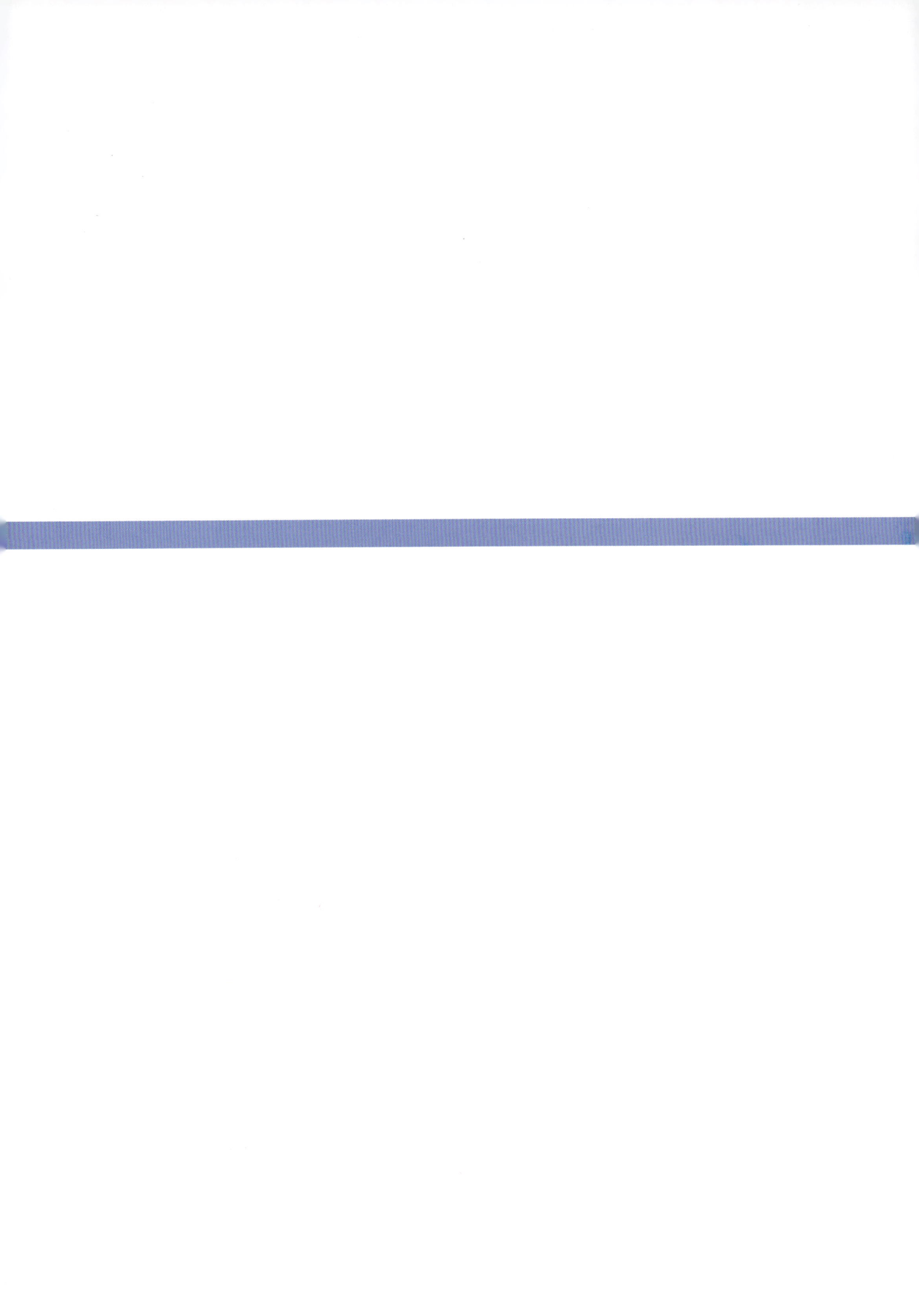

BEIJING URBAN MANAGEMENT
YEARBOOK

北京城市管理年鉴

2024 总第7卷

北京市城市管理委员会
首都城市环境建设管理委员会办公室 编

光明日报出版社

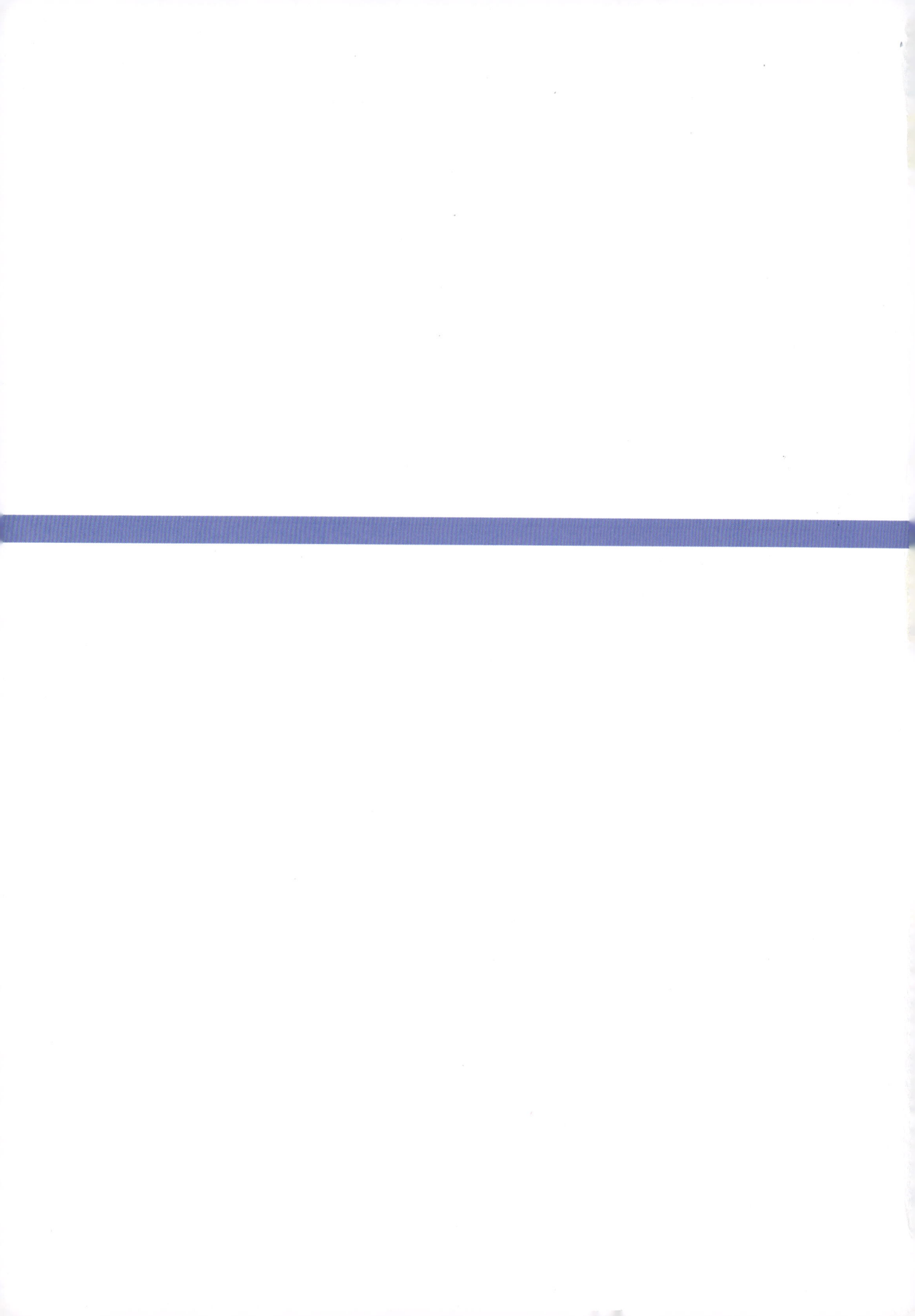

重大活动服务保障

10月9日,东单西南角摆放的第三届"一带一路"国际合作高峰论坛"和平发展"花坛(宣教中心 提供)

10月9日,大兴机场摆放的第三届"一带一路"国际合作高峰论坛"友谊之路"花坛(宣教中心 提供)

重大活动服务保障

10月9日,新兴桥东过街天桥悬挂第三届"一带一路"国际合作高峰论坛主题横幅(宣教中心 提供)

10月10日,北二环鼓楼桥路段,第三届"一带一路"国际合作高峰论坛主题道旗迎风招展(宣教中心 提供)

重大活动服务保障

9月5日，服贸会期间国家会议中心周边夜景照明（尹华响 摄）

9月5日，服贸会期间首钢园周边夜景照明（林逸东 摄）

重大活动服务保障

10月1日，浓郁中式风情的"中国结"扮靓北京长安街木樨地桥（宣教中心 提供）

1月16日，春节期间中关村景观布置（宣教中心 提供）

应对"23·7"极端强降雨

8月1日，北京环卫集团抢险突击队员利用多功能作业车清除门头沟区冯石环线上的淤泥杂物（北京环卫集团 提供）

8月1日，怀柔区城管执法人员积极投身抗洪救灾工作，守护堤坝安全（解冬霜 摄）

8月1日，环卫工人蒋桥不惧脏累，进入下水管道清淤（环雅丽都 提供）

应对"23·7"极端强降雨

8月1日，环卫工人日夜奋战，清除门头沟区道路淤泥（环雅丽都 提供）

8月6日，电力抢修队伍对门头沟雁翅镇10千伏雁翅路开展抢修复电工作（王洋 摄）

市容环境

6月15日，中轴线周边环境整治提升效果（尹华响 摄）

6月15日，永定门周边夜景照明提升效果（宣教中心 提供）

市容环境

6月23日,"北京最美街巷"东城区钟楼湾胡同(东城区城市管理委 提供)

7月9日,"北京最美街巷"西城区烂缦胡同(马州佳 摄)

市容环境

7月17日，"北京最美街巷"昌平区昌盛小街（张松 摄）

4月2日，丰台区丰台东路与纪家庙交叉口（西南角）架空线入地工程施工前（雷先云 摄）

6月2日，丰台区丰台东路与纪家庙交叉口（西南角）架空线入地工程施工后（雷先云 摄）

环境卫生

5月1日，北京环卫集团开展天安门广场专项洗地作业（郑红强 摄）

6月5日，"垃圾分类，我们一起来"走进北京绿色动力环保有限公司（宣教中心 提供）

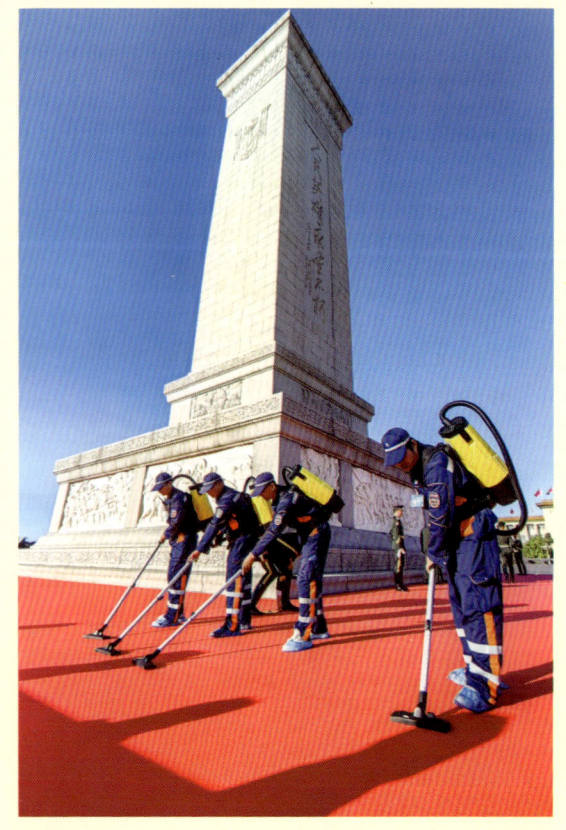

9月30日，北京环卫集团工人使用新配备肩背式吸尘器，清理红毯上的杂物（李颖 摄）

环境卫生

7月16日，通州区北神树垃圾填埋场生态修复后四季常绿

12月6日，大兴安定循环经济产业园建成投运

环境卫生

12月13日,昌平京环公司作业车辆加装融雪剂(孙瑞芳 摄)

12月14日,北京环卫集团职工在天安门广场进行"米"字型除雪,同时注意保留雪景(丁丹 摄)

城市运行

6月1日，热力维修工人在通州区玉桥南里小区开展供热设施"冬病夏治"改造工作（李佳兴 摄）

11月11日，市城市管理委、东城区城市管理委到北新桥热力集团锅炉房联合开展安全检查（李强 摄）

11月15日，市城市管理委走进西城区社区开展燃气安全宣传（张小杰 摄）

城市运行

12月20日，城市副中心文化旅游区综合管廊巡检（李延超 摄）

7月23日，大兴区时顺苑油氢合建站（曹璐 摄）

12月22日，鲁谷供热厂10台29兆瓦锅炉房项目完工并具备调试条件（洪迪群 摄）

城管执法

10月9日，城管执法人员到餐饮单位开展燃气安全检查（尹华响 摄）

7月26日，石景山区城管执法人员开展渣土运输执法检查（邹赟杰 摄）

党的建设

6月1日，市城市管理委党组书记、主任陈清同志讲主题教育专题党课（尹华响 摄）

10月19日，"机关党建高质量发展"现场会（第八场）在市城市管理委举办（尹华响 摄）

《北京城市管理年鉴》

编辑委员会

主　任：陈　清

副主任：张　岩　韩　利　李如刚　杨中元　徐　利　闫剑峰　南　斌
　　　　周　广

委　员：王　竹　李　娟　彭　霞　薛继亭　冯向鹏　王　波　孟庆海
　　　　杜　娟　瞿利建　陈　龙　姚　亮　吴旻硕　张跃升　李彦富
　　　　许晓晨　郭连启　李　毅　胡　荻　徐　芳　郭　夯　周　李
　　　　舒瑞清　赵宇光　武　斌　刘　杰　陈　瑞　王　冬　姚军辉
　　　　潘　琦　宋勤琦　朱　虎　王　新　季大捷　王连峰　刘生富
　　　　冯　昆　段　非　刘　琨　刘　浩　孙作亮　王立润　薛忠全
　　　　谢广庆　蔡华帅　王品军　王　冰　刘炳起　张洪雨　纪亚辉
　　　　齐　兵　李文凯　王春年　刘学军　马卫国　吴洪权　黄建军
　　　　赵金祥　彭明卫　王东利　李新生　李之彧　李持佳　常增军
　　　　刘　凯　王德起　王政涛　白　鹭　张　雁

编辑部

主　任：李如刚

副主任：李　娟

编　辑：曹志佳　刘泽群　王桂琴　任惠茹　彭　之

编辑说明

一、《北京城市管理年鉴（2024）》（以下简称《年鉴》）由北京市城市管理委员会《年鉴》编辑委员会编纂，是本市城市管理领域具有权威性、综合性的年鉴。

二、《年鉴》全面、系统地记述了2023年北京城市管理领域的基本情况和取得的成就。封面年号"2024"表示本期《年鉴》于2024年出版，主要包括2023年1月1日至12月31日期间的工作成果、相关数据，并在重要文献中涉及2024年全市城市管理工作安排。

三、《年鉴》的内容由城市管理部门各单位提供，内容广泛，资料翔实，数据准确，逐年出版，具有宝贵的文献保存价值。

四、《年鉴》不仅能为政府机关领导决策提供参考依据，也可为国内外城市管理领域和其他各界人士提供相关的法规、政策和数据资料。

五、《年鉴》编辑，承蒙供稿单位的大力支持，得到有关人士的欢迎和鼓励，在此谨致谢意，希望继续得到各界人士的关心和支持。

《北京城市管理年鉴》编辑委员会

2024年10月

目 录

第一部分 特辑

习近平总书记关于城市治理的重要论述摘编
（2023）……………………………………… 3
尹力在深化"疏解整治促提升"促进生态文明与
城乡环境建设推动首都高质量发展动员大会上
强调
　　扎实推进疏解整治促提升和城乡生态环境建设
　　持续优化首都功能 ………………………… 6
尹力在首都精神文明建设工作暨背街小巷环境精
细化治理动员部署大会上强调
　　下足绣花功夫打造精品宜居街巷　推动首都精
　　神文明建设和背街小巷环境精细化治理工作再
　　上新台阶 …………………………………… 8
尹力在市委城市工作委员会全体会议上强调
　　打造宜居宜业的良好环境　让人民群众有更多
　　获得感 ……………………………………… 10

尹力检查今冬采暖季供暖保障工作时强调
　　时刻把百姓冷暖放心上　确保市民群众温暖
　　过冬 ………………………………………… 12
殷勇在市政协座谈会上强调
　　坚持不懈以绣花功夫治理城市　不断提升首都
　　城市治理现代化水平 ……………………… 13
殷勇围绕提升城市治理现代化水平到市城市管理
部门调研时强调
　　提升精治共治法治慧治水平　推动城市管理工
　　作再上新台阶 ……………………………… 14
殷勇在市政府常务会议上强调
　　全力以赴打好安全生产攻坚战　坚决防范遏制
　　重特大事故发生 …………………………… 16
2023年北京市城市管理工作报告………………… 17

第二部分 法规、规章、规划、规范性文件

北京市城市管理委员会关于北京市电力中长期交
易偏差电量免责有关工作的通知 ……………… 29

北京市城市管理委员会关于北京市户外广告设施、
牌匾标识安全风险评估管理工作意见 ………… 35

· 1 ·

北京市城市管理委员会关于印发《北京市生活垃圾处理设施运行管理检查考评办法》的通知 …… 47

北京市城市管理委员会等部门关于印发《北京市建筑垃圾运输企业监督管理办法》的通知 …… 113

北京市城市管理委员会国家能源局华北监管局关于印发《关于加强北京市重要电力用户供电电源及自备应急电源配置管理工作的实施意见》的通知 …… 123

北京市城市管理委员会关于印发2023年北京市电动汽车充换电设施建设运营奖励实施细则的通知 …… 127

北京市城市管理委员会关于印发北京市2024年电力市场化交易方案、绿色电力交易方案的通知 …… 147

北京市城市管理综合行政执法局关于印发2023年北京市城市管理综合执法工作方案的通知 …… 157

第三部分　大事记

1月 …… 189
2月 …… 190
3月 …… 191
4月 …… 192
5月 …… 193
6月 …… 194
7月 …… 195
8月 …… 196
9月 …… 197
10月 …… 197
11月 …… 198
12月 …… 199

第四部分　应对"23·7"极端强降雨

概况 …… 203
主要领导及班子成员靠前指挥 …… 203
周密部署防范应对措施 …… 203
启动最高级别应急响应机制 …… 204
全力抢修基础设施 …… 204
涉汛安全隐患问题处置 …… 204
打好道路清淤攻坚战 …… 204
供水恢复和积滞水抽排 …… 204
保障群众用厕需求 …… 205
开展"清洁环境、共建家园"行动 …… 205
督促"门前三包"保障环境清洁 …… 205

搭建宣传矩阵营造良好氛围 …… 205
编制市政灾后恢复重建规划 …… 206
城市照明恢复重建 …… 206
抢修陕京一线受损管道 …… 206
灾区公厕集中消杀及恢复重建 …… 207
灾后供热设施恢复重建 …… 207
建立垃圾处置应急物流调度体系 …… 207
灾区垃圾运输处置物流调度 …… 207
通州跨区支援抗洪救灾 …… 207
燃气安全隐患排查整治 …… 208
城管执法队员魏承浩壮烈牺牲 …… 208

昌平推进灾后恢复重建	208	攻坚灾后抢修和抗台复电	210
大兴区积水点位实行联动责任制	208	提升地下变电站站线设防标准	211
灾后市级燃气项目实施重建	208	优化配置电力抢修资源	211
房山区迅速恢复城市运行	209	快速恢复民生用电	211
房山区统筹规划市政设施灾后重建	209	市环卫集团组织突击队支援灾区	211
门头沟区保障受灾群众温暖过冬	209	市环卫集团驰援门头沟区清淤	212
液化石油气抢险救灾保障	210	220名京环人在大安山乡奋战清淤	212
受损电力设施恢复重建	210	市燃气集团组织青年志愿者支援救灾	212
抢修水毁市政设施	210	恢复燃气供应	213

第五部分　环境建设管理

概况	217	优化首都城市环境考核评价	219
重点区域和重要通道沿线环境整治	217	开展"门前三包"专项行动	219
实施环境建设市级重点项目	217	共享单车"百日行动"专项治理	220
铁路沿线环境整治	217	首都城市环境公众满意度调查	220
统筹推进"疏整促专项行动"	218	城市管理领域"接诉即办"持续提升	220
实施天通东苑街区环境提升项目	218	参加市第九季"听民意 解民忧"活动	221
举办京港城市专业环境服务专题论坛	218	"每月一题"破解高频难点问题	221
举办京台社区生活垃圾治理交流会	218	夯实"接诉即办"工作基础	221
加强首都环境建设管理工作统筹	218	市区合力推进诉求办理	221
完成服贸会环境保障任务	218	行业主管部门主动治理	222
完成"一带一路"高峰论坛环境保障	218	巩固"每月一题"工作成果	222
农村地区人居环境整治	219		

第六部分　环境卫生管理

概况	225	调整公厕运行定额成本绩效	226
环卫低速电动三、四轮车治理	225	推进公厕人性化便民服务	226
开展扬尘治理专项行动	225	核心区平房院167座不达标厕所改造	226
提升城市道路机械化作业能力	226	提升背街小巷公厕作业标准	227
环卫装备管理	226	加强园林等公厕日常检查考评	227
修订《北京市公厕管理办法》	226	开展公园公厕管理专项行动	227

强化农村公厕监督检查 …………………… 227	修订完善《生活垃圾分类考评方案》 ……… 232
深化环卫安全生产大排查大整治 ………… 227	组织开展基层赋能活动 …………………… 232
建筑垃圾分类处置 ………………………… 228	生活垃圾全流程精细化管理 ……………… 232
实施建筑运输企业诚信监管 ……………… 228	农村生活垃圾治理 ………………………… 232
实施建筑垃圾消纳场所设置运行规范 …… 228	生活垃圾计量收费 ………………………… 233
开展装修垃圾收运处一体化示范运行 …… 228	强化示范引领和模式创新 ………………… 233
打击垃圾违法中转倾倒行为 ……………… 228	做好全国生活垃圾分类宣传周活动 ……… 233
重大活动重要节日环卫保障 ……………… 229	协调落实以奖代补资金保障 ……………… 233
加强道路清扫保洁应急作业 ……………… 229	扎实开展垃圾分类日常检查 ……………… 234
行业环境卫生管理 ………………………… 229	开展环卫"十四五"规划中期评估 ……… 234
开展爱国卫生大扫除 ……………………… 229	完成环卫行业投资任务10亿元 ………… 234
抓好环卫事务"接诉即办" ……………… 229	完成垃圾分类设施建设民生实事 ………… 234
"十四五"北京环卫事业发展规划落地 … 230	垃圾处理设施市级重点项目建设 ………… 234
规范可回收物体系建设和管理 …………… 230	开展生活垃圾处理设施星级评价 ………… 235
开展低值可回收物建设推广工作 ………… 230	规范设施运行安全管理 …………………… 235
开展再生资源回收行业安全排查整治 …… 230	探索生活垃圾收运处一体化智慧管理 …… 235
抓好垃圾分类"接诉即办" ……………… 231	修复北神树垃圾填埋场生态 ……………… 235
生活垃圾回收利用率39%以上 …………… 231	生活垃圾处理运行平稳有序 ……………… 235
完善垃圾分类工作机制 …………………… 231	推进厨余垃圾堆肥产品试用 ……………… 235
制定进一步做好生活垃圾分类的工作方案 … 231	交流互鉴京港城市环境服务经验 ………… 236

第七部分　市容景观管理

概况 ………………………………………… 239	轨道交通出入口周边环境整治 …………… 241
城市家具规范治理 ………………………… 239	重大活动环境保障 ………………………… 241
护栏专项治理 ……………………………… 239	出台户外广告设施设置专项规划 ………… 241
"骑沿井"专项治理 ……………………… 239	北京消费季户外广告宣传 ………………… 242
推进多杆合一及"箱体三化" …………… 239	举办户外广告设施管理培训班 …………… 242
架空线入地 ………………………………… 240	全国"两会"期间户外广告安全运行抽检 … 242
精心布置春节景观 ………………………… 240	杭州亚运会户外广告宣传 ………………… 242
背街小巷环境精细化治理 ………………… 240	严格重大活动期间电子显示屏管理 ……… 242
长安街及其延长线市容景观管理 ………… 240	中秋国庆节景观环境布置 ………………… 243
整治提升重点通道环境 …………………… 241	"一带一路"高峰论坛景观布置 ………… 243

| 目　录 |

服贸会景观布置 …………………… 244
金融街论坛景观布置 ………………… 244
文化论坛城市运行及环境保障 ……… 244
户外广告设施安全隐患排查整治 …… 244
实施户外广告设施安全风险评估 …… 245
路灯智慧低碳节能改造 ……………… 245
建立健全路灯建设长效机制 ………… 245

开展路灯问题治理专项行动 ………… 245
"接诉即办"路灯照明问题治理 …… 246
无灯路段路灯排查补建 ……………… 246
景观照明建设管理 …………………… 246
城市照明安全管理 …………………… 246
重大庆祝活动景观照明保障 ………… 246

第八部分　能源日常运行管理

概况 …………………………………… 251
强化年度能源运行联调联供机制 …… 251
主要能源品种日常运行监测 ………… 251
完善能源运行预警调节措施 ………… 252
完成年度压减燃煤目标 ……………… 252
成品油消费量恢复性增长 …………… 252
制定"多表合一"地方标准 ………… 252
应对强降雪寒潮天气 ………………… 253
供电保障"每月一题"整改完成 …… 253
重大活动电力保障 …………………… 253
度夏（冬）电力保障圆满完成 ……… 253
电力市场规模稳中有进 ……………… 253
电力中长期合同签约比例全国第一 … 254
绿色电力交易量再创新高 …………… 254
完善电力市场机制 …………………… 254
加强售电公司动态管理 ……………… 254
新型储能电站安全管理体系逐步建立 … 255
强化电力行业安全管理 ……………… 255
组织大面积停电演练 ………………… 255
加强重要电力用户安全管理 ………… 255
燃气安全专项整治 …………………… 256
非居民用户液化石油气替代 ………… 256
保障首都燃气安全稳定供应 ………… 256

液化天然气应急储备项目建设 ……… 256
燃气行业安全宣传 …………………… 256
开展燃气行业安全培训与考核 ……… 257
全市集中供热面积 10.47 亿平方米 … 257
遇寒潮天气提前 8 天达标供热 ……… 257
统筹做好采暖季保暖保供工作 ……… 258
破解供热难题 ………………………… 258
落实"冬病夏治"和安全生产 ……… 258
做好供热行业"接诉即办" ………… 258
推进供热立法 ………………………… 259
"十四五"供热规划中期评估 ……… 259
智能供热和感知体系建设 …………… 259
供热固投和补贴审计 ………………… 259
制定新能源汽车充电"统建统服"方案 … 259
组织新能源汽车充电示范区项目申报 … 260
充换电设施安全检查 ………………… 260
加氢站布局建设 ……………………… 260
加氢站建设运营补贴发放 …………… 260
汽车加气站安全运行地标宣贯 ……… 261
汽车加气站安全检查 ………………… 261
车用天然气加气站安全风险评估 …… 261
办理加油站经营手续 ………………… 261
深化电动自行车全链条管控机制 …… 261

制定充电设施运营标准 ………………… 261　　充电设施规范化建设 …………………… 262
建立健全安全检查闭环管理机制 ……… 262

第九部分　市政公用设施运行管理

概况 …………………………………………… 265　　年度管道保护信息统计分析 …………… 269
综合管廊项目建设 ……………………… 265　　依法开展管道备案 ……………………… 269
深化管廊全要素安全大检查 …………… 265　　动态加强管道高后果区管理 …………… 269
完善管廊运行标准规范 ………………… 265　　长输管道数据普查 ……………………… 269
推进小型管廊建设试点 ………………… 266　　管道隐患动态清零 ……………………… 269
谋划确定随轨随路6个管廊项目 ……… 266　　开展管道保护专项执法 ………………… 269
管廊专项审计调查 ……………………… 266　　加强行业安全生产统筹指导 …………… 269
完成市政接入营商环境改革任务 ……… 266　　开展安全生产和火灾隐患大排查大整治 … 269
地下管线老化更新改造消隐 …………… 267　　建设安全生产风险管控体系 …………… 270
老旧小区管线改造 ……………………… 267　　安全生产宣传培训 ……………………… 270
防范施工破坏地下管线 ………………… 267　　城市管理安全检查考核 ………………… 270
井盖综合协调管理 ……………………… 268　　重大活动应急保障 ……………………… 270
落实"一带一路"高峰论坛地下管线运行保障…　　极端天气防范应对 ……………………… 270
　…………………………………………… 268　　地下管线防汛 …………………………… 271
优化地下管线管理基础信息统计 ……… 268　　突发事件处置和值班值守 ……………… 271
完善油气管道法规标准体系建设 ……… 268

第十部分　网格化城市管理与科技创新

概况 …………………………………………… 275　　打造智慧环卫应用场景 ………………… 277
网格化城市管理提质增效 ……………… 275　　打造智慧供热应用场景 ………………… 277
完成全市城市部件普查 ………………… 275　　打造智慧管网应用场景 ………………… 277
完善网格化城市管理地方标准 ………… 275　　持续提高地下管线安全感知覆盖面 …… 277
开展网格员评先评优 …………………… 276　　网络与信息系统运行平稳 ……………… 277
推动小巷管家工作 ……………………… 276　　实施电动自行车安全攻关系列项目 …… 278
深化"热线+网格"服务模式 …………… 276　　地下管线科研攻关项目进展顺利 ……… 278
打造"网格+"北京模式 ………………… 276　　卫星遥感影像科技支撑城市管理 ……… 278
城市运行监测平台升级改造 …………… 276　　2项市级重点课题立项并启动研究 …… 279

架空线分线装置成果应用	279	46项地方标准复审	282
组合式配电箱成果转化	279	12项地方标准实施评估	282
充电桩自动化检测流水线获奖	279	城市管理标准化培训	282
新型电力系统实验园区获得授牌	280	供热技术标准体系获创新成果奖	282
燃气用户计量体智能防护技术投用	280	国际电信联盟（ITU）标准获批发布	283
LNG接收站装船泵通过鉴定并投运	280	保障委信息系统运维与网络安全	283
氢能驱动空气源热泵供热示范应用	280	北京市网格化城市管理平台建成	283
石墨蓄热在锅炉房供热系统应用示范	281	城市生命线安全感知体系建设	283
两项国家重点研发项目通过验收	281	深化大数据平台科技赋能执法效果	284
多功能清洗环卫车研发成功	281	生活垃圾精细化管理服务系统正式运行	284
12项地方标准发布实施	281	推广应用小区生活垃圾排放登记系统	284
12项地方标准获批立项	282	环卫运输记录单电子化系统上线运行	285

第十一部分 城管执法

概况	289	供热专项执法	294
顶层谋划城管综合执法工作	289	电力专项执法	294
圆满完成重大活动执法保障任务	289	石油天然气管道专项执法	294
完成疏整促工作任务	289	城市绿化管理专项执法	295
深化京津冀执法协作	290	公园管理专项执法	295
开展大排查大整治	290	古树名木保护专项执法	295
燃气安全专项执法	290	强化交界地区联动治理	295
污染防治专项执法	291	城乡接合部重点村综合整治	295
施工噪声扰民专项执法	291	分类开展督察工作	296
生活垃圾分类专项执法	291	强化执法指挥调度	296
非法小广告整治	292	持续深化接诉即办	296
非法运营治理	292	完善大数据平台	296
废弃电动三、四轮车清理整治	292	落实智慧城市建设重点任务	297
重点地区环境秩序综合整治	292	执法队伍规范化建设	297
市容环境领域专项执法	293	执法监督考核	297
停车管理及私装地锁治理	293	执法风纪监督	297
无障碍环境建设专项执法	293	分类推进执法宣传	298
外语标识专项执法	294		

第十二部分　综合管理和服务保障

概况 …………………………………………… 301
"十四五"规划中期评估 …………………… 301
完成固定资产投资256.8亿元 …………… 301
污染防治等重大战略任务落实 …………… 301
完成国家和市委办局统计调查工作 ……… 301
城市管理重点领域立法 …………………… 302
开展普法学法 ……………………………… 302
文件合法性审查 …………………………… 302
行政复议应诉 ……………………………… 302
围绕城市管理策划宣传报道 ……………… 303
组织参加新闻发布会 ……………………… 303
垃圾分类宣传动员 ………………………… 303
垃圾分类三周年主题晚会宣传推广 ……… 304
背街小巷成效宣传 ………………………… 304
城市运行服务保障宣传 …………………… 304
基层典型选树 ……………………………… 305
弘扬管城理市志愿服务 …………………… 305
舆情引导应对 ……………………………… 305
加强深化改革工作组织领导 ……………… 305
年度重点改革任务29项全部完成 ………… 306
严格督察推进改革任务落实 ……………… 306
基层综合执法改革措施落地 ……………… 306
下放行政执法职权评估 …………………… 306
推行分类分级执法 ………………………… 307
落实财政资金 ……………………………… 307
预算初审 …………………………………… 307
预算编制 …………………………………… 307
预算管理 …………………………………… 307
年度决算 …………………………………… 308
配合外部审计 ……………………………… 308
加强内部审计 ……………………………… 308
开展绩效评价 ……………………………… 309
争取财政政策 ……………………………… 309
开展资产清查 ……………………………… 309
推行量化考核 ……………………………… 309
服务中央单位和驻京部队 ………………… 310
做好重点企业"服务包"工作 …………… 310
统筹市政府绩效考核和重点任务落实 …… 310
建议提案办理 ……………………………… 310
严抓保密工作 ……………………………… 310
信访办理 …………………………………… 311
干部选拔任用 ……………………………… 311
干部教育培训 ……………………………… 311
年轻干部培养 ……………………………… 312
干部考核激励 ……………………………… 312
干部队伍源头建设 ………………………… 312
事业单位管理 ……………………………… 312
机构编制管理 ……………………………… 312
重点课题调研 ……………………………… 313
编纂《北京市城市管理年鉴（2023）》 …… 313

第十三部分　党建和群团组织建设

概况 …………………………………………… 317
深入开展主题教育 ………………………… 317

建强抓实基层党组织	317	用心用情服务干部职工	320
严格落实意识形态工作责任制	317	加强工会自身建设	320
深化模范机关创建	318	积极参与全市各类评选树	320
强化党性锻炼和责任担当	318	做好消费帮扶工作	320
监督推进主题教育问题清单整改整治	318	举办"中国梦·劳动美"文艺展演活动	321
纪检干部队伍教育整顿	318	加强离退休干部政治建设	321
党风廉政建设	319	离退休干部党支部示范创建	321
严肃监督执纪	319	提升管理服务水平	321
组织开展岗位建功三年行动	319	发挥老党员优势作用	322
维护干部职工合法权益	319	丰富老干部文体活动	322

第十四部分　直属单位

北京市公用工程质量监督站	325	北京市城市管理研究院	337
北京市垃圾分类治理促进中心	328	北京市环境卫生涉外服务中心	339
北京市环境卫生管理事务中心	330	北京市城市管理委员会宣传教育中心	341
北京市城市管理委员会综合事务中心	332	北京市城市管理高级技术学校	343
北京市城市运行管理事务中心	335		

第十五部分　各区城市管理

东城区	349	通州区	400
西城区	360	顺义区	406
朝阳区	363	大兴区	412
海淀区	368	昌平区	418
丰台区	375	平谷区	427
石景山区	383	怀柔区	431
门头沟区	390	密云区	444
房山区	396	延庆区	452

第十六部分　行业企业、社团

国网北京市电力公司 …………… 459
北京市燃气集团有限责任公司 ………… 462
北京市热力集团有限责任公司 ………… 464
北京环境卫生工程集团有限公司 ………… 466

北京城市管理学会 …………………… 469
北京照明学会 ………………………… 470
北京市城市照明协会 ………………… 473
北京市地下管线协会 ………………… 474

第十七部分　附录

附录一　北京市城市管理委员会（首都城市环境建设管理委员会办公室）领导班子成员 … 479
附录二　北京市城市管理委员会（首都城市环境建设管理委员会办公室）组织序列 ……… 481
附录三　北京市城市管理委员会机关处室名录 … 484
附录四　北京市城市管理委员会受市级以上表彰奖励先进一览表 ……………………… 487

第一部分
特 辑

习近平总书记关于城市治理的重要论述摘编（2023）

（1）能源安全关系我国经济社会发展全局，是最重要的安全之一。当前，我国正处于冬季用能高峰期。各地区各部门要认真落实党中央决策部署，坚持全国"一盘棋"，精心组织调度，全力做好煤电油气保供稳价工作，做好应对极端寒潮天气的准备，守住民生用能底线，确保群众温暖过冬。中央企业是能源保供的"顶梁柱"，要进一步提高政治站位，增强责任感和使命感，多措并举全力增产保供，确保经济社会发展用能需求。

（摘自《习近平春节前夕视频连线看望慰问基层干部群众》，《北京日报》2023年1月19日）

（2）基层治理和民生保障事关人民群众切身利益，是促进共同富裕、打造高品质生活的基础性工程，各级党委和政府必须牢牢记在心上、时时抓在手上，确保取得扎扎实实的成效。要健全基层党组织领导的基层群众自治机制，加强基层组织建设，完善网格化管理、精细化服务、信息化支撑的基层治理平台，健全城乡社区治理体系，为人民群众提供家门口的优质服务和精细管理。要坚持和发展新时代"枫桥经验"，完善正确处理新形势下人民内部矛盾机制，及时把矛盾纠纷化解在基层、化解在萌芽状态。要紧紧抓住人民群众急难愁盼问题，采取更多惠民生、暖民心举措，健全基本公共服务体系，着力做好重点群体就业帮扶、收入分配调节、健全社会保障体系、强化"一老一幼"服务等工作。

（摘自《习近平在参加江苏代表团审议时强调牢牢把握高质量发展这个首要任务》，《北京日报》2023年3月6日）

（3）要巩固和扩大新能源汽车发展优势，加快推进充电桩、储能等设施建设和配套电网改造。要重视通用人工智能发展，营造创新生态，重视防范风险。

(摘自《中共中央政治局召开会议分析研究当前经济形势和经济工作》,《北京日报》2023年4月29日)

(4) 上海市虹口区嘉兴路街道垃圾分类志愿者们:

你们好!看到来信,我想起五年前同大家交流垃圾分类工作的情景,你们热心公益、服务群众的劲头让我印象深刻。得知经过这几年的宣传推动,垃圾分类在你们那里取得新的成效,居民文明程度提高了,社区环境更美了,我很欣慰。

垃圾分类和资源化利用是个系统工程,需要各方协同发力、精准施策、久久为功,需要广大城乡居民积极参与、主动作为。希望你们继续发挥志愿者在基层治理中的独特作用,用心用情做好宣传引导工作,带动更多居民养成分类投放的好习惯,推动垃圾分类成为低碳生活新时尚,为推进生态文明建设、提高全社会文明程度积极贡献力量。

(摘自《习近平回信勉励上海市虹口区嘉兴路街道垃圾分类志愿者》,《北京日报》2023年5月23日)

(5) 要以"时时放心不下"的责任感抓好安全生产,把制度完善起来,把责任落实下去,尽最大努力防范各类重大安全事故的发生,维护好人民群众生命财产安全。

(摘自《习近平在内蒙古考察时强调把握战略定位坚持绿色发展 奋力书写中国式现代化内蒙古新篇章》,《北京日报》2023年6月9日)

(6) 宁夏银川市兴庆区富洋烧烤店发生燃气爆炸事故,造成多人伤亡,令人痛心,教训深刻。要全力做好伤员救治和伤亡人员家属安抚工作,尽快查明事故原因,依法严肃追究责任。当前正值端午假期,各地区和有关部门要牢固树立安全发展理念,坚持人民至上、生命至上,以"时时放心不下"的责任感,抓实抓细工作落实,盯紧苗头隐患,全面排查风险。近期有关部门要开展一次安全生产风险专项整治,加强重点行业、重点领域安全监管,有效防范重特大生产安全事故发生,切实保障人民群众生命财产安全。

(摘自《习近平对宁夏银川市兴庆区富洋烧烤店燃气爆炸事故作出重要指示》,《北京日报》2023年6月23日)

(7) 要健全应急管理体系,加强应急力量建设,形成长效机制,系统提升防灾减灾救灾能力。7、8月份长江流域进入主汛期,要全面落实防汛救灾主体责任,做好防汛抗洪救灾各项应对准备工作。要科学救灾,防止发生次生灾害,最大限度减少人员伤亡和财产损失,尽快恢复正常生产生活秩序。要落实落细安全生产责任制,全面排查安全生产隐患,坚决防范和遏制重特大安全生产事故发生，切实保障人民生命财产安全。

（摘自《习近平在四川考察时强调 推动新时代治蜀兴川再上新台阶 奋力谱写中国式现代化四川新篇章》，《北京日报》2023年7月30日）

（8）各级党委和政府、各有关方面要认真贯彻落实党中央决策部署，再接再厉抓好灾后恢复重建，确保广大人民群众安居乐业、温暖过冬。要始终坚持以人民为中心，坚持系统观念，坚持求真务实、科学规划、合理布局，抓紧补短板、强弱项，加快完善防洪工程体系、应急管理体系，不断提升防灾减灾救灾能力。

大涝大灾之后，务必大建大治，大幅度提高水利设施、防汛设施水平。要坚持以人民为中心，着眼长远、科学规划，把恢复重建与推动高质量发展、推进韧性城市建设、推进乡村振兴、推进生态文明建设等紧密结合起来，有针对性地采取措施，全面提升防灾减灾救灾能力。特别要完善城乡基层应急管理组织体系，提升基层防灾避险和自救互救能力。

确保受灾群众安全温暖过冬是一项硬任务。北方冬季长，山里冬天尤其冷，取暖工作务必落实落细，做到每家每户。对已经完成房屋修缮加固或重建、具备入住条件的受灾户，要指导帮助他们落实冬季取暖。对尚未完成房屋重建的受灾户，要通过投亲靠友、租房、政府安置等方式，确保他们温暖过冬。

（摘自《习近平在北京河北考察灾后恢复重建工作时强调 再接再厉抓好灾后恢复重建 确保广大人民群众安居乐业温暖过冬》，《人民日报》2023年11月11日）

（9）要全面践行人民城市理念，充分发挥党的领导和社会主义制度的显著优势，充分调动人民群众积极性主动性创造性，在城市规划和执行上坚持一张蓝图绘到底，加快城市数字化转型，积极推动经济社会发展全面绿色转型，全面推进韧性安全城市建设，努力走出一条中国特色超大城市治理现代化的新路。要把增进民生福祉作为城市建设和治理的出发点和落脚点，把全过程人民民主融入城市治理现代化，构建人人参与、人人负责、人人奉献、人人共享的城市治理共同体，打通服务群众的"最后一公里"，认真解决涉及群众切身利益的问题，坚持和发展新时代"枫桥经验"，完善基层治理体系，筑牢社会和谐稳定的基础。

（摘自《习近平在上海考察时强调 聚焦建设"五个中心"重要使命 加快建成社会主义现代化国际大都市》，《北京日报》2023年12月4日）

尹力在深化"疏解整治促提升"促进生态文明与城乡环境建设推动首都高质量发展动员大会上强调

扎实推进疏解整治促提升和城乡生态环境建设持续优化首都功能

2月17日上午,市委、市政府召开深化"疏解整治促提升"促进生态文明与城乡环境建设推动首都高质量发展动员大会。市委书记尹力强调,要全面贯彻落实党的二十大和中央经济工作会议精神,深入贯彻习近平总书记对北京一系列重要讲话精神,以新时代首都发展为统领,牢牢把握首都城市战略定位,大力加强"四个中心"功能建设,提高"四个服务"水平,推动经济高质量发展,扎实推进疏解整治促提升和城乡生态环境建设,更加精准、更富成效、更有质量地落实各项任务,持续优化首都功能,为率先基本实现社会主义现代化开好局、起好步、打下坚实基础。市委副书记、市长殷勇主持会议,市人大常委会主任李秀领,市政协主席魏小东,市委副书记刘伟出席。

尹力充分肯定过去一年全市推进疏整促和生态环境建设、推动首都高质量发展工作取得的新成果,对在京中央单位、驻京部队的大力支持表示感谢。他指出,这项工作是全面贯彻落实党的二十大精神、深入贯彻习近平总书记对北京一系列重要讲话精神的具体行动,是贯彻新发展理念、融入新发展格局的重要抓手,也是推动新时代首都发展、更好履行首都职责使命的必然要求。要进一步统一思想、提高站位,增强做好工作的责任感、使命感。

尹力强调,高质量发展是首要任务,要坚持"五子"联动融入新发展格局,推动首都经济实现质的有效提升和量的合理增长。坚持稳字当头、稳中求进,在持续提高质量效益基础上,更好统筹疫情防控和经济社会发展,更好统筹发展和安全。要以一季度开门红赢得全年发展主动权。经济运行调度要紧盯不放,强化周、旬、月指标的分析研判,压茬推进重大项目,建立常态化制度化的招商机制。要以扩大内需牵引高质量发展。以国际消费中心城市建设为抓手,进一步增加优质供给,推动消费复苏,加紧改造升级一批商圈和街区,培育一批消费新场景新业态,释放首都大市场潜能。发挥投资关键引领作用，深入推进"3个100"重点工程，优化投资结构，深化投融资体制改革，吸引更多社会资本参与。要以科技创新驱动高质量发展。全面提升国际科技创新中心建设水平，"三城一区"继续抓突破、促转化，在政策统筹、平台共享、"三链"联动等方面加强协同，充分激发创新发展的内生动力。要以现代化产业体系支撑高质量发展。推动现代服务业与先进制造业深度融合。新一代信息技术、医药健康等产业巩固扩大优势，人工智能、绿色能源、智能网联汽车等新兴产业形成新增长极，提升产业链供应链韧性和安全水平。打造具有国际竞争力的数字产业集群，建设全球数字经济标杆城市，支持平台企业在引领发展、创造就业、国际竞争中大显身手。要以一流营商环境保障高质量发展。坚持"两个毫不动摇"，打造市场化、法治化、国际化营商环境。从企业实际需求出发推出新一轮改革举措，强化惠企政策的精准性和协调性，持续完善"服务包"制度。要以高水平开放促进高质量发展。以"两区"建设为主抓手，实施自贸区提升行动，推动服务业扩大开放示范区2.0方案落地。提升航空"双枢纽"国际竞争力，推动临空经济区错位发展。更大力度吸引和利用外资。高水平办好中国国际服务贸易交易会、中关村论坛、金融街论坛。

尹力强调，疏解整治促提升是坚持问题导向、系统治理、精准发力，不断提升城市发展品质的"组合拳"。要在疏解上持续用力。紧紧扭住疏解非首都功能这个"牛鼻子"，坚定推进一般制造业疏解提质，巩固区域性专业市场疏解成果，稳步推进高校、医院等疏解项目。核心区以实施新一轮控规三年行动计划为抓手，突出政治中心、突出人民群众，营造安全优良的政务环境。城市副中心保持每年千亿以上投资规模，强化行政办公、商务服务、文化旅游和科技创新主导功能。始终把支持河北雄安新区建设作为分内事，抓好"三校一院"交钥匙项目。在整治上保持定力。保持违建治理力度不减，抓好"基本无违建区"创建。持续推进规自领域问题整改。维护规范有序的街面秩序，对城乡接合部重点村开展综合整治。在提升上集中发力。加快推进一刻钟便民生活圈建设，继续扩大老年餐桌覆盖面，扎实推进治理类街乡镇整治提升，努力破解更多群众急难愁盼问题。

尹力强调，首都生态环境建设关乎国家形象，要深入贯彻习近平生态文明思想，努力建设天蓝水清、森林环绕的生态城市。深入打好蓝天碧水净土保卫战。继续深化"一微克"行动。全面落实河长制，巩固黑臭水体和劣Ⅴ类水体消除成果，加强密云水库、官厅水库等重要水源保护。严格实施土壤污染防治条例。进一步扩大生态环境容量。从扩绿增量转向提质增效，巩固完善林长、河长、田长"三长联动、一巡三查"机制。充分利用疏解腾退空间，再建成一批城市森林和口袋公园。加快国家森林城市创建。坚定不移推进生态涵养区的生态保护和绿色发展，生态涵养区培育壮大绿色发展内生动力，平原区落实结对协作任务。全力打造干净优美、宜居宜业的城乡环境。城区继续以背街小巷为重点，启动实施新一轮环境精细化整治提升行动。坚持"清脏、治乱、增绿、控污"，建设宜居宜业和美乡村。

尹力要求，加强组织领导，坚持全局性谋划、整体性推进，市里强化牵头把总、统筹协调，各区履行属地责任，各有关部门单位各负其责，确保各项任务落实到位。广泛动员社会力量参与，努力营造共治共管、共建共享的良好氛围。

中央和国家机关工委副书记邹晓东讲话说，中央和国家机关将认真学习贯彻习近平总书记重要指示精神和党中央决策部署，深刻领悟"两个确立"的决定性意义，增强"四个意识"、坚定"四个自信"、做到"两个维护"，按照北京市工作要求，在深化非首都功能疏解、有序推进碳达峰碳中和、深入实施京津冀协同发展战略等方面积极配合，协同解决重点问题事项，为促进首都生态文明与城乡环境建设、推动高质量发展贡献力量。

（摘自《北京日报》2023年2月18日）

尹力在首都精神文明建设工作暨背街小巷环境精细化治理动员部署大会上强调

下足绣花功夫打造精品宜居街巷推动首都精神文明建设和背街小巷环境精细化治理工作再上新台阶

日前，全市召开首都精神文明建设工作暨背街小巷环境精细化治理动员部署大会。市委书记尹力强调，要深入学习贯彻党的二十大精神，深入贯彻落实习近平总书记关于精神文明建设和城市工作的重要论述，切实提高工作站位和责任担当，树牢首善文明旗帜，下足绣花功夫打造精品宜居街巷，全力推动首都精神文明建设和背街小巷环境精细化治理工作再上新台阶，为新时代首都发展提供坚强思想保证、丰润道德滋养、强大精神力量、良好社会环境。市委副书记、市长殷勇主持会议。

尹力指出，今年是全面贯彻党的二十大精神的开局之年，是全面建设社会主义现代化国家开局起步的重要一年。要激发全市上下的智慧和力量，增强全社会的凝聚力和向心力，以广泛共识汇聚攻坚克难、推动新时代首都发展的磅礴力量。把经济运行总体向好的态势宣传好，把群众美好生活的故事讲述好，营造自信自强、团结奋斗的浓厚氛围。高质量做好典型推荐、创城迎检、街巷治理等工作，集中力量打好文明创建决战之役。

尹力强调，要进一步推动精神文明建设工作提质升级增效，为率先基本实现社会主义现代化凝聚精神力量。高举思想旗帜，把学习宣传贯彻党的二十大精神作为当前和今后一个时期的首要政治任务，引导全市干部群众在全面学习、全面把握、全面落实上下功夫。深化理论研究阐释，创新开展大众化理论宣传，讲好中国故事、中国共产党故事、新时代故事。突出道德养成，以社会主义核心价值观铸魂育人。落实好新时代爱国主义教育、公民道德建设、思想政治工作实施方案，推进理想信念教育常态化制度化。深化诚信宣传教育与信用知识普及。传承优秀传统文化，办好传统节日活动。提升全民素质，以文明实践引领风尚。抓好新时代文明实践中心建设，促进冬奥志愿服务成果转化，巩固壮大首都志愿者队伍。深化网络文明建设，加强网络失德失范现象整治。倡导文明健康生活理念，引导群众当好自己健康第一责任人。坚持问题导向，抓好顽症治理，多办群众有感受度的实事，以全国文明城区创建实效利民惠民。

尹力强调，要以首善标准实施好新一轮背街小巷环境精细化治理三年行动方案，打造精品宜居街巷，展现首都现代化城市品质的崭新风貌。突出规划引领，"一街一策"制定具体方案，分级分类、层层推进。结合城市更新完善街巷功能，加强空间整理。坚持以人民为中心，充分考虑老幼病残孕等人群需求，完善公共座椅、无障碍、儿童娱乐、体育健身等设施。充分调动发挥群众积极性，用好社区议事厅、居民议事会等平台，推进共建共治共享。支持责任规划师、责任建筑师发挥专业作用，用好街巷长、小巷管家、楼门长等力量。坚持政府和市场结合，在生活垃圾分类、物业管理等方面创新机制、深化合作。结合"一刻钟便民生活圈"建设，织补便民服务网点，满足必要生活需求。加大宣传引导力度，营造"街巷是我家、环境靠大家"的良好氛围。增强文化功能和生态功能，加强传统风貌管控，保护好胡同、四合院、名人故居，逐步修复历史肌理。抓好留白增绿、见缝插绿，打造更多小微绿地和口袋公园。梳理总结好经验好做法，抓好常态化治理。用好议事协调机制，解决重点难点问题。用好接诉即办、网格化管理两个平台，定期开展"回头看"。

尹力要求，加强组织领导，形成齐抓共管治理格局。首都文明委和首环委各成员单位密切配合，首都文明办、市城管委强化督导检查，各区党政一把手负总责，依靠在京中央单位、驻京部队、高校、科研院所等各方面力量，形成工作合力。强化市级统筹指导，健全工作机制，提高主动治理水平。抓好队伍建设，注重在基层一线实践中提高干部能力。

会议宣读了相关表彰决定，听取了首都精神文明建设2022年工作总结和2023年工作要点的报告，部署了背街小巷环境精细化治理工作，在京中央单位、部分区负责同志和街道责任规划师代表发言。

中央有关部门、驻京部队和北京市领导，市政府秘书长出席。

（摘自《北京日报》2023年3月3日）

尹力在市委城市工作委员会全体会议上强调

打造宜居宜业的良好环境　让人民群众有更多获得感

4月3日下午，市委城市工作委员会召开全体会议。市委书记、市委城市工作委员会主任尹力主持会议，市委副书记、市长、委员会副主任殷勇，市委副书记、委员会副主任刘伟出席。

会议指出，进入新时代新征程，首都城市工作面临新的形势和任务要求。要深入贯彻习近平总书记对北京一系列重要讲话精神和关于城市工作的重要论述，坚持人民城市为人民，进一步提高规划、建设、治理水平，加快转变首都城市发展方式，打造宜居宜业的良好环境，让人民群众有更多获得感。

会议强调，要以钉钉子精神抓好城市总规实施。核心区实施好新一轮三年行动计划，落实"双控""四降"，营造安全优良的政务环境。加强老城整体保护，做好文物腾退和活化利用，擦亮历史文化金名片。城市副中心扎实推进"两个示范区"建设，继续保持千亿以上投资强度，加快重点工程进展。有序推进各类专项规划、街区控规、乡镇规划编制实施。深化轨道交通第三期规划建设，加强交通综合治理。持续开展城市体检，加强结果转化运用。

会议强调，要在城市更新上迈出更大步伐。聚焦改善居住品质，加大老旧平房院落、老旧小区、危旧楼房和简易楼等更新力度。聚焦打造更多活力空间，加快老旧厂房、低效产业园、老旧低效楼宇和传统商业设施更新。聚焦补齐公共服务设施短板，抓好老旧市政基础设施、公共安全设施等更新。聚焦提升城市环境，推动滨水空间、慢行系统等公共空间更新。健全工作机制，认真实施城市更新条例，不断探索市场化路径。

会议强调，要不断提升超大城市精细化治理水平。深入开展疏整促，全面创建"基本无违建区"。统筹推动重点地区环境整治，巩固拓展背街小巷整治提升成果。抓好两个"关键小事"，加强生活垃圾全流程精细化管理，狠抓物业管理突出问题和"治理类小区"治理。持续优化接诉即办工作，强化主动治理、未诉先办。坚持党建引领，注重发挥社会组织、街巷长、小巷管家、责任规划师等作用，深化"回天有我"创新实践，营造全社会支持参与城市治理的良好氛围。

会议强调，绿化水平关乎城市品质和民生福祉。要深入实施绿色北京战略，坚持以减量提质为统领，疏解腾退空间优先用于增加生态绿化空间。筑牢首都生态基底，加强山水林田湖草一体化保护和系统治理，实施好大尺度绿化，推动建设森林城市、花园城市。发挥城市"大海绵"作用，做好战略留白。促进城乡融合发展，强化优质生态产品供给、休闲康养等功能，把生态优势转化为发展优势。

会议强调，要坚持底线思维，强化安全意识，进一步夯实城市安全防线。加强韧性城市建设，强化消防、道路交通、建筑施工等重点领域安全隐患整治。持续推进健康城市建设，完善分级诊疗服务体系，促进优质医疗资源均衡布局，深入实施首都防疫设施专项规划，加强防疫应急能力储备。加大保障性住房供给，促进住房租赁市场健康发展。

会议审议了市委城工委2023年工作要点，书面审议了市委城工委2022年工作总结，听取了老旧小区综合整治工作情况和第二道绿化隔离地区减量提质规划的汇报。

（摘自《北京日报》2023年4月4日）

尹力检查今冬采暖季供暖保障工作时强调

时刻把百姓冷暖放心上　确保市民群众温暖过冬

受强冷空气影响，本市气温大幅下降。11月23日下午，市委书记尹力检查今冬采暖季供暖保障工作。他强调，习近平总书记到门头沟区妙峰山镇水峪嘴村看望慰问受灾群众时，要求取暖工作务必落实落细，做到每家每户。我们要以习近平总书记的重要讲话精神为遵循，始终坚持以人民为中心，时刻把百姓冷暖放心上，全力做好供暖服务保障，确保市民群众温暖过冬。市委副书记、市长殷勇一同检查。

市热力集团供热运行指挥中心负责本市城市热网供热运行调度指挥，现已建立集团供热生产调度体系，可实时监测城市热网和热用户，结合天气实况和趋势进行综合分析、调度指挥。市领导了解全市供热总体情况和供热诉求受理一站式服务等情况，详细询问本轮降温应对举措。尹力叮嘱，要增强服务意识，高效妥善处置市民群众反映的供热问题。严格执行24小时值守制度，加强设施设备巡检维护，确保正常安全运行。强化应急队伍和人员物资储备，提升应急处置能力，遇有突发事件快速处置。

朝阳区房屋管理局供暖中心石佛营锅炉房供热面积50.59万平方米，覆盖5403户居民以及幼儿园、小学、医院等社会单位。市领导察看机组设备运行和巡检维护等情况，向值守在一线的工作人员表示问候。尹力说，你们的工作体现着党委政府的"温度"，要尽心尽责，主动上门了解群众需求，以优质高效的服务把温暖送到市民群众家中，让市民群众家里暖和、心里热乎。始终把安全放在第一位，严格执行安全生产各项规定，做好设施日常巡检和隐患排查等工作，防患于未然。

尹力在检查时强调，冬季供暖是保障民生的头等大事，涉及千家万户。要进一步优化管网设计，强化需求端智能化技术支撑，提高供热效率、节能水平和用户感受。要善于把好"天气的脉"，加强气温波动与供暖工作之间的规律性研究，根据天气变化进行科学供暖，做好系统运行调节。结合智慧城市建设，加大感知系统、智慧计量装置等新技术新设备应用力度，提升供暖精细化管理水平。关注老旧小区、农村山区特别是受灾地区，把确保受灾群众温暖过冬作为硬任务，用心用情做好供暖保障。对尚未完成房屋重建的受灾户，要通过多种安置方式，确保他们温暖过冬。做好宣传引导和政策告知，及时回应社会关切，把群众满意度作为衡量工作成效的标准。

（摘自《北京日报》2023年11月24日）

殷勇在市政协座谈会上强调

坚持不懈以绣花功夫治理城市 不断提升首都城市治理现代化水平

1月17日下午，市政协十四届一次会议举行"科学把握超大城市治理规律，持续提升首都城市现代化治理水平"专题座谈会。中共北京市委副书记、代市长殷勇与部分政协委员座谈。大会主席团常务主席魏小东主持。

座谈会上，来自台盟、教育、环境资源、社会福利和社会保障等界别的13位委员踊跃发言，围绕深化回天地区基层治理现代化、创建多学科紧急医学救援救治体系、建设宜居韧性首都、提高轨道交通服务水平等主题贡献金点子。

殷勇边听边记，并对委员发言积极回应，称赞大家贡献了真知灼见，叮嘱有关部门认真研究采纳。

殷勇指出，习近平总书记对北京一系列重要讲话精神，为我们做好首都城市治理工作提供了根本遵循。我们要全面深入准确学习领会，将其贯彻到首都城市治理工作的方方面面，以创新理念引领创新实践，推动首都城市治理水平不断迈上新台阶。

殷勇介绍了首都城市治理取得的新成效和当前工作思路。他指出，首都城市治理进入新阶段，实现由城市管理向超大城市治理的跨越。做好首都城市治理工作，必须牢牢把握首都城市治理的政治性要求，紧紧围绕"都"的功能谋划"城"的发展，以"城"的更高水平发展服务保障"都"的功能；必须牢牢把握首都城市治理的人民性要求，把出发点和落脚点放在更好满足人民群众对美好生活的向往上；必须牢牢把握首都城市治理的创新性要求，以首善标准抓好首都城市治理；必须牢牢把握首都城市治理的安全性要求，有效防范化解城市发展中的各类风险隐患。

殷勇强调，要坚持不懈以绣花功夫治理城市，在精治共治法治上下功夫，不断提升首都城市治理现代化水平。精治方面，建立与精细化要求相适应的城市治理体制机制，持续转变管理理念，优化管理体制，健全管理标准，强化科技赋能，聚焦交通、市政、医疗、教育等重点领域，开放优质应用场景，引导创新企业、科研机构参与，推动城市管理向数字化、智能化转变。共治方面，探索更加有效的机制、渠道和方式，建立健全长效机制，推动形成"人人参与""人人有责"的城市治理新格局。法治方面，一体推进立法、执法、普法，全面筑牢城市治理法治根基，加快完善法规体系，提升执法效能，增强法治意识，在全社会形成共识基础上的硬约束。

殷勇对委员们长期以来围绕首都发展重大问题，积极建言献策表示感谢。他说，希望大家继续支持参与政府工作，多提宝贵意见建议。我们将认真接受政协民主监督，为委员参政议政创造良好条件。

（摘自《北京日报》2023年1月18日）

殷勇围绕提升城市治理现代化水平到市城市管理部门调研时强调

提升精治共治法治慧治水平 推动城市管理工作再上新台阶

6月22日是端午假期第一天。上午，市委副书记、市长殷勇围绕"学习贯彻习近平新时代中国特色社会主义思想，加强城市精细化管理，加快智慧城市建设，提升首都城市治理现代化水平"调研，并向假期坚守岗位的干部职工致以诚挚问候。他强调，城市管理关乎民生福祉，关乎城市品质，是城市治理体系治理能力现代化的重要内容。全市城市管理系统要坚持不懈用绣花功夫治理城市，持续改善城乡环境面貌，强化科技赋能城市管理，守住城市运行安全底线，着力提升城市精治共治法治慧治水平，以首善标准推动城市管理各项工作再上新台阶，向着国际一流的和谐宜居之都目标不断迈进。

殷勇来到市城管执法局，察看城市管理综合执法大数据平台，了解平台数据汇聚、指挥调度、执法办案等主要功能，检查假期城市运行服务保障工作。在市城市管理委，殷勇察看城市运行调度指挥平台，了解能源综合监测、地下管线管理等系统运行情况。座谈会上，殷勇听取市城市管理委负责人关于环境整治、安全管理、能源保供、垃圾分类等城市管理有关工作情况汇报。

殷勇充分肯定近年来全市城市管理系统取得的工作成绩，强调，城市管理是一项复杂的系统工程。要在精治上下足功夫，提高城乡环境建设质量和水平。完善根治共享单车、机动车乱停放等突出问题的机制，有序推进城市家具改造工作，抓好背街小巷环境精细化治理，努力提升城市品质，营造清洁、整齐、美观、有序的市容市貌环境。要在共治上做足文章，推进生活垃圾全流程精细化管理，巩固提升垃圾分类成效。聚焦源头减量和资源回收，抓好电商、外卖行业包装规范化建设，完善社区大件垃圾回收体系，提高居民自主投放的自觉性和分类投放的便利性。要在慧治上力求突破，以"一网统管"为牵引，强化新技术运用，推动数据汇聚共享，提升城市管理信息化、智能化水平。要在安全上守住底线，以电力、燃气等领域管网管线为重点，扎实开展安全生产和火灾隐患排查整治，强化极端天气等突发情况防范应对，完善应急处置机制，保障城市运行安全。要在法治上更进一步，以规范严格文明的综合执法展现首都城管形象。适应城市发展需要，完善政策法规体系，健全执法制度机制。在智慧城市建设框架下，优化大数据平台系统，深入推进一体化综合监管，让城管综合执法更加精准有效。以"零容忍"态度整治违法建设，加强占道经营等违法行为治理，维护良好城市秩序。要深入开展主题教育，加强自身建设，聚焦城市管理重点领域，大兴调查研究，打造忠诚干净担当的干部队伍。

（摘自《北京日报》2023年6月23日）

殷勇在市政府常务会议上强调

全力以赴打好安全生产攻坚战坚决防范遏制重特大事故发生

10月31日下午，市政府召开常务会议，研究《"4·18"重大火灾事故整改和防范措施落实工作方案》等事项。市委副书记、市长殷勇主持会议。

会议强调，要深入贯彻习近平总书记关于安全生产重要论述，深刻吸取"4·18"重大火灾事故教训，举一反三、抓源治本，更好统筹发展和安全，尽快补齐重点行业领域重大风险防控短板，全力以赴打好安全生产攻坚战，坚决防范遏制重特大事故发生。要进一步强化风险意识、树牢底线思维，各级主要负责同志切实担负起领导责任，各区各街乡结合实际认真研究和排查本地区风险隐患，行业主管部门严格落实"三管三必须"要求，形成齐抓共管的强大合力。对职责交叉和新业态风险等事项，相关部门要主动向前，确保行业监管责任不缺失。要聚焦突出问题、狠抓专项治理，严格落实整改方案，深入推进"十条硬措施""八项强化措施"落地，持续深化施工动火作业、限额以下小型工程、彩钢板建筑、电动自行车、自建房和燃气安全等专项整治，从根本上消除事故隐患。要坚持着眼长远、夯实基层基础，把行之有效的整改措施固化下来，强化基层一线应急处置能力，提升全员安全素养，持续抓好公共安全宣传和警示教育，切实提高全市安全发展水平。

会议听取疏解整治促提升专项行动第三季度进展和市民服务热线相关群众诉求反映情况的汇报时指出，要锚定目标任务，攻坚克难、狠抓落实，稳妥有序推进违规电动三、四轮车等重点领域系统治理，确保各项政策措施落地见效。以群众需求为导向，精准织补便民服务网点，持续优化提升城市品质和人居环境。要高标准谋划明年疏解整治促提升工作，坚持一张蓝图绘到底，按照新版城市总体规划要求，围绕12345市民服务热线反映的重点问题，抓好各项整治任务落实，与城市更新、花园城市建设等工作一体推进，下足绣花功夫，不断提高城市精细化管理水平。

会议听取第三季度背街小巷环境精细化治理、城市家具治理和市民服务热线相关群众诉求反映情况的汇报时指出，要以高质量完成年度任务为目标，坚定不移动态清理整治环境卫生、违规停车、私搭乱建等突出问题，因地制宜织补公共服务设施，更好满足群众生活需要。城市家具治理是城市精细化管理的重要内容，要聚焦群众反映的突出问题，坚持管治并举，进一步明确监管责任，明晰城市家具建设管理的标准规范，建立健全常态化管理维护机制，不断改善城市环境品质。

（摘自《北京日报》2023年11月1日）

2023年北京市城市管理工作报告

一、2023年工作回顾

2023年是全面贯彻落实党的二十大精神的开局之年，在市委、市政府的坚强领导下，城市管理系统始终坚持以习近平新时代中国特色社会主义思想为指导，深入学习贯彻党的二十大和二十届二中全会精神，聚焦"保运行、保民生、更要保安全"工作主线，围绕城市精治共治法治"做文章"，实现城市管理重大项目建设、固定资产投资、市政能源运行保障、城乡环境建设管理、综合执法等年度重点任务高质量完成，首都城市精细化治理取得一系列新进展、新成效。城市管理领域群众诉求下降三成以上，首都城市环境建设公众满意度达87.4分，连续五年稳步提升，群众获得感、幸福感和安全感进一步增强。

一年来，主要做了以下工作。

一是聚焦"安全"精准发力，城市运行保障能力显著增强。坚决落实"三管三必须"要求，在全系统构筑"重安全、抓安全、保安全"的强大态势。持续开展安全生产大排查大整治，聚焦城市生命线、电力、燃气等10个重点领域，发现并整改问题隐患12.59万项。推进燃气安全专项整治，成立市区两级专班并集中办公，强化高位统筹、密集调度，全面压实"十个一律"硬措施，对888万居民用户和8.8万非居民用户完成用户巡检全覆盖。完成

5212户非居民用户液化气替代，治理438处燃气管道占压隐患，扣押收缴不合格气瓶4594只，替换不合格橡胶软管56.6万个，更换不合格灶具2.5万台，有效消除了用户端安全隐患。全年发生燃气爆燃事故13起，比2022年下降23.5%。西城区探索"政企协同"入户巡检模式；平谷区实施"网格+入户巡检"；昌平区全域划定为非居民液化石油气禁用区；朝阳区实现上账占压隐患"清零"。落实住建部城市生命线安全工程现场会要求，深入开展老化管线更新改造行动，完工1570.5千米。发挥地下管线防护系统作用，施工破坏地下管线事故同比下降71%，夯实了城市运行安全基础。坚持以汛为令、精准调度，全力做好"23·7"极端强降雨应对处置，圆满完成了电力、燃气、热力、加油站、公厕等设施抢修，以及道路清淤、垃圾清运等工作，以最短时间、最高效能实现市容环境面貌迅速恢复、城市运行总体平稳。制定并组织实施城市运行领域恢复重建基础设施项目计划。殷勇市长对城市运行干部职工"坚守一线、冲锋在前、全力奋战"的精神给予了充分肯定。

二是聚焦"品质"靶向施策，人居环境治理更加精细精准。落实习近平总书记关于既要管好主干道、大街区，又要治理好每条小街小巷小胡同的指示精神，持续用好绣花功夫，营造干净整洁、文明有序、和谐宜居的城市环境。推动重点区域环境实现新提升，高品质抓好中轴线申遗环境保障、西单北大街沿线提升等34个市级重点项目，常态化推动42个重点区域、18条重要道路和10条重要铁路周边环境显著提升，打造首都城市特色风貌。钟鼓楼周边、鼓楼东大街等中轴线沿线提升成效相继亮相，南北中轴架空线实现"清零"。西单北大街完成道路优化管控、景观空间优化、立面风貌提升、市政设施改造、业态提质升级等整治任务，全要素焕新亮相。统筹推进首都功能核心区控规新三年、疏整促专项行动，高质量完成"一带一路"国际合作高峰论坛、服贸会、中关村论坛、金融街论坛等服务保障任务。背街小巷精细化治理形成新实践，坚持"一街一策"、精心设计，完成1730条治理任务，西城区、海淀区、顺义区均超额完成了任务。打造了烂缦胡同、柳荫街等一批"历史文化有传承、绿化美化有品质、生活休闲有空间、便民服务有配套"的精品街巷，联合北京日报社推出20条"漫步北京"最美胡同街巷探访路线，微博话题点击量达1400余万次。推动背街小巷治理向平房院落延伸，雨儿胡同30号院、草厂四条44号院等10个小院被评为人气最高的京城"最美庭院"。建立城市家具联席会议联审制度，从源头上严控新增，拆除各类护栏900千米，完成架空线入地175千米，推进核心区电力箱体"三化"改造，东华门大街等8条道路减杆率达50%，城市公共空间更加舒朗开阔。朝阳区、丰台区在横跨二环、三环退运架空线治理中，克服困难，电力公司、交管、交通等周密衔接，7天内完成15处撤线，拔杆39根。编制户外广告设施设置规划，加强老旧信号灯更新、无灯路治理、候车亭补建等工作，治理"骑沿井"问题8000余处，拆除阻车桩、弹性柱等近5万根，修复公共座椅、废物箱、标识牌等1万余处，综合提升精细化管理水平。深入开展"五大执法行动"，立案处罚未按规定投放生活垃圾、无照经营等违法行为37.9万起，拆除违法建设2315万平方米，燃气安全、垃圾分类等专项执法检查力度持续增强，占道经营、夜施扰民等群众诉求下降明显，城市管理综合执法质量和效能进一步提升。持续发挥环境建设考评"指挥棒"作用，充分发挥首环办统筹协调作用，围绕环境建设重点任务和痼疾顽症治理，建立月调度工作机制，组织各成员单位齐抓共管、形成合力。坚持"月检查、月排名、月曝光"，发现并解决环境问题2.2万余处。从2023年环境建设考评情况看，西城、海淀、顺义、延庆排名靠前，通州、朝阳、门头沟等区进步明显。海淀区完善主动治理体系，顺义区持续深入推进"门前三包"精品示范街创建，延庆区建立"大统筹、大协调、大联动"工作机制，提升了环境建设管理效能。

三是聚焦"为民"纾困解难，群众获得感更加丰富充实。坚持人民城市为人民，用心、用情、用力办好民生实事，强化电力、燃气、供热、环卫等公用事业服务水平，为人民当好城市管家。新型电力系统加快构建。全市绿色电力交易电量达到15.4亿千瓦时，城市副中心核心办公区实现全年100%绿电供应。深化京津冀及周边地区能源合作，强化协调调度，较好实现了迎峰度夏、迎峰度冬目标任务。燃气供应安全稳定。协调各方资源，落实天然气供应119.7亿立方米，顺利接收俄气增供资源57.2亿立方米。天津南港LNG储备项目一期工程投产，实现向首都供气，全市天然气应急储备能力达到6.7亿立方米。完成燃气安全型配件安装218.7万户，超额完成民生实事任务。供热服务品质持续优化，结合天气变化，强化会商研判和统筹调度，及时开展提前供暖，确保室温达标，受到群众一致好评。实施智能化供热改造3048.9万平方米，完成"冬病夏治"供热改造1334项，专项治理8个投诉集中小区，"一小区一策"破解供热难题，群众诉求下降明显。充电设施布局持续完善，新增充电设施超3.5万个，形成平原地区服务半径2.3千米的公用充电网络。新建电动自行车集中充电设施接口10.18万个，为市民提供更加安全便利的充电体验。垃圾分类关键小事创新突破。围绕"源头减量、精准投放、循环利用、长效机制、基层治理"五个新突破协同发力，推动"投、收、运、处"全链条基本贯通，编制国内首个针对可回收物体系建设管理的地方标准，设置可回收物中转站116座、再生资源分拣中心15座。创建示范小区（村）2800个、达标小区（村）5000个。4.4万家非居民单位厨余垃圾按量收费管理，完成非居民其他垃圾计量管理系统开发和调试运行。生活垃圾回收利用率达39%，在住建部垃圾分类工作评估中名列前茅。环境卫生水平实现新提升，开展扬尘治理"百日行动"，一级城市道路尘土残存量降至7.6克/平方米，京通快速路及五环路均值降至17.6克/平方米，降幅57%。通州区推动高标准专业环卫作业全覆盖，形成"人机组合"作业机制。大兴安定循环经济园区建成投运，新增生活垃圾设计处理能力6200吨/日。在各区共同努力下，按时完成2.65万辆环卫违规电动三、四轮车治理。完成150座公厕品质提升、167座核心区平房院不达标厕所改造，深受群众好评。

四是聚焦"科技"创新突破，城市运行管理更加智慧智能。发挥北京全国科技创新中心、全球数字标杆城市优势，坚持以科技为城市管理工作赋能，推动首都城市更聪明、更智慧。"一网统管"建设加速推进，打造智慧环卫、智慧供热、智慧管网等应用场景。全面升级网格化城市管理系统，完成核心区地下管线运行安全感知建设，布设电力、燃气、供热等感知设备7000余处，实现地下管网安全运行"观、管、防"一体化，动静态感知"一张图"。网格化城市管理效能不断提升，强化接诉即办，全面推进"热线+网格"为民服务模式，西城、通州、朝阳、房山、顺义、昌平、门头沟等区主动治理成效明显。网格系统年内发现问题824万件，办理群众诉求12.16万件，同比下降37.28%，响应率、解决率、满意率均提升至98%以上。深入开展综合执法大数据平台应用提升行动，强化数据驱动、需求导向、业务牵引、技术支撑，打造"智慧执法"新品牌，平台应用率达到99.9%。

五是聚焦"质效"整体联动，提升城市综合治理水平。坚持系统治理、综合施策，更好发挥城市管理主管部门作用，推动各区、各部门、各行业企业系统联动、同频共振，形成强大合力。建立重点工作"大调度"机制，紧盯安全生产和火灾隐患大排查大整治、固定资产投资、城市运行"一网统管"这"三个重中之重""八项重点任务"，实施月通报、月调度、季推进、年总评。设立地下管线老化更新改造、安全隐患大排查大整治、燃气安全专项治理、电动自行车全链条管理等工作专班，确保民生实事、折子工程等重点任务落地落实。建立中央单位和驻京部队服务联络机制，推进园博园住宅、219工程供热改造等6项重点工程。协调解决供电、燃气、供热、充电设施、垃圾分类等需求70项。建立建筑垃圾联合惩戒机制，会同公安部门开展执法3828次，发现并移交建筑垃圾相关问题1786条次，打掉垃圾非法中转倾倒点位180个。通州区制定了渣土车闭环监管综合整治方案，房山区、大兴区启动联合溯源机制，严肃追究"人、车、企和产废单位"责任，形成有效震慑。市区城市管理综合执法部门多措并举，提升基层综合执法效能，16个区出台实施方案，全市343个街乡镇全部实现"基层综合行政执法队主要负责人由街道（乡镇）领导班子副职兼任"。东城区创新推动街道办事处机关和综合行政执法队之间交流轮岗，进一步激发队伍活力。

一年来，尹力书记、殷勇市长先后多次到我委及行业企业密集调研，实地察看了城市安全运行、电气热服务保障、市容景观、环境卫生、夜景照明等工作开展情况，去年6月份在市委月度工作点评会上进行了点评，对城市管理工作取得的进展和成效给予了充分肯定，体现了高度重视和大力支持。全年有效办理了836件市领导批示件和500余件督查件。面对百年不遇的极端强降雨、暴雪寒潮等极端天气，以及重大活动服务保障、专项治理行动、环境整治提升等重点任务，在市委、市政府的坚强领导下，城市管理系统闻令而动、市区联动、部门协同、政企携手，电力、燃气、热力、环卫等行业企业讲政治、顾大局，不惧风雨、勇毅担当、无私奉献，用实际行动保障了首都城市安全平稳。在此，我代表市城市管理委向大家致以崇高的敬意和衷心的感谢！

在肯定成绩的同时，我们也清醒认识到，对标新时代首都发展，对标国际一流和谐宜居之都的建设目标，城市精细化管理还有较大提升空间。主要体现在：城市运行风险隐患仍然存在，外力破坏管线、燃气爆燃等事故仍有发生，电动自行车充电设施布局需补齐补强，城市运行感知体系有待健全；市容景观治理成果仍需拓展，背街小巷精细化治理、架空线入地、护栏撤除、占道经营治理等成果需要保持，垃圾分类工作还需走深走实；能源结构及运行保障需不断优化，"源网荷储"各环节精准调控能力有待提升；街头游商、施工扰民、道路遗撒等痼疾顽症治理亟须破题攻坚，行业系统作用发挥仍需增强，在谋篇布局、政策制定、标准规范、运行维护等多方面亟待加强。这些问题，需要我们高度重视，并认真研究解决。

二、2024年工作思路和重点任务

今年是新中国成立75周年，是实现"十四五"规划目标任务的关键一年，也是京津冀协同发展战略实施10周年，城市管理工作更需乘势而进、再谱新篇。做好今年工作的总体要求是：以习近平新时代中国特色社会主义思想为指导，全面贯彻落实党的二十大和二十届二中全会精神，深入贯彻习近平总书记对北京重要讲话精神，落实市委全会和市"两会"工作部署，坚持以新时代首都发展为统领，坚持"保运行、保民生、更要保安全"工作主线不动摇，强化问题导向，突出系统治理，下足绣花功夫，围绕能源运行、市政公用、环境卫生、环境建设、市容景观、综合执法等重点领域综合施策，不断提升城市管理高质量发展水平，为建设国际一流的和谐宜居之都提供有力保障。

要实现以上目标，必须坚定信心、迎难而上，以实干实效开创首都城市高质量发展新局面。在今年的工作中要坚持首都首善，着重把握好以下要求：一是突出政治性，把握大局、主动作为。始终把习近平总书记对北京的一系列重要讲话精神作为行动指南，持续在精治共治法治上"做文章"，各项工作都要下先手棋、打主动仗，更好为落实"都"的功能、推动"城"的发展提供服务保障。二是突出人民性，人民至上、服务先行。要始终牢记为人民谋幸福的使命，努力做到暖民心、尊民意、解民忧、惠民生，切实把工作做到群众的心坎上。三是突出系统性，整体联动、协同共治。牢固树立城市管理"一盘棋"思想，坚持整体谋划、系统推进，推动城市管理向城乡治理、综合治理、系统治理、精细治理转变。四是突出创新性，问题导向、革故鼎新。善于用创新的思维和改革的办法破解难题，聚焦群众诉求集中问题和掣肘城市管理高质量发展的重点难点问题，解放思想、创新突破，不断提升新时代城市运行管理服务水平。五是突出实效性，真抓实干、务求实效。必须把首善标准、争创一流的思想落实到每一项工作中，以"慢不得"的危机感苦干实干、"马上就办"，一件一件抓落实，确保形成可视化变化、可视化成果。

重点抓好以下七个方面工作：

（一）强保障，践行大国首都城市管理服务保障功能

牢牢把握首都城市战略定位，以"十四五"规划实施、重大活动服务保障、重大项目建设及固定资产投资、灾后恢复重建等为抓手，持续提升城市管理服务保障水平。

大力推动"十四五"规划指标落地落实，前瞻性开展中长期发展和规划布局研究。聚焦保总量、保运行、保高峰、保极端天气应对，补强设施、应急储备和调峰能力短板，构建安全韧性、绿色低碳、智慧高效的现代能源体系。

实施重点建设项目清单式管理、项目化推进。制定实施加氢站建设审批和运营管理办法。推动外输电通道、市级重点电力项目建设，推进天津南港LNG应急储备项目二期投产、三期建成。完成朝阳、怀柔、平谷等厨余垃圾处理设施建设，新增设计处理能力1000吨/日。全面落实"一年基本恢复、三年全面提升、长远高质量发展"总体要求，推进城市运行保障领域灾后恢复重建市属项目19项全面开工、全面落地。

（二）提品质，彰显古今交融、壮美有序的市容景观风貌

推动重点区域环境面貌整体提升。立足首都首善，高标准完成朝阳门南、北小街、天桥广场等重点项目收尾工作，加快

实施柳荫街、长安街海淀段、国贸桥至副中心主要道路沿线整治提升等20个市级重点项目，打造符合首都定位、体现区域特色、满足群众需求的高品质城市环境。落实国庆75周年、服贸会等重大活动城市运行及环境服务保障，固化重大活动环境保障多级联动机制，实现活动保障和区域环境双提升。在常态化推进42个重点区域、18条重要道路和10条重要铁路环境整治提升的基础上，巩固并扩大战果，延伸至256个重点区域、24条重要道路和15条重要铁路沿线两侧环境，推动城乡环境面貌不断提升。

深化背街小巷环境精细化治理三年行动。立足区域功能定位和风貌特点，持续强化攻坚，年底前完成不少于1650条治理任务，打造更多最美胡同街巷探访路线。工作中要注重群众感受，强化功能增补，做到完善便民服务和公共配套设施，促进历史文化和现代生活有机融合，确保每条街巷取得可视化治理成果。紧密衔接疏整促和城市更新，做到点线结合、连片推进，协同落实街巷治理和小区院落改造，形成片区治理"一本账""一张图"。同时，要做好每月全覆盖检查，坚持"日巡、周查、月评、季点名"制度，组织降档街巷"回头看"，提升常态化管护水平。

发挥市区城市家具联席会议联审机制，严格把控新增，加强护栏拆后秩序管控，统筹推进1115个路口和20条道路"多杆合一""多箱合一"治理，推进220千米架空线入地及规范梳理，年底前全面完成818个街区层面户外广告设施规划编制任务，打造舒朗开阔、壮美有序的城市公共空间。

（三）优服务，始终把群众获得感体验感作为重要指标

强化接诉即办、主动治理，围绕生活垃圾分类、道路遗撒等突出问题治理，以及温暖过冬、充电设施、营商环境等群众关心关注问题精准施策，优化服务、提升效能。

以钉钉子精神抓好生活垃圾分类。紧紧围绕推动居民习惯养成，强化党建引领和部门协同，推动垃圾分类融入社区治理、融入基层治理，完善再生资源回收体系，加强各品类生活垃圾精细管理，提高垃圾分类工作质效。按照"五有""四好"标准，坚持"一小区一方案"，创建1200个示范和4000个达标居住小区（村）。推进居住小区装修垃圾"收运处"一体化规范治理，推动生活垃圾回收利用率达到40%，资源化利用水平不断提升。

聚焦领导关注、市民关心的突出问题，深化"以克论净"，围绕重要区域、重点道路周边工地，强化建筑垃圾源头和末端监管，实施道路遗撒严格追溯机制，集中开展人行步道不平整、非机动车乱停放等突出问题专项治理行动，多措并举，提升城市道路沿线环境水平。

更好保障居民温暖过冬。扎实做好采暖季供热保障，及时研判天气情况，合理调整供热时间。推进核心区老旧锅炉房整合并网、二热应急热源改造和房涿线项目深化工作，完成不少于3000万平方米智能化供热改造。持续实施"冬病夏治"，完成700千米市区两级老旧供热管线改造（不含楼内管线）。

补强充电设施布局。制定实施充电基础设施建设管理三年行动计划，年底前力争建成超充站500座，新建充电桩3万个，更好满足居民新能源车充电需求。持续抓好电动自行车全链条管控，分类别、分区域完成20万个电动自行车充电设施接口的新建与改造，压实管理责任链条。

持续优化营商环境，更新换装100万块智能电表，打造不低于3000个"三零""非禁免批"服务案例，推进市政接入外线工程审批全覆盖改革，为企业、居民提供便利优质的市政服务。落实以非现场监管为标志的数字化监管改革要求，推动实现监管"无事不扰、无处不在"。

（四）促慧治，加快形成"一网统管"建设新成果

聚焦城市管理科技赋能，以"一网统筹全域""一网统领行业""一网统管全城"为目标，持续深化城市运行"一网统管"建设，扩展城市运行感知体系覆盖范围，不断丰富信息化支撑应用场景，提升城市管理科学化、精细化、智能化水平。

落实住建部城市生命线安全工程建设要求，加强电、气、热等地下管线感知体系建设，在实现核心区全覆盖的基础上，2024年扩展到中心城区和城市副中心，实现数据动态汇聚、市区共享，夯实"一网统管"数据基础。

发挥网格化管理模式优势，推动网格化城市管理系统全市应用，持续深化"热线+网格"，拓展"网格+"应用场景，完善常态化管理机制，构建城市管理"网格+"新模式，提升问题发现和协调解决效能，打造"一网统管全城"。

做好统筹协调联动，针对燃气安全运行管理、建筑垃圾管理等行业领域，重构线上线下协同、闭环管理流程，实现从源头到末端的市、区、企之间穿透式、精准化、全链条管理，构建"一网统领行业"。

落实智慧城市"京智"建设要求，强化决策支持，开展城市运行应用专题建设，实现预测、预警、预案可视化，建设融"监测分析、预测预警、调度指挥、应急处置、综合评价"等功能为一体的城市运行驾驶舱，支撑"一网统筹全域"。

（五）善执法，提升城市管理综合执法规范化水平

坚持全面履职与重点突破相结合，突出开展好服务首都功能保障、城市安全运行、城市精细治理、群众身边环境攻坚"四大行动"，聚焦占道经营、夜施扰民、建筑垃圾遗撒、违法建设等群众反映强烈、社会高度关注的问题，开展全面整治、集中攻坚，进一步完善全链条、全环节、全过程执法工作机制，强化惩戒联动，努力在常态化、长效化上下功夫，不断提升执法工作效果。

深化执法队伍建设。落实提升行政执法质量三年行动计划各项重点工作任务，深入推进一体化综合监管、非现场监管，努力做到严格规范公正文明执法。进一步完善基层综合执法体制机制，着力解决制约基层综合执法队伍发展的突出问题，构建更加顺畅高效的综合执法运行体系。持续加强综合执法队伍规范化建设，继续打造一批规范化执法队，着力锻造政治过硬、执法规范、作风优良、群众满意的首善综合执法队伍。

（六）保安全，进一步筑牢城市运行安全底线

全面开展城市运行安全治本攻坚三年行动，坚决落实"三管三必须"要求，压紧压实各方责任，织密筑牢安全风险防控网。坚持标本兼治、重在治本，推动重特大事故风险遏制关口前移，落细落实国务院安全生产委员会安全生产十五条硬措施和本市"十项硬措施"，推动重大事故隐患动态清零，提升城市运行本质安全水平。2024年年底前基本消除2023年及以前排查发现的重大事故隐患存量，2025年年底前有效遏制重大事故隐患增量，2026年年底前形成重大事故隐患动态清零的常态化机制。

持续开展城市运行隐患大排查大整治，严防重特大事故发生。结合行业领域特点，持续更新完善生产经营单位自查清单和部门检查清单，进一步提升大排查大整治工作质效，检查发现的隐患要及时录入"企安安"系统。各企业主要负责人每季度带队对本单位重大事故隐患排查整治情况至少开展一次检查。对于未开展排查、明明有问题却查不出或者查出后拒不整改等导致重大事故隐患长期存在的，依法依规严肃责任追究。

聚焦重点领域强化专项整治。抓好燃气安全、地下管线安全、电动自行车全链条安全、"生物调和燃料油"规范管理、建筑垃圾处置场所安全五大行动，通过标准规范、设施整改、旁站监理、人防技防管理防等多种措施，有效控制安全风险源头。持续推进燃气安全专项整治，严格落实"十个一律"要求，强化对非法经营、充装、销售、配送液化气"黑窝点""黑气瓶"的打击力度，年底前完成260万居民用户燃气安全型配件安装。持续实施地下管线老化更新改造，推进1277千米老化管线更新改造任务，2025年年底前基本完成全市地下管线老化更新改造。强化实施电动自行车全链条安全管控，集中消除一批影响输配电线路运行安全的问题隐患。推进"生物调和燃料油"相关职责体系建设，强化规范管理，杜绝违规乱象。开展建筑垃圾处置场所安全专项治理行动，推动安全生产隐患动态清零。

聚焦重点风险环节，强化违规动火作

业、限额以下小型工程等专项整治，各行业企业务必建立健全用火用电管理制度，严格履行动火审批手续，加强施工动火作业全过程风险管控，坚决遏制重特大事故发生。

（七）树新风，持续凝聚行业系统战斗力执行力

牢固树立城市管理"一盘棋"思想，聚焦民生实事、折子工程、固定资产投资等重点任务合力攻坚，培育"真抓实干、知难而进、奋勇争先"的行业新风，不断增强城市管理系统的凝聚力、战斗力和执行力。

聚焦掣肘城市管理高质量发展的重点难点问题，以及群众诉求集中问题，更好发挥城市管理主管部门作用，强化市区联动、部门协同、政企联手，做到真抓实干、务求实效，推动群众获得感、安全感和幸福感更加充实、更有保障。注重常态长效，更好运用法治思维和法治方式推进工作、解决难题，加快推进供热用热管理条例、"门前三包"责任制管理办法等立法修订，建立健全符合高质量发展要求的标准体系和政策机制。结合城市管理职能定位，深化机构编制及主要职责改革，打造忠诚干净担当的高素质专业化干部队伍。

更好发挥党建工作与城市管理双融、双促、双提升作用。巩固和拓展主题教育成效，强化行业系统作风建设，在城市运行保障、城乡环境建设管理等方面形成生动实践。进一步挖掘行业领域先进事迹和典型案例，讲好城市管理故事，弘扬行业发展正能量。始终以严的主基调正风肃纪，构筑风清气正、实干担当的良好政治生态。

做好城市管理工作只有进行时，没有完成时，百尺竿头，还需更进一步。要更加紧密地团结在以习近平同志为核心的党中央周围，坚持以习近平新时代中国特色社会主义思想为指导，在市委、市政府的坚强领导下，坚定信心、开拓奋进，大力推进城市管理高质量发展，为服务新时代首都发展、推进中国式现代化做出积极贡献！

第二部分
法规、规章、规划、规范性文件

北京市城市管理委员会关于北京市电力中长期交易偏差电量免责有关工作的通知

京管发〔2023〕2号

北京电力交易中心、国网华北分部、国网北京市电力公司、首都电力交易中心、各有关市场主体：

为规范北京地区电力中长期交易市场主体行为，保证市场主体利益，依据华北能源监管局《关于印发〈京津唐电网电力中长期交易结算规则（试行）〉的通知》（华北监能市场〔2020〕250号）、《关于明确2022年京津唐电网电力中长期交易有关事项的通知》（华北监能市场〔2021〕212号）等有关规定，结合北京地区电力市场化交易工作实际，现就北京市电力中长期交易偏差电量免责有关工作通知如下：

一、偏差电量定义

电力用户、售电公司实际用电量与各类交易合同（购售合同）总电量的差值部分为偏差电量。偏差电量分为超用电量和少用电量，批发交易用户支付超用电量电费，获得少用电量电费收入。

二、申请主体

申请主体为参与批发交易的市场主体，参与零售交易的电力用户由其代理售电公司申请。

三、免责范围

符合以下情况的，经认定后执行偏差电量免责。

（一）政策因素：指在电力用户月度抄表周期内，电力用户执行市（区）政府（部门）临时发布的减产能、重污染天气等导致电力用户用电量减少的相关政策的。

（二）电网因素：指在电力用户月度抄表周期内，因电网公司主动采取有序用电和拉路序位措施或临时停电、故障停电等影响电力用户正常用电的。

（三）不可抗力因素：指在电力用户月度抄表周期内，因不能预见、不能避免且不能克服的客观因素导致电力用户用电量减少的。

鼓励批发交易用户通过参加月度、月内（多日）、合同电量转让交易等方式减少偏差电量。

四、需提交材料

申请主体应按以下情况提交相关材料（附件1）。

（一）属于免责范围中"政策因素"的，需提供市（区）政府（部门）临时发布的减产能、重污染天气等有关文件及产能减少执行情况材料。

（二）属于免责范围中"电网因素"的，需提供国网北京市电力公司（区供电公司）调控中心的停电记录和恢复送电时间记录等；国网北京市电力公司（区供电公司）发布的有序用电和拉路序位方案（通知）及电量影响情况材料。

（三）属于免责范围中"不可抗力因素"的，需提供市（区）政府（部门）发布的有关文件及电力用户产能减少执行情况材料。

（四）偏差电量免责预申请表（附件2）。

（五）偏差电量免责申请（附件3）。

（六）偏差电量免责计算依据等相关材料。

五、免责电量标准

依据相关文件材料，并结合实际执行情况，执行全部或部分偏差电量免责。电力用户提交的偏差免责电量不得大于当月抄表周期内的"交易合同电量[①]-实际用电量"；售电公司偏差免责电量按签约零售用户实际偏差免责电量的总和核定；电力用户结算时，偏差免责电量不超过该用户实际产生的偏差电量。

（一）属于免责范围中"政策因素"的，在提供相关政策文件的前提下，依据实际执行情况给予全部或部分免责。执行免责电量按照发布政策实际执行时间计算。

（二）属于免责范围中"电网因素"的，在提供相关材料的前提下，执行免责电量按照实际停电小时数计算；对于实施有序用电的情况，按照电力负荷降低数值及实际安排小时数计算。

（三）属于免责范围中"不可抗力因素"的，在提供相关材料的前提下，执行免责电量按照影响小时数计算。

偏差免责电量的调节系数 U_2 取值为1。

[①] 注：交易合同电量分为批发交易电力用户交易合同电量和零售用户交易合同电量。参与批发交易的电力用户的交易合同电量指当月全部交易合同电量总和；零售用户的交易合同电量指市场化购售电合同或市场化购售电合同结算补充协议中双方约定的当月合同电量。如售电公司与零售用户在交易平台录入或变更电量与上述电量不一致，电量以平台数据为准。

六、工作流程

（一）电力市场化交易过程中，申请主体自行判定可能因政策、电网、不可抗力因素影响正常用电时，应于当月抄表周期内向市城市管理委提交偏差电量免责预申请表。市城市管理委在收到预申请后，将会同有关单位随机开展现场抽查，相关市场主体应积极配合抽查工作。

（二）符合偏差电量免责条件的批发交易用户，于次月9日前（如遇节假日顺延），向市城市管理委提交上月偏差电量免责申请及其他全部相关材料（含电子版）。如需修改、补充，市城市管理委将于3个工作日内一次性告知，申请主体应于次月15日前（如遇节假日顺延）补充报送相关材料。未按时提交或未按要求修改、补充的将不予受理。

（三）市城市管理委确认材料符合偏差电量免责条件后，于次月27日前（如遇节假日顺延）将符合偏差电量免责条件的市场主体名单及偏差电量免责情况告知首都电力交易中心。

（四）国网北京市电力公司、首都电力交易中心按照市城市管理委确认的偏差电量免责市场主体名单及偏差电量免责情况，根据本通知"五、免责电量标准"进行偏差结算，并于结算前在电力交易平台发布偏差电量免责及结算结果，相关申请主体可登录电力交易平台进行查看。

七、其他要求

（一）偏差电量免责次月认定，偏差电量和偏差资金压月结算，偏差电量保持现有结算关系不变。

（二）零售电力用户应积极配合售电公司，提供相关材料。申请免责的相关市场主体，对所提供材料的真实性和准确性负责，一旦发现存有弄虚作假情况，将不予受理偏差电量免责申请。

（三）当零售电力用户出现偏差电量免责因素导致用电量发生变化时，有义务及时告知售电公司，售电公司与代理电力用户偏差电量免责责任按已签订的市场化购售电合同有关条款执行。

（四）本通知自发布之日起施行，《关于北京市电力中长期交易合同电量偏差免考核（试行）有关工作的通知》（京管发〔2019〕61号）同时废止。如遇相关政策调整，则以调整后政策为准。

特此通知。

附件1：申请材料明细表

附件2：××××（单位）××年××月偏差电量免责预申请表

附件3：××××（单位）关于××年××月偏差电量免责申请

北京市城市管理委员会
2023年2月8日

附件1

申请材料明细表

1		偏差电量免责预申请表（附件2）
2		偏差电量免责申请（附件3）
3	政策因素	（1）减产能、重污染天气等导致电量变化的有关文件 （2）产能变化执行情况及计算依据
	电网因素	（1）停电记录和恢复送电时间记录 （2）有序用电和拉路序位方案（通知） （3）电量影响情况说明及计算依据
	不可抗力因素	（1）不可抗力的相关文件 （2）产能变化执行情况及计算依据
4		其他相关材料

附件2

××××（单位）
××年××月偏差电量免责预申请表

申请单位（直接交易电力用户/售电公司）		直接交易电力用户/售电公司编号	
代理的申请免责用户名称（售电公司填写）		代理的申请免责用户编号（售电公司填写）	
申请免责因素	□政策因素 □电网因素 □不可抗力因素	免责因素概述	
预计申请免责时间	___月___日___时___分 至___月___日___时___分	预计申请免责总小时数	
在此期间预计主要用电设备			

备注：如同一售电公司代理多个电力用户同时申请免责，请分别填写此表。无售电公司代理的电力用户无须填写售电公司相关信息

××××单位（售电公司）（盖章）　　　　　××××单位（电力用户）（盖章）
××年××月××日　　　　　　　　　　　　××年××月××日
联系人：　　　　　　　　　　　　　　　　联系人：
联系电话：　　　　　　　　　　　　　　　联系电话：

附件 3

××××（单位）
关于××年××月偏差电量免责申请

北京市城市管理委员会：

我单位本月出现偏差电量并符合申请偏差电量免责标准，现将有关事项申请如下：

一、电力用户、售电公司基本情况

××××××××××××××××××

二、申请事项及原因

××××××××××××××××××

三、计算过程

××××××××××××××××××

本单位承诺以上信息、数据均真实可靠，如提供虚假信息，将承担所有法律责任。

特此申请。

附件：1. ××××（单位）××年××月偏差电量免责申请表

   2.

   ……

××××单位（售电公司）（盖章）	××××单位（电力用户）（盖章）
××年××月××日	××年××月××日
联系人：	联系人：
联系电话：	联系电话：

注：无售电公司代理的电力用户无须填写售电公司相关信息

××××（单位）
××年××月偏差电量免责申请表

申请单位（直接交易电力用户/售电公司）		直接交易电力用户/售电公司编号	
代理的申请免责用户名称（售电公司填写）		代理的申请免责用户编号（售电公司填写）	
用电地址		交易合同电量（万千瓦时）	
月实际用电量（万千瓦时）		产生偏差电量（万千瓦时）	
偏差率（%）		申请免责因素	□政策因素 □电网因素 □不可抗力因素
实际申请免责时间	___月___日___时___分 至___月___日___时___分	申请免责总小时数	
在此期间主要用电设备			
申请免责电量（附计算过程）			
提交材料	1. _____ 2. _____ ……		

备注：如同一售电公司代理多个电力用户同时申请免责，请分别填写此表。无售电公司代理的电力用户无须填写售电公司相关信息

本公司承诺以上信息、数据均真实可靠，如提供虚假信息，将承担所有法律责任。

××××单位（售电公司）（盖章）　　　　　××××单位（电力用户）（盖章）
××年××月××日　　　　　　　　　　　　××年××月××日
联系人：　　　　　　　　　　　　　　　　联系人：
联系电话：　　　　　　　　　　　　　　　联系电话：

北京市城市管理委员会关于北京市户外广告设施、牌匾标识安全风险评估管理工作意见

京管发〔2023〕4号

天安门地区管委会、重点站区管委会、北京经济技术开发区管委会，各区城市管理委，各相关单位：

为进一步加强本市户外广告设施、牌匾标识（以下简称"户外广告牌匾设施"）安全管理工作，规范户外广告牌匾设施安全风险评估工作，依据《北京市安全生产条例》《北京市户外广告设施、牌匾标识和标语宣传品设置管理条例》《北京市生产安全事故隐患排查治理办法》《北京市公共安全风险管理办法》等文件要求，制定本工作意见。

一、总体要求

遵循"两个坚持、三个转变"新时代防灾减灾救灾新理念，坚持"安全第一、预防为主"的方针，按照系统性、实效性、专业性、统筹性和动态性的原则开展户外广告牌匾设施安全风险评估，建立健全安全风险分级管控预防机制，降低安全事故风险，不断提升户外广告牌匾设施管理精细化水平。

二、评估对象

主要包括：已设置的户外广告设施、上沿距地10米以上且总面积≥10平方米的附着式牌匾标识、总面积≥10平方米的落地式牌匾标识。

三、实施主体及期限

（一）户外广告牌匾设施所有人（以下简称"设施所有人"）每年按照《户外广告牌匾设施安全风险辨识清单》（附件2）及《户外广告牌匾设施安全风险评估表》（附件3）开展自评，10月底前将自评结果录入北京市安全风险云服务系统。

（二）市区两级城市管理部门负责组织实施行业或区域户外广告牌匾设施安全风险评估工作，每年进行一次，10月底前区

级城市管理部门将风险评估报告报市城市管理部门。

四、单体设施安全风险评估

（一）安全风险辨识与分析

对照《户外广告牌匾设施安全风险评估表》，针对不符合项进行扣分，其中安全管理方面总分为200分，设备设施方面总分为300分，累计扣分后为初始得分，换算为百分制的得分，再按照安全管理权重30%、设备设施权重70%，计算求和之后为设施整体得分。

（二）安全风险评估

1. 户外广告牌匾设施安全风险分为低风险（Ⅰ级）、中风险（Ⅱ级）、高风险（Ⅲ级）、极高风险（Ⅳ级），详见表1。

表1　户外广告牌匾设施安全风险分级

安全风险等级	安全性评级	赋值和评估标准
低风险（Ⅰ级）	优	整体得分≥90
中风险（Ⅱ级）	良	80≤整体得分<90
高风险（Ⅲ级）	中	70≤整体得分<80
极高风险（Ⅳ级）	差	整体得分<70

2. 户外广告牌匾设施安全风险接受准则。户外广告牌匾设施安全风险等级不应高于Ⅲ级高风险，详见表2。

表2　户外广告牌匾设施安全风险接受准则

安全风险等级	接受准则	分级描述
低风险（Ⅰ级）	可忽略	风险可忽略，正常维护
中风险（Ⅱ级）	可接受	风险可接受，可实施预防措施提升安全性
高风险（Ⅲ级）	不期望	风险有条件接受，应采取应对措施降低风险
极高风险（Ⅳ级）	不可接受	风险不可接受，必须采取应对措施降低风险

五、区域、行业安全风险评估

（一）区域安全风险评估

1. 实施主体

天安门地区管委会、重点站区管委会、各区城市管理委、北京经济技术开发区城市运行局。

2. 评估抽样

（1）以街道（乡镇）行政区域为基础，围绕重点商圈、大型交通枢纽、机场、火车站、公园景区、城市主干路等人流和车流密集区域划定抽样单元。其中不包含评估对象的区域，可不划定抽样单元。

（2）结合区域功能规划及户外广告牌匾设施分布确定抽样比例，抽取样本以大型或超高的户外广告设施、固定式牌匾标识为主。抽样单元中含商业户外广告设施允许设置区域，抽取样本不宜少于4处；抽样单元属于商业户外广告设施限制设置区域，抽取样本不宜少于3处；抽样单元属于商业户外广告设施禁止设置区域，抽取公益户外广告设施和大型超高牌匾标识样本不宜少于2处。

（3）安全样本覆盖落地式、附着式、电子显示屏等不同类型户外广告牌匾设施，每3年所抽样本不重复。

3. 风险划分

区域户外广告牌匾设施安全风险分为低风险（Ⅰ级）、中风险（Ⅱ级）、高风险（Ⅲ级）、极高风险（Ⅳ级），详见表3。

表3 区域户外广告牌匾设施安全风险分级

安全风险等级	整体安全性评级	评估标准
低风险（Ⅰ级）	优	抽取样本风险等级不含高风险（Ⅲ级）、极高风险（Ⅳ级），可以含中风险（Ⅱ级），但中风险（Ⅱ级）的概率<30%
中风险（Ⅱ级）	良	抽取样本风险等级不含极高风险（Ⅳ级），可以含高风险（Ⅲ级），但高风险（Ⅲ级）的概率<30%
高风险（Ⅲ级）	中	抽取样本风险等级可以含极高风险（Ⅳ级），但极高风险（Ⅳ级）的概率≤10%
极高风险（Ⅳ级）	差	抽取样本风险等级含极高风险（Ⅳ级）的概率>10%

（二）行业安全风险评估

1. 实施主体

市城市管理委。

2. 评估抽样

围绕重点商圈、大型交通枢纽、机场、火车站、公园景区、城市主干路等人流和车流密集区域划定抽样单元。首都功能核心区、城市副中心每个抽样单元内抽取样本不宜少于4个，中心城区每个抽样单元内抽取样本不宜少于3个，其他区域每个抽样单元内抽取样本不宜少于2个。

3. 安全风险划分

综合行业抽取样本安全风险等级、区域抽取样本风险等级，进行全行业安全风险综合研判，行业安全风险划分为低风险（Ⅰ级）、中风险（Ⅱ级）、高风险（Ⅲ级）、极高风险（Ⅳ级），详见表4。

表4 户外广告牌匾设施行业安全风险分级

安全风险等级	整体安全性评级	评估标准
低风险（Ⅰ级）	优	抽取样本风险等级不含极高风险（Ⅳ级），可以含中风险（Ⅱ级）、高风险（Ⅲ级），但低风险（Ⅰ级）的概率>70%，且中风险（Ⅱ级）、高风险（Ⅲ级）的概率<30%
中风险（Ⅱ级）	良	抽取样本风险等级不含极高风险（Ⅳ级），可以含高风险（Ⅲ级），但高风险（Ⅲ级）的概率<10%
高风险（Ⅲ级）	中	抽取样本风险等级可以含有极高风险（Ⅳ级），但高风险（Ⅳ级）的概率≤10%
极高风险（Ⅳ级）	差	抽取样本风险等级含极高风险（Ⅳ级）的概率>10%

六、安全风险管控

（一）分级管控

设施所有人应按照户外广告牌匾设施安全风险等级、接受准则采取安全风险管控措施，详见表5。

表5　户外广告牌匾设施安全风险分级应对措施

安全风险等级	分级应对措施
低风险（Ⅰ级）	符合安全运行要求，正常维护
中风险（Ⅱ级）	落实安全措施，可继续运行
高风险（Ⅲ级）	采取防护措施，限期整改
极高风险（Ⅳ级）	暂停使用，立即整改

（二）管控措施

1. 设施所有人严格落实《北京市户外广告设施、牌匾标识和标语宣传品设置管理条例》《北京市生产安全事故隐患排查治理办法》《户外广告设施技术规范》《牌匾标识设置规范》等文件要求，加强人员培训和安全教育，强化安全意识，提高安全操作技能，定期开展设施检查，及时发现并消除安全风险隐患。

2. 针对评估结果为中风险的户外广告牌匾设施，设施所有人应加强日常巡查检查，发现隐患及时消除；在气象部门发布极端天气预警时，立即开展巡查检查，及时采取加固措施。

3. 针对评估结果为高风险的户外广告牌匾设施，设施所有人应立即采取设置围挡、安全警示、专人看护等应急措施，制定安全隐患整改方案，并在规定期限内消除安全隐患。

4. 针对评估结果为极高风险的户外广告牌匾设施，设施所有人应立即安排专人看护，采取设置围挡、安全警示等应急措施，并立即组织采取加固措施，在安全隐患整改完成后再评估，确保风险等级达到中风险水平。

5. 评估结果为中风险、高风险、极高风险的区域，区级城市管理部门、街道办事处（乡镇人民政府）要分类采取有效管控措施。其中，中风险区域要加大日常巡查检查频次，履行设施抽查职责，查漏补缺，确保各项安全管理制度落地落实；高风险区域要开展安全治理专项行动，以问题为导向，制定整改措施，限期完成，加强安全执法，确保消除隐患，降低风险至中风险以下；极高风险区域要立即开展安全治理专项行动，限期降低安全风险，全面排查整改安全隐患，全面开展安全培训，加大执法查处力度，治理完成后，由区级城市管理部门组织安全风险再评估，确保区域风险降至中风险以下。

七、安全风险更新与风险沟通

（一）安全风险更新

设施所有人自评后，将自评结果录入北京市安全风险云服务系统，每年更新一次风险评估结果；属地城市管理部门每年更新安全管理台账。

（二）安全风险沟通

户外广告设施所有人在醒目位置和重点区域、场所布设或张贴安全提示，加强人员安全培训，存在重大安全隐患时应及时向属地行政主管部门报告。设施所有人自评存在虚假、瞒报的，属地城市管理部门应会同城管执法部门约谈设施所有人，指出存在安全隐患，进行教育整改。

八、保障措施

（一）高度重视。户外广告牌匾设施安全是城市公共空间安全管理的重要内容，关系到人民群众"头顶上的安全"，各区（地区）、各单位要高度重视，坚持人民至上、生命至上，坚持问题导向和底线思维，以高度责任感和使命感抓好户外广告牌匾设施安全风险评估工作。强化科技赋能，引导设施所有人安装安全监测智能感知设备，及时发现并整改安全隐患。

（二）强化培训。各区（地区）要宣传贯彻国家和本市有关安全生产方面的法律、法规、规章和政策，做好户外广告牌匾设施安全风险评估的宣讲和解读，指导设施所有人落实安全主体责任，加强安全生产管理，及时开展全面自查自纠，做好安全管理和日常巡查维护，提高安全防范意识，积极配合做好日常管理资料提交和现场勘查，切实履行安全第一责任人的责任。

（三）抓好落实。各区（地区）要把户外广告牌匾设施安全风险评估作为一项基础性、常态化工作，加大资金保障力度。认真履职尽责，遴选有资质单位，定期组织安全风险评估工作，掌握辖区户外广告牌匾设施安全运行状态。对评估中发现的安全隐患，督促产权单位落实整改；对不配合评估工作、安全隐患整改不到位的户外广告牌匾设施，约谈设施所有人，并依法给予处罚；对拒不整改，情节严重的纳入违规治理。

附件1：户外广告牌匾设施安全风险评估工作流程

附件2：户外广告牌匾设施安全风险辨识清单

附件3：户外广告牌匾设施安全风险评估表

北京市城市管理委员会

2023年2月23日

附件1

户外广告牌匾设施安全风险评估工作流程

户外广告牌匾设施安全风险评估工作流程主要包括：建立安全风险评估组（以下简称"评估组"）、计划和准备、安全风险辨识、安全风险分析、安全风险评估、安全风险管控、安全风险更新与安全风险沟通等环节，具体如下图所示。

户外广告牌匾设施安全风险管理工作流程图

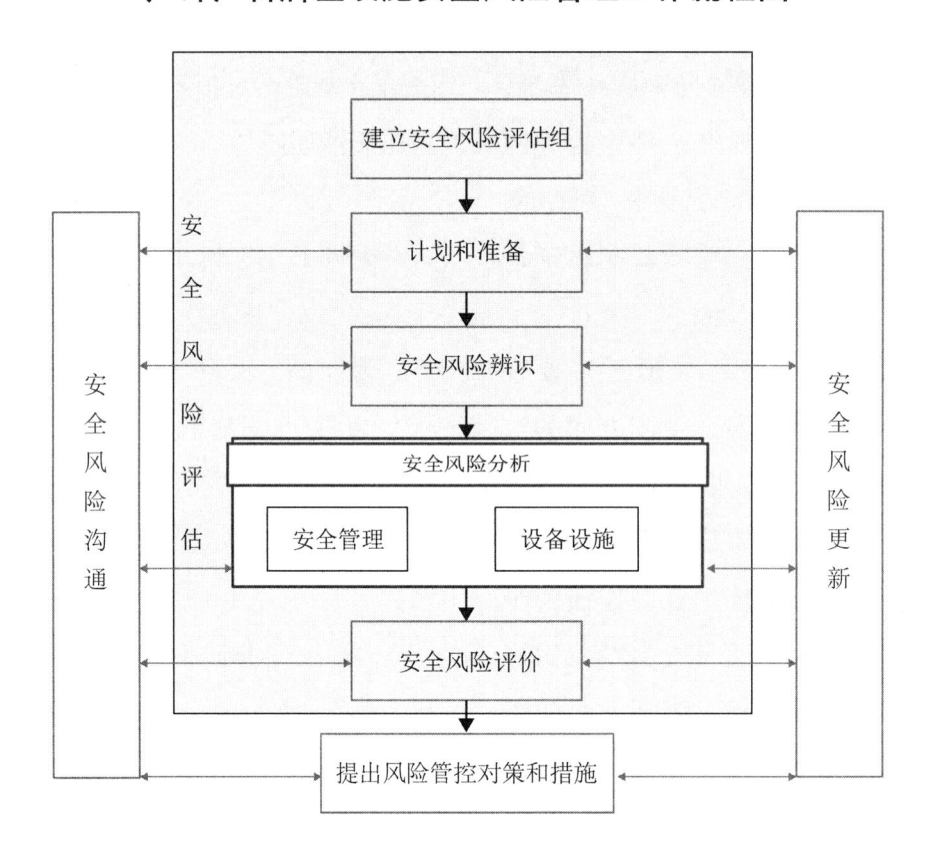

```
                   ┌─────────────────────┐
                   │   建立安全风险评估组   │
                   └──────────┬──────────┘
                              ↓
  安                ┌─────────────────┐                安
  全                │    计划和准备    │                全
  风   ←─────────→  └────────┬────────┘  ←─────────→   风
  险                          ↓                        险
  沟    安                                      安      更
  通    全          ┌─────────────────┐         全      新
        风   ←───→  │   安全风险辨识   │  ←───→  险
        险          └────────┬────────┘         评
        评                   ↓                  估
        估          ┌─────────────────┐
             ←───→  │   安全风险分析   │  ←───→
                    │ ┌──────┐ ┌──────┐│
                    │ │安全管理│ │设备设施││
                    │ └──────┘ └──────┘│
                    └────────┬────────┘
                             ↓
                    ┌─────────────────┐
             ←───→  │   安全风险评价   │  ←───→
                    └────────┬────────┘
                             ↓
                    ┌─────────────────┐
                    │ 提出风险管控对策和措施 │
                    └─────────────────┘
```

开展区域、行业安全风险评估，主要步骤如下：

一、组成评估组

1. 受委托开展户外广告牌匾设施安全

风险评估的单位，应具有安全生产评价资质，或者具有 CNAS 检验机构认可证书，且认可的检验能力范围包括户外广告牌匾设施施工质量评价、结构安全性鉴定或安全评估。

2. 安全风险评估单位配备评估工作所需的检测仪器、仪表及工具设备，并形成书面评估报告。

3. 安全风险评估单位应成立评估组，由 3 名及以上专业人员组成。其中，组长具有 5 年以上安全工程、土木工程、电气工程、钢结构工程等专业工作经验，具备高级工程师及以上职称；成员具有 3 年以上安全工程、土木工程、电气工程、钢结构工程等专业工作经验。

二、现场安全风险评估

1. 评估组到达现场后，与被评估单位进行沟通，通报安全风险评估的依据、程序、方法和配合事宜等。

2. 现场安全风险评估包括现场查阅资料和现场设施检查两部分内容。

3. 被评估单位应积极配合安全风险评估工作，及时提供户外广告牌匾设施的技术档案、管理资料、日常检查维护、大中修以及特殊天气检查记录、安全鉴定报告等材料。

4. 评估组根据检查情况，形成安全风险评估记录。

三、安全风险评估结论及建议

评估组研究后做出安全风险评估结论。结论包括被评估样本的安全风险等级和管控措施建议。评估结果包括四种情况：低风险（Ⅰ级）符合安全运行要求；中风险（Ⅱ级）落实安全管控措施，可继续运行；高风险（Ⅲ级）限期整改；极高风险（Ⅳ级）立即整改。

四、安全风险评估报告

1. 评估组根据安全风险评估结果编制户外广告牌匾设施的安全风险评估报告。

2. 安全风险评估报告包括设施概况、评估目的和依据、评估程序和方法、风险分析结果、风险等级、风险管控措施、评级结论及建议、附图附表等内容。

3. 安全风险评估报告应有评估组组长、成员签字，经安全风险评估单位负责人或被授权人签字，加盖单位公章后出具。

附件2

户外广告牌匾设施安全风险辨识清单

序号	风险源	辨识标准	可能造成的后果	风险类型
1	安全生产责任制	安全生产责任制不健全,安全管理混乱	1. 安全生产工作不落实; 2. 不能及时发现并消除安全隐患; 3. 发生安全事故,导致人员伤亡及财产损失	物体打击、坍塌
2	安全生产管理机构与人员	未明确主要负责人是本单位的安全生产第一责任人以及主要岗位负责人员的职责	1. 安全职责分工不明,导致安全生产管理要求落实不到位; 2. 应急处置不及时,导致人员伤亡及财产损失; 3. 发生安全事故,导致人员伤亡及财产损失	物体打击、坍塌
3	安全生产规章制度	未制定安全生产规章制度或规章制度未更新	1. 安全生产工作不落实,造成日常维护、定期鉴定等流于形式; 2. 发生安全事故,导致人员伤亡及财产损失	物体打击、坍塌
4	安全操作规程	涉及吊装、高空作业、临时用电以及国家规定的其他危险作业,未制定岗位安全操作规程	1. 吊装、高空作业违章操作,造成人员高空坠落;坠物对行人造成物体打击。 2. 电气作业违章操作,造成人员触电	物体打击、高处坠落、触电
5	安全生产教育培训	未对从事户外广告牌匾设施运行使用、维修养护和更换画面等作业活动的电气焊工、电工等特种作业人员培训,无证上岗;从业人员在本单位内调整工作岗位或离岗6个月以上重新上岗时,未重新接受安全培训;相关方作业人员未开展安全生产教育培训	1. 无证上岗违章操作,造成人员伤害、设施损坏; 2. 不能及时发现并消除安全隐患; 3. 应急处置不及时,导致人员伤亡及财产损失	物体打击、高处坠落、触电
6	应急救援	未编制应急预案或未定期实施演练;未指定应急联络人和负责人,负责人不熟悉应急处置程序和突发事故报告程序;应急物资设备超过保质期	1. 耽误救援时间,造成人员伤亡及经济损失; 2. 应急处置不得当,造成不良社会影响	物体打击、坍塌、高处坠落、触电、火灾
7	隐患排查和治理	未开展隐患排查工作;针对重大安全隐患未采取措施或未汇报	1. 不能及时发现并消除安全隐患; 2. 重大隐患整改不到位,造成设施全部或局部功能丧失,易发生安全事故	物体打击、坍塌、触电、火灾

续表

序号	风险源	辨识标准	可能造成的后果	风险类型
8	相关方安全	未与相关方签订安全生产管理协议，未明确各自的安全生产管理职责；协议或合同超期未重新签署；现场发现安全问题未督促相关方整改	1. 安全生产管理职责不明，互相推诿，安全生产管理要求落实不到位； 2. 相关方未及时整改现场安全问题，发生安全事故	物体打击、坍塌
9	现场安全巡视	未建立安全巡视制度或未组织安全巡视	不能及时发现并消除安全隐患，易发生安全事故	物体打击、坍塌
10	技术资料完整性	未按规划设置、设计不合理、施工不规范	设施本身具有缺陷，整体可靠性不足，发生安全事故，导致人员伤亡及财产损失	物体打击、坍塌
11	日常检查和维护	未按检查项目、频次进行日常维护和检查或未做维护记录	1. 检查项目不全或频次不符合要求，不能及时发现设施损坏、电气设施老化等现象并及时消除安全隐患； 2. 发现隐患未及时整改，易发生安全事故	物体打击、坍塌
12	特殊天气的检查和保养	在大风、暴雨、雷电等极端天气前未对设施的外观、结构、电气进行检查和维护	极端天气时引起设施损坏、坠落、倒塌，砸伤路人和车辆，造成人员伤亡及财产损失	自然灾害（暴雨、大风、雷电等），物体打击、坍塌
13	大中修	未对设施易损构件、部件及时检查、维护保养、更换	设施有损坏、电气有故障，无法正常运营	物体打击、坍塌
14	安全鉴定	未按期对设施进行第三方安全鉴定	无法发现隐性的重大隐患，突发设施坠落、倒塌、电气事故或火灾，导致人员伤亡及财产损失	物体打击、坍塌
15	设施现场状态	未及时发现基础、立柱、面板、螺栓紧固、电气照明、防雷接地，以及户外电子屏网络安全等方面的异常	设施运行状况不良，影响正常使用，可能发生设施损坏、坠落、电气事故等；户外电子屏广告设施存在网络安全隐患	物体打击、坍塌、户外电子屏出现网络插播

附件 3

户外广告牌匾设施安全风险评估表

一、安全管理（总分为 200 分）

表 A-1　管理风险评估表

序号	风险源	要素分值	条款分值	评分原则	评定结果	扣分说明
1	基础管理要求					
1.1	安全生产责任制	20				
	单位应建立、健全安全生产责任制，制定年度安全生产目标		20	单位未建立安全生产责任制，安全管理方面得 0 分，安全风险等级为极高风险（Ⅳ级）。 1）责任制内容或要素不全的，每缺一项扣 3 分； 2）未制定年度安全生产目标的，扣 5 分		
1.2	安全生产管理机构与人员	30				
	单位明确主要负责人是本单位的安全生产第一责任人以及主要岗位负责人员的职责		30	1）未明确企业主要负责人安全责任，扣 15 分； 2）未建立涵盖各层级的安全生产职责的，扣 15 分		
1.3	安全生产规章制度	30				
	单位应组织制定安全生产规章制度，适时更新		30	1）未制定安全生产规章制度，扣 30 分； 2）每有一项制度内容不全，或与法规规定、实际不符，扣 2 分		
1.4	安全操作规程	10				
	单位涉及危险作业，应编制岗位安全操作规程		10	1）涉及吊装、高空作业、临时用电以及国家规定的其他危险作业，无岗位安全操作规程，扣 4 分，不涉及危险作业可不扣分； 2）岗位安全操作规程不适用、不具有可操作性的，每种扣 2 分		
1.5	安全生产教育培训	20				
	单位应至少每年开展一次安全生产教育和培训		20	1）无培训记录或伪造记录，视同未开展，扣 20 分； 2）登高作业、电气焊工等应取得相应资格方可上岗作业的人员未取得相应资格或资格过期的，每人次扣 2 分； 3）从业人员在本单位内调整工作岗位或离岗 6 个月以上重新上岗时，未重新接受安全培训，每人扣 3 分； 4）单位未对相关方作业人员进行安全教育培训，每人扣 3 分		

续表

序号	风险源	要素分值	条款分值	评分原则	评定结果	扣分说明
1.6	应急救援	35				
	单位应编制应急预案，每年组织或参与附属商场的1次应急预案演练		35	1）未制定应急预案，扣35分。 2）单位未指定应急联络人和负责人，扣3分；负责人不熟悉应急预案内容和突发事故报告程序，扣5分。 3）未按要求开展演练，扣10分。 4）应急物资设备超过保质期，扣5分		
1.7	事故隐患排查和治理	40				
	定期开展事故隐患排查，及时消除隐患		40	1）未开展隐患排查工作，扣15分，无隐患排查记录视同未开展； 2）重大安全隐患的户外广告未采取措施或未汇报，安全管理方面得0分		
1.8	相关方安全	10				
	单位应与供应单位、承包（承租）单位签订安全生产管理协议		10	1）未签订相关安全生产管理协议或未在合同中明确各自的安全生产管理职责，扣2分；协议或合同超期未重新签署，扣2分。 2）现场发现安全问题未督促相关方整改，扣2分		
1.9	现场安全巡视	5				
	单位应建立现场安全巡视制度，定期开展安全巡视		5	1）未建立安全巡视制度，扣2分； 2）未组织安全巡视，扣3分，未见记录视同未巡视		

二、设备设施（总分为300分）

表A-2 设施风险评估表

序号	风险源	要素分值	条款分值	评分原则	评定结果	扣分说明
2	技术层面要求					
2.1	技术资料完整性	60				
2.1.1	规划：户外广告设施符合街区规划，按照街区规划设置		20	1）不符合街区规划，无手续，设备设施方面为0分； 2）设置期限超过规划期限，无延期手续，扣20分，未就户外电子屏广告设施，与公安机关签订网络安全责任书，扣10分		
2.1.2	设计：具有设计资质的单位提供的图纸		20	无资质单位设计的盖章结构图纸或经鉴定复核后的图纸，扣20分		
2.1.3	施工：单位提供完整清晰的户外广告牌匾设施施工资料		20	1）无施工图纸，扣10分； 2）无竣工验收资料扣10分，资料不全扣5分		

续表

序号	风险源	要素分值	条款分值	评分原则	评定结果	扣分说明
2.2	日常检查和维护	30				
	定期对户外广告牌匾设施的结构部分、电气及照明、防雷设施、防火措施、户外电子屏网络安全进行日常检查		30	1）检查的项目和频次符合《户外广告设施技术规范》DB11/T 243—2014 的有关规定，未开展日常检查和维护，扣 30 分，未见日常检查和维护保养记录视同未检查； 2）检查项目、频次和内容优于现行标准，视情况加分，最高加 10 分，每有一处不符合要求，扣 2 分		
2.3	特殊天气的检查和保养	30				
	在大风、暴雨等极端天气前对户外广告牌匾设施的结构和外观进行检查和维护		30	1）未提供记录等同于未检查，扣 30 分； 2）记录项目或内容不全，每一项扣 3 分		
2.4	大中修	20				
	应制定年度户外广告设施大中修计划，按计划开展大中修		20	1）未制定大中修计划，扣 10 分； 2）未按计划执行，每一处不符合要求，扣 2 分		
2.5	安全鉴定	80				
2.5.1	户外广告牌匾设施所有人应依法定期开展安全鉴定，提供鉴定报告。检查项目包括基础、构架及连接、面板及围护、结构防腐、电气及照明、防雷接地，以及户外电子屏网络安全等。鉴定报告评定结论完整明确			1）无安全鉴定报告，扣 80 分，报告未盖章签字视同未进行安全鉴定。 2）检测项目和鉴定报告结论参照《户外广告设施技术规范》DB11/T 243—2014，每缺一项检测项目，扣 3 分；鉴定报告结论缺项，每缺一项扣 10 分		
2.6	现场状态查看	80				
2.6.1	地基、立柱、面板状态完好；螺栓紧固，与附着建筑物连接可靠；涂层完好，无锈蚀；电气照明符合规范；防雷接地可靠；户外电子屏落实网络安全管控要求			1）出现基础开裂、立柱或面板有明显几何偏差、严重锈蚀、与附属结构连接不可靠等危及设施安全使用时，设备设施方面得分为 0，安全风险等级为极高风险（Ⅳ级）； 2）出现钢筋外露及地脚螺栓松动、面板翘裂、扎绳管（杆）固定不牢固、焊缝开裂、与结构框架连接不紧密、灯具固定不可靠、爬梯和走台不牢固、电气敷设不规范、电气绝缘不可靠、防雷装置损坏等现象，扣 80 分； 3）出现杆件轻微变形、螺栓松动缺失、膜布破损、构件防腐涂层老化等现象扣 30 分； 4）电子屏未落实设备、技术等管控要求和措施，扣 20 分		

北京市城市管理委员会关于印发《北京市生活垃圾处理设施运行管理检查考评办法》的通知

京管发〔2023〕3号

各区城市管理委，市环管中心、市城市研究院，北京环卫集团、首钢环境公司、国中公司、一清百玛士公司、南宫生物质能源公司、华源惠众环保公司：

为进一步改善人民群众周边环境，提升生活垃圾处理设施精细化管理水平，适应安全发展新形势，现将新修订的《北京市生活垃圾处理设施运行管理检查考评办法》（以下简称《考评办法》）印发给你们，并就有关事宜通知如下：

一、《考评办法》修订重点

一是新增星级评价专项考评方式，形成新型常态化生活垃圾处理设施运行监管模式。

二是完善日常"双随机"抽查工作机制，确保抽查随机性。

三是建立专家库、专家互查、专家评价工作机制，充分发挥"外脑"和"智囊团"作用。

四是调整考评细则的部分条款，包括"一厂一策"新要求落实情况考核、全流程精细化管理平台应用、数据溯源工作支撑、精准物流调度工作支撑、安全生产管理要求细化等内容。

五是删除行业主管部门开展定期环境监测要求。

六是调整鼓励加分措施，提高生化处理工艺技改升级后的厨余垃圾残渣率要求。

二、市级监管工作安排

市环管中心依据《考评办法》开展全市生活垃圾处理设施运行管理检查考评工作。市城市管理委定期向各区政府及市级运营单位通报各区生活垃圾综合管理情况和所属生活垃圾处理设施考评情况。

三、区级监管及市级运营单位工作落实要求

各区城市管理委及市级运营单位依据

《考评办法》建立生活垃圾处理设施运行管理长效机制，扎实开展区级及市级运营单位检查，并积极配合市环管中心开展属地管理责任落实情况检查工作。

特此通知。

北京市城市管理委员会

2023年2月16日

北京市生活垃圾处理设施运行管理检查考评办法

北京市城市管理委员会

2023年2月

目 录

一、北京市生活垃圾处理设施运行管理检查考评办法

二、属地管理责任落实情况检查考评细则

三、属地管理责任落实情况检查考评细则条文说明

四、生活垃圾处理设施运行管理检查考评细则

五、生活垃圾处理设施运行管理检查考评细则条文说明

六、生活垃圾处理设施星级评价细则

七、生活垃圾处理设施星级评价细则条文说明

附件1 生活垃圾处理设施运行管理检查考评设施名单

附件2 区级（市级运营单位）检查记录表

附件3 生活垃圾处理设施运行资料清单

附件4 环卫运输记录单管理办法

附件5 腐熟度检测方法

附件6 堆肥处理工艺耗氧速率检测方法

附件7 北京市生活垃圾处理设施在线监测系统（一期）管理办法

附件8 生活垃圾焚烧厂运行月报表（填报样表）

附件9 年度运行基本情况登记表（填报样表）

北京市生活垃圾处理设施运行管理检查考评办法

第一章 总 则

第一条 为规范北京市生活垃圾处理设施运行管理检查考评工作，加强生活垃圾处理设施监督管理，提升生活垃圾处理设施运行水平，根据国家和本市及行业相

关法律、法规、规章、规范性文件及标准，特制定本办法。

第二条 本办法所称生活垃圾处理设施是指北京市行政区域内生活垃圾转运站、生化处理厂（含厨余垃圾处理厂等）、焚烧厂、卫生填埋场和粪便消纳站等生活垃圾处理设施。

第三条 市城市管理委是全市生活垃圾处理设施运行管理检查考评主体单位，负责组织、协调、指导、监督全市生活垃圾处理设施运行管理检查考评工作。

市环管中心是全市生活垃圾处理设施运行管理检查考评执行主体单位，负责具体实施全市生活垃圾处理设施运行管理检查考评工作。

各区城市管理委落实属地管理责任，负责组织、协调、监督、指导行政区域内所有生活垃圾处理设施运行管理检查考评工作，接受市城市管理委监督检查考评。

市级运营单位负责具体落实运营范围内生活垃圾处理设施运行管理工作，接受市、区城市管理委监督检查考评。

第四条 北京市生活垃圾处理设施运行管理检查考评工作坚持"市级统筹、属地负责"的原则，具体工作主要包括以下内容：

（一）市城市管理委对各区城市管理委和市级运营单位属地管理责任落实情况开展的监督检查考评工作。

（二）市城市管理委对全市生活垃圾处理设施运行管理情况开展的检查考评工作。

（三）区城市管理委对行政区域内生活垃圾处理设施开展的检查工作。

（四）由市或区城市管理委委托第三方机构对生活垃圾处理设施运行管理情况开展的评估工作。

第二章 检查考评范围

第五条 生活垃圾处理设施运行管理检查考评范围由市城市管理委确定，原则上包括全市在运行的生活垃圾处理设施和已封场但未达到终场状态的市级生活垃圾卫生填埋场。检查考评范围内的生活垃圾处理设施分为市级设施和区级设施两类，市级设施是指由市级投资建设或与市城市管理委签订运营管理合同（协议）的生活垃圾处理设施，区级设施是指考评范围内的非市级设施。

第六条 有下列情形之一的，区城市管理委和市级运营单位应及时将有关情况上报市城市管理委，检查考评范围相应调整：

（一）新建生活垃圾处理设施开始接收生活垃圾进行调试运行。

（二）生活垃圾处理设施运行状态发生重大变化（包括但不限于工艺升级改造、因故障启停关键设备等）。

（三）设施停止处理生活垃圾。

（四）生活垃圾卫生填埋场达到封场或终场状态。

第三章 市级检查

第七条 市级检查由市城市管理委负责组织，主要包括属地管理责任落实情况检查（以下简称"属地检查"）和全市生活垃圾处理设施运行管理情况抽查（以下简称"设施抽查"）。

第八条 属地检查内容主要包括区城市管理委和市级运营单位属地管理责任落实情况和生活垃圾处理设施监管工作组织开展情况。

第九条 市环管中心实施属地检查每季度不少于一次，按照以下步骤开展：

（一）区城市管理委和市级运营单位汇报检查周期内属地管理责任落实情况。

（二）查阅区城市管理委和市级运营单位落实属地管理责任有关文档资料。

（三）市、区两级交流反馈检查情况。

第十条 设施抽查方式分为日常"双随机"抽查和不定期检查两类，必要时可合并进行。检查形式主要包括现场检查和非现场监管。生活垃圾处理设施日常"双随机"抽查是指在开展生活垃圾处理设施运行管理检查时，随机抽取检查对象、检查人员，采取"四不两直"方式，对照抽查事项清单进行日常检查。

第十一条 市环管中心进行日常"双随机"抽查，根据实际需要实施差异化监管，依据生活垃圾处理设施星级评价结果调整日常"双随机"抽查频次。原则上星级较低的增加抽查次数，星级较高的减少抽查次数。

第十二条 市城市管理委单独或会同生态环境部门、应急部门、相关区政府等，针对重点生活垃圾处理设施采取联合执法检查、专项检查、突击夜查、驻场监管等方式开展不定期检查。市城市管理委组织行业内部专家参与检查。

第十三条 现场检查通常以检查小组的形式开展，每组至少配备两名检查人员，采取听取介绍、查阅记录、观察现场情况、问询相关人员、提取生活垃圾处理设施运行资料和记录等方式进行检查，必要时可进行暗查。

现场检查应客观记录现场情况，包括采集影像资料和填写《现场检查记录表》。对记录确认无误后，市级检查人员、参与检查的区级（市级运营单位）检查人员、被检查单位有关负责人应在《现场检查记录表》上签字。

被检查单位对记录有异议或拒绝签字的，检查人员应在《现场检查记录表》中予以说明。

第十四条 市级检查参考以下非现场监管内容：

（一）各类信息化系统运行、数据信息、生活垃圾处理设施运行记录等管理情况和远程监管情况。

（二）生活垃圾处理设施主要运行数据和相关指标情况。

（三）环卫运输记录单核查情况。

第十五条 市环管中心应对生活垃圾

处理设施运行管理检查考评记录进行整理、归档并妥善保存。纸质记录保存期为两年，电子记录长期保存。

第十六条 区城市管理委和市级运营单位应就属地检查建立联系人制度，指定专人负责协调工作，并向市环管中心提交联系人名单和联系方式。联系人发生变动时，应及时变更。

第四章 区级（市级运营单位）检查

第十七条 区级（市级运营单位）检查应覆盖行政区域（运营范围）内所有生活垃圾处理设施（含新建设施、停运设施及封场卫生填埋场）。区城市管理委和市级运营单位应按照下列要求开展生活垃圾处理设施检查工作：

（一）建立队伍。建立检查队伍，负责行政区域（运营范围）内生活垃圾处理设施检查工作。

（二）制定标准。制定生活垃圾处理设施运行管理检查考评标准，参照本办法实行百分制。

（三）定期检查。依据本区（本单位）生活垃圾处理设施运行管理检查考评标准定期对行政区域（运营范围）内生活垃圾处理设施进行检查并考评打分。每座生活垃圾处理设施每月不少于两次（封场卫生填埋场每季度不少于一次），检查过程中应做好相关记录及资料留存，填写《区级（市级运营单位）检查记录表》。

（四）定期反馈。每季度向所属生活垃圾处理设施反馈检查考评情况至少一次，并及时传达市级监管部门有关要求。

（五）情况反馈。撰写季度检查报告，向市环管中心反馈区级（市级运营单位）检查开展情况、属地管理责任落实情况和行政区域（运营范围）内生活垃圾处理设施考评情况。

第十八条 区城市管理委和市级运营单位应开展生活垃圾处理设施安全检查、舆情处理相关管理工作。

各区应督促行政区域内所有生活垃圾处理设施开展定期环境监测工作，并定期查验环境监测报告。

第五章 考核评价

第十九条 考核评价包括对市级检查情况进行汇总、分析和对区级（市级运营单位）生活垃圾处理设施运行管理情况进行考核评分，由市环管中心依据本办法具体执行。

第二十条 考核评分实行百分制，按照以下方法实施：

（一）区级（市级运营单位）生活垃圾处理设施运行管理检查考评得分（以下简称"区考评得分"）：总分为100分，由属地管理责任落实情况考评得分（以下简称"属地管理得分"）和行政区域（运营范围）内生活垃圾处理设施运行管理考评得分（以下简称"设施得分"，所占权重比例为50%）两部分构成。

（二）属地管理得分：实行扣分制，以

50分为基准，结合属地管理责任落实情况和行政区域（运营范围）内生活垃圾处理设施存在的属地问题综合计算。

（三）设施得分：实行扣分制，以100分为基准，依据监管过程中发现的问题计算。

（四）计算方法如下：

区考评得分＝属地管理得分＋设施得分平均值×50%，其中设施得分平均值＝所有考评设施得分总和/考评设施总个数。

（五）对处于试运行阶段的新建生活垃圾处理设施开展的监督指导结果不纳入市级考核评分。

第二十一条 市环管中心定期形成生活垃圾处理设施检查考评结果（以下简称"考评结果"）上报市城市管理委。

市城市管理委对考评结果进行审核后，向各区政府和市级运营单位公布考评结果，并将考评结果作为生活垃圾处理调控核算平台资金拨付的主要依据，视情况报告市政府或告知市相关部门。

第二十二条 市环管中心应每年对北京市生活垃圾处理设施运行管理检查考评全年工作进行总结，形成年度总结报告上报市城市管理委。

第二十三条 被检查单位如对检查考评结果有异议，可在考评结果印发三个月内向市城市管理委提出复核。

第二十四条 市、区城市管理委组织开展生活垃圾处理设施星级评价。

第二十五条 考核评价应遵循"公平、公正、公开"的原则。

检查人员应注重仪容仪表，使用文明用语，按照本办法确定的权限和程序履行职责，不得擅自增加或减少检查内容。检查人员应当自觉接受有关部门、社会和公众的监督，尊重和保护被检查单位陈述、申辩、复核等合法权利，保守被检查单位秘密，不得提前向外界和被检查单位公开检查考评结果。

第六章 问题整改与约谈

第二十六条 区城市管理委和市级运营单位应针对检查考评结果反映的问题，制定区级（市级运营单位）问题整改计划并严格落实，监督和指导所属生活垃圾处理设施开展问题整改工作。

第二十七条 市环管中心可针对日常"双随机"抽查和不定期检查中发现的问题向相关生活垃圾处理设施或相关区城市管理委和市级运营单位下达技术指导建议书。

有下列情形之一的，由环管中心向区城市管理委和市级运营单位下达问题整改通知，明确整改内容及时限：

（一）区级（市级运营单位）考评得分低于90分的。

（二）所属生活垃圾处理设施在工艺运行、环境保护和安全生产等方面发生较重大问题的。

第二十八条 区级（市级运营单位）考评得分连续两个季度低于90分的，由市城市管理委约谈区城市管理委或市级运营单位。

第七章 附 则

第二十九条 有下列情况之一的可予以鼓励加分：

（一）新纳入市级检查考评范围的生活垃圾处理设施设计处理能力超过其所在行政区域上一年同类别生活垃圾处理设施垃圾清运量的30%，相关区城市管理委和市级运营单位当年年度区考评得分加1分，超过50%的加1.5分。

（二）生活垃圾处理设施的生化处理工艺技改升级后，厨余垃圾残渣率年度统计结果不高于30%，该生活垃圾处理设施当年年度设施得分加0.5分。

（三）相关区城市管理委和市级运营单位完成与生活垃圾处理有关的市级重大任务，可于当年11月30日前向市城市管理委提交申请报告，经审核后当年年度区考评得分加1分。

第三十条 本办法由市城市管理委负责解释。

第三十一条 本办法自2023年3月1日起执行，《北京市城市管理委员会关于印发北京市生活垃圾处理设施运行管理检查考评办法的通知》（京管发〔2021〕33号）同时废止。

属地管理责任落实情况检查考评细则

一级指标		二级指标
政策落实	1	未落实相关政策要求
	2	重点任务落实不到位
	3	市级不定期检查发现问题
	4	接诉即办投诉量不符合要求
	5	市级物流调配落实不到位
	6	生活垃圾应急处置能力不足
组织管理	7	属地监管制度不健全
	8	设施管理不到位
	9	设施运行情况发生变化未及时上报
	10	设施发生生产安全事故、环境事件等情况未及时上报
	11	设施发生生产安全事故
	12	设施发生影响较大的环境事件
	13	设施运行负荷率过低（或过高）
	14	垃圾填埋场渗沥液（含浓缩液）外运
	15	设施公共区域管理不符合要求

一级指标	二级指标	
基础管理	16	数据统筹管理不符合要求
	17	设施基础资料缺失
	18	信息化系统建设、运行和应用不符合要求
	19	专业技术管理人员配备不到位
	20	未开展定期环境监测及相关管理工作
自查管理	21	检查工作不规范
	22	自查资料不符合要求
	23	未按要求接受市级检查
	24	未组织开展专项安全检查
	25	生活垃圾运输车辆（集装箱）不符合要求
	26	社会监督制度落实不到位

属地管理责任落实情况检查考评细则条文说明

一级	二级	条文说明	扣分标准
政策落实	1. 未落实相关政策要求	相关政策指市城市管理委和市环管中心下发的函、通知、批复、会议纪要、备忘录和技术指导建议书等。	一项扣2分
	2. 重点任务落实不到位	区级（市级运营单位）重点任务落实情况，由市城市管理委根据工作安排不定期开展重点任务落实情况核查。	一项扣2分
	3. 市级不定期检查发现问题	市城市管理委根据工作安排对重点设施开展联合执法检查、专项检查、突击夜查、驻场监管等方式的不定期检查，发现区级（市级运营单位）所属生活垃圾处理设施运行管理相关问题。	一项扣2分
	4. 接诉即办投诉量不符合要求	落实属地管理责任，及时受理有关生活垃圾处理设施运行管理的市民接诉即办合理合法诉求，并监督运营单位落实整改工作，做到及时处理解决。根据接诉即办市级统计结果考核。	10件以下扣1分，10件至100件扣2分，100件以上扣3分
	5. 市级物流调配落实不到位	区城市管理委和市级运营单位应按照市统筹原则，保证设施配合、服从全市生活垃圾处理物流调配。	一项扣2分
	6. 生活垃圾应急处置能力不足	按照上一年年垃圾清运量计算，采取规范且符合环保要求的生活垃圾处置方式应急处置能力不得低于1年。 每年11月30日前报送相关证明材料（扫描件），报送邮箱为：ztc_ss@csglw.beijing.gov.cn。	扣3分

续表

一级	二级	条文说明	扣分标准
组织管理	7. 属地监管制度不健全	区城市管理委和市级运营单位应按照属地管理原则，制定监管制度、组织架构、年度计划，组建检查队伍，参照本办法制定设施运行检查考评办法。	一项扣2分，累计最高扣5分
	8. 设施管理不到位	设施市级考核得分低于90分。设施应持续稳定接收生活垃圾，停止接收的连续时间不超过5天。	每个设施每项扣2分；连续停止接收垃圾时间超过5天的，后续每超过5天加扣1分。累计最高扣5分
	9. 设施运行情况发生变化未及时上报	新建设施生活垃圾进厂调试运行，现有设施新改扩建、重大工艺调整、停止处理生活垃圾或封场填埋场达到终场状态等情况发生时，区城市管理委和市级运营单位应提前一个月将有关情况上报市城市管理委。区城市管理委和市级运营单位每年应于11月底前将所属焚烧厂下一年检修计划上报市城市管理委，非计划检修停炉预计5天以上应在停炉当天上报市城市管理委。	一个设施扣2分
	10. 设施发生生产安全事故、环境事件等情况未及时上报	区城市管理委和市级运营单位应及时将生产安全事故、环境事件等有关情况上报市城市管理委。	一项扣2分
	11. 设施发生生产安全事故	区城市管理委和市级运营单位应加强对设施安全管理工作的检查监督，杜绝发生造成人员死亡或设施停止接收生活垃圾的生产安全事故。	发生人员死亡安全事故扣5分；停止接收生活垃圾每日扣1分。累计最高扣5分
	12. 设施发生影响较大的环境事件	区城市管理委和市级运营单位应加强设施规范管理，避免发生对周边环境造成较大影响、封门堵路、媒体曝光等事件。	一次扣2分
	13. 设施运行负荷率过低（或过高）	区城市管理委应科学规划生活垃圾处理，合理组织物流，保证行政区域内设施（市级统一调控设施除外）运行负荷率不得低于50%（填埋场除外）或高于150%。	一个设施扣1分；两个及以上设施或一个设施运行负荷率超过200%的扣2分
	14. 垃圾填埋场渗沥液（含浓缩液）外运	垃圾填埋场应确保渗沥液（含浓缩液）处理能力满足需求，不得发生外运现象，报经市城市管理委同意的应急协同处理除外。	一个设施扣2分
	15. 设施公共区域管理不符合要求	设施周边生活垃圾物流通道等公共区域应无破损、干净整洁，区级物流调控和卸料安排合理，运输车排队过程不影响公共交通及周边环境。	一项扣1分；两项及以上扣2分

续表

一级	二级	条文说明	扣分标准
基础管理	16. 数据统筹管理不符合要求	区城市管理委和市级运营单位应明确各类数据汇总、核实和上报的要求，强化统筹管理，建立数据审核机制，以保证数据报送的及时性、完整性和准确性。 (1) 及时准确上报《北京市环境卫生统计报表制度》中规定的日报、月报、年报、设施年度报告以及市城市管理委要求的其他报表、报告。 (2) 及时在环卫信息管理系统中审核确认设施日报，涉及异地处理垃圾的垃圾来源区，应及时确认垃圾处理量和去向。 (3) 涉及市级财政资金的设施应于次季度3个工作日内上报上季度汇总数据并加盖设施公章，以图片或扫描件形式发送至邮箱：ztc_ss@csglw.beijing.gov.cn。	一项扣1分；两项及以上扣2分
	17. 设施基础资料缺失	纳入检查考评范围的设施或新改扩建项目投入运行后，区城市管理委和市级运营单位应收集整理有关环评批复、初步设计、初步设计批复、填埋场最终封场工程方案等基础资料扫描件备查。	一项扣1分
	18. 信息化系统建设、运行和应用不符合要求	按照相关要求建设使用信息化监管系统，并与市级系统互联互通。属地管理部门应做好系统规范有效运行的监督管理工作。	一项扣1分
	19. 专业技术管理人员配备不到位	区城市管理委和市级运营单位应加强设施人员配备，提高人员学历水平。运行、维护人员应具备必要知识和业务技能，专业技术管理人员需有相应专业知识。生化处理厂、焚烧厂大专及以上学历人员占员工总数比例宜高于20%；其他设施大专及以上学历人员占员工总数比例宜高于15%。	扣1分
	20. 未开展定期环境监测及相关管理工作	区城市管理委和市级运营单位每季度应提供对所属设施开展的环境监测报告。	一个设施扣1分；两个及以上设施扣2分
自查管理	21. 检查工作不规范	(1) 每月检查不少于2次，调试运行设施、停运设施和封场填埋场每季度检查不少于1次，并填写自查记录表。 (2) 区城市管理委和市级运营单位对设施进行考评打分，编写季度自查报告。 (3) 区城市管理委和市级运营单位应每季度至少向生活垃圾处理设施反馈一次市、区两级检查情况（以正式文件为准），及时传达市级监管部门有关要求。	一项扣1分，累计最高扣4分
	22. 自查资料不符合要求	自查记录表应有检查人员和被检查设施人员签字并加盖公章，自查报告应加盖区城市管理委或市级运营单位公章，并应于属地检查时现场提供。 自查报告要求内容完整，反映问题全面准确，提出措施科学合理、具备可操作性，应包含以下内容：上季度及累计垃圾清运量、处理量及变化分析，设施工艺设备运行、环境管理和日常监测、定期环境监测结果分析、安全管理情况，设施问题整改、延续性问题分析及整改计划、设施区级检查考评得分情况等。	一项扣1分，累计最高扣3分
	23. 未按要求接受市级检查	区城市管理委和市级运营单位应按照有关要求，主动配合市级检查工作，落实检查联系人制度，联系人发生变动及时变更，市级监管单位开展属地检查时应有人员参加，不得无故拒绝检查，不得弄虚作假、隐瞒问题。	扣2分

续表

一级	二级	条文说明	扣分标准
自查管理	24. 未组织开展专项安全检查	区城市管理委和市级运营单位应组织相关部门开展消防、生产、交通和危险品等专项安全检查。检查记录内容主要包括检查人员、检查时间、检查内容、发现问题、处理意见等。 每半年对所属设施组织一次安全领域专家现场评价会，每个设施邀请至少3名安全生产、有限空间、危化品管理、环境保护等领域的专家，形成结果报告能够具体指导安全管理工作，结果报告内容应有：开展时间，专家姓名、职称、单位、现场照片（每个设施4~6张）、专家意见表，各设施的问题清单、整改情况和计划。报告应按时提交至环管中心，每年上半年报告于当年8月15日前提交，下半年报告于次年1月15日前提交，报送邮箱为：ztc_ss@csglw.beijing.gov.cn。	一项扣1分；两项及以上扣2分；未开展扣3分
	25. 生活垃圾运输车辆（集装箱）不符合要求	进出生活垃圾处理设施的垃圾（粪便、污泥、残渣等）运输车应密闭运输，车辆及集装箱应干净整洁，无破损、脱漆、锈蚀现象，且运输车辆应无垃圾飞扬、遗撒、黏挂、渗沥液遗洒等现象。	一辆车扣1分；两辆车及以上扣2分
	26. 社会监督制度落实不到位	相关区和市级运营单位应落实重点设施社会监督员制度，为居民代表办理"社会监督员证"。	扣1分

生活垃圾处理设施运行管理检查考评细则

一级指标		二级指标
工艺运行	1	称重计量系统配置及使用不规范
	2	统计运行资料管理不规范
	3	进入设施垃圾不符合要求
	4	设施出厂（站、场）物料不符合要求
	5	未全密闭运行
	6	未按工艺要求运行
	7	化验检测不符合要求
	8	重大工艺调整未报批
	9	设备及建构筑物维护不到位
	10	物料消耗不符合标准
	11	专业技术管理人员配备不到位
	12	未按要求接受市级检查
环境保护	13	环境脏乱
	14	垃圾运输车辆不符合要求
	15	扬尘控制措施未有效实施
	16	气体收集处理系统未有效运行
	17	设施内及周边区域有臭味
	18	污水收集处理系统未有效运行
	19	节能减排要求落实不到位
	20	环境监测不符合要求

续表

一级指标	二级指标	
安全生产	21	安全生产规章制度不健全
	22	应急管理不规范
	23	安全机构及人员配备不符合要求
	24	安全生产教育培训不规范
	25	安全检查制度落实不到位
	26	现场安全管理不规范
	27	存在生产安全事故隐患
	28	发生生产安全事故

生活垃圾处理设施运行管理检查考评细则条文说明

一、工艺运行

（一）称重计量系统配置及使用不规范

序号	考评细则	条文说明	扣分标准
1.1	称重计量系统配置及使用不规范	称重计量系统包括地磅双向称重计量、计算机数据处理等系统。 （1）设施应配备双向称重计量系统，能够准确计量进场各类垃圾的重量。 （2）车辆进出设施均应称重，以进厂（站、场）车辆总重与出厂车辆空重之差作为载质净重。 （3）地磅称重明细数据应通过称重软件自动生成，严禁设置修改功能。 （4）所有进场的各类垃圾产生的称重明细数据应实时上传至市级中心，保证地磅称重系统与市级系统互通互联，数据一致。	一项扣2分
1.2	地磅检定不符合要求	（1）地磅计量设备应依法定期向计量检定机构申请检定，取得有效的检验证书、检定合格证或检定合格，检定间隔时间不应超过一年。 （2）涉及市级财政拨付且设计处理能力大于1000吨/日的设施，每年应检定两次，上下半年各一次，两次检定间隔时间不得低于4个月。 （3）地磅计量设备进行更新、技术改进或重要元器件维修，应重新申请进行检定。 （4）设施运行管理单位每年应向监管部门递交有效的检验合格证复印件，并按要求将检验合格证在地磅房显要位置进行公示，逾期按未检处理。	未公示扣1分；不合格扣3分
1.3	进厂垃圾（粪便）运输车辆未按规定称重计量	（1）所有进厂（站、场）垃圾运输车辆均应在处理设施进行双向称重计量，并在计算机系统中保留原始称重计量记录。 （2）称重计量系统故障时，对进厂（站、场）车辆进行手工记录，记录内容包括进场时间、车牌号、车型、垃圾种类、清运单位等相关信息。垃圾量应急计算方法：按前7天同一车号或同一车型平均载重量核算。 （3）渗沥液、飞灰、残渣及需要称重计量的生产辅助材料运输参照垃圾运输车辆，应进行双向称重计量，并在计算机系统中保留原始称重计量记录。 （4）禁止与生产无关的车辆过磅。	一项扣1分；两项及以上扣2分

续表

序号	考评细则	条文说明	扣分标准
		（5）原始称重计量记录数据应包含但不限于来源信息（区域、种类）、运输信息（运输单位、车辆信息）和设施称重信息（进出时间、总重、净重、皮重）。 （6）以车牌号作为车辆信息的唯一标识，并与原始称重计量记录保持一致。 （7）地磅原始称重计量系统称重数据不得人为进行修改。 （8）称重计量数据应及时、完整、准确，并与上传、上报至市级系统中的称重计量数据一致。 （9）原始称重计量记录数据应至少保存两年并定期进行备份，称重计量系统的计算机中可以任意调出两年内的原始称重数据。	
1.4	称重计量系统检查维护不到位	（1）应按照维护保养手册要求进行设备清洁、检查、润滑、保养等工作。 （2）地磅台面、周边缝隙和基坑应保持整洁。 （3）应按照操作规程定期对计量系统进行日常维护和故障排查，建立相应台账并做好记录，确保设备正常运行。 （4）地磅计量设备出现飘数现象时应及时归零，保证称重计量数据的准确性。 （5）应有称重计量系统维护记录：维护记录应在维护工作完成后当班记录，不得延迟；记录应至少包括维护时间、维护设备名称、维护内容简述及相关人员签字；维护时间、维护设备名称、维护内容及相关人员签字记录准确；设备维护应有责任人。	一项扣 0.5 分；两项及以上扣 1 分
1.5	称重计量系统发生故障时未及时修复	称重计量系统故障时：应在工作日 6 小时内上报，并在设施日报特殊说明中填报；每月累计故障天数应不超过 3 天。 应有称重计量系统维修记录：维修记录应在维修工作完成后当班记录，不得延迟；记录应至少包括故障时间、故障简述、故障设备名称、维修时间、处理内容及相关人员签字；故障时间、设备名称、处理内容、相关人员签字记录准确；设备维修应有责任人。	称重计量系统出现故障时未按要求填报扣 1 分；称重计量系统每月累计故障天数超过 3 天扣 2 分

（二）统计运行资料管理不规范

序号	考评细则	条文说明	扣分标准
2.1	未按要求填写日常运行统计记录	（1）日常运行统计记录：包括称重计量记录、设施日常运行过程中的各项参数指标数据，如沼气及渗沥液处理数据等。 （2）及时：按要求进行实时记录。完整：项目填写完整。准确：记录与实际作业情况完全一致，不得存在数据虚、假、错、漏现象。日常运行统计记录应有相关人员签字。	一项扣 1 分；两项及以上扣 2 分
2.2	环卫运输记录单管理不符合要求	（1）全市生活垃圾处理设施、有渗沥液外运的生活垃圾处理设施以及市城市管理委规定的其他设施均应按《环卫运输记录单管理办法》要求完成环卫运输记录单的印制、发放、填写及上报工作。 （2）环卫运输记录单中涉及设施称重信息部分的数据应采用打印的方式完成。 （3）对于进入设施未使用环卫运输记录单的运输车辆不得计入本设施作业量；环卫运输记录单不得存在漏项、代签字、时间逻辑错误；环卫运输记录单数据信息不得存在与日报以及计算机处理系统不一致的情况。	一项扣 1 分；两项及以上扣 2 分

续表

序号	考评细则	条文说明	扣分标准
2.3	统计资料上报不符合要求	统计资料是指市城市管理委当年的《环境卫生统计报表制度》及相关文件中规定的各类报表、报告以及统计主管部门、行业监管部门要求报送的报表、报告。 (1) 按要求及时上报各类统计资料，不得迟报。 (2) 按要求准确上报统计资料，不得错报、虚报、瞒报、漏报，不同报表之间的数据应保持逻辑一致。 (3) 当月数据上报有误时应于次月3个工作日前申请授权进行修改，当月累计修改次数不得超过3次。 (4) 设施进出种类发生变化时，应及时向统计主管部门和行业监管部门提出增加日报项目的申请，否则按漏报处理，对不同来源的垃圾要分类填写清楚。 (5) 对于未在本设施处理的垃圾不得统计在本设施的作业量中。 (6) 除尘、除臭、沼气收集处理系统以及影响生产线运行的设备设施发生故障或者大修改造，进场垃圾类别发生变化，垃圾物流发生调整，各类原因导致设施处理量突增或者突减等特殊情况发生时，应在日报中说明，否则按数据上报不准确处理。 (7) 处理设施发生各类突发事件或者有特殊情况导致称重计量系统数据和日报数据不一致时，需在日报中说明原因，否则按错报处理。 (8) 本设施进出厂（站、场）的量应保证符合逻辑；相关设施间报表中各类垃圾、残渣等，应保证垃圾类别一致，进出车次、重量和箱数一致。相关设施间的各类垃圾、残渣等重量计量以处理设施计量数据为准。对生化处理设施，月度各类垃圾出厂（站、场）量（含堆肥产品）、渗沥液处理量等的合计量不得大于月度进厂（站、场）各类垃圾合计量。 (9) 涉及市级财政资金的设施应于次月3个工作日内上报月度汇总数据并加盖设施公章。 (10) 设施应于次年1月份内通过北京环卫信息管理系统报送当年年度报告表。生活垃圾焚烧厂应于次月3个工作日内通过北京环卫信息管理系统报送当月生活垃圾焚烧厂运行月报表。	当月日报迟报一次扣1分，授权修改次数累计达3次扣1分，超过3次扣2分；其余条款一项不符合扣1分；两项及以上不符合扣2分
2.4	运行资料不符合要求	设施运行管理中收集整理的资料应按要求及时更新，资料中的数据和信息应与实际情况一致，主动接受检查，按要求及时准备备查资料。	一项扣1分；两项及以上扣2分
2.5	未提交建设工程资料	纳入检查考评范围的设施及新建、改建、扩建工艺设备的设施应向环管中心提交建设工程资料，主要包括环评批复、初步设计、初步设计批复等资料扫描件。报送邮箱为：ztc_ss@csglw.beijing.gov.cn。	一项扣1分；两项及以上扣2分
2.6	运行管理记录不规范	运行管理记录包括以下内容： (1)《运行总日志》是设施当天总体运行情况的汇总，应由主要负责人签字确认。主要内容包括：垃圾来源、进厂（站、场）量、处理量；污水处理量、去向和处理设备运行情况；主要工艺设备运行状况、维护保养、运行时间、故障原因及时间等。 除上述部分，不同设施类型《运行总日志》还应包括但不限于以下内容： 转运站：各类分选出的物料产量、销售量、销售去向。 焚烧厂：入炉垃圾量、垃圾池储量；灰、渣产生量和出厂量及去向；辅助材料（生产用水补充量、燃料、石灰、活性炭、尿素等）使用量；余热利用及发电量。 生化处理厂：肥料、沼气、粗油脂、土壤调理剂等产品的产量、销售和赠送量、去向；残渣、沼渣、沼液等的出厂量、销售和赠送量、去向。 填埋场：填埋作业位置；覆盖材料使用量；填埋气处理量和处理设施运行情况；鸟群异常观测情况；沼气监测情况。	一项扣1分；两项及以上扣2分

续表

序号	考评细则	条文说明	扣分标准
		粪便站：固液分离残渣产量及去向；絮凝脱水污泥量及去向；产品产量；沼气监测情况。 （2）《生产岗位日志》所指岗位主要包括地磅称重、工艺控制系统或自动化控制系统、污水处理系统、除臭系统（含滤料更换记录）等。 除上述部分，不同设施类型《生产岗位日志》还应包括以下内容： 转运站：转运系统。 焚烧厂：烟气处理和余热利用系统。 生化处理厂：生化处理系统。 填埋场：填埋气处理系统。 粪便站：固液分离、絮凝脱水、堆肥和粪液深度处理系统。 （3）《设备运行日记录》所记录内容包括但不限于：运行时间、故障时间、使用状况和维修内容。其中运行时间：按设备或处理线每日实际运行时间计；故障时间：按设备或处理线发生故障到恢复运行的时间计。设备情况：按设备故障、工艺调整、例行检修、意外事件等记录。其中，设备故障应简单记录原因，中途停机应注明原因。 （4）《设备故障和维保记录》所记录内容主要包括设备名称、故障简述、故障（大修）时间［自设备发生故障（大修）到其修复使用的时间］。记录内容应与《设备运行日记录》和《运行总日志》一致并在故障设备修复后当班记录。 （5）《化验检测记录》每一个检测项目都应有完整的原始记录。	

（三）进入设施垃圾不符合要求

序号	考评细则	条文说明	扣分标准
3.1	进厂（站、场）垃圾的来源、种类、数量等不符合要求	（1）垃圾来源控制：所有进厂（站、场）垃圾来源应符合城市管理部门通知、会议纪要、批示等文件要求。设施应按照城市管理部门明确的垃圾来源接收垃圾，不得无故拒收。 （2）垃圾种类控制：不得有工业固废、建筑垃圾、医疗废物、危险废物、有害垃圾等不符合工艺规定的垃圾及大件垃圾进厂（站、场），不得有不符合城市管理部门要求的外来垃圾渗沥液、浓缩液进厂（站、场）。垃圾种类应在日志中记录。 （3）不得接收未使用专用厨余垃圾收运车运输的厨余垃圾。 （4）垃圾数量控制：垃圾进、出厂（站、场）量应符合全市物流调配要求。 除上述要求外，不同类型设施进站垃圾种类还应符合以下要求： 填埋场：不得有未经处理的厨余垃圾、粪便、禽畜养殖废物、电子废物等进入填埋场；发现时，现场工作人员应及时汇报、记录，并妥善处理，以防事故发生。厌氧产沼等生化处理后的固态残余物、粪便经处理后的固态残余物和污泥等含水率应小于60%。 粪便站：进站粪便应来自粪井和化粪池等，严禁不符合工艺规定的污水、污泥等其他物质进站。	一项扣1分；两项及以上扣2分
3.2	进厂（站、场）厨余垃圾卸料影像记录不符合要求	接收厨余垃圾的设施应逐车进行识别，并留存卸料过程和物料清晰的录像视频资料备查（留存期不低于两年）。如有抽查需要，应按要求将逐车影像资料按照卸料日期、厨余垃圾来源区、车牌号信息分类归档提供。	一项扣1分；两项及以上扣2分

（四）设施出厂（站、场）物料不符合要求

序号	考评细则	条文说明	扣分标准
4.1	分选回收物未按要求处理	应委托有资质的回收或再生利用单位进行处置，以出具的委托合同及回收或再生利用单位资质为依据。	扣1分
4.2	残渣未及时清运	每日产生残渣应及时清运完毕，不得因积存影响生产（站内堆肥等处置除外）。	扣2分
4.3	残渣、沼渣等出厂（站、场）物料不符合要求	经脱水、干化等预处理后产生的残渣、沼渣等出厂（站、场）物料应符合后续处理设施工艺要求，不得影响后续处理工艺正常运行，相关参数以接收设施或共同认定的第三方机构的检测结果为准。	扣2分
4.4	渗沥液外运资料不符合要求	外运渗沥液协同处理，应出具有效的产生、运输和处理单位间协议，使用环卫运输记录单，提供盖有接收单位公章的月度每日数据汇总表。	一项扣1分；两项及以上扣2分
4.5	生化处理厂粗油脂出厂资料不符合要求	粗油脂应委托有资质的收运再生利用处置单位进行回收处置，以出具的委托合同及单位资质为依据。应有粗油脂产生量、去向及外运量记录。	一项扣1分；两项及以上扣2分
4.6	生化处理厂产品出厂资料不符合要求	生化处理厂堆肥肥料、土壤调理剂、沼气等产品应详细记录去向和出厂量，并按要求上报。产品销售应签订销售合同（协议）。	一项扣1分；两项及以上扣2分
4.7	焚烧厂飞灰转移处置不符合要求	对飞灰的转移处置严格执行危险废物管理相关规定。应对飞灰运出量情况进行登记。飞灰运往生态环境部门批准的危险废物处理厂处理，外运联单资料齐全。	一项扣1分；两项及以上扣2分
4.8	炉渣外运资料不符合要求	焚烧厂应提供炉渣资源化利用有关接收方资质文件、处理合同（协议）、运输记录单和盖有接收单位公章的月度每日数据汇总表。	一项扣1分；两项及以上扣2分
4.9	填埋场渗沥液外运	填埋场应自行处理生活垃圾渗滤液，确保渗沥液（含浓缩液）处理能力满足需求，不得发生外运现象，报经市城市管理委同意的应急协同处理除外。	扣2分

（五）未全密闭运行

序号	考评细则	条文说明	扣分标准
5.1	生产车间及设备未全密闭运行	产生异味的区域及车间应全密闭运行，包括但不限于以下区域： （1）转运站：卸料车间、筛分车间、出料车间、重箱区、天车交换区、分选回收物存储间、引桥及车间外输送设备等。 （2）生化处理厂：卸料车间、预处理车间、发酵车间、出料车间、后处理车间、重箱区，残渣、分选回收物和产品存储间，垃圾输送设备及车间外输送设备等。 （3）焚烧厂：卸料车间、预处理车间、焚烧车间、烟气处理车间、出渣车间、飞灰间、分选回收物存储间、引桥及车间外输送设备等。 （4）粪便站：卸粪车间、固液分离车间、絮凝脱水车间、堆肥车间、出渣车间、堆肥产品存储间、固液分离设备、絮凝脱水设备、堆肥仓、受料设备及其管道和接口等。 卸料车间、出料车间等车辆频繁进出的车间应配备风幕机或快速启闭门，并保证正常使用。卸料完毕后应及时关闭卸料仓门。 外接临时密闭装置或设施应符合生产车间及设备全密闭运行要求。	一处扣2分；两处及以上扣3分

续表

序号	考评细则	条文说明	扣分标准
5.2	污水处理设施未全密闭运行	污水指垃圾渗沥液及冲洗等工艺废水。 污水处理设施的调节池（储存池）、沉淀池、厌氧池和出泥环节等均应密闭运行。收集后气体应集中处理后达标排放，保证密闭后设施运行安全。密闭工程宜由有资质的设计单位进行设计。	一处扣2分；两处及以上扣3分
5.3	填埋场全密闭作业不符合要求	填埋场每个密闭单元不超过20000吨。如果设施月填埋量不足20000吨，也应实施一次全密闭作业。在满足作业效果要求的前提下，实际日均处理量小于200吨的垃圾卫生填埋场的全密闭作业周期可以最长延至一年一次。中间覆盖前应对堆体表面进行平整压实。覆盖膜边缘至少埋入堆体60厘米以上；膜与膜之间以及膜与管道的交叉点应密闭；膜下存在的气体负压导出并进行发电或燃烧处理；所有沼气收集管负压运行。堆体上临时道路下方应铺设HDPE膜等。填埋堆体表面除已建设最终覆盖层的区域和作业面外其他表面均需采用HDPE膜等进行覆盖。	一项扣2分；两项及以上扣3分
5.4	填埋场全密闭作业实施前未制定详细的作业方案	填埋场应制定全密闭作业计划、编制施工图（作业单元的长宽高、起始边界的位置、高度、填埋气和渗沥液收集管网的布置），保留实施记录，并保证实施效果。	一项扣1分；两项及以上扣2分
5.5	填埋场全密闭作业所使用材料不符合要求	填埋场覆盖采用HDPE膜或具有同等密闭效果的覆盖材料，覆盖所用HDPE膜的厚度应不小于1毫米。焚烧炉渣填埋场可适当降低覆盖所用膜的厚度或采用其他适宜材料进行覆盖。	扣1分
5.6	填埋场全密闭工程实施后未做好后期维护管理工作	填埋场已覆膜区域应做好膜覆盖材料的日常维护。填埋场应建立覆膜区域巡检制度，白班巡检时间间隔不应大于4小时。发现膜破损，应在1小时内完成修复工作，并做好巡检和修复情况记录。填埋堆体及时整形覆膜，做到外形规整，覆盖膜表面平整，膜上压块保持统一美观。	一项扣1分；两项及以上扣2分
5.7	粪便站未密闭卸粪	粪便运输车卸料管和设备进料管应对接严密，无滴漏现象。	扣1分
5.8	粪便站残渣未密闭收集、贮存	残渣包括固液分离粪渣及絮凝脱水污泥。残渣应密闭收集、贮存。	扣1分

（六）未按工艺要求运行

序号	考评细则	条文说明	扣分标准
6.1	未落实公众参与相关要求	应依据有关法规制度落实公众参与相关要求： （1）完善公众参与程序，健全公众开放制度，明确参观、宣传、接待内容，完善资料，制定安全管理措施。 （2）应建设相应的参观、宣传设施，在规定的公众开放日接待社会公众参观、访问。 （3）外来人员参观应有专业人员陪同，并接受安全教育，配备必要的安全防护用品后，方可进入生产作业区。 （4）应接受并配合社会监督，并为社会监督提供便利条件，加强与社会各界的沟通。 （5）应定期举办讲座或线上宣传等活动。	一项扣1分；两项及以上扣2分

续表

序号	考评细则	条文说明	扣分标准
6.2	未按规定进行信息公开	应在大门或人员出入口附近设立电子显示屏,公示垃圾和污水处理情况相关信息。	一项扣1分;两项及以上扣2分
6.3	在线监测系统未按工艺要求有效运行	相关设施应对在线监测系统进行维护,保证系统正常稳定运行。具体执行参照《北京市垃圾粪便处理设施在线监测系统(一期)管理办法》。	一项扣1分;两项及以上扣2分
6.4	未有序组织卸料	垃圾运输车辆应在现场工作人员(或自动指挥系统)的指挥下按工艺规定路线到指定区域卸料。卸料前应检查卸料区域和设备转运区域,确保无异常情况;卸料后应及时关闭卸料仓门。	一项扣1分;两项及以上扣2分
6.5	卸料安排不符合要求	应合理安排卸料口作业、卸料班次时间,有效减少垃圾运输车辆排队时间,排队过程不应影响公共交通及周边环境。卸料门保持原有功能。	一项扣1分;两项及以上扣2分
6.6	卸料区管理不符合相关要求	卸料区应保持整洁,保持原有功能,无杂物堆放。卸料场地应防止垃圾散落,并采取垃圾车与垃圾面隔离的措施。卸料大厅配置冲洗车(或洗地车)冲洗地面。	一项扣1分;两项及以上扣2分
6.7	转运站启用紧急卸料工序未记录	转运站如遇到停电、设备故障停线等紧急情况启用紧急卸料应做好相关记录。	扣1分
6.8	转运站未按工艺要求装箱、换箱	转运站垃圾装箱换箱不得超高、超重。	扣1分
6.9	转运站进站垃圾未当日处理转运	垃圾转运站进站垃圾必须在12小时内处理、运输,不得以任何形式在站内积存。	扣1分
6.10	生化处理厂未按工艺要求进行生化物料预处理	生化物料应进行有效预处理,餐厨垃圾应进行脱油预处理,可掺混农林废弃物辅料或部分熟料回流,切实做到调节水分和物料结构的目的,并符合后续工艺要求。 生化物料宜达到下列要求: (1)好氧堆肥:含水率50%~60%,有机质含量≥40%,C/N 20:1~30:1,密度为350~650千克/立方米。 (2)厌氧发酵:粒径均匀(粒径<30毫米),有机质含量≥40%,C/N 15:1~30:1。 (3)油脂分离工艺:餐厨垃圾液油脂分离收集率>90%。	扣2分
6.11	生化处理厂未均匀布料	好氧堆肥布料应保证物料疏松、均匀,防止出现物料层厚度不等、含水率不均等情况;当有两种或两种以上堆肥原料时,应采取掺混措施。如有布料机,应采用布料机进料。	扣1分
6.12	生化处理厂好氧主发酵和次级发酵不符合相关要求	主发酵和次级发酵应符合设计文件要求。 主发酵温度达到55℃以上,持续时间不少于5天;或65℃以上,持续时间不少于4天;发酵过程中堆体中部任意三点的O_2浓度不低于5%,发酵过程中应及时调节物料水分含量,含水率宜在45%~60%之间。外热源小型反应器等工艺物料温度宜控制在70℃±5℃,并持续8~10小时,含水率宜控制在60%±5%。 次级发酵过程中物料含水率宜控制在40%~55%之间,禁止向物料中添加污泥、粪便等新鲜可堆肥原料。次级发酵周期不宜少于20天。	一项扣1分;两项及以上扣2分

第二部分　法规、规章、规划、规范性文件

续表

序号	考评细则	条文说明	扣分标准
6.13	生化处理厂厌氧发酵工艺不符合相关要求	(1) 发酵装置密闭，按规定进行搅拌。 (2) pH值和发酵温度应控制在规定范围，温度日变化范围控制在±2℃。 (3) 湿式工艺消化物料含固率宜为10%以下，物料停留时间宜不少于25天；干式工艺消化物料含固率宜为25%~40%，物料停留时间宜不少于20天；新建厨余垃圾处理设施进料含固率宜为6%~15%，残渣率不高于30%。 (4) 高温、高压湿解密闭罐体进汽压力不小于0.8MPa、温度宜不小于170℃，厌氧发酵时间宜不小于40分钟，关键工艺参数应进行在线监测，包括温度、压力等。 固液分离的沼渣进行二次堆肥发酵宜参考好氧堆肥次级发酵工艺执行。	一项扣1分；两项及以上扣2分
6.14	生化处理厂未对堆肥、发酵关键工艺参数进行在线监测	好氧堆肥：整个发酵过程均需对温度、O_2浓度进行监测，其中主发酵过程中温度及O_2浓度应实现在线监测，每批次物料发酵结束后应能够生成曲线，并打印保存。次级发酵对温度、O_2浓度的检测频率每日不少于2次，并绘制温度曲线。 厌氧发酵：应对厌氧消化装置关键工艺参数进行在线监测，包括温度、压力、CH_4浓度等。每批次物料发酵结束后应能够生成曲线，并打印保存。	未进行监测扣2分；监测缺一项扣1分，缺两项及以上扣2分；不能生成曲线扣1分
6.15	焚烧厂未取得质量、环境管理体系标准认证	应在设施正式纳入监管后一年内通过《环境管理体系要求及使用指南》(GB/T 24001)、《质量管理体系要求》(GB/T 19001) 认证。	扣1分
6.16	焚烧厂计量统计工作不符合要求	应有完善的计量管理制度，标准计量仪表和现场工作仪表应按计量管理相关法规进行分类管理、周期检定，检定校验原始记录应妥善保管。	一项扣1分；两项及以上扣2分
6.17	焚烧厂焚烧工况不符合要求	垃圾在焚烧炉内应得到充分燃烧，炉膛内的烟气在不低于850℃的条件下滞留时间不应小于2秒。烘炉、启炉、停炉、停炉降温、故障和垃圾燃烧工况不稳定导致炉膛主控温度无法保持在850℃以上时，应启动辅助燃烧器进行助燃。焚烧炉炉膛负压应符合设计规定，宜保持在-100Pa或-50Pa。	一项扣2分；两项及以上扣3分
6.18	焚烧厂未定期检查、试验辅助燃烧器	应定期对辅助燃烧器进行检查、试验，保证辅助燃烧器处于良好的随时启用状态。	扣1分
6.19	焚烧厂垃圾焚烧炉的启炉程序不符合要求	启炉的原则程序应符合相关技术标准规定。垃圾焚烧炉及余热锅炉点火器应进行全面检查，应检查所有工艺设备，确认其处于可用状态，确认物料准备齐全。炉膛主控温度区内任一测点温度达不到850℃，不得向炉内投入垃圾；投入垃圾前应先启动烟气净化系统。	一项扣1分；两项及以上扣2分
6.20	焚烧厂垃圾焚烧炉的停炉程序不符合要求	停炉的原则程序应符合相关技术标准规定。停止向垃圾进料口进料后，当垃圾料位达到底料位时，应关闭料斗密封门。停炉前，将炉排上的所有垃圾燃尽，垃圾燃尽前炉膛主控温度应保持在850℃以上；整个停炉过程中，应保证烟气处理系统的正常投运。	一项扣1分；两项及以上扣2分
6.21	焚烧厂焚烧炉运行工况在线监控系统不符合要求	为保证焚烧运行工况，及时调整工艺参数，焚烧厂应有焚烧炉运行状况在线监控系统和超标报警装置，监测项目包括焚烧炉炉膛温度、炉膛压力、焚烧炉或锅炉出口烟气一氧化碳、氧含量等。应将所有炉膛温度和焚烧炉（或锅炉）出口烟气一氧化碳、氧含量的在线监测数据以表格和曲线两种形式储存至电脑中。	一项扣1分；两项及以上扣2分

续表

序号	考评细则	条文说明	扣分标准
6.22	焚烧厂焚烧炉运行工况在线监控系统未按工艺要求有效运行	焚烧炉在线监控系统应按工艺要求有效运行，保证设备完好。系统出现故障应有情况说明。	一项扣1分；两项及以上扣2分
6.23	焚烧厂焚烧炉生产线年运行时间不符合要求	每条生产线年运行时间不得低于8000小时。每条生产线单独计算，累计扣分。出于客观原因造成的垃圾供应量不足导致停炉除外。	7200～8000小时扣2分；小于7200小时扣3分
6.24	焚烧厂焚烧炉生产线停运次数不符合要求	每条生产线年停运次数不超过5次。每条生产线单独计算，累计扣分。垃圾供应量不足导致的停炉不计入次数。	一条线扣2分
6.25	焚烧厂炉渣未按相关要求进行处置	炉渣不得用渗沥液（或浓缩液）冷却。焚烧炉渣应完全冷却后再送往综合利用处理厂或者填埋场。焚烧炉渣应单独称重、统计并及时清运。焚烧炉渣存储量不应超过渣池容积。	一项扣1分；两项及以上扣2分
6.26	焚烧厂飞灰未按照规定密闭收集、贮存	烟气净化系统产生的飞灰属危险废物，应密闭收集、密闭存放，飞灰暂存应满足《生活垃圾焚烧飞灰污染控制技术规范》，不得泄漏。应对飞灰暂存情况进行登记。	一项扣2分；两项及以上扣3分
6.27	焚烧厂飞灰固化稳定化处理后未按规定密闭收集、贮存、处置	应保证飞灰固化稳定化处理系统的正常运行，确保处理后的各项指标满足最终处置的技术要求。经处理后的飞灰进入填埋场填埋处理前应单独密闭存放。应对处理后的飞灰暂存情况进行登记。	一项扣2分；两项及以上扣3分
6.28	填埋场未按要求进行填埋作业	填埋场应制订分区、分单元填埋作业计划，并按计划逐区、逐单元、逐层进行填埋作业，保持堆体整齐有序。进场垃圾根据其种类、特点严格按其规定填埋方式进行填埋。	一项扣2分；两项及以上扣3分
6.29	填埋场摊铺压实作业不符合要求	每层垃圾摊铺厚度不宜超过0.6米。压实应使用专业压实机械，雨季（6—9月）可以使用湿地推土机压实。填埋场应采用专用压实机械对摊铺层上面及前侧面垃圾连续数遍碾压至0.3～0.4米层厚，5～6层的垃圾达到约2米厚，进行覆盖。平面排水坡度宜控制在3%以上。场底填埋作业应在第1层垃圾厚度3米以上时方可采用压实机作业，靠近场底、边坡作业时，填埋作业机械距边坡的水平距离应大于2米。焚烧残渣填埋场可以不使用压实机进行压实。	一项扣2分；两项及以上扣3分
6.30	填埋场作业层垃圾高度不符合要求	每一单元的生活垃圾高度宜为2～4米，最高不超过4米。相邻单元间的高差不应大于6米。	一项扣2分；两项及以上扣3分
6.31	填埋场垃圾暴露面积不符合要求	垃圾进场后应于24小时内完成垃圾的覆盖工作，具体执行《生活垃圾卫生填埋场运行维护技术标准》（CJJ 93）中的相关要求。每班次作业完成后，应及时进行覆盖，任意时间段内垃圾暴露面积（平方米数）与垃圾日处理量（吨数）之比不得大于1∶1，最大不得超过3000平方米。	扣3分
6.32	填埋场日常覆盖不符合要求	每班次作业完成后应按要求进行覆盖，使用HDPE膜（或具同等效果的覆盖材料）覆盖时覆盖膜应平直整齐，使用黄土覆盖时，黄土覆盖层厚度不得低于20厘米，保证不得有垃圾暴露。采用工程用彩条布和土工网进行覆盖属于不符合要求。年度覆盖土使用量不得超过垃圾填埋量的12%。	一项扣2分；两项及以上扣3分

续表

序号	考评细则	条文说明	扣分标准
6.33	填埋场填埋垃圾前未修筑边堤	同一作业层内填埋垃圾前应修边堤并距离堆体边缘30米范围内，边堤应始终高于垃圾堆体高度。	扣2分
6.34	填埋场堆体边堤不符合要求	堆体边堤如用黏土或黄土建成，外坡倾斜度应为1:3，有效厚度（垂直坡面厚度）应不低于0.5米。修建过程中坡面及正面要求进行压实，密实度应不低于90%。	一项扣1分；两项及以上扣2分
6.35	填埋场边堤发生渗沥液侧渗	边堤应无渗沥液侧渗现象。	扣3分
6.36	填埋场边堤稳定性不符合要求	边坡不得存在明显不均匀沉降以及塌方等情况。	扣2分
6.37	填埋场边堤最终覆盖前无保护措施	保护措施应有效防止水土流失、扬尘等情况发生。	扣1分
6.38	填埋场防渗衬层直接暴露	填埋场人工合成材料防渗衬层铺设完成后，应采取覆盖无纺布等保护措施。覆盖材料应完好，无破损。	扣1分
6.39	填埋场未采取雨污分流措施	应采取雨污分流措施，非作业区雨水单独导排。	扣2分
6.40	填埋场未按要求架设轻质垃圾防飞网	应设置有效的防飞网：顶端高于最高填埋作业层，长度不少于填埋区周长的1/4。	扣1分
6.41	填埋场未按工艺要求进行最终覆盖	当主要沉降发生完成后（年度沉降量小于3%），垃圾堆体外坡坡度应为1:3。主要沉降完成后进行最终覆盖和绿化。	扣2分
6.42	填埋场最终覆盖不符合要求	最终覆盖系统包括防渗层、雨水导排层、植被层、导气层等。最终覆盖应按照《生活垃圾卫生填埋场封场技术规范》（GB 51220）的规定执行，垃圾堆体进行最终覆盖后应保证绿化的完整。	一项扣1分；两项及以上扣2分
6.43	粪便站设备进料管未及时清洗、密封	卸料完毕，粪便运输车卸料管和设备进料管应在其连接时采用内冲洗装置清洗内部，管道内应无残留。非作业时，设备进料管应吊起并严密封堵。	一项扣0.5分；两项及以上扣1分
6.44	粪便站未按工艺要求进行固液分离	进入粪便消纳站的粪便应全部进行固液分离等处理，不得直排直卸。	扣2分
6.45	粪便站粪渣未进行无害化处理	粪渣应送往生活垃圾焚烧厂或生活垃圾卫生填埋场进行处理，不应随意消纳。	扣2分
6.46	粪便站絮凝脱水污泥未进行无害化处理	絮凝脱水污泥应进行无害化处理，鼓励资源化利用。	扣2分
6.47	未按照设计文件有关规定、技术标准或者设计工艺要求运行	设施应按照有关规定和技术标准处理生活垃圾，并按照设计工艺要求运行。	一项扣2分

（七）化验检测不符合要求

序号	考评细则	条文说明	扣分标准
7.1	未按要求对物料进行化验检测	生化处理厂好氧堆肥：每周应对进料、主发酵和次级发酵垃圾进行检测，包括密度、含水率、物理成分。每周应检测出厂残渣的含水率。 生化处理厂厌氧发酵：每周应对厌氧罐的进料、出料和沼渣的含固率及含水率、pH值等进行检测。每周应检测出厂残渣的含水率。 焚烧厂：每周对进厂垃圾、入炉垃圾进行检测，包括垃圾容重、含水率，每月对进厂垃圾、入炉垃圾的热值进行检测，有记录。垃圾热值检测应采用实验室测定和焚烧余热利用量反推法两种方法。	一项扣0.5分，累计最高扣2分
7.2	未按要求对产品质量进行检测	生化处理厂每月应对堆肥产品腐熟度进行检测并记录，包括植物种子发芽试验、快速升温检测或耗氧速率分析。 根据再利用方式，每季度应委托有资质的检测部门进行产品质量检测，主要考核无害化指标（病原微生物等）、重金属指标和杂物等。 粪便站如有堆肥工艺，应每季度由有资质的检测部门对粪肥产品进行检测，并出具检测报告。 当遇到原料、工艺、设备改变时，应增加一次产品检测。	一项扣0.5分，累计最高扣2分
7.3	生化产品质量检测结果不符合要求	次级发酵的终止指标应符合下列规定： 种子发芽指数≥70%。 快速升温法腐熟度≥Ⅳ级或耗氧速率<0.1%O_2/分钟。 产品质量检测结果符合相关标准，堆肥产品、粪肥产品质量检测结果应符合《有机肥料》（NY/T 525）等标准要求。	一项扣1分；两项及以上扣2分
7.4	生化处理产生的残渣、沼渣不符合要求	生化处理工艺产生的残渣率应≤45%，出厂的残渣和沼渣去往焚烧处理设施的含水率应≤70%，去往填埋场的含水率应≤60%。 残渣是指分选、生化处理后产生的仍需进入末端处理设施处理的所有残渣。 残渣率＝（残渣量/垃圾进厂量）×100%。 每月根据日报计算残渣率。	一项扣2分；两项及以上扣3分
7.5	未按要求对污水处理设施出水进行日常检测	每周应对污水处理设施出水进行日常检测，检测项目至少包括化学需氧量、氨氮、pH值。	扣1分
7.6	未按要求进行蝇、鼠密度监测	作业区和办公区应按照病媒生物密度监测方法定期进行蝇类、鼠类密度监测（参考《病媒生物密度监测方法：蝇类》和《病媒生物密度监测方法：鼠类》），监测周期分别为蝇类3—11月和鼠类1—12月。	扣1分
7.7	焚烧厂炉渣热灼减率检测不符合要求	炉渣热灼减率自行检测每周不少于3次，并留存记录；有资质的第三方检测部门对每台焚烧炉的炉渣热灼减率检测每月1次，出具检测报告。炉渣的取样、检测应符合以下要求：（1）应对每台焚烧炉炉渣分别取样和检测；（2）炉渣热灼减率检测所用炉渣样品应在出渣输送机上或落渣口处获取，采样时应截取炉渣流的全截面，且应在一天的焚烧炉渣中等时均匀获取；（3）取样炉渣中含有的塑料、橡胶、纸、织物、木块、砖块等有机和无机物品不得从样品中拣出。	未检测扣2分；取样、检测不符合要求扣1.5分
7.8	焚烧厂炉渣不符合要求	垃圾经过充分燃烧，全年自检和第三方机构检测的炉渣热灼减率均≤3%。 现场目测炉渣中无塑料、橡胶、纸、织物等可燃物质。	扣1分
7.9	焚烧厂辅助生产材料无品质检测报告	焚烧厂购买的每批次消石灰（生石灰）、尿素（液氨或氨水）和活性炭等辅助生产材料应有品质检测报告。	一项扣1分

续表

序号	考评细则	条文说明	扣分标准
7.10	填埋场未按要求进行堆体体积测绘	每年应由有资质的专业测绘单位对填埋堆体进行堆体体积测量，填埋量≥1200吨/天的Ⅰ类填埋场不少于2次（5月和11月各一次），其他类型填埋场1次（11月），并于次月15日前出具加盖测绘成果专用章的测绘成果报告书。	扣2分
7.11	填埋场堆体测绘报告不符合要求	报告内容应包括设计库容、剩余库容、预计剩余寿命、压实密度等，压实密度应根据测绘报告计算所得。	扣1分
7.12	填埋场未按要求进行堆体沉降检测	总容量大于100万立方米、地面以上垃圾堆体高度超过5米时应对堆体沉降情况进行观测，观测点不少于4个，每季度观测不少于1次。观测结果应有分析报告，大型填埋场宜动态监测堆体稳定性变化及库容使用情况。	扣2分
7.13	填埋场未按要求进行边堤密实度检测	填埋场边堤修建完成后两周内应进行密实度检测，并做好记录。	扣1分
7.14	封场填埋场未按要求进行堆体的沉降监测	填埋场封场工程完成后应对垃圾堆体的沉降进行监测，封场后3年内，堆体沉降应每月监测不少于1次，封场3年后每半年监测一次直至堆体稳定，应有记录和分析报告。	扣2分
7.15	粪便站未按要求进行残渣含水率、絮凝出水悬浮物检测	应每月对絮凝脱水污泥进行含水率检测，每周至少对絮凝出水悬浮物检测一次，并有记录。	一项扣1分；两项及以上扣2分
7.16	粪便站未按工艺要求进行絮凝脱水处理	絮凝脱水处理宜采用有机高分子絮凝剂，根据出水和污泥情况调整絮凝剂的投加量，保证最佳絮凝效果。絮凝出水悬浮物（SS）应<0.3%。	一项扣1分；两项及以上扣2分
7.17	粪便站残渣含水率检测结果超标	絮凝脱水污泥含水率应≤75%；送往填埋场处理的，含水率应≤60%。	一项扣1分；两项及以上扣2分
7.18	化验室管理不符合要求	应建立化验室管理规程，并严格执行；各种仪器、设备、试剂等应固定摆放整齐；配置安全防护用具；化验检测完毕后应对水、电、气源等进行关闭检查；废弃物应妥善处置。	一项扣1分；两项及以上扣2分

（八）重大工艺调整未报批

序号	考评细则	条文说明	扣分标准
8.1	重大工艺调整未报批	应按工艺要求处理垃圾，不得随意变更或简化处理工艺。分类收集的垃圾应按设计要求处理。工艺调整计划应上报城市管理部门并依据有关批复实施。	一项扣2分

（九）设备及建构筑物维护不到位

序号	考评细则	条文说明	扣分标准
9.1	设备未及时维护	应保证设备完好、外观整洁。 设备完好：润滑良好，无零部件短缺、破损、功能失效，无带故障运行等。对于突发故障设备，每月累计故障天数不超过 3 天。需订购设备、联系外协修理的，应在 3 日内签订合同或完成内部相关流程。 外观整洁：无漏料、漏水、漏油，无锈蚀、积尘等现象。 管道及线路，工具、工件、设备附件应放置合理整齐。	一项扣 1 分
9.2	建构筑物等基础设施未及时维护	建构筑物等基础设施无破损脏污等现象，表面应及时粉刷。道路路面平整完好，保持道路呈现本色。	一处扣 1 分
9.3	检修计划未及时报告	除尘、除臭、污水、沼气收集处理、焚烧发电等系统，卸料、分选、压缩、焚烧炉、固液分离机、絮凝脱水机、内部转运设备（含残渣转运车等）等设备，如计划大修改造，应提前两周向监管部门提交说明材料。说明材料内容应包括施工内容或设备改造范围、施工工期、施工期间的工艺及环境保护措施、垃圾流向调整建议等。非计划检修预计 5 天以上应在故障当天上报监管部门。	扣 1 分

（十）物料消耗不符合标准

序号	考评细则	条文说明	扣分标准
10.1	耗电量不符合定额标准	设施年度总耗电量不得低于《北京市环境卫生作业预算定额》相关要求的 70%。	扣 2 分
10.2	焚烧厂活性炭投加量不符合要求	年平均入炉垃圾热值在 5000 千焦/千克（1200 千卡/千克）以下时，吨垃圾活性炭投加量应为 0.30 千克以上；年平均入炉垃圾热值在 5000 千焦/千克（1200 千卡/千克）至 6688 千焦/千克（1600 千卡/千克）时，吨垃圾活性炭投加量应为 0.40 千克以上；年平均入炉垃圾热值在 6688 千焦/千克（1600 千卡/千克）以上时，吨垃圾活性炭投加量应为 0.50 千克以上。	扣 2 分

（十一）专业技术管理人员配备不到位

序号	考评细则	条文说明	扣分标准
11.1	专业技术管理人员配备不到位	设施应加强所属设施人员配备，提高在岗人员大专及以上学历人员比例。运行、维护人员应具备必要知识和业务技能，专业技术管理人员需有相应专业知识。 生化处理厂、焚烧厂大专及以上学历人员占员工总数比例宜高于 20%；其他设施大专及以上学历人员占员工总数比例宜高于 15%。	扣 1 分

（十二）未按要求接受市级检查

序号	考评细则	条文说明	扣分标准
12.1	未按要求接受市级检查	设施应按照有关要求，主动配合市级检查工作，落实检查联系人制度，联系人发生变动及时变更，市级检查时应有相关管理人员参加，不得无故拒绝检查，不得弄虚作假、隐瞒问题。	扣3分

二、环境保护

（十三）环境脏乱

序号	考评细则	条文说明	扣分标准
13.1	厂（站、场）内环境脏乱	厂（站、场）区及生产车间地面等区域应无垃圾遗撒、污水积存、渗沥液（粪液）污渍、堆放杂物等现象。施工区域规范设置围挡，物料存放整齐。	一项扣1分
13.2	厂（站、场）区周边环境脏乱	厂（站、场）前道路和"门前三包"地段无浮尘、无垃圾遗撒、无渗沥液（粪液）污渍，周边不得有设施造成的白色污染。填埋场出场车辆应采取有效的车辆冲洗措施，出场车辆不得带泥、黏挂垃圾。	一项扣1分
13.3	无灭蝇灭鼠方案及实施记录	每年应制定灭蝇灭鼠方案，并有实施记录。应使用低毒卫生的杀虫剂和灭鼠剂，药剂应有专人保管并独立存放。	扣1分
13.4	灭蝇灭鼠效果不符合要求	厂（站、场）区内不应有苍蝇大量聚集情况，不应有鼠害发生。	扣1分
13.5	填埋场未及时清除防飞网截获物	填埋场应及时清除防飞网截获物。	扣1分
13.6	填埋场环场路周边未按要求设置绿化隔离带	填埋场环场路周边应按要求设置绿化隔离带，且保持完好。	扣1分
13.7	填埋场堆体边坡绿化维护不符合要求	堆体边坡应对绿化及时进行维护，裸露面积每处不超过1平方米，损毁面积累计不超过5平方米。	扣1分

（十四）垃圾运输车辆不符合要求

序号	考评细则	条文说明	扣分标准
14.1	垃圾运输车辆车容车貌不符合要求	应协助主管部门监督垃圾运输车的车容车貌，进入设施的垃圾运输车应密闭运输，车辆及集装箱应干净整洁，无装载超高、破损、脱漆、锈蚀现象，且运输车辆应无垃圾飞扬、遗撒，无垃圾黏挂、渗沥液遗洒等现象。	一辆扣0.5分；两辆及以上扣1分
14.2	转运车辆车容车貌不符合要求	转运车辆是指厂（站、场）内倒运及向厂（站、场）外转运的各类运输作业车辆。转运车辆应符合上一条款要求。	一辆扣1分；两辆及以上扣2分

续表

序号	考评细则	条文说明	扣分标准
14.3	出厂（站、场）垃圾运输车辆车容车貌不符合要求	应对出厂（站、场）车辆进行清洗，不得有明显臭味。	一辆扣0.5分；两辆及以上扣1分

（十五）扬尘控制措施未有效实施

序号	考评细则	条文说明	扣分标准
15.1	无扬尘控制措施	转运站、焚烧厂、生化处理厂及粪便站应在卸料点设置吸风除尘、喷雾降尘、料仓密闭系统；填埋场应在作业面实施扬尘控制措施；其他车间及设施内道路等区域采取有效的扬尘控制措施。	扣2分
15.2	扬尘控制措施未实施	转运站、焚烧厂、生化处理厂及粪便站卸料点吸风除尘、喷雾降尘、料仓密闭系统应按工艺要求运行；填埋作业面及其他环节扬尘控制措施应有效实施。 降雨或降雪时段可根据生产现场情况暂停降尘喷洒措施。	扣2分
15.3	厂（站、场）区及车间内有明显扬尘或粉尘	厂（站、场）内及车间内应无明显扬尘或粉尘。	扣2分
15.4	厂（站、场）内地面未进行绿化硬化	运输通道实现柏油路、水泥路等硬化地面。不得有黄土裸露。	扣1分

（十六）气体收集处理系统未有效运行

序号	考评细则	条文说明	扣分标准
16.1	未制定异味控制方案并实施	应建立异味风险点及控制措施台账，做到及时更新并填写日常巡查记录。 应制定年度臭气控制方案，并组织实施臭气控制措施，填写除臭实施记录。 除臭实施记录包括各车间除臭系统运行时间、耗电量、除臭剂型号及用量；除臭车作业时间、点位、除臭剂型号及用量。	一项扣1分；两项及以上扣2分
16.2	无臭气收集处理系统及措施	下列车间及区域应配置臭气收集处理系统，包括但不限于： 转运站：卸料车间、筛分车间、出料车间、重箱区、天车交换区、调节池及渗沥液暂存池、分选回收物存储区域等。 生化处理厂：卸料车间、预处理车间、发酵车间、出料车间、后处理车间、分选回收物（或残渣、产品）存储区域及垃圾储料池等。 焚烧厂：卸料车间、出渣车间、垃圾储料池及烟气处理系统等。 粪便站：卸粪车间、固液分离车间、絮凝脱水车间、堆肥车间、出渣车间、堆肥产品存储区域、粪便固液分离设备、絮凝脱水设备、堆肥仓、受料设备及其管道和接口等。 污水处理设施：调节池、渗沥液暂存池和脱泥间等。	一处扣2分；两处及以上扣3分

续表

序号	考评细则	条文说明	扣分标准
16.3	臭气收集处理系统未有效运行	除臭系统及设备应有效运行，除臭塔按实际处置效果要求及时更换除臭塔滤料和药剂，封闭负压措施确保下列车间及区域保持负压状态。包括但不限于以下区域： 转运站：卸料车间、筛分车间、出料车间、重箱区、天车交换区、调节池及渗沥液暂存池、分选回收物存储区域等。 生化处理厂：卸料车间、预处理车间、发酵车间、出料车间、后处理车间、调节池及渗沥液暂存池、分选回收物（或残渣、产品）存储区域及垃圾储料池等。 焚烧厂：卸料车间、出渣车间、调节池及渗沥液暂存池、垃圾储料池及烟气处理系统等。 粪便站：卸粪车间、固液分离车间、絮凝脱水车间、堆肥车间、出渣车间、调节池等。 污水处理设施：调节池、渗沥液暂存池和脱泥间等。	一项扣2分；两项及以上扣3分
16.4	各点面源臭气控制措施未按工艺要求有效实施	地磅、站内道路、车辆候区域及其他易产生臭味环节区域应有臭气控制措施或配备专用的除臭喷洒车辆、设备等。 当采用除臭剂进行场内除臭时，应选择适合的除臭剂，并保证除臭剂的喷洒频次、喷洒浓度、喷洒量、喷洒点位和覆盖面积。 当气压低于标准大气压时，立即启动除臭措施。	臭气控制措施未有效实施扣2分，未实施扣3分
16.5	生化处理厂未建立沼气收集处理系统及在线监控设备	采用厌氧工艺的生化处理厂应建立沼气收集处理系统及在线监控设备。在线监控参数包括O_2浓度、CH_4浓度、压力等，并自动生成曲线，至少应能查阅最近一年数据，沼气处理量计量设备能显示累计值和瞬时值。	一项扣1分；两项及以上扣2分
16.6	生化处理厂沼气收集处理系统未按工艺要求运行	沼气收集处理系统应按工艺要求有效运行，设备完好，记录完整。	扣2分
16.7	焚烧厂烟气净化系统不完善	每台焚烧炉必须单独设置烟气净化系统，处理后的烟气应采用独立的排气筒排放。末端除尘应采用袋式除尘器。	一项扣1分；两项及以上扣2分
16.8	焚烧厂烟气净化系统未按工艺要求有效运行	烟气净化系统运行管理应符合烟气净化系统工艺和设备的技术要求，运行工况应与垃圾焚烧炉运行工况（包括启动、关闭和故障阶段）相匹配。 烟气脱酸系统运行中石灰品质应符合设备技术要求，充装时应避免扬撒。石灰浆配制用水应满足设备水质性能要求。应防止石灰堵管和喷嘴堵塞。应保证中和剂当量用量，根据烟气排放在线监测结果调整中和剂流量或（和）浓度。 袋式除尘器投运前应按滤袋技术要求进行预喷涂。应检查风室压差，根据运行工况调整、优化反吹频率。应保持排灰正常，防止灰搭桥、挂壁、粘袋。 活性炭喷入系统应严格控制活性炭品质和当量用量，应防止活性炭仓高温。 配置NOX脱除系统的焚烧厂，应对NOX脱除系统进行有效维护和监测，确保NOX的脱除效果满足要求。	一项扣1分；两项及以上扣2分
16.9	焚烧厂烟气在线监控系统不符合要求	应在烟气处理系统或烟囱等处设有烟气自动连续在线监控系统，监测项目应至少包括CO、颗粒物、SO_2、NOX、HCL；应将烟气在线监测数据以表格和曲线两种形式储存至电脑中，并按月份打印备查。	一项扣1分；两项及以上扣2分

续表

序号	考评细则	条文说明	扣分标准
16.10	焚烧厂烟气在线监控系统未按工艺要求有效运行	烟气在线监控系统应按工艺要求有效运行,数据真实准确,设备完好。烟气在线监测仪表应定期使用标准气标定,人工标定频次不应小于1次/月,并应做好标定记录。	一项扣1分;两项及以上扣2分
16.11	填埋场填埋气集中收集处理设施和在线监控设备不符合要求	应建立填埋气集中收集处理设施和在线监控设备。在填埋堆体高度达到10米前,填埋气集中处理设施应具备运行条件。在线监控设备的技术要求为:在线监控系统应实时监测填埋气流量、抽气负压、CH_4含量和O_2含量等指标。填埋气处理设备应设置有效计量设备,能显示累计值和瞬时值。	一项扣1分;两项及以上扣2分
16.12	填埋场填埋气导排系统的建设和维护不符合要求	生活垃圾填埋场应建设填埋气导排系统。填埋气导排设施应与生活垃圾填埋场主体工程同时设计、同时施工,并在主体工程投入运行时具备运行条件。填埋气导排井(管)间距不应大于30米。填埋气导排系统应负压运行,并配备负压检查装置。加强日常管理,对漏点及时修复。填埋气导排设施应设置流量和压力计量设备,并能对瞬时流量和累积流量进行记录。填埋气主动导排设施应根据O_2含量控制抽气设备的转速和启停,或者控制填埋气收集井阀门开度。主动导排的填埋气中O_2的体积浓度不应超过5%。	一项扣1分;两项及以上扣2分
16.13	填埋气导排系统、收集系统、处理设施未有效运行	填埋气导排、收集系统应完好、有效,管道畅通。膜下气体导排顺畅不聚集,不应出现鼓包现象。有效运行指收集系统压力数值高于-15kPa,O_2浓度不高于2%前提下,处理量不低于设计能力的80%。填埋气应进行资源化利用,采用火炬点燃或其他适宜方法处置,严禁直接对空排放。填埋火炬具备熄灭后自动关闭阀门和发出警示的功能。	扣1分

(十七)设施内及周边区域有臭味

序号	考评细则	条文说明	扣分标准
17.1	厂(站、场)区及车间内有臭味	车间检查主要区域包括: 转运站:卸料平台、天车交换区、污水处理车间、除臭车间、主控室、参观通道等场所。 焚烧厂:卸料平台、污水处理车间、除臭车间、主控室、垃圾吊控制室、参观通道等场所。 生化处理厂:卸料车间、污水处理车间、除臭车间、主控室、参观通道等场所。 填埋场:污水处理车间等场所。 粪便站:卸料车间、固液分离车间、絮凝脱水车间、污水处理车间、主控室等场所。 结果以检查人员现场判断为准。	有臭味扣2分,多处扣3分;有明显臭味扣3分,多处扣4分
17.2	厂(站、场)外500米内有臭味	检查地点为厂(站、场)外500米内的周边道路。 结果以检查人员现场判断为准。	有臭味扣3分;有明显臭味扣4分

（十八）污水收集处理系统未有效运行

序号	考评细则	条文说明	扣分标准
18.1	无污水导排、收集和存储设备设施	车间及区域应有污水收集系统，防止污水积存。包括但不限于： 转运站：卸料车间、垃圾储料仓、压装车间、重箱区。 生化处理厂：卸料车间、垃圾储料仓、预处理车间、生化车间和后处理车间。 焚烧厂：卸料车间、垃圾储料仓和炉渣储存池。 粪便站：卸粪车间、固液分离车间、絮凝脱水车间、生化车间。 污水储存池应采取防渗措施，避免污水发生渗漏影响周边环境。	一项扣1分；两项及以上扣2分
18.2	污水收集、导排系统未有效运行	应做好污水收集系统日常维护工作，定期清理，保证其通畅、无堵塞状况。填埋场应实现污水有效导排，保证收集系统完好、有效，收集主管道畅通。雨水边沟应无污水积存。	一项扣1分；两项及以上扣2分
18.3	污水未按设计要求存储	在厂（站、场）内采用非设计要求的应急设备设施暂存渗沥液、浓缩液。	扣2分
18.4	填埋场、粪便站无污水处理设施	填埋场和粪便站应配置污水处理设施，处理后达标排放。污水处理设施投入运行后应按照要求填报运行情况及处理量，否则按照无污水处理设施考核。	扣3分
18.5	污水处理设施中控系统不符合要求	污水处理设施应建有中控系统，实现重点环节工况数据在线监控，主要包括调节池系统（液位、流量）、生化系统、膜处理、污泥系统、除臭系统等。无中控系统的按照两项及以上不符合要求进行考核。	一项扣1分；两项及以上扣2分
18.6	污水未有效处理或计量装置不符合要求	各设施需依据环评批复明确的指标进行污水处理。 有污水处理的设施应在污水处理设施调节池进水口和各环节出水口（调节池、生化、纳滤、反渗透等）设置有效计量设备，显示累计值和瞬时值。配置调节池污水存量在线监测设备。生活污水等其他非垃圾渗沥液应设置单独计量装置。	一项扣1分；两项及以上扣2分
18.7	污水处理设施未按工艺要求有效运行	渗滤液应100%处理，应采用成熟可靠的渗沥液处理方案，浓缩液妥善处理。处理设施运行应达到要求： （1）纳滤和反渗透各环节水回收率均应不低于75%。 （2）存在渗沥液积存、外运处理或调节池存储量超过设计容积80%，且污水处理量未达到设计处理能力的90%（填埋场为80%），按照两项不符合要求运行考核。 市城市管理委通知或污水处理设施试运行期6个月后正式纳入考核，应按照要求填报运行情况及处理量。污水处理设施有负荷运行的时间确定为污水处理设施试运行期的起始时间。 污水处理设施大修改造或者按照正常工艺停用1个月以上，应提前向市级检查部门提交专项报告。	一项扣1分；两项及以上扣2分
18.8	填埋场堆体表面积存渗沥液	填埋场垃圾堆体表面不得积存渗沥液。	扣2分

（十九）节能减排要求落实不到位

序号	考评细则	条文说明	扣分标准
19.1	未按照"双碳"目标的相关要求建立节能减排制度	按照实现"双碳"目标的相关政策和措施落实要求，结合处理工艺建立节能减排制度，并根据工艺变化及时修订。	扣1分

续表

序号	考评细则	条文说明	扣分标准
19.2	主要工艺环节无能耗计量设备	预处理、生化、焚烧、污水处理、填埋气处理、臭气收集处理等工艺环节应配备电耗计量设备。	扣1分
19.3	雨水或污水处理设施出水未利用	宜配置雨水收集设施,雨水或污水处理设施出水应尽量利用,并做好利用量和用途记录。	扣1分
19.4	焚烧厂焚烧余热资源化利用不符合要求	焚烧余热应进行发电上网或对外供热资源化利用,并对余热利用量进行计量和上报。	一项扣1分;两项及以上扣2分
19.5	生化处理厂产品未进行资源化利用	生化处理厂堆肥肥料、土壤调理剂、沼气等产品应进行资源化利用,并按要求上报。 堆肥产品、肥料以销售和赠送方式作为土壤调理剂等均视为资源化利用,但作为填埋场覆盖土除外。 沼气利用指的是厂内外供热、发电等。沼液、沼渣鼓励资源化利用,如未利用应经处理后达标排放。	扣1分
19.6	填埋场填埋气未进行资源化利用	填埋气应进行资源化利用(发电或供热)。设计填埋库容≥250万吨,填埋厚度≥20米的填埋场,应对填埋气进行利用。填埋总容量<250万吨或剩余设计填埋寿命已不足三年的填埋场不考核。	扣1分
19.7	未按要求进行能耗计算	焚烧厂应按照《生活垃圾焚烧处理能源消耗限额》(DB11/T 1234),生化处理厂根据工艺按照《生活垃圾生化处理能源消耗限额》(DB11/T 1120)或《餐厨垃圾生化处理能源消耗限额》(DB11/T 1119)进行能耗计算。	扣1分

(二十)环境监测不符合要求

序号	考评细则	条文说明	扣分标准
20.1	未按要求进行环境监测	每月提供有资质的环境监测部门出具的环境监测报告。 应配合市城市管理研究院(市环境卫生监测中心)开展的应急环境卫生监(检)测工作。	一项扣2分
20.2	环境监测结果超标	环境保护行政主管部门通报市城市管理委的环境监测数据存在超标现象。	一次扣2分,累计最高扣5分

三、安全生产

(二十一)安全生产规章制度不健全

序号	考评细则	条文说明	扣分标准
21.1	未制定并落实安全生产责任制	应依据安全生产法有关规定,结合本单位实际,制定并落实全员安全生产责任制、签订安全生产责任书、建立责任制落实考核标准并有定期考核记录等。	扣2分

续表

序号	考评细则	条文说明	扣分标准
21.2	未按要求制定安全生产规章制度	安全生产规章制度包括但不限于安全生产例会制度、安全生产教育和培训制度、安全生产检查制度、生产安全事故隐患排查治理制度、具有较大危险因素的生产场所、设备和设施（包括配电室、有限空间、卸料平台、危险化学品存储场所等）的安全管理制度、危险化学品安全管理制度、危险作业管理制度、消防设施和器材管理制度、交通安全管理制度、特种（设备）作业人员管理制度、劳动防护用品配备和管理制度、安全生产奖励和惩罚制度、安全生产事故报告和调查处理制度等法律、法规、规章规定的其他安全生产制度。	一项扣1分；两项及以上扣2分
21.3	未按要求制定重点设备、岗位安全操作规程	应根据设施实际制定重点设备、岗位安全操作规程。安全操作规程应当明确安全操作要求、作业环境要求、作业防护要求、禁止事项、紧急情况现场处置措施等内容。	扣1分
21.4	未取得职业健康安全管理体系标准认证	应在设施正式纳入监管后一年内取得《职业健康安全管理体系要求及使用指南》（GB/T 45001）标准认证或其他等同职业健康安全标准化认证，且一直处于有效期内。	扣1分
21.5	未落实有关职业危害因素识别和管理	每年至少委托有资质单位进行一次职业危害因素检测，每三年至少进行一次职业危害现状评价，符合国家职业卫生标准和卫生要求。落实职工职业健康检查、职业健康监护档案管理工作。	一项扣1分

（二十二）应急管理不规范

序号	考评细则	条文说明	扣分标准
22.1	未按要求编制应急预案	每三年应按照《生产安全事故应急预案管理办法》有关要求编制本单位应急预案。 应急预案包括综合应急预案、专项应急预案和现场处置方案，其中专项应急预案至少包括有限空间作业、防火、防爆、防风、防疫、防汛、防环境污染事件和卸料平台事故等预案。 应急预案中向上级应急管理机构报告的内容、应急组织机构和人员的联系方式、应急物资储备清单等信息应与实际相符。	扣2分
22.2	未按规定评估、修订应急预案	应每三年对应急预案进行评估，对应急预案是否需要修订做出结论，并及时修订应急预案。	扣1分
22.3	未按要求组织落实应急保障工作	建设应急队伍或签订应急救援协议，应急物资和装备应定期维护。	扣1分
22.4	未定期组织应急预案演练	建立安全隐患排查治理制度，定期开展应急培训、演练。根据本单位的事故预防重点，每年至少组织1次综合应急预案演练或专项应急预案演练，每半年至少组织1次现场处置方案演练。每三年宜实现对本单位所有专项预案演练的全覆盖。 应急预案演练应做好演练记录，并留存现场影像资料；演练结束后应对应急预案演练效果进行评估，撰写评估报告，分析存在问题，并对应急预案提出修订意见。	一项扣1分；两项及以上扣2分

续表

序号	考评细则	条文说明	扣分标准
22.5	特殊时期未按规定落实相关应急措施	按照规定制定并落实特殊时期应急措施，有完善的落实记录。如对进厂（站、场）车辆和生活垃圾有消毒措施和消毒记录等。	扣2分

（二十三）安全机构及人员配备不符合要求

序号	考评细则	条文说明	扣分标准
23.1	安全生产管理机构或配备安全生产管理人员不符合要求	设施从业人员超过100人的，应设置安全生产管理机构或者专职安全生产管理人员；从业人员在100人以下的，应配备专职或者兼职安全生产管理人员。	扣1分

（二十四）安全生产教育培训不规范

序号	考评细则	条文说明	扣分标准
24.1	未组织安全生产教育、培训及考核	对新参加工作人员，应进行安全生产教育培训并考核合格后方可上岗。设施组织所属人员（含劳务派遣人员）每年至少进行一次安全生产教育和安全生产规章制度、安全操作规程培训及考核，每季度至少组织一次有限空间作业安全操作规程培训，并留存相关培训记录及考核试卷，影像记录考核过程。	一项扣1分

（二十五）安全检查制度落实不到位

序号	考评细则	条文说明	扣分标准
25.1	未按要求构建安全风险分级管控和隐患排查治理双重预防机制	应制定安全风险分级管控和隐患排查治理的制度规范，建立双控体系管理制度，辨识管控重大风险、排查治理重大隐患。	扣2分
25.2	未按要求开展安全风险评估相关工作	按照要求开展风险评估工作，根据安全风险评估报告分析风险点，针对生产作业场所环境中危险因素（危险源）制定相应的安全管理规章制度和措施，对安全风险实施有效管控，要有相关制度、管控措施、落实记录等。	扣2分
25.3	未按要求落实安全事故隐患排查治理制度	应建立安全事故隐患排查治理台账，并定期对设施进行全面的安全隐患排查，留存排查记录，及时消除隐患。	一项扣1分；两项及以上扣2分
25.4	未定期开展安全检查	每月至少开展一次安全检查并有相关记录。	扣2分

第二部分　法规、规章、规划、规范性文件

续表

序号	考评细则	条文说明	扣分标准
25.5	未按要求对易爆窒息性气体进行监测	应每日对地磅房、调节池、渗沥液主管道、作业车间、办公用房和控制室等处的 NH₃、H₂S、CH₄ 和 O₂ 等气体浓度进行监测并记录。垃圾池、渗沥液导排通道等有限空间或其他窒息性气体易聚集地点，根据自身情况自行安排监测。 填埋场应每日对填埋作业面上 2 米以下高度范围内及填埋气排放口 CH₄、H₂S 浓度进行监测并记录。 设施宜针对调节池、厌氧反应设施产生的 CH₄、H₂S 气体，以及曝气设施产生的 NH₃ 设置浓度检测仪表和报警装置；异常情况及时处理、报告。 异常情况要及时处置并增加监测频率，确保职工作业安全和健康。	一项（处）未检测扣 1 分，累计最高扣 4 分
25.6	未按要求进行通风防爆设施巡检	通风、防爆设施必须保障功能完好，持续运行的设备应落实值班巡查，应有巡查记录。	扣 1 分

（二十六）现场安全管理不规范

序号	考评细则	条文说明	扣分标准
26.1	安全警示标志及监控设备设置不符合要求	卸料、分选压缩、吊装、移运、焚烧、烟气处理、发电车间、地下空间、高压电、站内车辆运行路线、停车地点、污水井和危险品存储设施等易发生危险地点设置安全警示标志，关键区域应设置监控设备、应急照明和安全疏散图。醒目位置设置项目危险源、有限空间风险点位图公示栏。各类标志标识标牌规范清晰。 有限空间入口处应悬挂安全告知牌，并按照《有限空间作业安全技术规范》（DB11/T 852）管理，渗滤液收集沟维修通道、盐酸贮存间等重要部位须落实上锁管理。	一项扣 1 分；两项及以上扣 2 分
26.2	交通安全管理不符合要求	厂（站、场）内应避免发生交通组织无序、指挥系统失效、人员或车辆未遵守交通指示等情况发生。坡道上不应排队和长时间停车。在装卸作业、下坡道、转弯、掉头时，最高行驶速度不超过 15 千米/小时；上下地磅、进出厂、车间大门、生产现场、危险地段、停车场以及倒车时，最高行驶速度不超过 5 千米/小时。	一项扣 1 分；两项及以上扣 2 分
26.3	交通安全标志不符合要求	厂（站、场）内应设置交通安全标志。 具体规定见《工业企业厂内铁路、道路运输安全规程》（GB 4387）。	一项扣 1 分；两项及以上扣 2 分
26.4	个体防护不到位及劳动防护用品管理不符合要求	操作人员根据岗位要求穿戴相应的防尘口罩、防毒面具（接触有毒有害气体时）、手套、安全帽等。 个体防护及劳动防护用品应符合国家相关标准。 应有个体防护及劳动防护用品发放记录，包括人员、岗位、领用物品名称、数量和日期等。	扣 1 分
26.5	特殊岗位作业人员无证上岗	从事电工、电气焊、有限空间作业等特殊工种和操作高压锅炉、压力容器（管道）、电机、起重设备等特种设备的人员应持证上岗。 设施应对厂（站、场）内特殊岗位作业人员进行统计，并制定明细表，内容包括姓名、入场时间和上岗证编号，并附上岗证复印件。	一人扣 1 分；两人及以上扣 2 分

续表

序号	考评细则	条文说明	扣分标准
26.6	卸料平台安全管理不符合要求	卸料平台安全管理应符合下列要求： (1) 应划定安全区域，禁止车辆进入。 (2) 作业区域设立安全员，佩戴相应标识，负责指挥车辆作业。 (3) 卸料车辆经安全员同意后方可倒车卸料。 (4) 倒车卸料时人员撤离到安全区域，严禁停留在卸料仓门附近。 (5) 卸料平台配备地锚等车辆防坠落安全设施并正常使用（无车辆坠落风险的视同符合要求）。	一项扣1分；两项及以上扣2分
26.7	作业现场未设置劳动防护设备	有粉尘、异味、有毒有害气体的封闭人员作业场所和设置在封闭空间内的人工分拣工位，应有送新风和排风措施，并保证有效运行。新风吸入口应设置在露天空间。新风量不宜小于30标准立方米（小时/人）或换气次数不宜少于8次/小时。	扣1分
26.8	未定期对特种设备安全性进行检测	需检定的生产设备设施至少包括避雷、消防、起重设备（抓斗起重机等）、检测仪器、个体防护设备和压力容器、电工设备的安全装置、焚烧炉受热面等，其功能应灵敏有效，相关参数在规定范围之内。 应有相关专业部门出具合格、有效的检定证书。	一项扣1分；两项及以上扣2分
26.9	焚烧厂未严格执行"两票三制"制度	垃圾焚烧厂应执行操作票制度，包括但不限于下列岗位：(1) 焚烧炉的启停操作；(2) 汽轮机的启停操作；(3) 发电机并网与解列；(4) 烟气净化系统的启停操作；(5) 主变压器及主要电气设备开关停送电操作。 应执行工作票制度，包括但不限于下列岗位：(1) 电气设备的检修；(2) 垃圾抓斗及行车的检修；(3) 焚烧炉及其辅助设备检修；(4) 锅炉受热面的清理及检修；(5) 主蒸汽管路及其部件的检修；(6) 汽轮发电机及其辅助设备检修；(7) 循环冷却水系统检修；(8) 空气预热器及烟道的清理和检修；(9) 送、引风机及烟气净化设备检修。 操作票及工作票应填写规范。 应执行交接班制、巡回检查制、设备定期轮换制。	一项扣1分；两项及以上扣2分
26.10	焚烧厂炉渣坑周围安全防护设施不符合要求	焚烧厂炉渣坑周围应设置车挡或安全围栏等防护设施，车挡（或安全围栏）应完好无破损，装设护栏的高度宜1.2米以上，以防止发生人员坠落事件。	一项扣1分；两项及以上扣2分
26.11	填埋场填埋区边界周围未设置安全防护设施	填埋区边界周围设置安全防护设施和防火隔离带。	扣1分
26.12	对外包公司安全管理不符合要求	进场施工前进行安全教育和培训，有记录；签订安全协议；有限空间等高风险点位作业须具备监护资格人员在场监督。	一项扣1分；两项及以上扣2分

（二十七）存在生产安全事故隐患

序号	考评细则	条文说明	扣分标准
27.1	存在生产安全事故隐患	隐患包括但不限于：（1）非工作人员单独进入生产作业区域；（2）生产作业区域有明火、吸烟或未许可动火作业；（3）夜间作业无照明设施；（4）垃圾储料仓无相应消防设施；（5）活性炭储仓无防爆措施；（6）卸料口处未设置车挡和事故报警设施，未设置照明、消防、事故排烟装置；（7）皮带传动、链传动、联轴器等传动部件裸露；（8）进行揭盖苫布、车顶开关阀门等各类高空作业时相关人员未正确佩戴安全绳（或防坠器）；（9）焚烧炉进料斗平台沿垃圾池侧栏仅未设置防护设施；（10）储供油区设施无防爆、防雷、防静电和消防设施；（11）填埋堆体上搭建封闭型建、构筑物；（12）有拾荒者进入垃圾卫生填埋场；（13）填埋作业机械启动、行驶时，前后2米、侧面1米范围内有人；（14）在填埋堆体上排放易燃易爆气体或液体；（15）填埋场上方CH_4气体含量临近或超过5%；（16）未经许可，随意敷设临时用电线路，或在线路中搭接动力电源；（17）具有密闭性能的建、构筑物内，CH_4气体含量超过1.25%；（18）渗沥液收集设施有限空间CH_4浓度临近或超过1%；（19）其他易引发安全事故的情况。	一项扣2分，累计最高扣6分

（二十八）发生生产安全事故

序号	考评细则	条文说明	扣分标准
28.1	发生生产安全事故未及时上报	设施发生人员伤亡、火灾等事故，应及时上报市城市管理委。	扣2分
28.2	发生生产安全事故	设施内发生《生产安全事故报告和调查处理条例》所明确的一般生产安全事故时，按照下列情形考评： （1）发生造成3人以下轻伤，或1万元以上10万元以下直接经济损失的事故； （2）发生造成3人以下重伤，或3人以上10人以下轻伤，或10万元以上100万元以下直接经济损失的事故； （3）发生造成3人以下死亡，或者3人以上10人以下重伤，或者10人以上轻伤，或者100万元以上1000万元以下直接经济损失的事故。 设施发生一般生产安全事故以上级别的事故时，由市城市管理委确定考核分数。	情形一扣2分；情形二扣3分；情形三扣5分

生活垃圾处理设施星级评价细则

一、总体要求

立足新发展阶段、贯彻新发展理念、融入新发展格局，遵循全面覆盖、客观公正、以人为本、鼓励提升、动态管理的原则，转变行业管理理念，丰富内部管理方式，推动生活垃圾处理设施提升处理能力，打造领先水平的设施，提升环卫行业整体形象。

二、工作目标

（一）适用范围

适用于北京市行政区域内生活垃圾转运站、生化处理厂（含厨余处理厂等）、焚烧厂和卫生填埋场等生活垃圾处理设施。正式纳入市级监管满一年的生活垃圾处理设施，纳入生活垃圾处理设施星级评价（以下简称"星级评价"）范围。

（二）职责划分

市城市管理委按照本细则负责全市星级评价工作的组织和实施，负责星级评价评分表的编制和修订工作，负责星级评价的复核，并指导各区开展星级评价工作。

各区城市管理委按照本细则负责本行政区域内星级评价工作的组织和实施，负责本区星级评价的初步审核。

（三）时间安排

每年10月31日前，各区城市管理委对本区首次申请星级评价和申请星级提升的生活垃圾处理设施完成初步审核，并将结果及相关材料报至市城市管理委，逾期视为本年度该区无星级评价申请。

每年年初，市城市管理委向上一年提交申请的单位反馈复核结果。

三、工作任务

（一）评价程序

1. 初审。星级评价实行依申请制，区城市管理委组织开展本行政区域内星级评价初评工作，组织相关单位、行业专家等组成评定小组，通过听取汇报、现场检查、查阅资料等方式，依据星级评价评分表对申请星级评价的生活垃圾处理设施进行打分，初步评价星级。初评结果为一星、二星的生活垃圾处理设施名单报市城市管理委报备，三星及以上生活垃圾处理设施名单报市城市管理委复核。

2. 复核。市城市管理委对三星及以上生活垃圾处理设施初评结果进行复核，可根据实际情况组织相关单位、行业专家等组成评定小组开展现场复核，并根据复核情况确定三星及以上生活垃圾处理设施的最终星级。

3. 反馈。市城市管理委定期将生活垃圾处理设施星级评价结果反馈相关单位，并反馈星级发生变动的生活垃圾处理设施其星级变动情况。

4. 申诉。生活垃圾处理设施运营者如对星级评价结果有异议，可于收到反馈结果之日起5日内向市城市管理委提出一次再次复核申请并提交相关材料，市城市管理委审核相关材料后对星级评价得分进行再次复核，并向申请人反馈复核意见。

（二）评价标准

星级划分为五个等级，从高到低依次为五星（★★★★★）、四星（★★★★）、三星（★★★）、二星（★★）和一星（★）。

五星，表示该设施处于领先水平；

四星，表示该设施处于优秀水平；

三星，表示该设施处于良好水平；

二星，表示该设施处于一般水平；

一星，表示该设施处于较差水平。

星级划分实行评分制，评分总分为100分，依据生活垃圾处理设施星级评价评分表进行打分。

95≤得分≤100分，为五星（★★★★★）；

90≤得分<95，为四星（★★★★）；

80≤得分<90，为三星（★★★）；

70≤得分<80，为二星（★★）；

60≤得分<70，为一星（★）。

（三）动态调整

1. 升级。市城市管理委原则上每年组织一次星级提升评价工作。申请提升星级的生活垃圾处理设施，需按要求向所在区城市管理委提交升级申请和相关材料，经区城市管理委审核后上报市城市管理委，市城市管理委审核后确定参评名单。评价工作按评价程序执行。

2. 降级。存在下列情形之一且情节严重的，市城市管理委动态降低星级：

(1) 日常检查或专项检查发现问题整改不到位的；

(2) 市民投诉较多，引发社会舆情的；

(3) 国家督察反馈重大问题的；

(4) 发生一般安全生产事故的。

3. 取消星级。存在下列情形之一且情节严重的，市城市管理委动态取消星级：

(1) 星级评价过程中存在弄虚作假的；

(2) 国家督察反馈重大问题整改逾期的；

(3) 发生较大及以上安全生产事故的。

四、工作要求

（一）组织形式规范

1. 评定小组。初审阶段，每座设施的评定小组成员数量应不少于5名，主要由固废处理、异味治理、运行安全、园林设计等专业方向的专家组成，可优先邀请行业专家库成员，建议邀请社会监督员或居民代表参与评定过程。复核阶段，每座设施的评定小组成员原则上由市级检查部门人员和行业专家组成。

2. 评定过程要求。初审阶段，各区城市管理委应高度重视、严肃对待，加强统筹协调，按时完成本区星级评价工作，严格把关申请材料质量，保证星级评价初审结果能够客观反映设施的整体环境和运行管理水平。如申报材料内容存在严重失实情况，将取消其申请星级评价的资格。

（二）监督管理严格

各部门工作人员应按照本细则客观、公正开展星级评价工作，自觉接受有关部门、社会和公众的监督。

生活垃圾处理设施星级评价细则条文说明

设施名称：　　　　　　　　　　　　　　　　　评价时间：

评价阶段：□初审　　□复核　　　　　　　　　　评价人员：

序号	项目名称	权重	评分标准	分值范围	得分	实际分值	评定说明
1	一、规划建设	8	设施选址周边区域运输通道、市政管网等城市基础设施符合设施运行需要。	(1) 不符合要求：0分 (2) 基本符合要求：1分 (3) 符合要求：2分	2	0.696	现场检查
2			采取入股分红、优惠供热、提供生活休闲公共场所等多方式，实现共建共享，惠及周边居民。	(1) 不符合要求：0分 (2) 实现一种以上：2分	2	0.696	现场检查，查阅资料
3			设施新建或改造采用花园式、开放式设计理念，去工业化设计，建筑外观设计融合周边自然环境、人文特性和地方特色。	(1) 不符合要求：0分 (2) 符合要求：2分	2	0.696	现场检查，查阅资料
4			厂区布局合理，根据工艺流程、功能、风向等，构、建筑物在有效分隔的前提下进行整合，避免出现多栋建筑彼此独立混杂的景观。	(1) 不符合要求：0分 (2) 基本符合要求：1分 (3) 符合要求：2分	2	0.696	现场检查
5			设立参观通道和参观标识标志，设有环保科普教育展厅。	(1) 不符合要求：0分 (2) 基本符合要求：1分 (3) 符合要求：2分	2	0.696	现场检查
6			垃圾卸料仓（填埋作业区）设计储量充足，应满足至少1天的卸料需求。	(1) 不符合要求：0分 (2) 符合要求：2分	2	0.696	现场检查
7			卸料大厅（卸料平台）、垃圾储料仓、烟气净化间和汽机间运转层采用天然采光，如光照度不能满足视觉感官要求的应补充室内照明。	(1) 不符合要求：0分 (2) 符合要求：2分	2	0.696	现场检查
8			应设置充足的备品备件、物料、产品储存专用空间。	(1) 不符合要求：0分 (2) 符合要求：2分	2	0.696	现场检查
9			车间内保持原有设计功能和空间，车间外无外接附属密闭设备设施。	(1) 不符合要求：0分 (2) 符合要求：3分	3	1.043	现场检查

续表

序号	项目名称	权重	评分标准	分值范围	得分	实际分值	评定说明
10	一、规划建设	8	污水处理系统应配置接收及储存系统、预处理系统、臭气处理系统等,确保正常运行。	(1) 不符合要求:0分 (2) 基本符合要求:1分 (3) 符合要求:2分	2	0.696	现场检查,查阅资料
11			配置对相关工艺流程进行环境监测采样的采样口及平台等设施,采样点的设置应确保采样安全规范,且不影响正常生产。	(1) 不符合要求:0分 (2) 符合要求:2分	2	0.696	现场检查
	小计				23	8.000	
12	二、运行管理		厂区入口区域干净美观,参观者感官舒适。厂区建、构筑物的外立面干净整洁美观。规范标志标识标牌,体现功能性、美观性、一致性。	(1) 不符合要求:0分 (2) 基本符合要求:3分 (3) 符合要求:5分	5	1.765	现场检查
13			厂区绿化养护到位,做到无干树枯枝败草,四季有绿,环境优美。厂区周边不和谐环境做到有效视觉隔离。	(1) 不符合要求:0分 (2) 基本符合要求:3分 (3) 符合要求:5分	5	1.765	现场检查
14			运输通道实现柏油路、水泥路等硬化地面,道路路面平整完好,保持道路干净整洁,呈现本色。	(1) 不符合要求:0分 (2) 基本符合要求:3分 (3) 符合要求:5分	5	1.765	现场检查
15		(一)厂区环境 12	卸料大厅(卸料平台)干净整洁,无明显异味。地面平整无积水,呈现本色无污渍。	(1) 不符合要求:0分 (2) 基本符合要求:3分 (3) 符合要求:5分	5	1.765	现场检查
16			配置冲洗车(或洗地车)冲洗地面。	(1) 不符合要求:0分 (2) 符合要求:2分	2	0.706	现场检查
17			厂内(包括车间)保持干净整洁,无杂物堆放。施工区域规范设置围挡,物料存放整齐。	(1) 不符合要求:0分 (2) 基本符合要求:3分 (3) 符合要求:5分	5	1.765	现场检查
18			设备设施经常维护,保持功能完好。无全天停止接收生活垃圾的情况(市级物流调控除外)。	(1) 不符合要求:0分 (2) 基本符合要求:3分 (3) 符合要求:5分	5	1.765	现场检查
19			出厂的车辆车轮不得带泥、垃圾上路,车辆冲洗措施有效运行(气温10℃以上时)。	(1) 不符合要求:0分 (2) 符合要求:2分	2	0.706	现场检查
	小计				34	12.000	
20		(二)异味控制 12	生产车间全密闭负压作业,生产车间以外区域无异味。	(1) 不符合要求:0分 (2) 符合要求:3分	3	1.241	现场检查
21			密封隔绝恶臭气体产生源,控制异味外溢。生产车间内与生活垃圾隔离的区域无异味。	(1) 不符合要求:0分 (2) 符合要求:3分	3	1.241	现场检查

续表

序号	项目名称	权重	评分标准	分值范围	得分	实际分值	评定说明
22	（二）异味控制	12	污水处理设施的调节池（储存池）和出泥环节等均应密闭负压运行。	(1) 不符合要求：0分 (2) 符合要求：2分	2	0.828	现场检查
23			车辆频繁进出的车间配备风幕机或快速启闭门。	(1) 不符合要求：0分 (2) 符合要求：2分	2	0.828	现场检查
24			卸料大厅（卸料平台）设置喷雾除臭系统。	(1) 不符合要求：0分 (2) 符合要求：2分	2	0.828	现场检查
25			臭气收集后集中处理。实现有组织排放气体作为焚烧炉补风集中收集处理。	(1) 不符合要求：0分 (2) 基本符合要求：3分 (3) 符合要求：5分	5	2.069	现场检查，查阅资料
26			有组织排放臭气浓度小于1000限值。	(1) 不符合要求：0分 (2) 符合要求：2分	2	0.828	现场检查，查阅资料
27			臭气集中处理设备具备异常警示功能。火炬具备熄灭后自动关闭阀门和发出警示的功能。	(1) 不符合要求：0分 (2) 符合要求：2分	2	0.828	现场检查
28			无与异味扰民相关的有效投诉，异味扰民投诉不包括涉及拆迁、搬迁等与设施运行无关的诉求。	(1) 不符合要求：0分 (2) 符合要求：3分	3	1.241	现场检查，查阅资料
29			有异味投诉的设施安装恶臭污染物在线监测设备，安装位置位于有投诉方向厂界采样点区域。无异味投诉的视同符合要求。	(1) 不符合要求：0分 (2) 符合要求：2分	2	0.828	现场检查，查阅资料
30			按照环境保护行政主管部门有关要求进行环境监测，各项监测结果达标。	(1) 不符合要求：0分 (2) 符合要求：3分	3	1.241	查阅资料
	小计				29	12.000	
31	（三）精细化管理	10	员工着装统一、干净整洁，安全员标识醒目，体现企业文化。	(1) 不符合要求：0分 (2) 符合要求：2分	2	0.625	现场检查
32			各类安全警示标志、交通指引及安全标志标线规范清晰。	(1) 不符合要求：0分 (2) 基本符合要求：1分 (3) 符合要求：2分	2	0.625	现场检查
33			醒目位置设置项目危险源、有限空间风险点位图公示栏。	(1) 不符合要求：0分 (2) 符合要求：2分	2	0.625	现场检查
34			交通组织合理，人流路线与物流路线分设，互不影响。车辆严格按照规定线路和限速要求行驶，停放规整。	(1) 不符合要求：0分 (2) 基本符合要求：1分 (3) 符合要求：2分	2	0.625	现场检查
35			垃圾运输车辆应在自动指挥系统的指挥下按工艺规定路线到指定区域卸料。	(1) 不符合要求：0分 (2) 符合要求：2分	2	0.625	现场检查

续表

序号	项目名称	权重	评分标准	分值范围	得分	实际分值	评定说明
36	二、运行管理	（三）精细化管理	10	卸料平台配备地锚等车辆防坠落安全设施并正常使用。（无车辆坠落风险的视同符合要求）	（1）不符合要求：0分 （2）符合要求：2分	2	0.625	现场检查
37				合理安排卸料口作业、卸料班次时间，有效减少垃圾运输车辆排队时间，不应影响公共交通及周边环境。	（1）不符合要求：0分 （2）基本符合要求：1分 （3）符合要求：2分	2	0.625	现场检查
38				有限空间入口处应悬挂安全告知牌，并按照《有限空间作业安全技术规范》（DB11/T 852）管理。渗沥液收集沟通道、盐酸贮存间等重要场所须落实上锁管理。	（1）不符合要求：0分 （2）符合要求：2分	2	0.625	查阅资料
39				新入职和新上岗人员进行安全生产教育培训并考核合格后方可上岗。有外包人员入厂施工安全培训记录。	（1）不符合要求：0分 （2）符合要求：2分	2	0.625	查阅资料
40				每月至少开展一次安全检查，每季度至少组织一次有限空间作业安全操作规程培训和应急演练，每年至少组织所属人员（含劳务派遣人员）进行一次安全生产教育和安全生产规章制度、安全操作规程培训及考核，并有相关记录。	（1）不符合要求：0分 （2）基本符合要求：1分 （3）符合要求：2分	2	0.625	查阅资料
41				渗沥液处理采用成熟可靠的渗沥液处理方案，满足处理需求，浓缩液妥善处理（协同处理或自行处理）。	（1）不符合要求：0分 （2）基本符合要求：1分 （3）符合要求：2分	2	0.625	现场检查，查阅资料
42				配备中控系统，实现重点环节工况数据在线监控，主要包括转运压装线、好氧主发酵过程、厌氧消化装置关键工艺参数、沼气收集处理系统、焚烧处理系统、渗沥液（浓缩液）处理系统、臭气收集处理系统等。	（1）不符合要求：0分 （2）基本符合要求：1分 （3）符合要求：2分	2	0.625	现场检查
43				建立生产运行信息综合管理系统，包括称重计量、工艺运行、污水处理、臭气处理、日常报表、视频监控等。	（1）不符合要求：0分 （2）符合要求：2分	2	0.625	现场检查
44				按照全流程精细化管理工作要求，配备视频监控在线监控系统，重点点位全面覆盖，保证运行正常。	（1）不符合要求：0分 （2）基本符合要求：1分 （3）符合要求：2分	2	0.625	现场检查

续表

序号	项目名称		权重	评分标准	分值范围	得分	实际分值	评定说明
45	二、运行管理	（三）精细化管理	10	建立成本核算制度并有效执行。包括成本核算内容，人工、物料、维修等成本项目核算方法和输出成果，成本分析与控制，成本核算流程等。	（1）不符合要求：0分 （2）基本符合要求：1分 （3）符合要求：2分	2	0.625	现场检查，查阅资料
46				提交市级或区级部门委托的第三方绩效评价报告或者本单位成本分析报告，包括至少一年内的成本核算明细。	（1）不符合要求：0分 （2）基本符合要求：1分 （3）符合要求：2分	2	0.625	现场检查，查阅资料
	小计					32	10.000	
47	三、资源化利用		4	污水处理达标后实现资源化综合利用。	（1）不符合要求：0分 （2）符合要求：2分	2	0.800	查阅资料
48				实现供热、发电等资源化利用。	（1）不符合要求：0分 （2）符合要求：2分	2	0.800	现场检查，查阅资料
49				粗油脂应委托有资质单位进行收运处置。堆肥肥料、土壤调理剂等产品应进行资源化利用。焚烧飞灰或炉渣实现资源化利用。分选回收物资源化利用。如委托处理应有资质证明。	（1）不符合要求：0分 （2）符合要求：2分	2	0.800	现场检查，查阅资料
50				产生的残渣率应≤45%，残渣是指分选、生化处理后产生的仍需进入末端处理设施处理的所有残渣。（转运站视同符合要求）	（1）不符合要求：0分 （2）符合要求：2分	2	0.800	现场检查，查阅资料
51				单独或园区统一配置雨水收集设施，雨水或中水应充分利用。	（1）不符合要求：0分 （2）符合要求：2分	2	0.800	现场检查，查阅资料
	小计					10	4.000	
52	四、公众参与		4	在厂（站、场）区大门或人员出入口设立信息公示屏，公示主要运行情况和环境监测结果数据。同时，按要求在北京市企业事业单位环境信息公开平台进行信息公开。	（1）不符合要求：0分 （2）符合要求：2分	2	0.800	现场检查
53				落实公众开放制度，接待社会公众参观。参观人员应有专业人员陪同讲解，配备必要的安全防护用品后，可进入生产作业区。	（1）不符合要求：0分 （2）基本符合要求：1分 （3）符合要求：2分	2	0.800	现场检查，查阅资料
54				环保教育展厅定期举办讲座、线上宣传等活动，邀请政府机关、企事业单位、学校、社会团体等参加，宣传普及生活垃圾处理知识，缓解公众忧虑情绪。	（1）不符合要求：0分 （2）基本符合要求：1分 （3）符合要求：2分	2	0.800	现场检查，查阅资料

续表

序号	项目名称	权重	评分标准	分值范围	得分	实际分值	评定说明
55	四、公众参与	4	自觉接受社会监督，与周边区域环境敏感点（居民社区、机关学校等）单位建立公众监督机制，相关区和市级运营单位落实重点设施社会监督员制度，为居民代表办理"社会监督员证"。邀请社会监督员参与重点设施综合治理效果评价。	(1) 不符合要求：0分 (2) 基本符合要求：1分 (3) 符合要求：2分	2	0.800	现场检查，查阅资料
56			主动公开联系电话，建立即时通信渠道，接纳社会监督员和周边居民的合理意见建议，改善提高并及时反馈，努力做到未诉先办。	(1) 不符合要求：0分 (2) 基本符合要求：1分 (3) 符合要求：2分	2	0.800	现场检查，查阅资料
	小计				10	4.000	
57	五、日常考评	50	北京市生活垃圾处理设施运行管理检查考评结果。		100	50.000	通报
	小计				100	50.000	
	合计					100.000	

注：得分计算方式

生活垃圾处理设施星级评定得分应按下式计算：

$$S = \sum_{i=1}^{7} S_i ,$$

$$S_i = W_i \times \frac{A_i}{T_i}$$

式中：S——综合得分；

i——表中得分的7个项目；

S_i——各项目实际得分；

W_i——各项目所占权重；

A_i——各项目得分；

T_i——各项目满分。

附件 1
生活垃圾处理设施运行管理检查考评设施名单

朝阳区

设施名称	设施简称	说明
大屯垃圾转运站	大屯转运站	市级
小武基垃圾转运站	小武基转运站	市级
朝阳区餐厨垃圾处理厂	朝阳餐厨厂	
高安屯垃圾焚烧厂	高安屯焚烧厂	
朝阳垃圾焚烧中心	朝阳焚烧中心	
高安屯垃圾卫生填埋场	高安屯填埋场	
北小河粪便消纳站	北小河消纳站	
酒仙桥粪便消纳站	酒仙桥消纳站	

海淀区

设施名称	设施简称	说明
五路居垃圾转运站	五路居转运站	
海淀区大工村餐厨厨余垃圾处理厂	海淀厨余厂	
海淀区循环经济产业园再生能源发电厂	海淀焚烧厂	
四季青粪便消纳站	四季青消纳站	
三星庄粪便消纳站	三星庄消纳站	

丰台区

设施名称	设施简称	说明
马家楼垃圾转运站	马家楼转运站	市级
丰台区循环经济产业园预处理筛分厂	丰台转运站	
丰台区循环经济产业园餐厨厨余垃圾处理厂	丰台厨余厂	
丰台区循环经济产业园湿解处理厂	丰台湿解厂	
丰台区循环经济产业园残渣填埋场	丰台填埋场	
草桥粪便消纳站	草桥消纳站	市级
西道口粪便消纳站	西道口消纳站	
黄土岗粪便消纳站	黄土岗消纳站	

石景山区

设施名称	设施简称	说明
衙门口垃圾转运站	衙门口转运站	
衙门口粪便消纳站	衙门口消纳站	

门头沟区

设施名称	设施简称	说明
葡萄嘴垃圾转运站	葡萄嘴转运站	
首钢餐厨垃圾处理厂	首钢餐厨厂	
鲁家山垃圾焚烧厂	鲁家山焚烧厂	市级
斋堂垃圾卫生填埋场	斋堂填埋场	
门头沟区粪便消纳站	门头沟消纳站	

房山区

设施名称	设施简称	说明
城关垃圾转运站	城关转运站	
房山区循环经济产业园焚烧发电厂	房山焚烧厂	
房山区粪便消纳站	房山消纳站	

通州区

设施名称	设施简称	说明
通州区垃圾转运站	通州转运站	
董村垃圾综合处理厂	董村综合厂	市级
通州区有机质生态处理站	通州生态处理站	
通州区再生能源发电厂	通州焚烧厂	

顺义区

设施名称	设施简称	说明
顺义区餐厨垃圾处理厂	顺义餐厨厂	
顺义区生活垃圾综合处理厂	顺义综合厂	
顺义区粪便消纳站	顺义消纳站	

昌平区

设施名称	设施简称	说明
阿苏卫垃圾综合处理厂	阿苏卫综合厂	市级
昌平区有机质生态处理站	昌平生态处理站	
阿苏卫垃圾焚烧发电厂	阿苏卫焚烧厂	市级
昌平区粪便消纳站	昌平消纳站	
阿苏卫垃圾卫生填埋场	阿苏卫填埋场	市级封场填埋场

大兴区

设施名称	设施简称	说明
南宫垃圾堆肥厂	南宫堆肥厂	市级
南宫餐厨垃圾处理厂	南宫餐厨厂	市级
南宫生活垃圾焚烧厂	南宫焚烧厂	市级
大兴区粪便消纳站	大兴消纳站	
安定垃圾卫生填埋场	安定填埋场	市级

平谷区

设施名称	设施简称	说明
平谷区垃圾综合处理厂	平谷综合厂	
平谷区粪便消纳站	平谷消纳站	

怀柔区

设施名称	设施简称	说明
怀柔区生活垃圾焚烧发电厂	怀柔焚烧厂	
怀柔粪便消纳站	怀柔消纳站	

密云区

设施名称	设施简称	说明
密云区垃圾综合处理中心餐厨及粪便处理厂	密云餐厨厂	
密云区垃圾综合处理中心焚烧发电厂	密云焚烧厂	

延庆区

设施名称	设施简称	说明
延庆区垃圾综合处理厂	延庆综合厂	
小张家口垃圾卫生填埋场	小张家口填埋场	
永宁垃圾卫生填埋场	永宁填埋场	
小张家口粪便消纳站	小张家口消纳站	

北京环卫集团

设施名称	设施简称	说明
小武基垃圾转运站	小武基转运站	市级
马家楼垃圾转运站	马家楼转运站	市级
大屯垃圾转运站	大屯转运站	市级
南宫垃圾堆肥厂	南宫堆肥厂	市级
南宫餐厨垃圾处理厂	南宫餐厨厂	市级
草桥粪便消纳站	草桥粪便站	市级
安定垃圾卫生填埋场	安定填埋场	市级
阿苏卫垃圾卫生填埋场	阿苏卫填埋场	市级封场填埋场

国中公司

设施名称	设施简称	说明
阿苏卫垃圾综合处理厂	阿苏卫综合厂	市级

首钢环境公司

设施名称	设施简称	说明
鲁家山垃圾焚烧厂	鲁家山焚烧厂	市级

一清百玛士公司

设施名称	设施简称	说明
董村垃圾综合处理厂	董村综合厂	市级

南宫生物质能源公司

设施名称	设施简称	说明
南宫生活垃圾焚烧厂	南宫焚烧厂	市级

华源惠众环保公司

设施名称	设施简称	说明
阿苏卫垃圾焚烧发电厂	阿苏卫焚烧厂	市级

说明：1. 市级设施纳入区属地监管。

2. 设施范围发生变化或设施运行状态发生重大变化的，检查频次相应调整。

3. 停止处理生活垃圾的设施和封场但未达到终场状态的卫生填埋场由属地负责日常监管。

附件2

区级（市级运营单位）检查记录表

检查单位（盖章）：　　　　　设施名称：　　　　　考核月度：　　月

检查日期	设施存在问题	建议和针对性措施	检查人员签字	设施负责人签字
第一次 （　年月日）				
第二次 （　年月日）				

检查单位负责人签字：

附件3

生活垃圾处理设施运行资料清单

资料分类	考核内容	对应考核条款序号	报送方式
属地管理资料清单			
属地应提供	区级（市级运营单位）设施运行检查考评办法、监管制度、组织架构、年度计划	7	现场查看
属地应提供	设施环评批复、初步设计、初步设计批复、最终封场工程方案等复印件	17	现场查看
属地应提供	设施环境监测报告	20	现场查看
属地应提供	自查记录表	22	现场查看
属地应提供	季度自查报告	22	现场查看
属地应提供	专项安全检查记录	24	现场查看
属地应提供	社会监督员名单	26	现场查看
设施运行管理资料清单			
设施应提供	地磅检验证书、检定合格证或检定合格印	1.2	现场查看
设施应提供	称重计量记录（可查询地磅原始称重记录、渗沥液原始处理量记录）	1.3	现场查看
设施应提供	称重计量系统维护记录	1.4	现场查看
设施应提供	称重计量维修记录	1.5	现场查看
设施应提供	环卫运输记录单	2.2	现场查看
设施应提供	统计资料（设施运行日志、日报、资源化月报等相关数据记录）	2.3	现场查看
设施应提供	焚烧厂运行月报表	2.3	系统报送
设施应提供	建设工程资料	2.5	电子版报送
设施应提供	运行总日志	2.6	现场查看
设施应提供	生产岗位日志	2.6	现场查看
设施应提供	设备运行日记录、设备故障和维保记录	2.6	现场查看
设施应提供	化验检测记录	2.6	现场查看
设施应提供	厨余垃圾卸料过程和物料清晰的录像视频资料	3.2	现场查看
设施应提供	可回收物回收或再利用单位资质、委托回收或处置的合同或协议	4.1	现场查看
设施应提供	渗沥液外运协同处理的合同或协议、环卫运输记录单、月度数据汇总表	4.4	现场查看
设施应提供	粗油脂委托处理合同或协议、再生利用单位资质	4.5	现场查看
设施应提供	生化处理产品出厂量及去向记录、销售合同或协议	4.6	现场查看
设施应提供	焚烧厂飞灰处理有效合同及转移联单	4.7	现场查看
设施应提供	焚烧厂飞灰运出量及暂存情况登记记录	4.7	现场查看
设施应提供	炉渣接收方资质文件、处理合同（协议）、运输记录、月度数据汇总表	4.8	现场查看
设施应提供	填埋场全密闭作业计划、施工图、作业记录	5.4	现场查看
设施应提供	填埋场全密闭膜巡检、修复记录	5.6	现场查看
设施应提供	对公众开放制度及相关文字资料	6.1	现场查看
设施应提供	紧急卸料记录	6.7	现场查看

续表

资料分类	考核内容	对应考核条款序号	报送方式
设施应提供	生化处理厂堆肥和发酵关键工艺参数（温度、O_2、CH_4、压力）在线监测曲线	6.14	现场查看
	焚烧厂环境、质量管理体系认证证书	6.15	现场查看
	焚烧厂计量设备检定校验记录	6.16	现场查看
	焚烧厂焚烧炉炉温在线监测连续曲线	6.21	现场查看
	填埋场分区填埋作业的相关计划和记录	6.28	现场查看
	焚烧厂焚烧物料检测记录（容重、含水率、热值）	7.1	现场查看
	生化处理厂好氧堆肥物料检测记录（密度、含水率、物理成分）、厌氧发酵物料检测记录（含固率、pH 值）	7.1	现场查看
	堆肥产品、粪肥产品外部检测报告	7.2	现场查看
	堆肥产品腐熟度检测记录、种子发芽试验、快速升温法或耗氧速率记录	7.3	现场查看
	生化处理厂出厂沼渣含水率检测记录	7.4	现场查看
设施应提供	污水处理设施出水水质监测记录（COD_{CR}、氨氮、pH 值）	7.5	现场查看
	蝇、鼠密度监测记录	7.6	现场查看
	焚烧厂炉渣内部检测记录	7.7	现场查看
	焚烧厂炉渣外部检测报告	7.7	现场查看
	焚烧厂消石灰（生石灰）、尿素（液氨或氨水）和活性炭等品质检测报告	7.9	现场查看
	填埋场堆体体积测绘报告	7.10	现场查看
	填埋场（含封场填埋场）堆体沉降检测记录及分析报告	7.12	现场查看
	填埋场边堤密实度检测	7.13	现场查看
	封场填埋场垃圾堆体的沉降监测记录和分析报告	7.14	现场查看
	粪便站絮凝脱水出水 SS 检测记录	7.16	现场查看
	絮凝脱水污泥含水率记录	7.17	现场查看
设施应提供	重大工艺调整的上报和批复文件	8.1	现场查看
	焚烧厂活性炭用量	10.2	系统报送
	灭蝇灭鼠方案及实施记录	13.3	现场查看
	异味控制方案	16.1	现场查看
	除臭措施实施记录	16.2	现场查看
	生化处理厂厌氧堆肥工艺沼气收集处理系统在线监测曲线（CH_4 浓度、O_2 浓度、压力等）	16.5	现场查看
	焚烧厂烟气在线监测项目连续曲线	16.9	现场查看
	焚烧厂烟气在线监测仪表人工标定记录	16.10	现场查看
	节能减排制度	19.1	现场查看
	雨水或污水处理设施出水利用量和用途记录	19.3	系统报送
	焚烧厂余热产生量及利用量	19.4	系统报送
	生化处理厂沼气产生量及利用量记录	19.5	现场查看

续表

资料分类	考核内容	对应考核条款序号	报送方式
设施应提供	焚烧厂、生化处理厂能耗计算记录	19.7	现场查看
	环境监测报告	20.1	现场查看
	安全生产责任书、考核标准及考核记录	21.1	现场查看
	安全生产规章制度	21.2	现场查看
	岗位安全操作规程	21.3	现场查看
	职业健康安全管理体系标准认证证书	21.4	现场查看
	职业危害因素检测、职业危害现状评价	21.5	现场查看
	应急预案	22.1	现场查看
	应急预案评估报告	22.2	现场查看
	应急救援队伍组成或协议	22.3	现场查看
	应急预案演练记录	22.4	现场查看
	应急演练评估报告	22.4	现场查看
	特殊时期应急措施实时记录	22.5	现场查看
	员工的安全培训及考核记录	24.1	现场查看
	安全风险分级管控和隐患排查治理的管理制度	25.1	现场查看
	安全风险评估报告	25.2	现场查看
	隐患排查治理台账	25.3	现场查看
	安全检查记录	25.4	现场查看
	填埋场作业面气体 CH_4、H_2S 监测记录	25.5	现场查看
	易爆窒息性气体 NH_3、CH_4、H_2S 和 O_2 监测记录	25.5	现场查看
	通风防爆措施巡查记录	25.6	现场查看
	安全防护及劳保用品发放记录	26.4	现场查看
	特殊岗位作业人员统计明细表、上岗证复印件	26.5	现场查看
	避雷、消防等设备的安全性检测证书（或报告）	26.8	现场查看
	垃圾焚烧厂操作票、工作票	26.9	现场查看

附件 4

环卫运输记录单管理办法

一、环卫运输记录单的使用范围

市级生活垃圾处理设施、有渗沥液外运的生活垃圾处理设施以及市城市管理委规定使用环卫运输记录单的其他设施。

二、环卫运输记录单的印制

生活垃圾处理设施使用的环卫运输记录单由设施运行管理单位统筹印制。

（一）环卫运输记录单规格

环卫运输记录单为四联无碳复写记录单。

环卫运输记录单四联一套，每套刷胶，必须保证每套为连接在一起的一份；环卫运输记录单四联颜色自首页起依次为白、蓝、绿、粉。

（二）环卫运输记录单编号

环卫运输记录单要求连续印号，每一份为同一号码，所印号码必须清楚、不能模糊或者未印上。

市级生活垃圾处理设施使用环卫运输记录单编号为10位，第一、二位为字母，其余为数字（记录单编码首字母分配表见附1），例如：北京环卫集团所属设施编号为AH00000001。

（三）环卫运输记录单样式

环卫运输记录单印刷版心要求：版心宽14.5cm，版心长：21cm，天头：1cm，第一条虚线到版心上边沿：12cm，两条虚线之间：2cm，第二条虚线到版心下边沿：6cm（样单样式见附2）。

（四）环卫运输记录单质量

环卫运输记录单是垃圾清运和处理费用的结算依据，应保证印刷质量；若因印刷质量原因导致垃圾清运量、处理量无法确认，由市级生活垃圾处理设施运行管理单位承担相应责任。

环卫运输记录单的印刷需采用环保型油墨，不能有不能接受的气味；不能有漏印、错印情况，必须保证每份四联印刷位置一致，印刷版式符合要求。

三、提交环卫运输记录单号段

市级生活垃圾处理设施运行管理单位印制的环卫运输记录单投入使用前需提交使用单据设施的范围，一定期限内使用单据号段等信息，并提供样单。

四、环卫运输记录单的发放

（一）进入市级生活垃圾处理设施处理垃圾所需使用的环卫运输记录单由市级设施运行管理单位统筹发放。

（二）环卫运输记录单发放应做好相应记录，记录信息主要包括垃圾来源区信息、清运单位信息、领用单位及领用人信息等。

五、环卫运输记录单的填写

（一）填写规定

1. 环卫运输记录单由垃圾运输单位司机携带至垃圾来源地和生活垃圾处理设施；

2. 垃圾来源地管理人员（密闭式清洁站、地段、巡回收集、转运设施管理员等）填写第一部分来源地信息，包括：收运日期、垃圾来源区、收运时间、一个或多个来源地的名称、管理员签字、载质类型（只能选择一项），填写好后，由司机带到生活垃圾处理设施；

3. 垃圾运输单位司机填写第二部分运输单位信息，包括：运输单位、车号、集装箱号（转运车填写）、司机签字；

4. 生活垃圾处理设施计量统计人员填写第三部分垃圾计量信息，包括：设施名称、垃圾类别、总重、皮重、净重、第一次称重时间、第二次称重时间、地磅人员签字，其中涉及设施名称、垃圾类别、总重、皮重、净重及称重时间应采取机打方式，打印效果清晰；垃圾来源区、受纳区驻设施人员应签字确认。

（二）填写要求

1. 环卫运输记录单必须按实际情况完整、清晰、准确、及时地填写；

2. 环卫运输记录单涉及时间应以24小时格式填写；

3. 设施名称、清运单位、来源区、载质类型（垃圾种类）、垃圾类别应与上报日报项目一致；

4. 垃圾来源地应定期由市级设施具体运行管理单位更新，并提交至环管中心；

5. 同一运输单位如有同姓名司机，应由市级、区设施具体运行管理单位提供相应证明并提交至环管中心。

六、环卫运输记录单的初审

（一）使用环卫运输记录单的相关设施由设施具体运行管理单位负责汇总已填写完整的环卫运输记录单，并对环卫运输记录单承载的全部信息进行初审，要求数据准确、逻辑一致。

（二）确由特殊原因造成环卫运输记录单部分信息（如称重信息）出现异常情况，可对该张环卫运输记录单手工补写，补充填写内容需来源区、垃圾运输单位、处理设施管理人员三方认可并签字确认；环卫运输记录单提交时，两张单据（异常单据和手工补写单据）一并提交，并附情况说明，情况说明应由设施具体运行管理单位负责人签字或盖章确认。

七、环卫运输记录单的提交

（一）经汇总和初审后的环卫运输记录单由市级具体运行管理单位负责提交。

（二）环卫运输记录单共四联，第一联交市城市管理委，第二联交设施具体运行管理单位，第三联交垃圾来源区属地市政管理部门或垃圾来源设施运行管理单位，第四联交垃圾清运单位。

（三）提交市城市管理委的环卫运输记录单，按市城市管理委工作部署，交至环管中心，具体要求如下：

1. 每周三将上周的环卫运输记录单提

交环管中心；

2. 如遇节假日，提交时间可提前与环管中心协商。

八、环卫运输记录单的保管

环卫运输记录单应妥善保管两年。

九、其他

涉及使用环卫运输记录单的其他生活垃圾处理设施参照本办法执行。

附1：记录单编码首字母分配表

附2：环卫运输记录单格式

附1

记录单编码首字母分配表

市级设施	首字母	市级设施	首字母
北京环卫集团	AH	首钢生物质能源公司	AL
国中公司	AG	一清百玛士公司	AD
南宫生物质能源公司	AN	华源惠众环保公司	AS

附 2

环卫运输记录单格式

版心宽：14.5cm

环卫运输记录单

编号：

来源填写：_____年_____月_____日 区_____

____时____分 来源地名称：_____ 管理员：_____

____时____分 来源地名称：_____ 管理员：_____

____时____分 来源地名称：_____ 管理员：_____

____时____分 来源地名称：_____ 管理员：_____

____时____分 来源地名称：_____ 管理员：_____

载 质 类 型 ：（请选择）

A. 家庭厨余　　　　B. 餐饮厨余　　　　C. 其他厨余　　　　D. 其他垃圾
E. 经分选大粒径垃圾　F. 经分选中粒径垃圾　G. 经分选小粒径垃圾
H. 堆肥　　　　　　I. 堆肥残渣　　　　J. 分选残渣　　　　K. 焚烧残渣
L. 厨余分选残渣　　　M. 厨余残渣　　　　N. 沼渣　　　　　　O. 粪便
P. 粪渣　　　　　　Q. 污泥　　　　　　R. 渗沥液　　　　　S. 厨余废水
T. 工业粗油脂　　　U. 飞灰　　　　　　V. 扫街垃圾　　　　W. 其他____

运输单位填写：运输单位：_____

车　　号：_____ 集装箱号：_____ 司机签字：_____

设施填写：设施名称：_____

　　垃圾类别：_____

　　总　　重：_____吨　第一次称重时间：_____时_____分

　　皮　　重：_____吨　第二次称重时间：_____时_____分

　　净　　重：_____吨　地磅人员签字：_____

　　来源区代表签字：_____　受纳区代表签字：_____

第一联：市城市管理委留存

版心长：21cm

1cm / 12cm / 2cm / 6cm

环卫运输记录单

编号：_____

来源填写：_____年_____月_____日 区_____

_____时_____分 来源地名称：_____ 管理员：_____

_____时_____分 来源地名称：_____ 管理员：_____

_____时_____分 来源地名称：_____ 管理员：_____

_____时_____分 来源地名称：_____ 管理员：_____

_____时_____分 来源地名称：_____ 管理员：_____

载 质 类 型 ：（请选择）

A. 家庭厨余　　　　B. 餐饮厨余　　　　C. 其他厨余　　　　D. 其他垃圾
E. 经分选大粒径垃圾　F. 经分选中粒径垃圾　G. 经分选小粒径垃圾
H. 堆肥　　　　　　I. 堆肥残渣　　　　J. 分选残渣　　　　K. 焚烧残渣
L. 厨余分选残渣　　M. 厨余残渣　　　　N. 沼渣　　　　　　O. 粪便
P. 粪渣　　　　　　Q. 污泥　　　　　　R. 渗沥液　　　　　S. 厨余废水
T. 工业粗油脂　　　U. 飞灰　　　　　　V. 扫街垃圾　　　　W. 其他____

运输单位填写：运输单位：_____

车　　　号：_____ 集装箱号：_____ 司机签字：_____

设施填写：设施名称：_____

垃圾类别：_____

总　　重：_____吨　第一次称重时间：_____时_____分

皮　　重：_____吨　第二次称重时间：_____时_____分

净　　重：_____吨　地磅人员签字：_____

来源区代表签字：_____　受纳区代表签字：_____

第二联：处理设施留存

环卫运输记录单

编号：

来源填写：_____年_____月_____日 区_____

_____时_____分 来源地名称：_____ 管理员：_____

_____时_____分 来源地名称：_____ 管理员：_____

_____时_____分 来源地名称：_____ 管理员：_____

_____时_____分 来源地名称：_____ 管理员：_____

_____时_____分 来源地名称：_____ 管理员：_____

载 质 类 型：（请选择）

A. 家庭厨余　　　　B. 餐饮厨余　　　　C. 其他厨余　　　　D. 其他垃圾
E. 经分选大粒径垃圾　F. 经分选中粒径垃圾　G. 经分选小粒径垃圾
H. 堆肥　　　　　　I. 堆肥残渣　　　　J. 分选残渣　　　　K. 焚烧残渣
L. 厨余分选残渣　　　M. 厨余残渣　　　　N. 沼渣　　　　　　O. 粪便
P. 粪渣　　　　　　Q. 污泥　　　　　　R. 渗沥液　　　　　S. 厨余废水
T. 工业粗油脂　　　U. 飞灰　　　　　　V. 扫街垃圾　　　　W. 其他____

运输单位填写：运输单位：_____

车　　　号：_____ 集装箱号：_____ 司机签字：_____

设施填写：设施名称：_____

　　垃圾类别：_____

　　总　重：_____吨　第一次称重时间：_____时_____分

　　皮　重：_____吨　第二次称重时间：_____时_____分

　　净　重：_____吨　地磅人员签字：_____

　　来源区代表签字：_____ 受纳区代表签字：_____

第三联：来源区/设施留存

环卫运输记录单

编号：_____

来源填写：_____年_____月_____日 区_____

_____时_____分　来源地名称：_____　管理员：_____

_____时_____分　来源地名称：_____　管理员：_____

_____时_____分　来源地名称：_____　管理员：_____

_____时_____分　来源地名称：_____　管理员：_____

_____时_____分　来源地名称：_____　管理员：_____

载 质 类 型 ：（请选择）

A. 家庭厨余	B. 餐饮厨余	C. 其他厨余	D. 其他垃圾
E. 经分选大粒径垃圾	F. 经分选中粒径垃圾	G. 经分选小粒径垃圾	
H. 堆肥	I. 堆肥残渣	J. 分选残渣	K. 焚烧残渣
L. 厨余分选残渣	M. 厨余残渣	N. 沼渣	O. 粪便
P. 粪渣	Q. 污泥	R. 渗沥液	S. 厨余废水
T. 工业粗油脂	U. 飞灰	V. 扫街垃圾	W. 其他___

运输单位填写：运输单位：_____

车　　号：_____　集装箱号：_____　司机签字：_____

设施填写：设施名称：_____

　　垃圾类别：_____

总　　重：_____吨　第一次称重时间：_____时_____分

皮　　重：_____吨　第二次称重时间：_____时_____分

净　　重：_____吨　地磅人员签字：_____

来源区代表签字：_____　受纳区代表签字：_____

第四联：运输单位留存

附件 5

腐熟度检测方法

一、腐熟度快速升温检测方法

取 1kg～2kg 堆肥产品,首先用 10mm 筛进行筛分,将堆肥粒径控制在 10mm 以下,调节堆肥含水率为发酵时最适宜含水率,通常为 50%～55%,然后置于设有温度计的保温瓶中,将保温瓶在常温下(20℃)放置 7～10D,每天在固定时间通过温度计读取堆肥温度一次并记录,连续测 7～10D,取测得的最高温度进行腐熟度判定。

判定方法如下:20℃～30℃为Ⅴ级,30℃～40℃为Ⅳ级,40℃～50℃为Ⅲ级,50℃～60℃为Ⅱ级,60℃～70℃为Ⅰ级。

只有腐熟度大于或等于Ⅳ级的堆肥称为腐熟堆肥,并且方能出售。

二、植物种子发芽试验

(一)仪器与材料

1. 植物种子:黄瓜、萝卜,在去离子水或蒸馏水中的发芽率≥80%。
2. 浸提容器:500ml 具密封塞聚乙烯瓶。
3. 浸提装置:频率可调的往复式水平振荡机。
4. 浸提剂:去离子水或蒸馏水。
5. 滤膜:0.45μm 微孔滤膜或中速蓝带定量滤纸。
6. 过滤装置:加压过滤装置或真空过滤装置,对难过滤的废物也可采用离心分离装置。

(二)浸提条件

1. 试样干基重量,每个重复≥20g。
2. 固液比为 1:10(W/V,以干重计)。
3. 振荡频率为≥100 次·min^{-1}。
4. 振幅≥40mm。
5. 振荡浸提时间为 1h。
6. 试验温度为室温。

(三)操作步骤

称取新鲜物料(干基试样≥20g)3 个,分别置于 500ml 浸提容器中,按固液比 1:10(W/V,以干重计)加入一定量的去离子水或蒸馏水,盖紧瓶盖后垂直固定于往复式水平振荡机上,调节频率≥100 次·min^{-1},在室温下振荡浸提 1h,取下静置 0.5h 后,于预先安装好滤膜(或者滤纸)的过滤装置上过滤,收集过滤后的浸出液,摇匀后供分析用。每次测定,做蒸馏水空白 3 个。如浸出液不能马上分析,则应放在 0℃～4℃冰箱保存,但保存时间不得超过48h。

在微生物培养皿内垫上一张滤纸，均匀放入10粒供试种子，加入浸出液8ml~10ml，盖上盖子，在25℃黑暗的培养箱中培养48h，测定发芽率和根长。每个样品做3个重复，以去离子水或蒸馏水做同样的空白试验。

（四）计算方法

用以下公式计算每个重复实验的种子的发芽指数：

发芽指数=［处理的发芽率（%）×处理的平均根长（%）］／［空白的发芽率（%）×空白的平均根长（%）］×100%

再计算平均值。若该指数大于50%，则达到基本腐熟；若该指数大于70%，则达到完全腐熟。

附件6

堆肥处理工艺耗氧速率检测方法

耗氧速率可通过不同时间堆层氧浓度的下降得出。具体步骤应为：测定前应先向堆层通风，在堆层氧浓度达到最高值时（O_2含量为20%左右），记录该测定值；然后停止通风，间隔一定时间测氧浓度下降值，记录每次测定时间；以时间为横坐标，氧浓度为纵坐标，绘制曲线（同一测试点氧浓度的下降开始很快，呈直线下降，然后曲线趋平，渐近于稳定值）；取氧浓度下降呈直线状的两次测试值，按下式计算，耗氧速率就是该时间段氧浓度的下降速率。

$$d_0 = \frac{c_0^i - c_0^e}{\Delta_t}$$

式中：d_0——耗氧速率（%·min^{-1}）；

c_0^i——起始氧浓度（%）；

c_0^e——最终氧浓度（%）；

Δ_t——两测试值相隔的时间（min）。

附件 7

北京市生活垃圾处理设施在线监测系统（一期）管理办法

第一条 北京市生活垃圾处理设施在线监测系统（一期）的管理和运行维护，适用于本办法。在线监测系统（一期）仅含北京环卫集团所属设施。

第二条 本办法所称在线监测系统，由在线监测设备和监控中心组成。

在线监测设备是指生活垃圾处理设施中已安装的用于监测污染物排放的仪器、流量（速）计、污染治理设施运行记录仪和数据采集传输仪、视频采集设备等仪器、仪表。

监控中心是指用于收集、整理、汇总、分析生活垃圾处理设施在线监测数据的相关软硬件设备。

第三条 市城市管理委负责指导生活垃圾处理设施在线监测工作，委托环管中心具体负责监管工作。

第四条 环管中心负责以下工作：

（一）对在线监测系统监控中心进行运行和维护。

（二）组织在线监测数据有效性审核工作，并将结果纳入日常检查考评。

（三）对北京环卫集团在线监测设备的运行和维护进行监督检查。

第五条 北京环卫集团应开展以下工作：

（一）对在线监测设备及时维修和更新，确保系统正常运行。

（二）在线监测设备中的相关仪器更新时应当选用检测合格的产品。

（三）数据采集和传输符合现有市级在线监测系统数据传输和接口标准的技术规范。

（四）按照国家有关环境监测技术规范，在线监测设备应安装在符合环境保护规范要求的排污口。

（五）环境监测仪器的比对监测应当合格。

（六）在线监测设备与监控中心能够稳定联网；保障现场监测数据及时准确上传监控中心。

（七）建立在线监测设备运行、使用、管理制度，建立相应的运行记录。

（八）在线监测设备的操作人员应经培训考核合格上岗。

（九）在线监测设备的使用、运行、维护符合有关技术规范。

（十）在线监测设备因故障不能正常采集、传输数据时，应当及时检修并报环管中心；在线称重设备需要维修、停用、拆除、更换、升级改造或者监测点移动位置的，应报市城市管理委和环管中心。

（十一）配合在线监测数据审核工作，提交相关审核依据。

（十二）保证各生活垃圾处理设施视频正常传输，视频监控范围不少于如下点位。

转运站	地磅房	卸料平台	筛分车间	装箱区
填埋场	地磅房	填埋作业区域	—	—
堆肥厂	地磅房	卸料平台	堆肥车间	装箱区
粪便站	地磅房	卸粪间	絮凝车间	出渣间

第六条 环管中心对擅自拆除、闲置、关闭以及擅自改动在线监测系统参数和数据等不正常使用在线监测系统的设施，纳入日常检查考评。

第七条 本办法由市城市管理委负责解释。

附件8

生活垃圾焚烧厂运行月报表（填报样表）

设施名称：　　　　　　　　　　　　　　　　　　　　年　　月

序号	项目		单位	数值			
1	入炉垃圾总量		吨				
2	渗滤液回喷量		吨				
3	入厂垃圾热值均值	测量值	KJ/kg				
4	入炉垃圾热值均值	测量值	KJ/kg				
		推算值	KJ/kg				
5	烟气量		万 nm³				
				1号炉	2号炉	3号炉	4号炉
6	炉渣热灼减率	内部测定	%				
		外部测定	%				
7	停炉时间	计划	小时				
		非计划	小时				
8	停炉次数*	计划	次				
		非计划	次				
9	负压吸风系统运行时间		小时				

续表

序号	项目		单位	数值
10	除臭剂用量		kg	
11	活性炭用量		kg	
12	还原剂1	尿素	kg	
	还原剂2	氨水	kg	
	还原剂3		kg	
13	中和剂1	氢氧化钙	kg	
	中和剂2		kg	
14	辅助燃料1	柴油	kg	
	辅助燃料2		kg	

年度计划停炉次数：1号炉 次，2号炉： 次，3号炉： 次，4号炉： 次；
年度非计划停炉次数：1号炉： 次，2号炉： 次，3号炉： 次，4号炉： 次。
（*此项每年12月份填写）

附件9 年度运行基本情况登记表（填报样表）

设施名称		组织机构类型	1. 企业□ 2. 事业单位□
设施管理单位			
地理位置		设施GPS信息（经纬度）	
工艺类型	1. 转运□ 2. 卫生填埋□ 3. 焚烧□ 4. 生化（好氧□、厌氧□、湿解□、其他□）5. 粪便处理□		
1. 概况	1.1 建成年月（年月）		1.2 设计使用年限（年）	
	1.3 占地面积（万平方米）		1.4 建筑面积（平方米）	
	1.5 初始投资（万元）			

续表

2. 渗沥液处理	2.1 渗沥液处理					
	2.1.1 本设施渗沥液处理方式		能力（吨/日）		投产日期	
	2.1.2 浓缩液处理方式		能力（吨/日）		投产日期	
	2.2 调节池	1号	2号	3号	4号	5号
	容积（立方米）					
	深度（米）					
	2.3 受纳水体名称					
	2.4 受纳水体水质规划类别			2.5 有无化验室		有□ 无□
	2.6 化验室可检测项目					
3. 环境控制	3.1 臭气控制					
	3.1.1 臭气控制主要方式					
	3.1.2 集中除臭排气筒高度（米）		3.1.3 排气筒有无采样口			有□ 无□
	3.1.4 臭气控制主要方式	除臭能力	除臭原理概述（含物理、化学和生物除臭等）			使用点位
	集中除臭（风量立方米/小时）					
	高能电子/离子除臭（风量立方米/小时）					
	喷淋除臭（覆盖面积平方米）					
	风炮除臭（风量立方米/小时、台数）					
	除臭车（台）					
	其他方式					
	3.2 环境监测次数（自行委托）		3.3 环境监测次数（环保部门委托）			
4. 工艺	4.1 生活垃圾填埋工艺					
	4.1.1 填埋场设计填埋容量（立方米）		4.1.2 填埋区占地面积（平方米）			

续表

4. 工艺		4.1.3 剩余填埋容量（立方米）		4.1.4 预计剩余填埋寿命（年）	
		4.1.5 本年覆盖土使用量（吨）		4.1.6 本年边堤修筑黄土使用量（吨）	
		4.1.7 本年 HDPE 膜用量（平方米）		4.1.8 本年度填埋气处理方式	
		4.1.9 填埋气设计处理能力（火炬）（立方米）		4.1.10 移动火炬个数（个）	
		4.1.11 固定火炬个数（个）		4.1.12 填埋气设计处理能力（发电）（立方米）	
		4.1.13 填埋气发电机组装机容量（兆瓦）		4.1.14 填埋气发电处理量（立方米）	
		4.1.15 填埋气火炬处理量（立方米）		4.1.16 填埋气其他处理量（立方米）	
		4.1.17 压实机台数（台）		4.1.18 推土机台数（台）	
		4.1.19 挖掘机台数（台）			
	4.2 生化处理工艺				
		4.2.1 沼气发电机组装机容量（兆瓦）		4.2.2 工艺参数在线监测项目	
	4.3 生活垃圾焚烧工艺				
		4.3.1 烟气处理工艺		4.3.2 焚烧炉型号	
		4.3.3 焚烧炉台数（台）		4.3.4 发电机组装机容量（兆瓦）	
		4.3.5 发电机组台数（台）		4.3.6 储料池设计容积（立方米）	
		4.3.7 冷却方式（风冷或水冷）		4.3.8 水冷耗水量（吨）	
		4.3.9 余热锅炉参数		4.3.10 余热锅炉台数（台）	
	4.4 生活垃圾转运站处理工艺				
		4.4.1 处理线条数（条）		4.4.2 每条处理线小时能力（吨/小时）	
		4.4.3 转运车辆（台）		4.4.4 转运集装箱个（个）	
5. 运行总况		5.1 主要工艺设备完好率（1-设备故障时间/设计额定运行时间）×100%（%）		5.2 本年运行天数（天）	

续表

6. 职工人数	6.1 职工总数（人）		6.2 其中：大专以上学历人数（人）	
	6.3 管理人员人数（人）		6.4 专业技术人员（人）	
	6.5 作业人员（人）		6.6 其他人员（人）	
7. 安全	7.1 用火作业次数（次）		7.2 高空作业次数（次）	
	7.3 安全培训次数（次）		7.4 安全培训人次（人次）	
	7.5 应急预案演练次数（次）		7.6 应急预案演练人次（人次）	
	7.7 排查安全隐患个数（个）		7.8 解决隐患个数（个）	
	7.9 遗留隐患个数（个）		7.10 安全事故次数（次）	
	7.11 有限空间作业次数（次）		7.12 有限空间个数（个）	
	7.13 有限空间作业演练次数（次）		7.14 消防栓个数（个）	
	7.15 灭火器个数（个）			
8. 其他	8.1 接待外来参观人次（人次）		8.2 接受检查次数（次）	
	8.3 本年存在主要问题及技术改进措施			
	8.4 重大工艺调整情况			
	8.5 节能减排措施简述			

北京市城市管理委员会等部门关于印发《北京市建筑垃圾运输企业监督管理办法》的通知

京管发〔2023〕7号

各有关单位：

为进一步规范建筑垃圾运输行为，引导企业诚信守法经营，现将修订后的《北京市建筑垃圾运输企业监督管理办法》印发给你们，请认真抓好落实。本办法自2023年4月1日起实施，原《北京市建筑垃圾运输企业监督管理办法（试行）》（京政容函〔2015〕91号）、《北京市建筑垃圾运输企业定期评估实施细则》（京政容发〔2015〕79号）同时废止。

特此通知。

北京市城市管理委员会

北京市住房和城乡建设委员会

北京市公安局

北京市交通委员会

北京市经济和信息化局

北京市市场监督管理局

北京市生态环境局　　　　　　　　　　北京市园林绿化局

北京市水务局
2023年3月6日

北京市建筑垃圾运输企业监督管理办法

第一章　总　则

第一条　为进一步规范建筑垃圾运输行为，引导企业诚信守法经营，依据《中华人民共和国固体废物污染环境防治法》《北京市大气污染防治条例》《北京市生活垃圾管理条例》《北京市道路运输条例》《北京市优化营商环境条例》《北京市建筑垃圾处置管理规定》《北京市实施〈中华人民共和国道路交通安全法〉办法》和《北京市城市管理委员会关于做好从事生活垃圾经营性清扫收集运输服务审批告知承诺改革工作的通知》（京管发〔2020〕31号，以下简称《告知承诺审批程序》），特制定本办法。

第二条　本市从事建筑垃圾运输服务的企业应取得《从事生活垃圾经营性清扫收集运输服务行政许可（仅限于建筑垃圾收集、运输服务）》（以下简称《建筑垃圾运输企业经营许可》），处于自由贸易示范区的企业可到城市管理部门登记，主动接受政府部门监管。从业期间应遵守国家和本市法律、法规、规章，遵守社会公德和商业道德，依法经营，诚实守信。

第三条　本市建筑垃圾运输车辆应符合国家及北京市有关标准规范，安装具备定位和称重功能的车载监控终端。依据《北京市新增产业的禁止和限制目录》，全市禁止新增建筑垃圾运输车辆（动力类型为氢能、新能源除外），在用传统能源（柴油、汽油、LNG、CNG等）车辆"十四五"期间暂时执行"退一补一"政策，鼓励更新为氢能、新能源车辆。

第四条 本市建筑垃圾运输车辆应取得《北京市建筑垃圾运输车辆准运许可证》（以下简称《准运证》），实施专用车辆管理。鼓励建筑垃圾运输车辆加装补盲和右转弯语音提醒等功能，保障重点工程的车辆外观应符合相关规定。本市鼓励汽车制造企业生产符合相关行业标准的车辆，在车辆出厂前预装监控装置。

第五条 本市对建筑垃圾运输行为实施联合监管。城市管理部门负责对企业和车辆实施许可审批（或登记），对企业开展事后监管。公安交管、交通执法、生态环境、公安环食药旅、城管执法和街道（乡镇）综合执法部门负责依据各自职责对建筑垃圾运输违法违规行为依法处罚。住房城乡建设等工程建设主管部门负责督促工程项目依法选用有资质的企业和车辆承担建筑垃圾运输工作。工程施工单位履行"进门查证、出门查车"责任，严禁违规车辆进出工地。

第二章　名单管理

第六条 本市建立《建筑垃圾运输企业名录》（以下简称《运输企业名录》），凡取得《建筑垃圾运输企业经营许可》或在城市管理部门登记的企业均纳入《运输企业名录》。《运输企业名录》信息由区城市管理部门提供，在各区政务服务平台及北京市建筑垃圾管理与服务平台向社会公布。

第七条 本市建立《建筑垃圾运输行业重点监测名单》（以下简称《重点监测名单》）。《重点监测名单》由区城市管理部门制定，在北京市建筑垃圾管理与服务平台向社会公布。

第八条 城市管理、住房城乡建设、交通、生态环境、公安交管和公安环食药旅等部门建立调度会商机制，定期召开联席会议，通报工作情况，对建筑垃圾运输实施综合治理、联合执法、联合惩戒和行刑衔接。

住房城乡建设、交通、园林绿化和水务等工程建设主管部门，应加强对工程项目监督检查，重点是施工单位落实"进门查证、出门查车"等扬尘管控制度的情况，对于多次违反规定、情节严重的施工企业依法采取联合惩戒措施。

城管执法、街道（乡镇）综合执法部门应加强网格巡检，凡发现擅自使用无《准运证》车辆运输建筑垃圾的工地，应主动报城市管理部门。城市管理部门负责召集多部门对违法违规行为进行联合惩处，依据《北京市建筑垃圾处置管理规定》等法律法规严肃处理项目建设单位、施工单位和运输企业。

第九条 市城市管理委、市住房城乡建设委、市公安局交管局、市交通委、市生态环境局等部门，推进将本系统行政处罚结果、事故信息、车辆登记上牌信息、企业许可信息（或注册信息）、道路运输许可信息、建筑垃圾准运许可信息实施共享。

第三章 信用考核

第十条 本市对进入《运输企业名录》的企业实施信用考核，信用分值由企业正向分和负向分组成。计算公示为：信用分值=企业正向分-企业负向分。

企业正向分由企业规模、业绩、荣誉、安全生产和社会贡献等方面组成，得分不足100分的按100分计算，超过1000分的按1000分计算，计分周期为12个月，一个周期结束后重新确定分值（计分项及标准见附件1）。

企业负向分由基础管理、监督管理、企业经营等方面的违法行为组成，每起违规违法行为计相应分值，城市管理部门依据公安交管、交通执法、生态环境、公安环食药旅、市场监管和街道（乡镇）综合执法等部门提供的行政处罚结果计算分值（计分项及标准见附件2）。

信用分值在北京市建筑垃圾管理与服务平台动态更新。

第十一条 根据信用分值将企业信用行为分为四等，由高至低分别为A、B、C、D级，一个周期结束后根据企业当年信用分值重新确定企业信用监管等级和风险类别，具体评价标准如下：

信用监管等级	信用分值	准运证件有效期	风险类别
A级	751—1000	12—24个月	低风险
B级	501—750	12—18个月	风险一般
C级	201—500	12—15个月	风险较高
D级	0—200	6—12个月	风险高

第十二条 区城市管理部门根据不同风险类别的监管对象，合理确定检查主体、检查方式、检查频次。对风险低、信用好的市场主体，减少检查频次；对风险高、信用差的市场主体，提高检查频次。

第十三条 一个计分周期内信用分值不足正向分值50%（含）的企业，区城市管理部门要立即约谈该企业，重新审定企业和车辆是否符合行政许可条件，不符合行政许可条件的撤销许可，相关信息归集至市公共信用信息服务平台，纳入其公共信用记录。符合条件的可继续从业，企业信用监管等级列为C级及以下。

一个计分周期内信用分值为零分的企业，区城市管理部门要立即重新审定企业和车辆是否符合行政许可条件，不符合行政许可条件的撤销许可，相关信息归集至市公共信用信息服务平台，纳入其公共信用记录。符合条件的可继续从业，企业信用监管等级列为D级。

第十四条 一个计分周期内，企业名下车辆存在严重违法违规情形（详见附件3）被相关执法部门处罚的，区城市管理部门应立即重新审定车辆是否符合行政许可条件和承诺事项，不符合条件的撤销许可。公安交管、交通执法、街道（乡镇）综合执法部门等部门应依据现有法规将处罚信息归集至市公共信用信息服务平台，纳入其公共信用记录。凡因违法违规行为被撤销车辆准运许可的企业，涉嫌违反道路运输相关法规的，城市管理部门应将相关信息及时移送交通执法部门依法处理。

第十五条 鼓励在核心区实施工程建设的建设单位和施工单位，选择信用监管等级为A级的企业从事运输。承担本市房建、市政、交通、园林和水务等市政府投资工程的建设单位和施工单位，优先选择信用评价分数较高、信用状况较好的企业开展建筑垃圾运输工作。本市探索建立重大工程白天通行运输保障机制，企业信用分数排名领先、车辆动力为新能源、车辆外观符合新标准的，在通行保障优惠政策中予以优先考虑。

第十六条 鼓励企业成立或加入本市建设、施工、运输、环卫等相关行业协会。鼓励行业协会制定行业自律规范，督促会员企业加强建筑垃圾运输管理，对违反行业自律规范的企业加强督促。建立政企沟通机制，城市管理部门每年召开政企座谈会，邀请上年度信用分值前10名的企业参加。充分尊重市场主体的意愿，企业向监管单位提出的合理化建议，如具有普遍性、代表性、能够推动行业进步且条件允许，予以采纳并推行。

第四章 重点监测

第十七条 存在下列情形的企业，列入《重点监测名单》：

（一）违反行政审批事项告知承诺的；

（二）一个计分周期内发生1起较大以上交通亡人责任（同等责任以上）事故的，或一个计分周期内累计发生2次及以上交通亡人责任事故（同等责任以上）的；

（三）一个计分周期内，企业信用分值扣除50%（含）以上的；

（四）一个计分周期内，被公安部门列为重大交通安全隐患（风险）的；

（五）其他法律法规规定的严重失信行为。

第十八条 区城市管理部门制定《重点监测名单》所需依据：

（一）已生效的人民法院判决书或仲裁裁决书；

（二）公安交管、交通执法、生态环境、公安环食药旅、城管执法和街道（乡镇）综合执法部门提供的行政处罚决定书；

（三）城市管理、公安交管、交通、生态环境、公安环食药旅、城管执法和街道（乡镇）综合执法部门提供的责令改正通知书；

（四）公安交管部门提供的事故责任认定书和重大交通安全隐患（风险）企业认定文书；

（五）存在本办法第十七条第（一）、（三）项情形被城市管理部门查实的文书。

第十九条 列入《重点监测名单》的企业,公示期为12个月。在公示期内未发生违反本办法第十七条情形的,在公示期满后,自动从《重点监测名单》移出;在公示期内再次发生违反本办法第十七条情形的,公示期延长为24个月。

第二十条 城市管理部门应将列入《重点监测名单》的企业作为重点监管对象,可以采取以下监管措施:

(一)对企业资质、车辆准运许可动态进行全面核查;

(二)在办理行政许可过程中重点核查;

(三)在安排行政检查中增加检查频次;

(四)不得将其作为评选表彰对象;

(五)严禁将列入《重点监测名单》的企业纳入重大工程白天通行运输保障范围。

第五章 附则

第二十一条 本办法自2023年4月1日起实行,原《北京市建筑垃圾运输企业监督管理办法(试行)》(京政容函〔2015〕91号)、《北京市建筑垃圾运输企业定期评估实施细则》(京政容发〔2015〕79号)同时废止。

附件1:企业正向分记分项及计分标准
附件2:企业负向分记分项及计分标准
附件3:建筑垃圾运输车辆严重违法违规情形

附件1

企业正向分记分项及计分标准

类别	计分标准	计分分值	计分来源
企业规模分值（600分）	自有车辆数量	1. 自有传统能源车辆,计5分/辆,最高不超过200分 2. 自有新能源车辆,计30分/辆 3. 在用传统能源车辆更换为氢能、新能源车辆的,计50分/辆 4. 企业自有新能源车辆占比超过10%的,计100分 本项最高不超过500分	由北京市建筑垃圾管理与服务平台计算
	具备施工、运输及处置资质	计100分	由企业向区城市管理部门申报

续表

类别	计分标准	计分分值	计分来源
企业安全运行分值（200分）	上年度未发生作业亡人责任事故的	计50分	由北京市建筑垃圾管理与服务平台计算
	上年度未发生违法违规和交通违法行为的	1. 10辆及以下车的企业计50分 2. 11—39辆车的企业计100分 3. 40辆车以上的企业计150分	
企业业绩分值（150分）	上年度每辆车产生的电子运单数量	1. 每100单计1分 2. 每辆车计分不超过10分 本项最高不超过100分	由北京市建筑垃圾管理与服务平台计算
	企业成立年限（按取得许可或首次登记之日起算）	计10分/年，最高不超过50分	
企业经营综合评定分值（50分）	企业纳税A类	计10分	由企业向区城市管理部门申报
	司机员工缴纳社保	计10分	
	企业停车办公场地固定3年以上	计30分	
企业社会贡献和荣誉分值（综合加分）	按上年度参加重大活动情况计算。完成各类应急抢险或重大活动保障工作，得到区级及以上政府或部门通报表彰的	每次计50分，最高不超过100分	由企业向区城市管理部门申报
	上年度服务的工程被市住房城乡建设委评定为扬尘治理绿牌工地的项目	每项工程计20分，最高不超过100分	由区城市管理部门按照住房城乡建设部门提供的扬尘治理绿牌工地项目名单计算

附件2

企业负向分记分项及计分标准

	违法违规行为	计分分值	计分部门或来源
基础管理	企业没有固定停车办公场地的	每次计20分	城市管理部门
	企业相应管理制度未有效执行的	每次计20分	
	企业变更经营地址未向区城市管理部门报备的	每次计10分	
	车辆停放场所内车位数量与车辆数量不匹配的	每次计10分	
	车辆停放场所不符合安全及消防相关要求的	每次计10分	
	未按时报送建筑垃圾管理台账的	每次计10分	

续表

	违法违规行为	计分分值	计分部门或来源
	无从业资质证件的司机驾驶车辆运输建筑垃圾的	每次计20分	交通执法部门
	擅自改装已取得《道路运输证》的车辆的	每次计20分	
	一年内违法超限运输超过3次的货运车辆和一年内违法超限运输的货运车辆超过本单位货运车辆总数10%的企业	计50分	
	驾驶机动车违反禁令标志、禁止标线指示的	每次计3分	公安交管部门
	驾驶擅自改变已登记的结构、构造或者特征的载货汽车上道路行驶的	每次计3分	
	驾驶机动车在道路上行驶时，机动车驾驶人未按规定系安全带的	每次计3分	
	驾驶载货汽车载物超过最大允许总质量未达到30%的	每次计3分	
	驾驶中型以上载货汽车在高速公路、城市快速路以外的道路上行驶超过规定时速10%以上未达到20%的	每次计5分	
	驾驶机动车非紧急情况下在高速公路、城市快速路应急车道上停车的	每次计5分	
	驾驶机动车在高速公路、城市快速路上不按规定车道行驶的	每次计5分	
	驾驶时拨打接听手持电话的	每次计5分	
监督管理	驾驶机动车不按规定超车、让行，或者在高速公路、城市快速路以外的道路上逆行的	每次计10分	
	行经人行横道未减速行驶，遇行人正在通过人行横道时未停车让行，行经没有交通信号的道路时，遇行人横过道路未避让的	每次计10分	
	驾驶载货汽车载物超过最大允许总质量30%以上未达到50%的	每次计10分	
	驾驶中型以上载货汽车在高速公路、城市快速路上行驶超过规定时速未达20%的；或者在高速公路、城市快速路以外的道路上行驶超过规定时速20%以上未达到50%的	每次计10分	
	连续驾驶危险物品运输车辆以外的载货汽车超过4小时未停车休息，或者停车休息时间少于20分钟的	每次计10分	
	违反道路交通信号灯通行的	每次计20分	
	驾驶未悬挂机动车号牌或者故意污损、遮挡的机动车上道路行驶的	每次计20分	
	驾驶中型以上载货汽车在高速公路、城市快速路上行驶超过规定时速20%以上未达50%的	每次计20分	
	驾驶载货汽车载物超过最大允许总质量50%以上	每次计50分	
	货运机动车超过核定载质量，经处罚不改的	每次计50分	
	使用伪造、变造的机动车号牌、行驶证、驾驶证或者使用其他车辆的机动车号牌、行驶证的	每次计50分	

续表

	违法违规行为	计分分值	计分部门或来源
监督管理	驾驶中型以上载货汽车在高速公路、城市快速路或者在高速公路、城市快速路以外的道路上行驶超过规定时速50%以上的	每次计50分	公安交管部门
	饮酒或者服用国家管制的精神、麻醉药品后驾驶机动车的	每次计50分	
	驾驶逾期未检验、已达报废标准的车辆上道路行驶的	每次计50分	
	被评定为高风险道路运输企业的	每次计50分	
	单位未履行道路交通安全防范责任制度，被公安机关交通管理部门采取禁止机动车上道路行驶或者罚款处罚措施的	每次计50分	
	发生3人（不含）以下负同等以上责任亡人事故的	每次计100分	
	发生3人（含）以上负同等以上责任亡人事故的	依法吊销许可	
	入户机动车尾气排放不合格	每次计3分	生态环境部门
	运输建筑垃圾未按规定使用电子运单的	每车次计10分	城管执法部门
	使用或雇佣无准运证车辆运输建筑垃圾的	每车次计20分	
	未采取密闭等措施防止建筑垃圾遗撒泄漏的	每车次计10分	
	使用或雇佣不符合本市标准的车辆运输建筑垃圾的	每车次计20分	
	建筑垃圾与其他生活垃圾、危险废物混装混运的	每车次计20分	
	建筑垃圾运输车辆7天未上传数据的	每车次计5分	
	空气重污染预警或重大活动期间，建筑垃圾运输车辆未按规定停驶的	每车次计50分	
	出现违规运单的	每单计10分	
	使用黑加油车或在黑加油点加油的	每次计3分	
	伪造、变造电子运单的	每次计100分，情节严重的依法吊销许可	城市管理部门、公安环食药旅部门、城管执法部门
	乱倒乱卸建筑垃圾的	每次计100分，情节严重的依法吊销许可	
	参与有组织的乱倒乱卸	每次计100分，情节严重的依法吊销许可	
	组织乱倒乱卸	依法吊销许可	
	单车计分达到30分（含）	约谈并责令整改	
	单车计分达到50分（含）	立即实施准运许可重新审查程序	
	被群众举报（12345热线通报），查证属实的	每次计10分	
	发生严重违法违规行为被主要媒体曝光后，查证属实的	每次计100分，情节严重的依法吊销许可	

续表

违法违规行为		计分分值	计分部门或来源
企业经营	企业被列入严重违法失信名单	计50分	城市管理等有关部门
	企业被列入经营异常名录	计20分	
	企业存在逾期未交纳罚款	计50分/次	
	双随机、专项检查等不配合检查情节严重情形	计50分/次	
	双随机、专项检查等发现问题不改正情形	计50分/次	

附件3

建筑垃圾运输车辆严重违法违规情形

1. 饮酒、醉酒后驾驶建筑垃圾运输车辆的；

2. 驾驶建筑垃圾运输车辆在一年内发生2次（含）以上下列违法行为之一的：故意遮挡机动车号牌、号牌不清晰、未悬挂机动车号牌上道路行驶的，使用伪造、变造机动车号牌的，在高速公路、城市快速路以外的道路上行驶超过规定时速50%以上、在高速公路上行驶超过规定时速20%的，未按规定定期进行安全技术检验上道路行驶的，违反道路交通信号灯通行的；

3. 使用已达报废标准的建筑垃圾运输车辆上道路行驶的；

4. 使用擅自改装的车辆运输建筑垃圾的；

5. 重大活动或空气重污染预警期间违规上路的建筑垃圾运输车辆；

6. 发生同等（含）以上责任亡人事故的；

7. 未落实《北京市建筑垃圾处置管理规定》，随意倾倒、抛撒或者堆放建筑垃圾等行为的。

北京市城市管理委员会国家能源局华北监管局关于印发《关于加强北京市重要电力用户供电电源及自备应急电源配置管理工作的实施意见》的通知

京管发〔2023〕8号

天安门地区管委会、重点站区管委会,市城管执法局,各区城市管理委、北京经济技术开发区城市运行局,国网北京市电力公司,北京市电力行业协会,各重要电力用户:

现将《关于加强北京市重要电力用户供电电源及自备应急电源配置管理工作的实施意见》印发给你们,请严格遵照执行。特此通知。

北京市城市管理委员会

国家能源局华北监管局

2023年3月28日

关于加强北京市重要电力用户供电电源及自备应急电源配置管理工作的实施意见

为规范重要电力用户供用电安全保障工作,根据《中华人民共和国安全生产法》《电力供应与使用条例》《电力可靠性管理办法(暂行)》等相关法律法规及有关规定,制定本实施意见。

一、指导思想及目标

以习近平新时代中国特色社会主义思想为指导,全面贯彻落实党的二十大精神,认真落实市委、市政府关于加强本市重要电力用户供用电保障工作的决策部署,牢固树立安全发展理念，强化底线思维，进一步明确重要电力用户自备应急电源配置的主体责任、自备应急电源配置及常态化管理模式，全面提升重要电力用户在极端状态下的自救自保能力。

二、工作原则

（一）坚持目标引领，强化主体责任。坚持以"用户主责、规范配置、主动服务、动态管理"为原则，明确重要电力用户是自备应急电源配置、运维管理的第一责任主体。

（二）坚持主动服务，强化精细管理。以全面提升重要电力用户供用电服务质量为切入点，充分发挥电力企业、行业协会服务功能，优化服务流程，全面提升重要电力用户供用电精细化服务水平。

（三）坚持隐患排查，强化消隐整改。认真贯彻落实"安全第一、预防为主、综合治理"方针，建立健全重要电力用户安全用电隐患排查整治双重预防机制，重点解决重要电力用户供用电存量隐患，杜绝增量隐患。

（四）坚持底线思维，强化应急保障。以极端状态下，提升重要电力用户自救自保能力为目标，全力构建"坚强统一电网作为支撑、自备应急电源作为兜底、应急移动电源作为补充"的重要电力用户供用电保障体系。

三、适用范围

重要电力用户是自备应急电源配置、运维管理的第一责任主体。本市重要电力用户分为特级、一级、二级重要电力用户和临时性重要电力用户。重要电力用户范围、分级标准具体按照国家有关规定及标准执行。

四、主要任务

（一）规范重要电力用户认定管理

国网北京市电力公司于每年12月20日前将次年度重要电力用户等级认定建议名单报市电力行业管理部门，市电力行业管理部门于次年1月15日前完成确认。重要电力用户名单发生增减或升降级变化时，国网北京市电力公司应于15个工作日内报市电力行业管理部门确认。国网北京市电力公司要于10个工作日内将重要电力用户确认名单报送至华北能源监管局。

（二）严格供电电源及自备应急电源配置管理

1. 重要电力用户供电电源及自备应急电源配置须符合有关规定和要求，具体按照《国家能源局关于印发〈防止电力生产事故的二十五项重点要求（2023版）〉的通知》（国能发安全〔2023〕22号，以下简称《通知》）执行。

2. 重要电力用户须具备外部应急电源

接入条件，配置外部应急电源接入装置和闭锁装置。

3. 重要电力用户自备应急电源配置须与供电电源同步规划、同步建设、同步投运、同步验收，杜绝容缺运行。

（三）全面提升用电服务水平

国网北京市电力公司主动做好以下服务工作：

1. 建立完善本市重要电力用户台账，动态更新，每半年一次报送至市电力行业管理部门。

2. 对特级、一级重要电力用户至少每季度开展一次用电安全服务，对二级重要电力用户至少每半年开展一次用电安全服务，对临时性重要电力用户根据实际至少每年开展一次用电安全服务。制定《用电安全服务结果告知书》，提出隐患整改建议方案，并对重要电力用户隐患整改提供技术支撑。

3. 指导重要电力用户制定电气设备设施运维管理规范和突发事件停电应急预案，督促指导重要电力用户定期进行安全检查、预防性试验、启机试验和切换装置的切换试验，定期开展应急演练。

市电力行业协会配合电力行业管理部门重点做好以下服务工作：

4. 对重要电力用户代维单位资质、运维人员资格、教育培训、自备应急电源配置、运维管理、应急演练等情况及每年的达标检查提供技术支撑。至少每半年组织开展一次安全用电业务培训。

5. 对不具备自备应急电源配置条件的重要电力用户与应急发电车企业签订应急供电保障服务协议，提供专业指导。

（四）严格安全用电主体责任落实

重要电力用户是其产权内配用电系统和设备设施可靠性管理的责任主体，有义务配合做好供用电安全服务、达标检查等工作。

1. 规范配置自备应急电源，自备应急电源配置容量应达到保安负荷的120%。具体按照《电力可靠性管理办法（暂行）》《通知》等文件要求执行。

2. 依法规范设置电力运维管理机构，制定电气设备设施运维操作规定、规程，配强运维人员，严格用电安全教育培训。认真制定停电应急预案，全市重要电力用户至少每年组织开展一次应急演练。

3. 严格电力法律、法规、规章及有关操作规程落实，定期开展设备设施保养、维护及试验，定期做好自备应急电源带载运行测试。鼓励依据《配电室安全管理规范》（DB11/T 527—2021）实施智能化配电室运行维护。

4. 认真落实双重预防机制，根据季节和运行环境变化，认真做好自身用电安全隐患排查及整改。

（五）严格隐患排查整治

1. 国网北京市电力公司要认真开展用电安全服务，及时发现各类用电安全隐患，并将隐患情况、整改意见建议以《用电安全服务结果告知书》的形式书面告知重要电力用户，同步报送区级电力行业管理部门。区级电力行业管理部门会同区供电企业督促指导重要电力用户制定隐患整改方案，对隐患整改时限、责任人等逐一进行明确。

2. 对未能如期完成隐患整改或隐患整改不到位的，各区电力行业管理部门要及时将相关情况报送市电力行业管理部门，由市电力行业管理部门下达隐患整改通知书，并函告该重要电力用户行业管理部门及单位。

3. 行业管理部门及单位要切实履行"管行业必须管安全，管业务必须管安全，管生产经营必须管安全"职责，督促所属重要电力用户如期完成隐患整改工作。

4. 经督促具备整改条件而拒不进行隐患整改或隐患整改不到位的，由相关部门依法处理。

5. 华北能源监管局按照国家能源局授权，对重要电力用户供电电源配置情况进行监督管理，协助市电力行业管理部门做好重要电力用户自备应急电源配置监督管理相关工作。

五、工作要求

（一）电力行业管理部门要加强与华北能源监管局、相关行业管理部门及单位的沟通协调，建立信息共享、联合检查、监督落实等机制，形成工作合力。

（二）重要电力用户要强化危机意识、责任意识，规范配置自备应急电源，加强日常运维管理，主动发现并及时消除内部各类隐患，确保用电安全。

（三）国网北京市电力公司、市电力行业协会要深化精细化管理和主动服务理念，国网北京市电力公司要切实履行安全供电、优质服务责任，市电力行业协会要充分发挥政府与企业间的桥梁、纽带作用，同时认真做好信息保密相关工作并于每年12月20日前将服务工作开展等情况报送市电力行业管理部门。

北京市城市管理委员会关于印发 2023 年北京市电动汽车充换电设施建设运营奖励实施细则的通知

京管发〔2023〕11 号

各区城市管理委、北京经济技术开发区城市运行局，各充换电设施建设运营企业：

现将《2023 年北京市电动汽车充换电设施建设运营奖励实施细则》印发给你们，请遵照执行。

特此通知。

北京市城市管理委员会
2023 年 10 月 13 日

2023 年北京市电动汽车充换电设施建设运营奖励实施细则

为贯彻落实国务院办公厅《关于进一步构建高质量充电基础设施体系的指导意见》、国家发展改革委等部门《关于进一步提升电动汽车充电基础设施服务保障能力的实施意见》以及《北京市碳达峰实施方案》《"十四五"时期北京市新能源汽车充换电设施发展规划》等有关要求，推动电动汽车充换电服务水平提升，有序开展 2023 年北京市电动汽车充换电设施（以下简称"充换电设施"）建设运营奖励工作，特制定本细则。

一、奖励对象、方式及标准

（一）对 2022 年 6 月 1 日—2023 年 8 月 31 日建成的单位内部充电设施给予建设奖励。

（二）对 2022 年 6 月 1 日—2023 年 8 月 31 日完成"统建统服"试点项目评价，成功入围 2023 年度北京市居住区新能源汽车充电"统建统服"试点项目，并在后续通过项目建设验收和绩效评价的项目，给予建设奖励。

（三）对 2022 年 6 月 1 日—2023 年 8 月 31 日投入运营，且平均每月每车充电车次不少于 10 次、充电量不少于 150 度的移动充电设施，按月度给予投放奖励。

（四）对 2022 年 6 月 1 日—2023 年 8 月 31 日运营的公用充电设施（含居住区和社会公用充电桩）给予运营奖励，分为日常奖励和年度奖励，日常奖励以充电量为基准给予，年度奖励以功率为基准给予。

（五）对充电精品示范区给予运营奖励，分为日常奖励和年度奖励，日常奖励以充电量为基准给予，年度奖励以功率为基准给予。

（六）对 2022 年 5 月 31 日前建成、在 2022 年 6 月 1 日—2023 年 8 月 31 日运营的换电设施给予运营奖励，分为日常奖励和年度奖励，日常奖励以换电量为基准给予，年度奖励以功率为基准给予。对 2022 年 6 月 1 日—2023 年 8 月 31 日建成的换电设施给予一次性建设奖励。

（七）对 2022 年 6 月 1 日—2023 年 8 月 31 日新建（含改扩建）的 V2G、光（储）充、有序充电桩（不含公交等专用桩、社会公用充电桩）等示范充电设施给予建设奖励。

（八）以上奖补对象（附件 1）不重复支持。

其中，年度奖励应结合不同等级奖励标准和纳入奖励范围的具体天数给予，具体奖励标准见表 1。

表 1　充换电设施建设运营奖励标准

序号	奖励对象	奖励方式		奖励标准
1	单位内部充电设施	建设奖励		300 元/千瓦
2	"统建统服"试点项目	建设奖励		单桩功率 60 千瓦以下：600 元/千瓦；单桩功率 60 千瓦及以上：1240 元/千瓦
3	移动充电设施	投放奖励		2400 元/台·月
4	公用充电设施（含居住区公用和社会公用）	运营奖励	日常奖励	充电量 0.2 元/度
			年度奖励	超充桩：A、B、C、D 级分别为 216 元/千瓦·年、183 元/千瓦·年、151 元/千瓦·年、0 元/千瓦·年
				快充桩：A、B、C、D 级分别为 106 元/千瓦·年、90 元/千瓦·年、74 元/千瓦·年、0 元/千瓦·年
				慢充桩：A、B、C、D 级分别为 75 元/千瓦·年、63 元/千瓦·年、52 元/千瓦·年、0 元/千瓦·年
5	充电精品示范区	运营奖励	年度奖励	166 元/千瓦·年
			日常奖励	充电量 0.2 元/度

续表

序号	奖励对象	奖励方式		奖励标准
6	2022年5月31日前建成、2022年6月1日—2023年8月31日运营的换电设施	运营奖励	年度奖励	A、B、C、D级分别为106元/千瓦·年、90元/千瓦·年、74元/千瓦·年、0元/千瓦·年
			日常奖励	换电量0.2元/度
	2022年6月1日—2023年7月31日建成的换电设施	建设奖励		1074元/千瓦
7	V2G、光（储）充、有序充电桩等示范充电桩	建设奖励（不含公交等专用桩、社会公用充电桩）		300元/千瓦

二、实施方式

市城市管理委委托第三方机构作为项目管理单位，由项目管理单位组织开展充换电设施建设运营奖励项目的申报、核查、评价及评审工作。

三、申报条件

（一）申报单位营业执照的经营范围中含有电动汽车充换电设施建设运营、机动车充电销售、能源供应及设备研发生产等相关内容。

（二）申报单位须建立充换电设施安全生产管理制度，运维团队（含外包团队）须具有持有高/低压电工证、特种作业操作证、维修电工证、安全员证书或机电工程师等证书之一的专业人员。

（三）申报单位投资建设、正常运营且接入市级公用充电设施数据信息服务平台（以下简称"市级平台"）的充换电设施总功率不低于3000千瓦［充电精品示范区中示范站点的建设运营单位投资建设、正常运营且接入市级平台的充电设施总功率不低于5000千瓦或具备10万平方米以上可用于充电设施建设的储备土地资源，V2G、光（储）充、有序充电桩（不含公交等专用桩、社会公用充电桩）等示范充电设施和"统建统服"试点项目申报单位除外］，且实现充换电设施状态信息互联互通，并及时传送充换电订单数据。

（四）充换电设施的产品、建设施工、竣工验收、运营管理符合国家和本市相关标准规范要求。

（五）充换电设施应具有充电安全责任保险、火灾保险或公众责任险等保险之一。

（六）申报建设奖励的充换电设施未使用财政资金建设，未获得其他财政奖励（同一位置更换充电设施视为已获得建设奖励）。

四、项目申报

（一）申报主体：单位内部充电设施、移动充电设施、公用充电设施（含居住区公用和社会公用）、换电设施，V2G、光（储）充、有序充电桩（不含公交等专用桩、社会公用充电桩）等示范充电设施由产权单位以充换电站为单元申报，充电精品示范区由所在行政区的区城市管理部门组织示范站点的建设运营单位申报，"统建统服"试点项目由"统建统服"试点项目服务商申报。

（二）申报时间：2023年10月20日截止。

（三）申报材料：申报单位向项目管理单位提交项目申报书（附件2），所有项目申报材料不予退回。

五、评价评审

（一）材料初审。项目管理单位组织开展材料初审，将材料完整、合规的充换电设施纳入本年度奖励范围。

（二）平台监测。针对纳入奖励范围的公用充电设施、换电设施，市级平台对充换电站进行监测，形成监测报告。对存在持续未推送状态、持续掉线、持续故障、持续停运等情况超30天及考核期内充换电量为0的充换电设施，取消其奖励资格。

（三）现场核查。项目管理单位组织开展现场核查工作，结合市级平台监测情况，按照"申报单位全覆盖、行政区域全覆盖"原则，对充换电站设施数量及功率与申报内容一致性、运营状态进行现场核查。

（四）考核评价。针对公用充电设施（含居住区公用和社会公用）、2022年5月31日前建成的换电设施，从充电安全性、设施可用性、响应及时性、充电友好性等方面对充换电站进行综合评价（附件3）。针对单位内部充电设施、移动充电设施和V2G、光（储）充、有序充电桩（不含公交等专用桩、社会公用充电桩）等示范充电设施，从充电安全性进行评价，对于发生安全事故、有严重隐患或一般隐患整改不及时的设施，取消该站奖励资格；情节严重的，取消申报单位本年度奖励资格。针对充电精品示范区，按照政策要求开展绩效评价，确定奖励资格。针对"统建统服"试点项目，相关绩效评价要求详见《关于开展2023年度北京市居住区新能源汽车充电"统建统服"试点项目绩效评价的通知》。

（五）订单审核。针对申报运营奖励、电量奖励的充换电设施，项目管理单位组织开展充换电订单审核，具体如下：

1. 订单初筛。市级平台针对纳入奖励范围的充换电设施，对充换电订单进行初筛，筛除存在充换电起止时间逻辑错误、电表读数起止值逻辑错误等情况的异常订单，通过初筛的订单纳入订单库，形成初筛报告，提交至项目管理单位。

2. 材料提交。申报单位从订单库中自行选取订单，以充换电站为单元，汇总整理订单申请明细表（从市级平台导出）、对应电量确认单、电费发票等材料，提交至项目管理单位。

3. 票据审核。项目管理单位结合订单申请明细表，对电量确认单、电费发票等材料完整性、合规性进行审核。

（六）验收评审。项目管理单位分批次组织召开专家评审会，对申报项目的材料初审、平台监测、现场核查、考核评价及订单审核等情况进行最终评审，形成专家意见，并编制形成年度考核评价及验收评审报告，提交至市城市管理委。

六、资金发放

充换电设施评审结果在市城市管理委政务网站公示5个自然日，无异议后，按程序发放奖励资金。当年奖励资金不足的，在下一年奖励资金中安排。

七、监督管理

（一）针对本年度获得奖励支持但出现拆除等情况的充换电设施，申报单位应及时将有关情况报至市城市管理委。若未及时报送，将根据相关情况进行调查处理。

（二）对提供虚假信息、骗取财政资金的单位，市城市管理委将取消其本年度及后续各项充换电设施奖励资金申报资格，并依法依规追回发放奖励资金、追究法律责任。

附件1：名词解释
附件2：2023年度北京市电动汽车充换电设施建设运营奖励项目申报书
附件3：2023年度北京市电动汽车充换电站考核评价方法

附件1

名词解释

1. 单位内部充电设施：指在各级政府机关、事业单位、社会团体、企业单位内部停车场建设主要供本单位及职工自有电动汽车使用的充电设施，不包括通勤、公交、环卫、出租、邮政、物流、租赁、4S店等单位在专用场站内建设的服务于各专用车辆、营运车辆的充电设施。

2. "统建统服"试点项目：指在居住区及周边，挖掘居住区内外边角空地、公共停车场等场所资源，为居住区新能源汽车用户提供"三个5"（找桩距离不大于500米、服务费不高于0.5元、排队时间不长于5分钟）、"四个创新"（智慧选址、价格优惠、预约即得、安全提示）的充电服务，成功入围并通过建设验收、绩效评价的试点项目。

3. 移动充电设施：指利用电池储能，具备电动底盘移动功能，受智能平台管理的，适用于无固定车位或电力负荷紧张区域的移动充电小车。

4. 居住区公用充电设施：指在居住小区内部停车场所建设，主要供小区内部电动汽车使用的经营性充电设施。

5. 社会公用充电设施：指在社会公共停车场或可用于充电服务的停车场所内建设向社会开放的、为电动汽车提供充电服务的经营性充电设施，包括环卫、公交等专用领域向社会开放使用的充电设施。其中，超充桩指充电枪最大输出功率为360千瓦及以上、充电主机和终端分体式设计的全液冷充电桩，快充桩指单枪功率介于60（含）千瓦—360千瓦的充电桩，慢充桩指单枪功率低于60千瓦的充电桩。

6. 充电精品示范区：指划定不超过7平方千米的区域，区域内至少包含一个特色场景（消费商圈、商务办公、交通枢纽、公路沿线、产业园区和物流基地等）。示范区内的示范站须为电动汽车用户带来"三个一"（一约即充、一码通行、一小时充电）和创新技术、创新服务的高品质充电体验。充电精品示范区的认定需通过入围评审、建设验收和绩效评价。

7. 换电设施：指采用电池更换模式为电动汽车提供电能补给的设施，主要应用于巡游出租车、网络预约出租车等服务场景。

8. 有序充电设施：指配电网在用户、充电桩以及电动汽车之间进行充分的信息交互和分层控制，全面感知配电负荷变化趋势，下达动态调整充电时间和功率指令后，参与响应执行充电时间及功率调整的充电设施。

9. V2G充电设施：指能作为电动汽车与电网进行双向电能量流动和信息互动的载体，实现双向充放电的充电设施。

10. 光（储）充充电站：指在传统充电站的基础上配置分布式光伏系统（或储能系统），同时具备光伏发电（或储能）、充电功能的充电站。

附件 2

2023年度北京市电动汽车充换电设施建设运营奖励项目申报书

申报单位：

申报方向：□单位内部充电设施　　□"统建统服"试点项目

　　　　　□移动充电设施　　　　□居住区公用充电设施

　　　　　□社会公用充电设施　　□充电精品示范区

　　　　　□换电设施

　　　　　□有序充电、V2G、光（储）充充电设施

申报时间：

联 系 人：

联系电话：

一、申报单位基本情况

包括但不限于：单位名称、成立时间、办公地点、企业性质、企业法人、企业股东、注册资金、经营范围、公司人员规模、2022年主营业务收入、利润、税金、固定资产、资产负债率及京内和京外充换电设施建设规模等内容。

表1　申报单位2022年基本情况

公司财务情况					京内充换电设施（个）	京外充换电设施（个）
主营业务收入（万元）	利润（万元）	税金（万元）	固定资产（万元）	资产负债率（%）		

二、申报项目基本情况

按照申报方向，以充电站为单元，分类别说明项目基本情况，包括但不限于：项目名称、建设地点、建设内容及规模、充电设备功率类型及技术参数、充电桩与停车位比、项目总投资及分项投资、项目投运时间等情况，其中"统建统服"试点项目、充电精品示范区项目还需说明项目符合"统建统服"、充电精品示范区要求等情况。

表2 填写申报方向 申报项目基本情况

充换电站名称	建设地点	充电桩数量（个）	功率（千瓦）	充电桩与停车位比	总投资情况（万元）				投运时间
					建筑工程费	充电桩购置费	电力增容费	其他费用	

表3 换电设施 申报项目基本情况

换电站名称	建设地点	充电机数量（个）	电池仓数量（个）	电池数量（个）	充电机总功率（千瓦）	总投资情况（万元）					投运时间
						建筑工程费	换电站设备购置费	电力增容费	电池购置费	其他费用	

三、自建平台运营情况

包括平台建设概况、功能、运营状况、与市级平台对接情况（包括但不限于接入充换电设施总数量和功率、状态信息互联互通情况、充电订单传送情况等），若没有自建平台，则说明委托平台的情况。

表4 申报单位平台运营情况

平台名称	建成时间	运营情况			与市级平台互联互通情况				与其他平台互联互通情况			
		站数（个）	桩数（个）	功率（千瓦）	接入站数（个）	接入桩数（个）	接入功率（千瓦）	互联互通程度	平台名称	接入站数（个）	接入桩数（个）	接入功率（千瓦）

注："互联互通程度"从静态数据互通、动态数据互通、启停互通三个选项中选填

四、申报项目运营情况

包括运营模式、运维团队、管理制度（含运维管理、安全管理）、电价与服务价格、收费模式、充电停车泊位管理、投保情况、近6个月实际运营状况（含充电量、客户类型）等。如申报有序充电、V2G、光（储）充充电设施，还需说明项目功能实现路径及效果，效果包括有序充电、

V2G、光（储）充时间特点、有序充电量、V2G 放电量、光伏发电量及用电情况等。

表5　申报项目运营情况

充换电站名称	电费价格（元/度）	服务费价格（元/度）	保险类型	保险费用（元/年）	近6个月充电量（万度）	主要客户类型	电动汽车（专用）泊位管理

注：1. "电动汽车（专用）泊位管理"从租赁车位、施划电动汽车专用泊位、施划电动汽车泊位、差异化停车费用、其他、无等选项中选填

2. 运营不足6个月的，只填写运营期的状况，并说明具体周期

五、其他需要说明的内容

包括但不限于以下内容：

（一）配套设施建设情况。重点描述餐饮、雨棚、共享充电宝、便利店、自动售货机、饮水机、洗车设备、休息室等配套设施建设服务情况。

（二）重点区域建设保障情况。重点说明在乡村、A级以上景区、高速公路服务区等重点区域建设的充电站情况。

（三）充电停车管理情况。重点说明为解决非充电车辆占用充电车位问题所采取的手段及效果。

六、附件

1. 充换电设施建设明细表（从市级平台导出）。

2. 市级平台开具的接入说明。

3. 申报单位营业执照。

4. 申报单位关于奖励资金发放的银行账号信息的说明，包括开户名称及账号。

5. 申报单位安全生产管理制度相关文件，重点包括岗位责任制度、巡查制度、隐患排查治理制度及巡检记录、应急值守制度、安全培训制度、运维团队人员资质证书及对应的近3个月的社保缴纳记录等。

6. 单位内部充电设施、移动充电设施、公用充电设施（含居住区公用和社会公用）、换电设施，V2G、光（储）充、有序充电桩等示范充电桩的申报单位与场地方签订的充换电设施建设合作协议（以下简称"协议"），协议应签订至2024年12月31日及以后，其中，居住区公用充电设施申报单位与场地方签订的协议可由业委会、物管会、居委会、村委会出具的意见书代替；充电精品示范区中示范站点的建设运营单位、"统建统服"试点项目服务商与场地方签订的协议有效期结束时间不早于2024年12月31日，且能证明协议能够正常续约至项目建成验收后运营5年及以上。

7. 第三方检测机构（具备CMA或CNAS资质）出具的充换电设施产品标准符合性合格报告［单位内部充电设施、V2G、光（储）充、有序充电桩除外］。

8. 具有明确验收结论且验收单位盖章的充换电设施竣工验收报告［内部充电设施、V2G、光（储）充、有序充电桩、"统建统服"试点项目除外］。

9. 第三方检测机构（具备CNAS资质）出具的现场验收检验报告，验收检测内容见附件2-1［仅单位内部充电设施、V2G、光（储）充、有序充电桩、"统建统服"试点项目、充电精品示范区提交］。

10. 充电安全责任保险、火灾保险或公众责任险等保单及明细，保单时间需覆盖至2023年12月31日。

11. 第三方组织出具的"统建统服"试点项目验收确认单（仅"统建统服"试点项目提交）。

12. 建设投资情况材料，包括充电桩设备购置、电气改造、土建、其他固定资产投资费用及对应合同、发票等财务凭证［仅单位内部充电设施、公用充电设施、换电设施，V2G、光（储）充、有序充电桩提交］。

13. 充电设施可为公务用车及职工自有电动汽车使用的说明（仅单位内部充电设施提交，附件2-2）。

14. 申报单位承诺书（附件2-3）。

附件2-1

现场验收检验内容

序号	检验项目	标准要求	检验依据	检验方法
1.1	充电设备合格文件	有CNAS标志的充电设备检测报告	/	核查
2.1	充电站专用变压器	检查变压器的型号、配置和数量，核对变压器技术参数及实际施工结果与合同、设计图纸等技术文件是否相符	NB/T 33004—2020	核查
2.2	变流柜及控制柜等盘柜	检查供电系统盘柜的型号、配置和数量，核对盘柜技术参数及实际施工结果与合同、设计图纸等技术文件是否相符		核查
2.3	低压配线	检查低压配线的接线盒相序、配电设备布置、配电线路保护、配电线路的敷设等，核对配电设备技术参数及实际施工结果与图纸是否相符		核查
2.4	电缆	检查电缆的型号、配置和参数，核对电缆技术参数及实际施工结果与合同、设计图纸等技术文件是否相符		核查
2.5	防雷接地	检查供电系统电气装置的防雷和接地，核对实际施工结果与设计图纸是否相符		核查

续表

序号	检验项目	标准要求	检验依据	检验方法
3.1	工程施工	充电设备安装应牢固，设备供电电缆型号、规格及主电路电缆的长度应符合设计要求	NB/T 33004—2020	核查
		二次回路应接线正确，接线端子应牢固，回路编号应正确、清晰		检查
		充电设备安装好后电缆沟（管）应采用防火材料可靠封堵		检查
		充电设备安装高度应保证电气连接和人机交互操作方便，并采取必要的防盗、防撞、防恶意破坏措施		检查
		充电设备的布置应预留设备维护检修空间		检查
		保护接地端子应可靠接地	GB 50966—2014	检查
3.2	标识和说明	供电设备应清晰标识以下内容：公司名称、简称、商标或可识别制造商的独特标识，设备编号、产品型号、序列号或生产批次号，生产日期，额定输出电压（V）和额定输出电流（A），额定输入交流（AC）或直流（DC），室内使用或室外使用	GB/T 18487.1—2015	检查
3.3	交流充电桩	桩体应在醒目位置标识操作说明文字及图形	NB/T 33004—2020	检查
		检查交流充电桩的型号、配置和数量，按照合同和技术协议等文件进行验收		核查
		基本构成、结构、标志与标识、技术参数：检查交流充电桩图纸与实物，核对充电技术参数，按照合同和技术协议等相关文件验收		核查
		充电控制导引、通信功能、电子锁止功能、人机交互功能、计量功能、急停功能、保护功能按照合同和技术协议等相关文件验收		核查
		能显示各状态下的相关信息，包括运行状态、充电电量和计费信息	GB 50966—2014	检查
		有急停开关，在充电过程中可使用该装置紧急切断输出电源		检查
		检查充电连接器的结构、物理尺寸、端子定义	NB/T 33004—2020	检查
		检查交流充电桩的防雷接地		检查
		剩余电流保护器	GB/T 18487.1—2015	测试
		充电连接控制时序测试	GB/T 34657.1—2017	测试
		CP接地测试		测试

续表

序号	检验项目	标准要求	检验依据	检验方法
3.4	非车载充电机（直流充电桩）	桩体应在醒目位置标识操作说明文字及图形	NB/T 33004—2020	检查
		检查非车载充电机的型号、配置和数量，按照合同和技术协议等文件进行验收		核查
		基本构成、结构、标志与标识、技术参数：检查非车载充电机图纸与实物，核对充电技术参数，按照合同和技术协议等相关文件验收		核查
		充电控制功能、通信功能、绝缘检测功能、电子锁止功能、人机交互功能、计量功能、急停功能、保护功能按照合同和技术协议等相关文件验收		核查
		具有待机、充电、充满等状态的指示，能够显示输出电压、输出电流、电能量等信息，故障时应有相应的告警信息	GB 50966—2014	检查
		具备本地和远程紧急停机功能，紧急、停机后系统不应自动复位		检查
		检查充电连接器的结构、物理尺寸、端子定义	NB/T 33004—2020	检查
		检查非车载充电机的防雷接地		检查
		充电连接控制时序测试	GB/T 34657.1—2017	测试
		车辆接口断开测试		测试
		绝缘故障测试		测试
		通信协议一致性 DP.3003（过温、过流、过压等）		测试
4.1	充电监控	采集非车载充电机工作状态、功率、电压、电流和电能量	GB 50966—2014	检查
		采集交流充电样的工作状态、电压、电流和电能量		检查

附件2-2

关于充电设施可为公务用车及职工自有电动汽车使用的说明

_____（产权单位）_____ 在 ___（充电设施详细地址）___ 投资建设的 ____ 个充电桩（直流桩__个，交流桩__个），用于___（使用单位）___公务用车/职工自有电动汽车使用。

特此说明。

使用单位名称（盖章）：

年　月　日

附件 2-3

承诺书

我单位就 2023 年申报的充换电设施，承诺如下：

1. 所提供的全部文件、证件、有关材料及其复印件均真实、合法、有效，并对其承担一切法律责任。

2. 申报运营奖励的社会公用充电设施、充电精品示范区、"统建统服"试点项目能够面向社会开放使用。

3. 申报建设奖励的单位内部充电设施、换电设施、有序充电、V2G、光（储）充充电设施项目未使用财政资金建设。

4. 申报建设奖励的单位内部充电设施，能够为充电设施使用单位的公务用车及职工自有电动汽车使用。

5. 申报的充换电设施如出现拆除、长期停运或更换位置等运营异常情况，将及时向市城市管理委报告有关情况。

申报单位名称（公章）：

年　月　日

附件 3

2023 年度北京市电动汽车充换电站考核评价方法

分别对申报运营奖励的居住区公用充电设施、社会公用充电设施、换电设施在 2022 年 6 月 1 日—2023 年 8 月 31 日的运营情况进行考核评价，评价指标体系包括充换电安全性、可用性、及时性、友好性四个一级指标、若干二级指标。根据充换电站各二级指标对应得分，计算综合评分，并按照规则确定充换电站等级。

表1 2023年充换电站考核评价指标体系

一级指标	序号	居住区公用充电站 二级指标	分值	社会公用充电站 二级指标	分值	换电站 二级指标	分值
安全性	1	安全事故	一票否决项	安全事故	一票否决项	安全事故	一票否决项
	2	严重隐患		严重隐患		严重隐患	
	3	一般隐患整改及时性		一般隐患整改及时性		一般隐患整改及时性	
可用性	4	平均利用率	15	平均利用率	15	电池平均周转率	20
	5	平均故障率	15	平均故障率	10	平均故障率	20
	6	信息准确性	10	信息准确性	10	信息准确性	10
	7	舆情及负面清单	10	舆情及负面清单	10	舆情及负面清单	10
	8	零电量充电站占比	10	零电量充电站占比	10	—	—
及时性	9	故障解决及时性	15	故障解决及时性	15	故障解决及时性	15
	10	设施管理及时性	10	设施管理及时性	10	设施管理及时性	10
	11	状态固定推送及时率	5	状态固定推送及时率	5	状态固定推送及时率	5
	12	状态变化推送及时率	10	状态变化推送及时率	5	谷电利用率	10
	13			快充桩占比	10		
		合计	100	合计	100	合计	100
友好性	14	—	—	配套设施建设	5	配套设施建设	5
	15	—	—	重点区域建设保障	5	—	—
	16	—	—	充电停车管理	5	—	—
		合计	100	合计	115	合计	105

表2 充换电站考核等级确定规则

序号	综合评分 居住区公用充电站	社会公用充电站	换电站	充电站等级
1	[90, 100]	[90, 115]	[90, 105]	A
2	[75, 90)	[75, 90)	[75, 90)	B
3	[60, 75)	[60, 75)	[60, 75)	C
4	[0, 60)	[0, 60)	[0, 60)	D

一、安全事故

(一)指标解释:以充换电站为考核对象,根据《中华人民共和国安全生产法》,充换电站出现因充换电设施导致的人员伤亡或财产损失事故。

(二)计分方法:该指标为前提条件性指标,不参与综合评分的计算。若发生安全事故,则取消该充换电站本年度奖励资格;否则,根据其他指标进行综合评分计算。

二、严重隐患

(一)指标解释:以充换电站为考核对象,安全生产检查出表3中任一隐患,则视为该充电站有严重隐患情况,检查出表4中任一隐患,则视为该换电站有严重隐患情况。

表3 充电站严重隐患内容

序号	严重隐患内容
1	未与充电车辆连接时,充电接口带危险电压
2	用户通过设备通风孔等开孔能接触到内部危险带电部件
3	拔枪后,充电接口危险电压泄放时间过长(>1s)
4	模拟对地绝缘故障发生时,直流充电机没有相应保护措施
5	模拟BMS发送故障报文(过温、过流、过压)时,直流充电机没有响应,继续充电
6	直流充电机充电时过电流保护断路器动作
7	充电设备内部导电部位覆盖有潮湿物或铁屑等导电杂物
8	正常充电时,漏电保护装置动作(说明处于漏电状态)
9	模拟漏电情况发生时,漏电保护装置不动作(或未安装漏电保护装置)
10	接地连续性不完好,接地回路阻抗过大或断开
11	启动急停装置时,设备不能切断电源输入

表4 换电站严重隐患内容

序号	严重隐患内容
1	换电站内未设置事故电池隔离措施
2	充换电工作区存放易燃易爆物品、污染和腐蚀介质
3	电池仓不具备温度调节功能,不具备烟雾报警功能
4	充电架未采用框架组合结构,或有变形、污渍、倾斜,不牢固可靠
5	供电系统容量不满足充换电、照明、监控、办公等用电要求

续表

序号	严重隐患内容
6	变配电室的电缆沟无防水、排水措施
7	电池更换监控系统不具备对电池箱充电状态、电池箱更换状态、设备运行状态、电池箱更换过程等进行监视和控制的功能,不具备电池储存环境监测功能
8	未安装充电设施运行状态实时监控装置,或与监控平台不能有效连接,不能实现故障监测、系统化方式对过充实行冗余保护控制措施
9	消防设备及防护器材不齐备,设备防雷保护装置不符合规范要求
10	挪用消防器材,埋压和圈占消防设施
11	换电站应急照明设施故障损坏
12	对充配电设备的系统控制及保护功能(如接地保护连接、漏电保护、急停保护、线缆接口等电气绝缘及隔离防护)等不符合要求
13	直流充电设备不具有故障监测告警功能,过流等电气安全保护功能不正常;充(换)电设备不具有电池极值设定自动保护功能;充(换)电设备不具有输出电压最高值过压保护控制功能
14	无提供醒目且便于操作的急停按钮

（二）计分方法：该指标为前提条件性指标，不参与综合评分计算。市、区管理部门（或委托第三方）在考核期内对充换电站进行检查，若发现严重隐患，则取消该充换电站本年奖励资格；否则，根据其他指标进行综合评分计算。

三、一般隐患整改及时性

（一）指标解释：以充换电站为考核对象，安全生产检查出表5、表6中任一隐患，若在10日内提交整改报告并通过复查，视为隐患整改及时。

表5 充电站一般隐患内容

序号	充电设施隐患内容
1	配电柜或充电设备内部配线凌乱,未可靠固定
2	配电设备外部无警告标识
3	配电柜或设备内部,中性点、地线接线点等无标识
4	配电回路断路器等器件额定电流容量不足
5	交流充电桩电气回路未安装A型或以上规格漏电保护装置
6	电气设备防护等级不够或外壳防护有破损(含开口处未有效封堵)
7	配电柜或其他设备内部电气关键连接点有锈蚀迹象
8	电气设备内部、外部周边有易燃或导电杂物、垃圾(应立即打扫清理)

表6 换电站一般隐患内容

序号	一般隐患内容
1	未采用有效的隔离措施并设置警示标识来防止无关人员进入充电区和电池更换区
2	充换电设施未设置安全警示标志,提示用户注意设施环境、电气安全、安全操作等信息
3	充电架没有可靠接地,与电池箱不相匹配,不能与电池箱实现安全可靠的连接
4	充电机在站内布置不合理,不利于通风和散热;充电机与充电架之间的电缆连接未采用固定式
5	供电设备的安装不固定可靠、标识不明确、内外不清洁
6	充电机不具有待机、充电、充满等状态指示以及输出电压、输出电流等运行参数显示功能
7	电池充电系统与冷却系统(如有)、电池转运系统不连锁
8	电池箱连接器未采用强电与弱电分离的结构,不具有防误插的功能
9	电池更换站内的电气设备未可靠接地
10	监控系统未采用共用接地装置接地,接地电阻大于1欧姆,采用专用接地装置时,接地电阻大于4欧姆

（二）计分方法：该指标为前提条件性指标，不参与综合评分计算。市、区管理部门（或委托第三方）在考核期内对充换电站进行检查、通知整改，对整改不及时场站，取消该场站本年度奖励资格；情节严重的，取消申报单位本年度奖励资格。对整改及时的场站，根据其他指标进行综合评分计算。

四、平均利用率

（一）指标解释：以充电站为考核对象，平均利用率=充电量/（功率×服务时长）。

（二）计分方法：将充电站平均利用率按照旅游景区和其他场所两类分别由大到小排名，该项得分=分值×（总站数-排名+1）/总站数，得分按四舍五入保留四位小数。

五、电池平均周转率

（一）指标解释：以换电站为考核对象，电池平均周转率=换电次数/站内电池数。

（二）计分方法：将换电站电池平均周转率由大到小排名，该项得分=分值×（总站数-排名+1）/总站数，得分按四舍五入保留四位小数。

六、平均故障率

（一）指标解释：以充换电站为考核对象，充电站平均故障率=站内设施故障总时长/设施在线总时长；换电站平均故障率=站内电池故障总时长/设施在线总时长。

(二）计分方法：该项得分=分值×（1-平均故障率），得分按四舍五入保留四位小数。

七、信息准确性

（一）指标解释：以充换电站为考核对象，经现场核查发现设施数量、功率、运行状态等与申报单位向市级平台报送/推送信息一致，则视为信息准确。

（二）计分方法：若发现设施数量、功率信息不准确，发现一次该站该指标扣减2分；若运行状态信息不准确，则申报单位所有充换电站该指标扣减2分，扣完为止。

八、舆情及负面清单

（一）指标解释：以充换电站为考核对象，重点通过市民、媒体、市级平台考核充换电设施提供服务的质量。

（二）计分方法：以《今日舆情》等官方渠道为依据，经核实收到1条投诉，则对应充换电站扣减1分，扣完为止。

九、零电量充电站占比

（一）指标解释：以申报单位为考核对象，零电量充电站（不含旅游景区内的充电站）占比=考核期内充电站电量为0的场站数/接入市级平台的全部充电站。

（二）计分方法：取消零电量充电站本年度奖励资格，申报单位所有申报充电站该项得分=分值×（1-零电量充电站占比），得分按四舍五入保留四位小数。

十、故障解决及时性

（一）指标解释：以充换电站为考核对象，对出现掉线、故障问题，在24小时之内排除，视为故障解决及时。

（二）计分方法：若考核期内每出现1次解决不及时，则该站该指标扣减3分，直至扣完。

十一、设施管理及时性

（一）指标解释：以充换电站为考核对象，以下3种情况被视为设施管理不及时：1.经现场核查发现整站不通电或拆除；2.对暂停运充换电站，未及时在企业平台、合作平台及现场公示暂停运信息，未在24小时内告知市级平台；3.对接入市级平台所有充换电站监测出现长期闲置、暂停运问题，在接到市级平台通知24小时内未完成响应。

（二）计分方法：若发现设施管理不及时，则取消该充换电站本年度奖励资格，且申报单位其余充换电站该指标扣减2分。

十二、状态固定推送及时率

（一）指标解释：以充换电站为考核对

象，充电站重点考核设施处于网络断开连接（掉线）或故障两种状态的信息推送及时性。换电站重点考核充电仓动态、运营动态信息推送及时性。状态固定推送及时率=考核期内每日状态固定推送及时率之和/考核天数。

每日状态固定推送及时率=站内关键信息的"3小时固定推送状态次数"总和/8。其中，"3小时固定推送状态次数"取值方法为：每3小时内企业平台将状态信息向市级平台推送的次数≥1，则取1；否则，取0。

充电站的状态信息包括站内所有充电接口的空闲、掉线、故障等信息；换电站的状态信息包括站内电池总数量、可换电池数量、故障电池数量、电池荷电状态（SOC）、充电设备状态、排队车辆数量等关键信息。

（二）计分方法：该项得分＝分值×状态固定推送及时率。

十三、状态变化推送及时率

（一）指标解释：以充电站为考核对象，重点考核充电设施处于充电（忙）或空闲（闲）两种状态的信息推送及时性。状态变化推送及时率=一定时期内，通过初筛且设施状态信息推送及时的充电订单数量/通过初筛的充电订单数量。

设施状态信息推送及时的充电订单是指充电订单中的充电开始时间、充电结束时间对应的设施状态变化与对应时刻前后5分钟之内推送至市级平台的充电设施状态信息一致。

（二）计分方法：该项得分＝分值×状态变化推送及时率，得分按四舍五入保留四位小数。

十四、谷电利用率

（一）指标解释：以换电站为考核对象，谷电利用率=谷时段充电量/电池总充电量。

（二）计分方法：将换电站谷电利用率由大到小排名，该项得分＝分值×（总站数-排名+1）/总站数，得分按四舍五入保留四位小数。

十五、快充枪占比

（一）指标解释：以充电站为考核对象，快充枪占比=快充枪数/站总枪数。

（二）计分方法：该项得分＝分值×快充枪占比，得分按四舍五入保留四位小数。

十六、配套设施建设

（一）指标解释：该指标为附加项。以充换电站为考核对象，重点评价餐饮、雨棚、共享充电宝、便利店、自动售货机、饮水机、洗车设备、休息室等配套设施建设服务情况。

（二）计分方法：申报单位自行申报，项目管理单位核实，并综合评估给予1—5分，否则为0分。

十七、重点区域建设保障

（一）指标解释：以充电站为考核对象，该指标为附加项指标。重点评价充电设施建设运营企业支撑行业主管部门保障城市运行，对在乡村、A级以上景区、高速公路服务区等重点区域建设的充电站情况。

（二）计分方法：申报单位自行申报，项目管理单位核实，并综合评估给予1—5分，否则为0分。

十八、充电停车管理

（一）指标解释：以充电站为考核对象，重点评价申报单位为解决非充电车辆占用充电车位问题所采取的设置电动汽车专用泊位、充电停车一体化新技术等有效手段。

（二）计分方法：申报单位自行申报，经项目管理单位核实，根据效果给予1—5分，否则为0分。

北京市城市管理委员会关于印发北京市 2024 年电力市场化交易方案、绿色电力交易方案的通知

京管发〔2023〕16 号

北京电力交易中心、国网华北分部、国网北京市电力公司、首都电力交易中心，各有关市场主体：

现将《北京市 2024 年电力市场化交易方案》《北京市 2024 年绿色电力交易方案》印发给你们，请遵照执行。《关于印发北京市 2023 年电力市场化交易方案、绿色电力交易方案的通知》（京管发〔2022〕30 号）自 2024 年 1 月 1 日起废止。

特此通知。

北京市城市管理委员会
2023 年 12 月 13 日

北京市 2024 年电力市场化交易方案

为贯彻落实国家发展改革委、国家能源局《关于印发〈电力中长期交易基本规则〉的通知》（发改能源规〔2020〕889 号）、国家发展改革委《关于进一步深化燃煤发电上网电价市场化改革的通知》（发改价格〔2021〕1439 号）等文件要求，持续做好北京地区电力市场化改革，充分发挥电力中长期交易压舱石、稳定器的作用，稳妥推进北京市 2024 年电力市场化直接交易工作，结合北京市实际，特制定本方案。

一、交易电量规模

2024 年，北京市电力市场化交易总电量规模拟安排 840 亿千瓦时，其中，直接市场交易规模 280 亿千瓦时，电网代理购电规模 560 亿千瓦时。

二、市场参与方式

（一）直接参与市场交易

执行工商业电价的电力用户可选择直接参与市场交易（直接向发电企业和售电公司购电，下同），其中，10千伏及以上的工商业用户原则上要直接参与市场交易；逐步缩小电网代理购电用户范围，鼓励其他工商业用户直接参与市场交易。

选择直接参与市场交易的电力用户，应在首都电力交易中心完成市场注册，其全部电量均应通过直接参与市场交易购买。鼓励年用电量超过500万千瓦时的用户与发电企业开展电力直接交易。

（二）电网代理购电

对暂未直接参与市场交易的用户，由国网北京市电力公司代理购电；已直接参与市场交易又退出的电力用户，以用户编号为单位，由国网北京市电力公司代理购电，其用电价格按照国家有关政策文件执行。

由国网北京市电力公司代理购电的工商业用户，可在每偶数月15日前，在首都电力交易平台完成注册，选择自下月起直接参与市场交易，国网北京市电力公司代理购电相应终止。首都电力交易中心应将上述变更信息于2日内告知国网北京市电力公司。

三、交易组织安排

北京市电力市场化交易工作由北京电力交易中心、首都电力交易中心共同组织开展。

（一）交易成员

1. 发电企业

符合华北能源监管局《关于印发〈京津唐电网电力中长期交易规则〉的通知》（华北监能市场〔2020〕221号）有关要求的发电企业，具体以电力交易中心公告为准。

2. 售电公司

在首都电力交易平台注册生效的售电公司。

3. 直接参与市场交易的电力用户

在首都电力交易平台注册生效的电力用户。

4. 国网北京市电力公司及其代理的电力用户

（二）交易组织具体方式

1. 交易方式

（1）为贯彻落实国家电力市场化改革工作部署，2024年北京市采用双边协商、集中交易等方式开展分时段电力中长期交易。交易周期包含年度、月度、月内等。年度交易按月申报，以双边协商为主，月度、月内交易以集中竞价为主。具体内容按照电力交易中心发布的交易公告执行。电网企业代理购电交易方式按照国家、北京市有关文件规定执行。

（2）合同电量转让交易产生的合同仅限于用户侧批发市场交易结算，北京地区电力市场用户的用电价格中，电能量交易价格成分不包含合同电量转让交易价格。合同电量转让交易结算采用月清月结方式。

2. 交易单元

电力用户：将同一注册用户全部电压等级的用电单元统一打包参与交易。

售电公司：将所代理用户全部电压等级的用电单元统一打包参与交易。

国网北京市电力公司：将所代理用户全部电压等级的用户编号统一打包参与交易。

3. 安全校核

由国网华北分部电力调度控制中心会同相关电力调度机构协调开展直接交易安全校核工作。

4. 交易结果发布

由北京电力交易中心、首都电力交易中心发布交易结果。交易结果一经电力交易平台发布即作为交易执行依据，交易各方不再签订纸质合同。

四、直接交易价格

燃煤发电市场交易价格在"基准价+上下浮动"范围内形成，基准价适用落地省基准价水平，浮动范围原则上均不超过 20%。高耗能企业市场交易电价不受上浮 20%限制。鼓励购售双方在中长期合同中设立交易电价随燃料成本变化合理浮动条款，实行交易价格与煤炭价格挂钩联动，保障能源稳定供应。

（一）时段划分

2024 年北京市电力市场化交易分为以下五个时段：

1. 高峰时段：每日 10：00—13：00；17：00—22：00；

2. 平段：每日 7：00—10：00；13：00—17：00；22：00—23：00；

3. 低谷时段：每日 23：00—次日 7：00；

4. 夏季尖峰时段：7—8 月每日 11：00—13：00、16：00—17：00；

5. 冬季尖峰时段：1 月、12 月每日 18：00—21：00。

（二）交易价格

北京市电力市场用户的用电价格由上网电价、上网环节线损费用、输配电价、系统运行费用、政府性基金及附加构成。其中：

上网电价由市场化交易形成。上网环节线损费用、系统运行费用由电网企业按照国家及北京市要求核算并公示，按月由全体工商业用户分摊或分享。

输配电价分为区域电网输配电价和北京电网输配电价。区域电网输配电价按照国家发展改革委《关于第三监管周期区域电网输电价格及有关事项的通知》（发改价格〔2023〕532号）执行。北京电网输配电价按照国家发展改革委《关于第三监管周期省级电网输配电价及有关事项的通知》（发改价格〔2023〕526号）、市发展改革委《关于北京电网第三监管周期输配电价等有关事项的通知》（京发改〔2023〕637号）执行。

（三）分时电价

发电企业直接报总量参与交易，交易价格执行单一报价，尖峰、峰段、平段、谷段各时段电价一致。电力直接交易批发交易用户（电力用户、售电公司）采用分时段报量、单一报价的模式，按照尖峰、峰段、平段、谷段分别报量，以总量参与交易。

执行峰谷分时电价政策的用户，继续执行峰谷分时电价政策。具体按照市发展改革委《关于进一步完善本市分时电价机制等有关事项的通知》（京发改规〔2023〕11号）执行。如遇政策调整，按新文件规定执行。

市场化交易形成的上网电价（含区域电网度电输电费用及网损折价）作为平段价格，以此为基准参与峰谷浮动。上网环节线损费用、北京电网输配电价、系统运行费用和政府性基金及附加不执行峰谷分时电价。如遇电价政策调整，按照新政策执行。

五、结算方式

2024年北京地区电力市场化交易结算方式按照华北能源监管局现行政策文件执行。电网企业代理购电产生的偏差电量，按国家、北京市相关文件规定执行。如遇政策调整，按照新政策执行。

（一）偏差结算

批发交易用户（电力用户、售电公司）实际用电量与各类交易合同（购售合同）总电量的差值部分为偏差电量，偏差电量与各类交易合同（购售合同）总电量的比值为偏差率，即为 K。U_1、U_2 为调节系数。

2024年偏差结算按照阶梯方式执行，具体如下：

当 $K \in [-5\%, 5\%]$ 时，$U_1=1$，$U_2=1$；

当 $K \in [-15\%, -5\%) \cup (5\%, 15\%]$ 时，$U_1=1.1$，$U_2=0.9$；

当 $K \in [-40\%, -15\%) \cup (15\%, 40\%]$ 时，$U_1=1.15$，$U_2=0.85$；

当 $K \in [-100\%, -40\%) \cup (40\%, +\infty)$ 时，$U_1=1.2$，$U_2=0.8$。

后期根据北京市场运行情况，适时调整调节系数并向市场主体发布。电网企业代理购电产生的偏差电量，暂不执行偏差结算。

（二）偏差资金

2024年，电力用户、售电公司因合同

偏差电量结算引起的偏差资金,原则上在北京地区用户侧市场主体(电力直接交易用户、售电公司)分摊。具体分摊原则如下:

1. 资金分摊原则

综合考虑偏差电量、偏差率两个维度,按照"谁产生谁分摊、鼓励控制偏差"的原则对偏差结算差额资金进行分摊。各月偏差结算差额资金总额及各市场主体分摊金额按照当月结算数据计算、按月结算。

2. 具体计算方法

(1)偏差结算差额资金总额

偏差结算差额资金总额指当月批发交易用户支出的电能量合同及偏差结算费用总和与北京电网向华北电网支付的直接交易电能量合同及偏差结算费用总和之差。

各月偏差结算差额资金总额的计算方式为:

$M = M_{电网} - M_{用户}$;

M为当月偏差结算差额资金总额;

$M_{电网}$为北京电网向华北电网支付的直接交易电能量合同及偏差结算费用总和;

$M_{用户}$为当月批发交易用户支出的电能量合同及偏差结算费用总和。

(2)分摊基数

按照资金分摊原则,根据市场主体的偏差电量和偏差率设定偏差结算差额资金分摊基数,作为各市场主体分摊资金数量的计算条件,计算方法为:

当月差额资金总额为正时,$F_i = Q_i \times (1-X_i)^2$;

当月差额资金总额为负时,$F_i = Q_i \times X_i^2$;

F_i为第i个批发交易用户当月的偏差结算差额资金分摊基数;

Q_i为第i个批发交易用户当月的偏差电量绝对值;

X_i为第i个批发交易用户当月的偏差率绝对值,即第i个批发交易用户当月的偏差电量与合同电量之比的绝对值,合同电量包括年度分月、月度、合同电量转让及绿色电力等各类批发市场合同的电量之和,X_i大于等于1及合同电量为0时,X_i取当月其他偏差率小于1的批发交易用户偏差率的最大值。

(3)分摊资金

各市场主体分摊的偏差结算差额资金等于当月分摊的偏差结算差额资金总额乘以其分摊基数占全部市场主体分摊基数之和的比例,计算方法为:

$M_i = M \times F_i / F$;

M_i为第i个批发交易用户当月分摊的偏差结算差额资金;

M为当月分摊的偏差结算差额资金总额;

F为全部批发交易用户当月的偏差结算差额资金分摊基数之和。

后续根据市场运行情况,适时调整计算方法。

(三)偏差免责

偏差免责申请及办理流程依据市城市

管理委《关于北京市电力中长期交易偏差电量免责有关工作的通知》（京管发〔2023〕2号）执行。如遇政策调整，按照新政策执行。

六、零售交易

（一）零售代理

零售用户与售电公司绑定代理关系、签订零售套餐，且电量均需通过该售电公司代理（与绿色电力交易代理关系保持一致），双方代理关系以在电力交易平台上生效的零售套餐为依据。零售用户变更代理关系最小周期为月。

（二）零售套餐

1. 零售用户、售电公司签订市场化购售电合同结算确认协议，分别约定绿色电力交易、非绿色电力交易零售结算套餐，可采用固定服务费、价差比例分成、固定服务费+价差比例分成模式约定购售电服务价格，绿色电力交易暂按固定服务费模式约定购售电服务价格，适时增加其他模式零售结算套餐。

2. 为抵御市场风险，保障购售双方利益，鼓励零售用户、售电公司约定购售电服务价格上下限。

3. 售电公司依据零售用户实际用电量结算购售电服务费，以平段电价方式计算零售收入，售电公司售电收益为售电公司零售市场收入减去批发市场支出。

（三）偏差结算

1. 售电公司与零售用户可协商确定偏差共担比例。零售用户偏差共担费用总额不超过售电公司批发市场偏差电量多支出的购电费用。零售用户的偏差共担费用，按用户偏差电量绝对值折价后纳入购售电服务价格上下限计算。

2. 零售用户、售电公司每月可协商调整零售合同电量、结算关键参数。

七、相关工作要求

（1）电力用户在同一合同周期内仅可与一家售电公司确立零售服务关系。售电公司不能代理发电企业参加交易。

（2）市场化电力用户2024年度中长期合同签约电量应高于上一年度用电量的80%，鼓励市场主体签订一年期以上的电力中长期合同。

（3）参与北京市电力市场化交易的高耗能企业，按照国家有关政策文件执行。

（4）可再生能源电力消纳按照市发展改革委、市城市管理委《关于印发北京可再生能源电力消纳保障工作方案（试行）的通知》（京发改〔2021〕1524号）相关要求执行。2024年，北京市承担消纳责任的市场主体年度最低消纳责任权重预期性指标暂定为21.7%（非水21.7%），具体消纳责任权重以国家能源局正式发布的约束性指标为准。鼓励承担消纳责任的市场主体通过绿色电力交易、绿证交易等方式完成责任权重。

（5）完成市场注册的售电公司，在规定时间内提交符合要求的履约保函或履约保险后，方可参与市场交易。履约保函或履约保险的开具、管理及执行等按照《北京市电力市场履约保障凭证管理工作指引（试行）》执行。

（6）市场化购售电合同结算确认协议、北京地区2024年市场化直接交易结算指引，由首都电力交易中心另行发布。

（7）按照国家有关要求，严禁在收取电费中加收其他费用。物业公共部位、共用设施和配套设施的运行维护费用等，应通过物业费、租金或公共收益解决，严禁以电费为基数加收服务类费用。

（8）北京电力交易中心、首都电力交易中心共同做好北京市电力市场交易组织工作，进一步提升服务质量，优化结算、清算等工作流程，积极开展市场成员培训活动，强化交易信息月报制度，并按照相关规则及时向社会以及市场主体做好信息披露。如市场主体存在违约行为，及时做好记录，定期上报市城市管理委。

（9）各有关交易主体，在交易过程中严格遵守法律法规和有关规则。因违反有关规则、扰乱市场秩序等影响交易正常开展的，依法追究相关单位和市场主体的责任。

北京市2024年绿色电力交易方案

为贯彻落实碳达峰、碳中和战略部署，加快建立有利于促进绿色能源生产消费的市场体系和长效机制，推进本市绿色电力交易工作有序开展，按照国家发展改革委办公厅、国家能源局综合司《关于有序推进绿色电力交易有关事项的通知》（发改办体改〔2022〕821号）、国家发展改革委、财政部、国家能源局《关于做好可再生能源绿色电力证书全覆盖工作促进可再生能源电力消费的通知》（发改能源〔2023〕1044号）、国家发展改革委、财政部、国家能源局《关于享受中央政府补贴的绿电项目参与绿电交易有关事项的通知》（发改体改〔2023〕75号）、华北能源监管局《关于完善绿电交易机制推动京津唐电网平价新能源项目入市的通知》（华北能监市场〔2023〕46号）等文件要求，特制定本方案。

一、绿色电力交易定义

绿色电力交易是以绿色电力产品为标的物的电力中长期交易，交易电力同时提供国家规定的可再生能源绿色电力证书

（以下简称"绿证"），电力用户可通过绿色电力交易平台（以下简称"交易平台"）购买绿色电力。

二、市场主体

参与本市绿色电力交易的市场主体包括：发电企业、售电公司和电力用户等。

初期，参与绿色电力交易的发电企业主要为风电和光伏新能源企业，可逐步扩大至符合条件的其他新能源企业，并由绿证核发机构核发绿证。

售电公司和电力用户（含批发用户、零售用户）须在交易平台注册生效。批发用户直接与发电企业进行交易购买绿色电力产品，零售用户通过售电公司代理购买绿色电力产品。零售用户与售电公司签订市场化购售电合同结算确认协议，提交首都电力交易中心后，由售电公司代理参加绿色电力交易，并与售电公司保持其他市场电量代理关系不变。

相关市场主体根据自身实际需求，在充分知悉绿色电力市场交易风险前提下，秉承真实、自愿原则参与绿色电力交易。

三、交易方式

2024年本市绿色电力交易主要包括京津唐电网绿色电力交易和跨区跨省绿色电力交易。绿色电力交易依托交易平台开展，京津唐电网绿色电力交易方式为双边协商、集中竞价，双边协商优先；跨区跨省绿色电力交易方式为集中竞价。

鼓励批发用户、售电公司采取双边协商交易方式，与发电企业开展绿色电力交易，并按照交易组织程序执行。

四、交易安排

（一）交易周期

北京电力交易中心会同首都电力交易中心根据市场主体需求及风电、光伏发电企业交易意向，以年（多年）、月（多月）等为周期常态化组织开展绿色电力交易，适时开展月内绿色电力交易。

（二）交易申报

市场主体采用分时段报量、单一报价的模式，以各时段总量参与交易。市场主体申报的分月电量不得超过其月度实际最大可用电能力。

（三）交易价格

绿色电力交易价格由市场化机制形成，应充分体现电能量价格和绿色电力环境价值。用户用电价格由绿色电力交易价格、上网环节线损费用、输配电价、系统运行费用、政府性基金及附加构成。绿色电力环境价值可参考国网经营区平价绿证市场上一结算周期（自然月）的平均价格。上网环节线损费用按照电能量价格依据有关政策规则执行，输配电价、系统运行费用、政府性基金及附加按照国家及北京有关规定执行。执行峰谷分时电价政策的用户，继续执行峰谷分时电价政策。原则上，绿色电力环境价值不纳入峰谷分时电价机制以及力调电费等计算，具体按照国家及北京市有关政策规定执行。售电公司可根据零售合同约定收取相应费用。

五、交易组织

依据北京电力交易中心关于绿色电力交易的有关政策组织开展交易。

（一）京津唐电网绿色电力交易组织流程

1. 需求申报

北京电力交易中心会同首都电力交易中心在交易平台发布交易公告。市场主体按时间规定申报、确认电量（电力）、电价等信息，交易平台出清形成无约束交易结果。

2. 安全校核

北京电力交易中心将无约束交易结果提交相关调度机构安全校核，经安全校核后发布有约束交易结果。

（二）跨区跨省绿色电力交易组织流程

1. 需求申报

首都电力交易中心在交易平台发布申报公告，组织北京地区直接交易电力用户、售电公司（依据零售用户需求）参与跨区跨省绿色电力交易电量、电价需求申报，国网北京市电力公司会同首都电力交易中心汇总电力用户、售电公司跨区跨省绿色电力产品需求。

2. 跨区跨省外送

北京电力交易中心根据北京地区跨区跨省绿色电力需求申报结果，在交易平台上发布跨区跨省绿色电力外送交易公告和承诺书，通过市场化方式形成交易电量和价格，并发布预成交结果。

3. 交易校核

北京电力交易中心将预成交结果提交相关调度机构，以优先组织、优先调度的原则进行安全校核，经安全校核后发布交易结果。北京电力交易中心会同首都电力交易中心根据跨区跨省绿色电力交易成交结果，分解形成北京市批发用户、售电公司成交结果。

六、交易结算

绿色电力交易优先结算，月结月清，合同偏差电量不滚动调整。市场主体应分别明确电能量价格与绿色电力环境价值。其中，电能量价格结算方式按照华北能源监管局现行政策文件执行，调节系数参照《北京市2024年电力市场化交易方案》执行；绿色电力环境价值按当月合同电量、发电企业上网电量、电力用户用电量三者取小的原则确定结算电量（以兆瓦时为单位取整数，尾差不累计）。绿色电力环境价值偏差电量按照合同明确的绿色电力环境价值偏差补偿条款执行。

七、绿证划转

绿证核发机构按照相关规定为新能源发电企业核发绿证，并将有关信息推送至北京电力交易中心，绿证信息计入交易平台发电企业的绿色电力账户；北京电力交易中心依据绿色电力交易结算结果等信息，经发用双方确认后，在交易平台将绿证由发电企业划转至电力用户。

八、相关工作要求

（一）绿证是我国可再生能源电量环境属性的唯一证明，是认定可再生能源电力生产、消费的唯一凭证。

（二）鼓励电力用户积极参与绿色电力交易，提高可再生能源消费占比，在绿色电力交易各个环节落实优先组织、优先调度、优先结算相关要求。

（三）鼓励跨国公司及其产业链企业、外向型企业、行业龙头企业购买绿证、使用绿色电力产品，发挥示范带动作用。支持外商投资企业参与绿证交易和绿色电力交易。推动中央企业、地方国有企业、机关和事业单位发挥先行带头作用，稳步提升绿色电力产品消费比例。强化高耗能企业绿色电力消费责任，按要求提升绿色电力消费水平。支持重点企业、园区等高比例消费绿色电力，打造绿色电力企业、绿色电力园区和绿色电力单位。支持城市副中心开展绿色电力、绿证交易，助力高质量发展。

（四）交易公告发布前，应报送市城市管理委。北京电力交易中心、首都电力交易中心应及时组织有意向参与绿色电力交易的市场主体进行交易平台操作培训和政策宣贯。

（五）如遇政策调整，将另行发布执行文件。

北京市城市管理综合行政执法局关于印发 2023 年北京市城市管理综合执法工作方案的通知

京城管发〔2023〕4 号

各区城管执法局，开发区综合执法局，天安门地区、重点站区分局，房山燕山分队，市局机关各处室、直属单位：

为统筹推进好 2023 年全市城市管理综合执法工作，持续加强依法行政和法治政府建设，不断提升执法工作质量和效率，市城管执法局制定了《2023 年北京市城市管理综合执法工作方案》，现印发你们，请遵照执行。

特此通知。

附件：2023 年北京市城市管理综合执法工作方案

市城管执法局

2023 年 2 月 7 日

附件

2023 年北京市城市管理综合执法工作方案

2023 年，是全面贯彻落实党的二十大精神开局之年。为贯彻落实市委、市政府工作部署及市城市管理委工作安排，深入推动首都城管综合执法高质量发展，进一步提升城市精治共治法治水平，全面落实《"十四五"时期北京市城市管理综合行政执法工作规划》，结合 2023 年综合执法工作重点，特制定本工作方案。

一、指导思想

坚持以习近平新时代中国特色社会主义思想为指导，全面贯彻落实党的二十大精神，以习近平总书记对北京一系列重要指示批示精神为根本遵循，扎实推进依法行政，推动首都城管综合执法治理体系和治理能力现代化。牢牢把握首都城市战略定位，主动服务和融入首都新发展格局，多措并举优化创新执法方式，不断提升执法效能。牢固树立"一个系统、一支队伍、一个标准"理念，提升基层综合执法质效，奋力打造首都城市管理综合执法品牌。充分依托城市管理综合执法大数据平台，创新大数据赋能执法新模式，综合提升执法规范化、精准化和智能化水平。

二、基本原则

（一）坚持以人民为中心。要着力践行以人民为中心的发展理念，积极回应人民群众期待，切实解决人民群众反映强烈的突出问题，切实维护广大人民群众的合法权益，不断增强人民群众获得感、幸福感和安全感。

（二）坚持严格规范公正文明执法。深入贯彻落实党的二十大关于扎实推进依法行政的重要指示，依据相关法律法规规章，贯彻市委、市政府、市城市管理委及市级牵头部门印发的相关文件精神，落实市级相关领导小组的具体部署，把严格规范公正文明执法落到实处。

（三）坚持问题导向。围绕城管执法主责主业，聚焦执法工作突出问题和薄弱环节，不断苦练内功，精炼业务，加强执法业务理论学习研究，加快补齐执法短板、筑牢制度基础、强化执法保障，推动综合执法工作有效开展。

三、总体要求

（一）自觉提高思想认识，不断强化责任担当。各单位要进一步提高政治站位，深刻领悟"两个确立"的决定性意义，增强"四个意识"、坚定"四个自信"、做到"两个维护"，全面贯彻党的二十大精神，不断增强责任担当，以首善标准推进各项执法工作开展，全力保障"四个中心"功能建设，不断提高"四个服务"水平，为新时代首都治理效能提升和高质量发展助力。

（二）强化市区统筹指导，加强部门协同治理。各单位要统筹推进各项工作，充分发挥各级各部门职能作用，结合辖区实际情况，聚焦重点任务，细化专项方案，强化统筹调度，发挥督导考核作用，推动任务部署落实。要强化与辖区内行业管理部门的协同，建立联合检查、信息互通、监管执法衔接、案件移送等工作体系。加强与辖区内行政执法力量的联动，持续夯实与公安机关的"并肩行动"等工作机制，开展常态化联合执法，着力破解重点难点问题，全面提升执法管控效能。

（三）扎实推进依法行政，加强法治城管建设。全面推动执行执法三项制度、行政处罚裁量基准等制度更好执行，促进执法更加规范、透明、公平和公正。深入推进城管分类分级执法，强化分类分级应用，推进执法更加精准精细。坚持宽严相济、理法相融，推进轻微违法不予处罚制度有效贯彻实施，彰显执法温度。坚守安全底线，对燃气等重点领域违法行为，依法严肃查处，确保执法力度。加强执法案卷规范制作，严格重大执法决定法制审核和集体讨论，强化执法案卷评查，不断提升执法办案质量。

（四）切实抓好重点专项，统筹推进其他专项。各单位要切实抓好城市运行、污染治理、市容环境、园林绿化、重点区域治理方面10个重点专项执法工作。同时要统筹做好城市道路公共服务设施、不文明行为整治、停车管理、外语标识整治、无障碍环境建设、旅游管理、私掘占路方面等专项的综合执法工作。始终坚持问题导向，结合辖区实际和高发问题开展针对性执法，不断夯实基础完善工作台账，强化部门沟通协作，加强宣传引导，巩固长效治理成果，持续改善首都城市环境秩序。

（五）强化科技支撑赋能，助推执法提质增效。充分发挥综合执法大数据平台的智能支撑作用，在执法巡查、执法办案、分析研判、预判预警、统筹调度、舆情管控等方面，持续推进大数据平台的应用。市局依托执法大数据平台，结合市民诉求高发、媒体曝光、领导关注的重点问题，制定了施工噪声扰民、生活垃圾分类、非法小广告、非法运营整治、天安门及故宫周边地区环境秩序综合整治等专项的市级重点点位台账。各区要在针对性开展执法工作的基础上，结合辖区内实际情况自主建立区级重点点位台账，并进行动态调整。进一步做好基础台账的录入及动态更新，检查、处罚情况按照规定的时限、节点录入大数据平台执法办案系统，联合执法、线索移送等情况及时录入协调联动系统。依托视频取证等科技手段发现线索、固化证据，积极探索非现场执法衔接现场执法模式，创新执法方式，提升智能监管水平。

（六）加强宣传引导工作，有效发挥治理效能。要充分利用新闻媒体和新媒体等多种渠道，通过正面宣传引导，展现首都良好的城市环境和新时代首都城管的精神风貌，进一步提高市民对城市管理工作的知晓率、参与率，形成共建、共治、共享的治理格局。持续加大对法律法规及新出台政策的宣传解读力度，积极引导群众树立法治观念和法律意识，确保政策法规落地见效。充分利用互联网技术和信息化手段，密切关注舆情动态，积极畅通市民建言献策和批评监督渠道，发挥群众监督和舆论监督的积极作用，确保取得实效。

（七）注重梳理经验做法，及时报送反馈情况。各单位要认真梳理专项整治工作成果及经验做法，留存相关工作资料、检查记录，完善工作台账。

1. 燃气安全专项执法工作

一、工作目标

坚决贯彻习近平总书记关于安全生产的重要论述及指示精神，严守安全生产红线，依据《中华人民共和国安全生产法》《城镇燃气管理条例》《北京市安全生产条例》《北京市燃气管理条例》《北京市消防条例》等相关法律法规，以"坚持一条主线"为工作目标，以"开展三波整治"为重要抓手，以"抓好五项工作"为重点任务，即坚持切实保障人民生命财产安全和城市运行秩序安全平稳这条主线；围绕重要活动保障期、风险隐患高发期及年终成果巩固期等重点时期，开展三波次隐患集中排查整治行动；抓好非居民用户隐患问题消除、供气企业安全供气责任压实、燃气市政管网保护、瓶装燃气违法行为打击、供气企业安全运行排查五项重点专项执法任务，以严之又严、细之又细、实之又实的工作作风，认真做好2023年度燃气安全专项执法工作，全力保障首都城市运行秩序。

二、工作任务

（一）全面推进，深入开展三波次隐患集中排查整治行动

各单位在开展全年日常燃气安全专项执法工作的基础上，按照市局统筹部署，积极会同各区城市管理等部门或属地政府对使用燃气的人员密集场所开展三波次风险隐患集中排查整治行动。重点排查整治未与燃气供应企业签订供气合同；气瓶间违规设置在地下室和半地下室内；擅自将气瓶放置于室内用餐场所；使用不合格的气瓶、连接软管、减压阀、燃气具（无熄火保护灶具，直排式燃气热水器，达到判废年限灶具、壁挂炉、燃气热水器等）等；私接私改燃气管道；不安装燃气泄漏报警器或安装位置不正确、适用气种不符等风险隐患。

（二）集中精力，认真抓好燃气安全专项领域五项重点工作

1. 持续强化执法检查，抓好非居民用户隐患问题整改督促。

按照市局下发燃气执法"五查"工作要求，指导基层执法队明确重点检查事项，加大对燃气非居民用户用气环境、燃气设施、用气设备、安防设施安装及使用等情况的执法检查力度，督促落实安全用气主体责任，通过执法检查发现问题，督促整改消除隐患，降低事故风险。发现隐患问题不应仅做口头提示，应按要求记录并责令改正；对于隐患问题严重，或逾期不改、拒不整改的，要坚决实施行政处罚。

要强化科技支撑，依托综合执法大数

据平台统计分析功能，实时掌握辖区基层执法队履职情况，精准开展执法调度与督导。各单位依据燃气非居民用户台账，对液化石油气非居民用户落实每季度全覆盖检查；对天然气非居民用户各单位结合辖区实际情况，自行制定每季度覆盖检查抽查计划，通过一定比例的覆盖检查，总体把握辖区内燃气供应企业与天然气非居民用户的供用气主体责任落实情况，必要时及时调整覆盖计划。

2. 压实安全供气责任，抓好燃气供应企业经营行为规范。

加大对燃气供应企业未落实用户安全服务责任等问题的执法检查及处罚力度，严查燃气供应企业在用户使用环节的安全责任，要压实其"供前安检、定期年检、送气巡检"三个环节检查责任。指导基层执法队严查企业不入户巡检、巡检不到位等问题，在检查燃气非居民用户时，应着重检查供气企业履责情况：是否对用户用气场所、燃气设施和用气设备进行检查，是否对液化石油气非居民用户直接配送、安装气瓶，是否发现安全隐患并书面告知用户进行整改等。

各单位要结合辖区工作实际，细化燃气企业发现问题后向区局、乡镇（街道）综合行政执法队报告的流程，明确报告适用情形、报告方式、证据材料要求、问题整改确认方式等，规范供应企业报告行为，并加强综合执法大数据平台中案件线索移送模块功能的应用，实现案件线索移转信息化、规范化、高效化，避免冗余低效低质报告，提高行政执法效率。对于燃气供应企业向城管执法部门报告，无正当理由拒绝定期入户安全检查的，用气场所、燃气设施或者用气设备存在安全隐患且拒不整改的，或危害燃气设施安全、违反规定使用燃气等行为的燃气居民用户和非居民用户，应当立即核查并依法处理。

配合各区城市管理委严格燃气市场准入，全面整顿燃气经营市场秩序，对不符合条件的燃气经营企业要严格依法查处直至吊销燃气经营许可。对移送或发现职权范围内燃气供应企业存在违规经营行为，或存在安全隐患问题拒不整改的，要依法从严查处。

3. 保护燃气地下管线，抓好施工外力破坏管线事故防范。

动态掌握辖区内房建、市政、园林绿化、交通路政等行业施工项目，重点督促相关建设单位登录北京市地下管线防护系统发布作业信息，与燃气供应企业开展施工配合，制定燃气设施保护方案，并签订安全监护协议。对建设单位、施工单位未落实施工防范，危害燃气地下管线设施的违法行为依法严厉查处。发生施工作业损坏地下燃气管线设施情况，要按照市局应急突发事件处置相关流程，加强市区街三级衔接配合，做好处置工作。

各单位要在各区政府的统筹组织下，配合各区城市管理委，指导街道（乡镇）综合行政执法队依法做好占压燃气管道违法建设的查处工作。

4. 严查瓶装燃气违法，抓好职责内全链条违法行为查处。

以"从严查处、强化移送、严格录入"为工作准绳，依职责严厉查处涉瓶装燃气违法行为。严厉查处使用瓶装燃气的非居民用户向未取得本市燃气经营许可证的单位或者个人购买瓶装燃气、向签订供用气合同以外的单位或者个人购买瓶装燃气、在不具备安全条件的场所使用或储存瓶装燃气、在地下密闭空间使用液化石油气等违法违规行为；严格检查供气企业是否储存非本企业自有产权钢瓶、是否存在经营京外气源行为、是否不按照燃气经营许可的规定从事经营活动、不与用户签订供气合同、向不符合规定的非居民用户供气、不按规定入户开展安全检查等违法行为。

各单位应在区政府、区城市管理委等统筹部署下，积极会同公安、应急管理、市场监管、消防救援、交通等部门联合开展黑窝点打击行动，共同指导本区相关乡镇人民政府、街道办事处组织发动村（居）委会排查发现辖区内瓶装燃气黑窝点，深入掌握本辖区居民、非居民使用瓶装燃气情况，对明显有燃气气味、有运输气瓶车辆出入的平房、大院保持高度敏感，发现非法燃气线索要及时向区级相关部门通报情况，组织联合查处。坚决遏制非法渠道进京的黑气源，各有关区应积极配合区城市管理委严厉打击环京地区违法经营燃气的行为，加大执法力度，挤压违法气贩的生存空间。落实"下追上溯"，在依职责开展检查与处罚的同时，对检查发现职责外的隐患问题和上下游环节违法线索，移送有关部门。通过京津冀协同发展平台机制，积极对接天津市、河北省对口部门，第一时间互通情况，移送线索，严控外地非法气源、气瓶流入我市。

5. 严守安全生产底线，抓好供气企业安全运行情况排查。

按照《中华人民共和国安全生产法》《北京市安全生产条例》等相关法规，开展燃气供应企业安全生产运行情况的执法检查工作。依职责重点检查：生产经营单位主要负责人履行安全生产职责、安全生产管理机构或人员落实、安全生产教育培训情况、事故隐患排查、向从业人员告知有关安全生产事项、安全警示标志设置、配合安全生产检查等相关情况事项，督促燃气供应企业落实安全生产运行责任，切实落实各项安全责任制度与措施，把事故隐患消除在萌芽状态。

各单位要着重加强对《中华人民共和国安全生产法》《北京市安全生产条例》等相关法律法规的学习研究与执法实践，对辖区内燃气供应企业开展行政检查，发现违法行为依法实施处罚，多办大案要案，积极培育典型案例。

三、工作阶段

各单位要以三波次集中整治行动为重

要抓手，着力查处一批违法违规行为，解决一批重点难点问题，消除一批重大风险隐患，提升全年专项执法工作水平。

（一）组织部署全力保障阶段（即日起至3月31日）。各单位要结合本方案制定本区2023年燃气安全专项执法工作方案（包含工作任务计划）。第一波次集中整治行动为2月13日至3月31日，各单位在巩固总结近几年经验做法的基础上，明确目标，持续发力，全力保障全国"两会"等重大活动，对燃气非居民用户开展深入检查，消除隐患，依托市城市管理委建立的燃气用户台账，逐步建立健全本系统执法台账，集中整治一批燃气安全领域违法行为。

（二）全面推进专项治理阶段（4月1日至10月31日）。各单位按照年度燃气专项方案及任务计划，紧紧围绕一条主线、五项重点，全面开展辖区供气、用气等重点燃气安全专项执法工作。第二波次集中整治行动为7月1日至8月31日餐饮行业风险隐患高发时期，各单位要积极处理12345热线举报、媒体曝光、相关部门移送等渠道获得的燃气违法行为案件线索，严厉查处燃气领域违法违规行为，检查时及时、准确填报执法检查单，动态更新完善燃气执法检查台账。

（三）梳理总结巩固成果阶段（11月1日至12月31日）。各单位要巩固前期执法成果，开展复查检查，有效遏制违法行为反弹，及时消除燃气安全隐患，确保燃气违法行为改正到位。第三波次集中整治行动为11月1日至12月30日，接近年末是巩固全年成果的重要时期，各单位要着力解决一批重点难点问题，梳理全年燃气专项执法工作情况，汇总执法经验和有效措施，撰写特殊案件、典型案例分析，形成意见和建议，结合工作方案要求报送燃气执法全年工作总结。

四、工作措施

（一）强化执法检查

各单位要站在维护人民群众生命财产安全和城市运行安全的高度，落实燃气工作责任到岗、到人，从严查处违法、违规行为，坚决杜绝执法走过场现象，不得对违法违规问题和隐患视而不见、听而不闻，对群众举报、媒体曝光的燃气隐患线索，要及时核查处置。在燃气安全检查中，发现存在重大安全隐患的违法行为，立案调查的同时，及时联系公安、应急、城市管理、市场监管等部门启动联动执法机制，予以严肃查处，消除安全隐患。实施行政处罚后，燃气违法行为尚未消除的，及时报属地政府组织相关部门，排查消除安全隐患，避免次生事故发生。

（二）强化台账维护

按照2023年度重点工作，结合部门移送、12345热线受理、媒体曝光、群众举报等渠道的线索，依托市城市管理委建立的燃气相关台账，动态更新辖区《液化石油气非居民用户执法台账》《燃气供应企业台账》，逐步建立健全《天然气非居民用户执法台账》，为依法查处燃气违法违规行为提供基础支撑。定期维护相关台账，务求"底数清、情况明"，为强化执法排查隐患、精准监督考核评价、落实分类分级检查提供坚实基础。

（三）强化检查记录

综合执法大数据平台检查记录为统计分析研判、工作进程体现、聚焦重点问题等提供数据支撑。各单位要督促、指导基层执法队依法依职责实施执法检查并及时、准确、全面录入检查单。依托既有燃气相关台账开展执法检查，并根据检查情况动态更新台账；严格规范检查单使用，使检查单能够准确、全面、客观反映现场实际检查情况，坚决杜绝执法走过场、对发现的隐患问题视而不见、检查单记录不实的现象。

（四）强化协同联动

一是依托大数据平台强化与城市管理、市场监管、应急管理、消防救援、公安等相关部门的联系沟通，完善工作衔接机制，确保燃气专项执法工作取得实效。发现供气、用气存在普遍违法违规行为，及时函告同级行业主管部门加强燃气行业管理，必要时报告属地政府予以统筹解决。二是继续推进行业管理部门和相关公用事业服务单位发现违法行为的线索移送工作，及时惩处违法行为。加强与燃气供应企业开展"政企联动"，充分发挥企业专业优势与行政执法效能，共同着力发现与解决一批隐患问题。三是检查中发现存在重大安全隐患的违法行为，立案调查的同时，立即联系公安、应急、城市管理、市场监管等部门启动联动执法机制，予以严肃查处，第一时间消除安全隐患。对于检查中发现有不合格液化石油气气瓶的，应按照市局《关于加强不合格液化石油气气瓶移交及统计移交情况移送问题线索的通知》要求做好气瓶移交与情况移送工作。

（五）强化业务提升

各单位要针对燃气执法专业性强、能力要求高的特点，组织一线执法人员对《中华人民共和国安全生产法》《城镇燃气管理条例》《北京市安全生产条例》《北京市燃气管理条例》等相关法律法规开展培训，深入学习法律知识和燃气安全相关专业知识。在燃气执法过程中，通过定期组织对燃气执法典型案例学习、分析，不断提高一线执法队员专业素质，提升燃气执法水平，学会、弄懂、善用法律法规，为依法查处各类燃气违法行为打好基础。

市局拟根据各区实际情况牵头制定计划开展"工学联动"活动，每周下基层开展现场执法交流学习，加强基层燃气安全执法履职能力。各区要高度重视，积极牵动，认真组织，着力提高各队业务骨干执法水平，提高活动普及率促进整体业务水平提升。

（六）强化宣传曝光

广泛开展燃气安全宣传活动，要将日常执法、联合执法与宣传告知相结合，营造良好的社会舆论氛围，充分发挥媒体宣传作用。积极会同市、区城市管理部门，燃气公司、液化气公司等相关单位，开展宣传进社区、进企业、进学校、进工地，有针对性地加强燃气安全工作宣传力度，将宣传与教育相结合，引导市民群众高度重视燃气安全工作。加大对存在突出违法行为的供气企业、用气单位的执法曝光力度，形成有效震慑。

（七）强化信息互通

各单位要加强向市局推送信息、通报情况，积极发掘报送基层典型案例、典型经验，遇有突发事件及时主动通报，随时关注市局发出的工作通知等，做到市区街三级情况互通、信息共享、对接顺畅。

2. 能源运行专项执法工作

能源运行专项执法，专指电力及石油天然气管道专项执法。

一、工作目标

以保障首都能源运行安全，维护能源运行秩序为工作重心，进一步巩固安全生产三年行动整治成果，严格履行能源设施保护执法责任，做好能源领域执法工作。

二、重点任务

（一）紧盯企业主体责任落实不放松

要充分认识能源设施保护工作中企业主体责任落实的重要性，认真落实《北京市城市管理综合执法分类分级执法工作管理规定（试行）》的相关要求，每季度对本区电力和石油天然气长输管道企业主体责任履行情况进行检查，依托大数据平台规范填写执法检查单。对检查中发现企业巡检管护工作组织不力、保护措施不到位、发现隐患处置、上报不及时等主体责任履行问题，要联合行业主管部门及时督促整改，逾期不改或造成严重后果的，依法严肃处理。

（二）深入开展能源设施保护执法工作

进一步巩固北京市安全生产三年行动工作成果，针对三年行动已集中治理的架空电力线路隐患、长输管道占压隐患等问题，联合行业管理部门结合企业主体责任检查，定期开展回头看活动，严防隐患问题死灰复燃。发挥政企联动协作机制，加大能源设施保护区内野蛮施工作业、兴建违法建设等危害能源设施运行安全问题的治理力度，强化执法检查，督促施工建设单位及时办理电力及长输管道保护区施工许可，涉及埋地能源线路设施保护区施工的，要及时填报《北京市地下管线防护系统》。对违法行为拒不整改或造成严重后果影响恶劣的，依法依规严格查处。

（三）依法打击扰乱能源运行秩序行为

深化落实行业管理、行政执法及企业沟通联络机制，加强信息资源共享，及时了解能源运行秩序动态。对擅自改变用电类别、擅自引入或供出电力、盗窃电能、阻碍依法进行的管道建设等扰乱能源运行秩序的行为，积极会同行业管理部门及能源企业开展案件协查认定工作，依法打击相关违法行为，维护首都能源运行秩序。

三、工作措施

（一）加强业务指导工作

要进一步强化责任担当，充分发挥区级能源执法领域业务统筹作用，持续加强与行业部门和企业的信息对接，认真梳理重要保障线路、长输管道高后果区、风险隐患区域台账，结合本区违法行为特点和行业管理部门重点任务，制定年度工作计划，明确工作重心，厘清治理责任，认真抓好落实。

（二）深化落实协作机制

要按照《关于加强电力设施保护执法工作的指导意见（试行）》和《关于石油天然气管道保护执法工作的意见（试行）》的相关要求，提醒相关单位认真落实信息共享、定期例会、案件移送、重大事项报告等工作制度，防范责任风险；针对重大活动保障和地区高发违法行为，在用足用好执法手段的同时，积极配合有关部门开展联合整治，多角度多维度形成治理合力。

（三）加强业务培训指导

结合辖区特点，不断优化培训内容，创新培训方式，将理论知识与现场体验有机结合，利用电力执法实训基地等实地场景，开展体验式教学，增强培训效果；拓宽交流渠道，采取走出去、请进来的模式，组织基层执法队开展区内及跨区业务交流，不断提升基层执法能力。

（四）加强宣传引导作用

借助主流媒体积极开展普法宣传，增强能源法规的社会认知度，提高能源保护意识，促进能源执法工作。对架空线周边放风筝等季节性违法行为，以及能源设施保护区等特定区域，要结合执法检查开展针对性普法宣传，积极营造能源设施保护良好氛围。

3. 污染防治专项执法工作

一、工作目标

认真落实市委、市政府关于环境污染防治的决策部署，按照环境污染防治攻坚实施方案的要求，以改善环境质量为目标，持续开展城管执法系统环境防治攻坚行动，强化措施，狠抓落实，有力保障我市环境污染防治目标任务顺利完成。

二、工作任务

（一）加强施工工地现场执法检查

加强对施工工地周边围挡、物料堆放苫盖、土方开挖湿法作业、路面硬化、出入车辆清洗、渣土车密闭运输是否落实"六个百分之百"；4级以上大风天气、重污染预警天气是否停止土石方等易产生扬尘污染施工作业；重大活动、重要会议等环境保障时期是否采取措施防止扬尘污染等的执法检查。

（二）加强建筑垃圾全链条执法检查

紧紧围绕建筑垃圾"产生—运输—消纳"三个环节，强化全链条、全过程系统治理。产生环节坚持建筑垃圾源头治理，加大对建设单位、施工单位、运输企业和物业服务公司的执法力度；运输环节坚持开展渣土车违法行为整治行动，运用联合惩戒机制，开展夜间联合执法专项行动，严厉打击渣土车车辆不符合要求、道路遗撒、处置超出核准范围的建筑垃圾等违法行为，持续营造高压执法态势；消纳环节坚持防范未经许可擅自设置建筑垃圾消纳场所及建筑垃圾消纳场所未按照规定采取扬尘污染防治措施等行为，落实属地监管责任，及早发现并严厉查处随意倾倒、抛撒或者堆放建筑垃圾等违法行为，强化对上述行为的追本溯源。

（三）加强露天烧烤、露天焚烧执法检查

重点整治城市主次干道、背街小巷等区域内沿街门店占用道路烧烤、流动烧烤摊点等严重影响市容环境、存在安全隐患和影响居民生活的露天烧烤行为；严查露天焚烧秸秆、橡胶、塑料、垃圾、皮革等违法违规行为。

（四）加强乱倒污水执法检查

严查向雨水收集口、雨水管道、河道排放或者倾倒污水、污物和垃圾等废弃物的违法行为。

三、工作重点

一季度重点围绕"两节""两会"，严防环境污染。结合巡查走访施工工地、建筑垃圾运输企业、餐饮企业，以及春季施

工企业复工复产仪式等时机，讲解形势任务和宣传相关防控施工扬尘、道路遗撒、露天焚烧等违法行为的法律法规，提升企业自律意识，综合施策，严防环境污染行为发生。

二季度重点围绕施工工地复工复产高峰、中高考，强化严格执法。依据法定职责，合理调配力量，严查施工扬尘、道路遗撒、随意倾倒污水等违法行为；中高考环境保障期间，聚焦考场点位、周边环境秩序，采取提前上岗、人盯车巡等方式，抓好环境秩序保障。

三季度重点围绕渣土泄漏遗撒、露天烧烤，强化重点攻坚。制定渣土运输"每周行动日"工作计划，加大夜间峰时渣土运输泄漏遗撒执法力度，同时溯源导引源头产生、末端消纳环节，强化全链条、全环节综合执法。加大消夏季节餐饮企业、特别是经营烧烤的餐饮企业巡查执法力度，指导餐饮企业严格落实相关要求，守法经营。对核查发现的渣土泄漏遗撒、露天烧烤、随意倾倒污水等，发现一起、调查一起、处罚一起，警示违法行为。

四季度结合北京冬季大风、雾霾等预警天气频发、多发现象，督促施工单位严格落实"六个百分之百"扬尘防治措施，会同行业管理部门指导秸秆、落叶正确处理；进一步加大施工扬尘、道路遗撒、露天焚烧等行为的执法工作，严惩违法行为，巩固执法成果；梳理汇总成功经验，查找工作不足，为强化环境污染防治提供数据支撑。

四、工作措施

（一）加强市区统筹、属地负责

市局统筹工作部署，强化考核监督，制定工作方案；适时组织全市城管执法部门启动施工工地开复工仪式，对施工现场污染防治等提出工作要求。区局深入理解政策，结合本区域实际情况细化方案，指导属地综合行政执法队立足本辖区实际，完善施工工地等工作台账，落实属地管理职责。

（二）坚持齐抓共管，联合惩戒

加强与相关部门齐抓共管、协调联动，强化对环境污染类违法行为的联合惩戒。会同城市管理、住建、生态环境、公安、交通等部门定期开展建筑垃圾联合督导检查，加大建筑垃圾整治力度；会同生态环境部门适时启动"点穴式"执法，强化重大环境污染行为执法；协同水务管理部门，强化对随意倾倒垃圾、污水违法行为查处；积极配合城乡建筑部门做好施工工地"6+4"一体化监管。

（三）坚持科技支撑，技防人控

通过科技赋能，实现违法行为智能识别、固化证据，提升执法效能及智慧化水平。依托北京市城市管理综合执法大数据平台，强化部门之间线索移送；利用"北京市施工扬尘视频监管平台"施工工地视频探头，强化施工工地现场、出入口环境污染适时监控；借助"建筑垃圾管理和服务平台",强化建筑垃圾类违法行为整治。

(四)坚持宣传引导、强化自律

对社会影响恶劣、群众呼声较大、媒体高度关注的环境污染违法行为,充分借助电视、网络、报刊等新闻媒体和微信、抖音等新型媒体,通过跟踪报道、专栏曝光等方式,开展政策解读和法规宣传,持续加大宣传曝光力度,警示违法行为,强化企业自律意识,呼应市民诉求,回应社会关切。

4. 施工噪声扰民专项执法工作

一、工作目标

巩固"每月一题"整治成果,继续加大夜间施工噪声扰民整治力度,以问题突出、群众反映强烈的施工工地为重点,依法严肃查处夜间施工违法行为,与住建、生态环境等部门在事前、事中、事后同步发力,加强协作,努力实现立案诉求比同比2022年提升的工作目标。

二、工作重点

(一)强化严格执法。聚焦媒体曝光、部门移送,以及12345热线受理夜间施工噪声扰民举报线索,严查未取得证明夜间施工等行为。

(二)强化专项整治。聚焦重要活动、重大会议和中高考等环境保障,提前谋划,主动作为,加大日常检查频次,严格落实属地责任,严查特殊时段在噪声敏感建筑物集中区域内从事产生噪声的施工作业等违法行为。

(三)强化调度指导。聚焦举报诉求较多及典型案例,适时组织开展调度指导,分析问题症结,研判形势任务,配合住建等部门帮扶建设、施工企业调整工序,优化工期。

三、工作措施

(一)推广"三步法",强化夜间施工扰民综合治理

第一步:事前预警,夯实执法基础。

相关属地综合行政执法队要下好先手棋、打好主动仗,督促建设单位结合工程进度,积极办理夜间施工手续;配合住建等部门指导施工单位合理安排工期、优化施工工艺、合理布置施工现场,将强噪声机械设备远离居民区,督促减少夜间施工噪声扰民行为,同时依托居委会、小区物业等召开居民座谈会,介绍施工流程,加强沟通交流,争取周边市民群众的理解和支持;结合诉求举报情况,建账一批重点

街乡镇或区域，进一步完善基础台账，进行细化管理。

第二步：事中监管，严控噪声扰民。

结合现场执法巡查和远程视频监控巡查，第一时间核查12345热线反馈的市民群众举报件以及相关部门等渠道移送的施工噪声扰民线索，特别是晚上10时至早晨6时之间的夜间施工噪声扰民线索，要将相关工地作为主要执法对象进行重点巡查。对已取得夜间施工证明的企业采取有效措施防止噪声扰民。

第三步：事后处罚，实施综合惩戒。

市区两级城管执法部门强化系统调度，指导举报诉求高发点位所属的综合行政执法队，全面落实属地管理职责，加大巡查、执法力度，严查夜间施工噪声扰民违法行为；强化精准指导，约谈夜间施工噪声扰民严重的建设、施工单位，通报居民诉求，提出整改要求；推动综合惩戒，聚焦诉求持续高发问题点位，予以严格处罚，同时定期将处罚信息移送住房和城乡建设、水务、交通、园林等部门，加强行业管理。

（二）紧盯"重要时期"，开展专项执法保障

重要会议、重大活动等重要时期，加大防控夜间施工噪声扰民执法保障工作。全国"两会"期间，市区街三级城管执法部门重点加强会场、参会人员驻地、主要大街等重点地段的巡查频次，提供良好的会议召开环境；中高考期间，及时启动"静心2023"环境保障专项行动，为广大考生提供一个良好的复习和考试环境。

（三）强化协调配合，凝聚执法合力

积极会同住房城乡建设、生态环境、城市管理等相关行业管理部门，通过建筑垃圾联合督导、"点穴式"执法等方式，市区街三级联动，加大对夜间施工噪声扰民违法行为的联合督察检查力度，形成齐抓共管执法合力，达到事半功倍效果；针对屡教不改、顶风作案，非法夜间施工噪声扰民行为的建设、施工单位，依法严格处罚，并列入信用系统，同时将处罚信息移送住房和城乡建设部门予以记分处理。

（四）依托数据支撑，落实科学管控

充分利用城市管理综合执法大数据平台对非法夜间施工扰民情况进行监管，分析举报高发区域、高发时段，通报属地加强执法检查；分析点位执法诉求比重情况，对严重失衡点位开展挂销账督办；分析问题线索情况，加强横向纵向移送，调度各方资源积极参与治理，落实科学化、精准化管控，及时回应市民诉求。

（五）加大宣传引导，营造舆论氛围

坚持防治结合、预防为主的原则，深入开展施工噪声扰民相关法律法规的宣传解读工作，推进"送法入企"，让建设、施工单位学法、知法、守法，增强施工噪声污染防治自律意识。充分运用微信、抖音等新媒体资源，加强施工噪声扰民违法行为专项整治工作进展成效宣传、典型案例剖析，营造施工噪声扰民社会共治的浓厚氛围。

5. 市容环境卫生责任制及户外广告设施、牌匾标识和标语宣传品专项执法工作

一、工作目标

围绕《北京市"十四五"时期城市管理发展规划》和《北京市户外广告设施设置专项规划》的贯彻落实，牢固树立以人民为中心的发展思想，深化城市市容环境秩序治理工作，按照"市级统筹、属地主责、部门联动、重点督办"的原则，以"门前三包"工作为抓手，着力解决影响环境秩序和市容景观的突出问题，持续改善城市人居环境质量，打造清新靓丽城市空间环境和街面环境，提升市民群众的满意度和幸福感。

二、工作任务

（一）扎实履职，科学执法，推进城市管理精细化

严格依法履职，细化工作内容，依法查处未按要求履行维护市容环境卫生责任，无规划设置广告设施、不符合规范设置牌匾标识，未履行户外广告设施安全管理和日常维护责任等违法行为；落实分类分级执法制度，促进依法、科学、有效履职；强化对医院、校园、商圈、交通枢纽等重点区域周边环境秩序和市容市貌的规范治理工作。

检查内容：市容环境卫生责任制"一核实、五必查"：1. 核实是否签订门前三包责任书（市容环境卫生责任书）；2. 责任区内环境卫生是否整洁；3. 责任区内有无乱堆物料；4. 责任区内有无店外经营；5. 是否存在违规设置户外广告设施及牌匾标识（无规划广告设施、立柱式户外广告设施、跑马屏、道闸广告、建筑物屋顶牌匾标识等），脏污破损、残字断亮、存在安全隐患等户外广告牌匾标识，违规设置软质横幅等标语宣传品；6. 是否按规定扫雪铲冰。

（二）背靠数据，依托平台，推进城市管理智能化

依托城市管理综合执法大数据平台的建设与应用，完善"门前三包"基础台账，并结合群众举报、媒体曝光、日常巡查等情况进行动态更新，将基础台账和执法数据关联起来，做到底数清、情况明、数字准，实现对检查频次、覆盖率等分析评价，支撑落实综合执法"到人、到点、到事"。结合不同执法对象，不同区域，精准配置执法资源、合理安排执法力量。坚持向科技汲取执法力量、用数据提高执法效能。

（三）示范引领，典型带动，推进城市管理多元化

进一步创建"门前三包"精品示范街区，打造精品，示范引领，探索多元化管理模式；以点带面，以面拓域，推动城市环境秩序、文明风貌全域化提升。各单位充分结合辖区地域特点，勇于创新，积极探索方式多样、效果显著的市容环境卫生责任制单位管理工作新模式，着力打造一条有特点、可复制、全区叫得响的示范街，让示范街成为城市亮丽风景线。

各区城管执法局至少新创建2条"门前三包"精品示范街区，6月15日前将精品示范街材料报送至市局执法总队执法四队；市局将向全系统推广典型经验。

三、主要措施

（一）坚持问题导向，提升执法成效

以突出问题为牵引，及时回应市民诉求、媒体曝光和市民服务热线反映的问题，持续加大整治工作力度；对持续时间长、解决难度大的诉求开展问题调研、案例分析、专题研究，主动治理；同时，积极推动问题的解决，做到"未诉先办"，确保"接诉即办"工作办理水平和服务质量不断提升。

（二）统筹分析研判，力求精准施策

充分发挥城管综合执法大数据平台的分析功能，强化数据智能分析、预警研判，准确掌握违法行为的高发时段、高发点位和主要违法形态，为开展精准集中专项执法提供有力支撑；科学合理安排执法力量，综合运用步行检查、人盯车巡、错峰执法、视频巡检等多种措施，有效降低执法成本，提升城市管理效率，确保城市环境治理工作取得实效。

（三）发动社会力量，引导自律自治

积极配合街道办和乡镇政府广泛动员社会力量参与城市管理，充分调动商户主动参与城市管理工作的热情，进一步提升市民满意度，实现商户、市民和管理者等多方共赢的良好局面。可借鉴西城区"商户自治"模式（即"一牌一码一会一书"），建立《商户自治公约》、"共治码"、自治公示牌、商户自治协会，动员多方力量积极参与，如产权单位、行业监管部门、房东、物业、业委会等，引导沿街的商户积极履行社会责任，探索自觉落实、相互监督、合力共治的社会秩序维护体系，从而形成商户、市民、执法人员三者之间"共治、共建、共享"的城市治理格局。

（四）探索治理模式，突出治理特色

近年来，市局组织开展创建精品示范街区的工作，涌现出一批先进典型和好的经验做法，推广借鉴石景山古城街道实行"七步工作法"，将城市管理"最后一公里"落实到位，街面环境秩序焕然一新；海淀区中关村街道"坚持党建引领，共建、共治、共享"理念，形成了会商联络、日常巡查、监督评价的"中关村机制"，固化市容环境卫生责任制常态化治理机制，有

效提升地区环境秩序水平；大兴区兴丰街道在"规划筑基、靓化助力、服务铸魂"思想指引下形成的"物商居联盟"的管理模式，使老街"旧貌"换"新颜"。各单位要努力吸取先进经验，积极凝聚治理合力，在工作中勇于创新，不断探索破解城市管理工作难题的新思路、新方法；同时结合先进经验，摸索出符合北京城市发展建设的特色治理模式，提升城市治理工作效率和成果。

（五）强化协同配合，凝聚工作合力

加强与行业管理部门协同配合，针对存疑问题、不符合《北京市户外广告设施设置专项规划》要求的，特别是标志性设施，要积极向属地城市管理部门协查认定、共同研究会商，确保问题认定准确、合法，稳妥有序开展整治。

（六）加强宣传引导，营造良好氛围

充分运用各种媒体平台，广泛宣传报道专项执法行动，坚持正确舆论导向，更好地回应群众关切；关注舆情，主动排查和化解矛盾，积极开展法律法规的宣传工作，引导市民参与城市治理，营造良好的社会氛围。

（七）加强沟通交流，及时报送成果

请各单位结合辖区实际工作，制定专项工作方案，梳理相关工作台账，确保各项年度工作任务有效执行，高效推进，取得实效。每月 23 日前通过北京市城市管理综合执法大数据平台填报《市容环境卫生责任制专项工作统计表》《户外广告设施牌匾标识和标语宣传品专项统计表》；6 月 15 日报送精品文明示范街区材料，6 月底前完成"门前三包"基础台账的更新工作。

6. 生活垃圾分类专项执法工作

一、工作目标

对标对表市生活垃圾分类推进工作指挥部《2023 年生活垃圾分类重点工作任务》，强化生活垃圾分类执法保障任务落实。一是聚焦"全链条全环节打击生活垃圾分类相关违法行为"，严厉打击违规收集、非法运输、非法倾倒、违规处理生活垃圾等违法违规行为，形成有效震慑；二是继续推进"城管执法精准进社区"，坚持"执法时间差异化、执法对象精准化、执法宣传多样化"，与社区（村）和生活垃圾分类管理责任人建立垃圾分类薄弱对象清单共享机制，加大对尚未养成正确分类投放习惯的居民个人的执法检查力度；三是以"督促生活垃圾分类管理责任人积极主动履责"为重点，针对生活垃圾分类管理责任人桶站管护不到位、清运不及时、混装混运、随意堆放等群众反映集中问题，加大执法检查和曝光力度，倒逼问题整改；四是定期对全市生活垃圾集中转运、处理设施的运营管理单位开展安全生产专项执法检查，助力首都生活垃圾分类工作再上新台阶。

二、工作任务

（一）聚焦生活垃圾"产生—运输—处理"全环节，开展"全链条"执法检查

1. 在产生环节重点查处以下六类违法行为：①将生活垃圾交由未经许可或者备案的企业和个人进行处置；②分类管理责任人未办理生活垃圾排放登记；③分类管理责任人未如实办理生活垃圾排放登记；④分类管理责任人未建立生活垃圾管理台账；⑤未按规定设置生活垃圾分类收集容器或未按规定管护生活垃圾分类收集容器；⑥分类管理责任人未分类收集、贮存生活垃圾等。

2. 在运输环节重点查处以下六类违法行为：①收集、运输单位未按要求将生活垃圾运输至集中收集设施或者转运、处理设施；②收集、运输单位随意倾倒、丢弃、遗撒、堆放生活垃圾；③收集、运输单位将生活垃圾混装混运；④生活垃圾收集工具、运输车辆、人员不符合要求；⑤收集、运输单位未落实生活垃圾管理台账制度；⑥未经批准从事城市生活垃圾经营性清扫、收集、运输活动等。

3. 在处理环节重点查处以下四类违法行为：①未经批准从事城市生活垃圾经营性处置活动；②未按规定接收、分类处理生活垃圾；③集中转运、处理设施的运行管理单位未按规定和标准处理生活垃圾；④未落实生活垃圾处理台账制度等。

（二）持续开展"城管执法精准进社区"专项执法检查

1. 对照条例实施以来的日常执法数据，发挥综合执法大数据平台的数据导引作用，定期梳理市民举报集中问题，适时开展波次整治，对辖区内分类基础薄弱、不分类投放居民（村民）集中的居住小区（村），按照"执法时间差异化"的工作要求，动态调整进社区的时间及执法力量，可采取连续盯守攻坚的方式，加大对此类居住小区（村）的执法检查力度，切实提升"城管执法精准进社区"的执法质量和成效。

对照社区、物业服务企业建立的分类薄弱对象清单，从年龄结构、性别、职业、居住性质、不正确分类投放的原因以及投放的重点时段等方面，对不正确分类投放的重点人群实施"精准画像"；按照"执法对象精准化"的工作要求，对多次劝阻无效、屡教屡犯的重点人群，坚决予以执法处罚；指导社区、物业进行警示曝光，充分发挥出执法的警示震慑作用。

对照辖区居住小区（村）基础信息台账，结合示范小区创建，联合社区、物业企业，按照"执法宣传多样化"的工作要求，定期举办"城管执法开放日""垃圾分类我主导""小手拉大手"等系列活动，针

对不同的受众人群，持续开展多轮次、多形式、多角度的普法宣传工作，引导居民巩固好当前生活垃圾分类取得的成果，自觉自愿地做好分类工作。

2. 依托"大数据"工作平台，在统筹调度属地城管执法部门对辖区内居住小区（村）开展日常生活垃圾分类执法检查的基础上，进一步巩固2022年市民举报高发问题小区整治效果（附件），重点聚焦12345群众诉求高发、舆情曝光的问题点位，每月对上月垃圾分类诉求量全市排名前20个街道（乡镇）中诉求量高发的居住小区（村）、每季度对上季度垃圾分类诉求量全市排名前100的居住小区（村）实行动态挂销账管理。有针对性地调度、指导属地综合行政执法队对上述区域开展执法攻坚，加大对生活垃圾类违法行为的执法检查力度。

3. 继续落实《关于基层综合行政执法队支持社区、物业开展生活垃圾分类工作的指导意见》的相关工作要求，充分发挥党建引领作用，依托属地政府，固化执法队员与社区、物业负责人点对点联系机制，配合做好普法监督员及桶前志愿值守力量的法规业务培训，为其提供强有力的执法支撑，使一线普法监督员、桶前志愿值守力量在工作中会管、善管、敢管。

4. 按照2023年建筑垃圾处置规范化治理要求，以装修垃圾收费处置为契机，有针对性查处居民装饰装修垃圾不按要求堆放，严厉打击装修垃圾非法运输、中转和乱倒乱卸等违法行为，从严追究"人、车、企和产废单位"责任。

（三）督促各类分类责任主体履行好责任义务

结合疫情常态化防控总体要求，根据辖区实际及季节特点，在统筹做好生活垃圾分类日常执法检查的基础上，压茬推进"主题执法"行动，通过持续加大对未办理生活垃圾排放登记、未建立生活垃圾管理台账、桶站管护不到位、混装混运、清运不及时、随意倾倒丢弃生活垃圾、主动向消费者提供一次性用品、再生资源未分类贮存等违法行为的执法处罚力度，进一步压实相关分类管理责任人主体责任，自觉履行好条例规定的相关责任及义务。

一季度：结合元旦、春节、全国"两会"及春季学校开学等环境秩序保障任务，对辖区内的居住小区、商场超市、餐饮、宾馆酒店、学校及会场驻地等区域开展执法检查；

二季度：结合"清明、五一、端午"小长假及中高考环境秩序保障，对景区景点、交通枢纽、学校等区域周边开展执法检查；

三季度：结合暑假、秋季开学等环境秩序保障任务，对宾馆酒店、商场超市、火车站、机场、长途客运站开展专项执法检查；结合夏季防汛，严查向城市道路雨水管网随意倾倒生活垃圾的违法行为；

四季度：结合"中秋、国庆"长假环境秩序保障及年终岁末日常环境秩序管控，对照年初的工作计划和任务目标，对辖区内各生活垃圾分类责任主体开展一次普查，为谋划下一年度生活垃圾分类专项执法工作奠定基础。

（四）开展生活垃圾集中转运、处理设施运营管理单位安全生产领域执法检查

依据《中华人民共和国安全生产法》《北京安全生产条例》《北京市生产经营单位安全生产主体责任规定》《北京市生产安全事故隐患排查治理办法》，市、区两级城管执法部门依职责对我市生活垃圾集中转运、处理设施的运营管理单位从"主要负责人职责履行、机构及管理人员设置、安全生产教育培训、安全警示标志、事故隐患排查治理、安全生产事项告知、配合监督检查、专项安全生产管理措施"8个方面定期开展专项执法检查。具体工作要求另行通知。

三、工作要求

（一）坚持源头治理，强化追本溯源

紧紧围绕垃圾"产生—运输—处理"全环节，坚持源头治理，针对生活垃圾分类管理责任人、运输企业职责履行情况，持续开展全链条执法检查，重点强化对违法倾倒垃圾行为的追本溯源。同时，对辖区内处理、中转设施进行普查，重点围绕安全生产隐患、运输"三联单"等台账记录不清、来源去向不清问题开展执法检查。

（二）坚持多措并举，层层压实责任

依托市生活垃圾分类指挥部月度考核、约谈工作机制，在市、区两级指挥部的统筹领导下，发挥考核结果应用，细化梳理权责清单，有效导引责任落实；综合运用执法数据，持续开展督导检查，定期在市指挥部工作例会、系统视频调度会上对各街道（乡镇）生活垃圾分类执法检查情况进行通报点评，不断压实责任，促进分类工作向纵深推进。

（三）坚持协同联动，持续精准发力

全面梳理分析执法工作中存在的突出问题，提出对策建议，形成专项报告，向行业管理部门通报反馈；针对问题高发的行业或领域，制发执法建议函，进一步压实行业主体责任；强化与公安、城市管理、生态环境等部门的协同联动，严厉打击非法收集、违规跨区跨省运输、非法倾倒生活垃圾等违法行为，为分类工作良性循环保驾护航。

（四）坚持清单管理，开展精准执法

按照市生活垃圾分类推进工作指挥部《2023年生活垃圾分类重点工作任务》实施清单化管理的工作部署，进一步优化工作中形成的生活垃圾分类日常执法检查、群众诉求响应、舆情应对、分类管理责任人报告等工作机制，动态掌握薄弱对象清单，配合社区、物业在开展精准宣传引导工作的基础上，持续对分类基础薄弱的居住小区（村）开展精准执法检查。

7. 非法小广告专项执法工作

一、工作目标

坚持运用法治思维和法治方式，深化主动治理、未诉先办，巩固完善综合治理长效机制，持续加大非法小广告整治力度，重点破解高频共性难题，进一步提升新时代首都城市环境质量和整体形象。

二、工作重点

（一）重点整治区域：1. 主要城市道路（二环路、三环路、四环路主辅路）等非公交站点周边区域；2. 地铁站、商务楼宇周边等共享单车集中停放区域；3. 居住小区，特别是老旧小区及背街小巷等公共服务未能全部覆盖的区域；4. 主要交通枢纽、重点旅游景区、繁华商业场所等人员密集区域；5. 学校、医院周边；6. 各单位结合本辖区实际确定的重点整治区域。

（二）重点整治对象：1. 在重点整治区域内散发、喷涂、张贴非法小广告的违法行为；2. 组织、利用非法小广告进行宣传的违法行为；3. 责任单位未落实清扫保洁责任的行为。

三、工作阶段

（一）工作部署阶段（即日起至2月中旬）

各单位要结合日常执法情况和巡查情况，系统梳理热线投诉举报，全面分析研判违法行为种类、高发时段、特点、规律，结合辖区实际，制定整治方案，锁定工作目标、细化工作措施、明确责任分工，在属地政府统筹下，部署全年工作。

（二）全面整治阶段（2月中旬至10月底）

各单位要按照"统筹协调、属地负责、协同推进"的原则，坚持问题导向，强化部门协作，整合资源、集中力量开展高频次、高强度的整治行动，持续保持打击非法小广告高压态势，确保处罚和震慑作用的高度统一，推动既定任务目标高标准完成。

（三）提升总结阶段（11月初至12月底）

各单位要积极组织开展整治"回头看"工作，督促指导基层综合执法队进行"点位复查"，查缺补漏，拓展巩固整治成果。认真总结、梳理全年整治工作，固化、推广典型经验，进一步完善整治常态化、长效化工作机制，为整治工作奠定坚实基础。

四、工作任务

（一）聚焦科技支撑，提升执法效能。

充分依托城管综合执法大数据平台，强化数据智能分析、预警和研判，准确掌握违法行为的高发时段、高发点位和主要违法形态，依托市局建立的非法小广告诉求高发点位台账（附件1）、共享单车集中停放区域点位台账（附件2）和环路公交站喷涂小广告问题点位台账（附件3）开展日常执法检查，并落实好动态挂销账管理，为开展精准专项执法提供有力支撑；做到问题早发现、早整改，助推非法小广告整治工作取得新进展。

（二）聚焦重点关键，持续精准发力。坚持问题导向、效果导向，围绕环路公交车站喷涂小广告、共享单车小广告及二维码小广告高频难点问题进行深入分析，推动"主动治理、未诉先办"，抢答群众"诉求"，不断破难题解顽疾。落实每日视频巡查制度，发现问题及时利用城管综合执法大数据平台"线索任务"调度属地综合行政执法队处置。同时加强日常对主要区域、重点点位的人盯步巡，将监督管理责任落实到人，不断提高巡查实效性。研究、探索二维码类小广告查处方法，充分利用现有执法措施，查找违法当事人或经营场所并坚决予以查处。通过精准发力，"靶向"施策，不断提升整治效果。

（三）聚焦执法主责，依法规范履职。坚持依法行政，规范执法，认真落实非法小广告电话号码停机工作流程，严格履行程序，规范执法行为，加大处罚力度。不得采取简单化、"一刀切"的执法方式，避免直接采取移送停机警示措施。对违法事实确凿且拒不接受调查处理的相对人，及时启动停机警示程序，强化执法震慑。

（四）聚焦整治实效，强化督察考核。市局加强全市专项行动工作的统筹和调度；各区局加强对街道（乡镇）综合行政执法队的指导和督察，定期分析各执法队执法数据，通过会议调度、协调指挥、组织检查等形式，全面压实责任，对群众诉求高发、"三率"偏低的综合行政执法队进行现场指导和约谈；进一步发挥市、区两级督察的职能作用，采取线上数据监测与线下现场督察相结合、督作为与督成效相结合以及督办履职与考核评价相结合的工作方式，推进整治行动深入开展。

（五）聚焦部门联动，深化源头治理。市、区两级发挥现有非法小广告整治联合工作机制作用，进一步强化部门协同，牵头会同公安、住建、交通、市场监管等相关部门开展源头治理，按照"同级移送"原则，利用综合执法大数据平台向相关部门分类移送问题线索；各区局要统筹指导街道（乡镇）综合行政执法队靠前站位、主动对接，依托"街乡吹哨，部门报到"工作平台，积极组织和协调属地相关部门开展联合执法，形成整治合力和执法闭环，不断完善事前、事中、事后的全流程监管，深挖非法小广告窝点、源头及幕后人员，从源头阻断非法小广告传播链条。

（六）聚焦清扫保洁，压实主体责任。进一步督促市容环境责任单位、产权管护单位、专业清扫保洁单位、物业服务单位、社区保洁力量，认真落实保洁责任，按照"动态巡查、动态清零"的原则及时清除非法小广告，确保责任区域内清理作业无死角；发动各区网格员加大日常巡查力度，发现非法小广告问题及时处置；督促共享单车运营企业履行管理责任，加强运维调度，及时车身广告清理。依法规范执法，对未按规定进行清扫保洁的责任人进行处罚。

（七）聚焦宣传动员，汇聚社会合力。依托日常执法检查、"城管执法进社区"、"城管开放日"等形式，深入商户、社区近距离向市民群众宣讲法律法规，动员物业服务企业、社区志愿者、楼门长等社会力量利用微信群等新媒体手段，向属地综合行政执法队举报违法行为线索，发动文明引导员向乘客宣传非法小广告的危害和影响，发现问题及时报送城管执法部门；多方式引导群众主动参与非法小广告治理工作，形成齐抓共管、多方共治局面。

8. 非法运营专项整治工作

一、工作目标

按照"市级统筹、属地主责、部门联动、重点督办"的原则，对"黑车""黑摩的"非法运营行为强化问题导向，坚持主动治理、联合治理、源头治理，有效运用综合执法大数据平台，强化线索移送、信息共享和联合执法，推动实施全链条打击，严防严控违法行为反弹，维护良好城市环境秩序。

二、整治重点

（一）市民诉求高发以及媒体曝光、批示批办等问题点位；

（二）轨道交通车站、公交枢纽站点及周边"黑摩的"非法运营行为；

（三）学校、医院、商业街区、居住小区、旅游景区、宾馆饭店周边地区；

（四）重要会议、重大活动涉及的重点区域及途经路线；

（五）重点站区分局依职责查处所属辖区非法运营违法行为。

三、工作措施

（一）问题导向，精准治理。围绕整治重点形成基础台账，结合问题点位违法行为类别、发生时段和周期性特点，加强执法力量部署调控，精准采取巡查管控、点位盯守、执法打击等整治措施，力求打主动仗，打小打早打苗头，确保整治管控成效（市民诉求高发情况台账见附件）。

（二）细化指导，加强考核。聚焦市民诉求，强化分析研究，结合本辖区违法形态及特点，提前预警研判，积极深入一线调研，开展有针对性的专项指导；围绕市局2023年考核细则，着力开展管控效果、处罚力度、协同联动等多维度专项考核评价，调动属地综合执法队伍创新工作方法，积极主动作为。

（三）依法履职，联合惩戒。针对"利用摩托车、三轮车、残疾人机动轮椅车等车辆从事客运经营"违法行为，优先选择适用《北京市查处非法客运若干规定》，坚持没收处罚，避免违法车辆回流，强化源头治理和根除违法行为；针对在"机场、火车站、轨道交通车站、长途汽车客运站和公交枢纽等交通运输站及周边"以外区域"未经许可擅自（或组织）从事巡游出租汽车客运经营"违法行为，加大执法力度，对处罚2次及以上的移交公安交管部门，实施联合惩戒；同时，对长期盘踞、屡教不改、涉黑涉恶等行为及时移送公安治安部门。

（四）协同联动，形成合力。各单位加强与辖区"黑车"打击办的密切沟通，强化与公安、交管、交通等部门的工作协同，固化联合执法机制，对"黑车、黑摩的""治安扰序、非法运营、违法上路"三种违法形态开展全链条综合打击；指导各街乡镇依托"街乡吹哨，部门报到"机制，发挥"小兵团"整治优势，组织开展常态联合整治，推动问题得到有效解决。

（五）督查督办，推进履职。围绕市民诉求高发、媒体曝光和批示批办等问题及点位，加强市、区两级督查督办，对市民诉求持续高发、解决处置不到位不及时、工作效果差等问题加强点评通报，并持续跟踪整改效果；对专项工作部署、接诉即办、主动治理、执法作为、管控效果等情况进行常态化督导检查，推动履职尽责。

（六）广泛宣传，疏堵结合。充分运用各种媒体平台，广泛宣传报道非法运营的危害性，在问题高发点位、周边社区开展执法普法工作，引导市民自觉抵制非法运营行为；加强对违法高发区域和点位的调研分析，推动实施疏解措施，强化源头治理。

四、工作要求

（一）高度重视，压紧压实责任。要高度重视，深刻认识落实民生实事整治"黑车、黑摩的"非法运营违法行为，维护城市环境秩序的重要意义，按照"市区统筹指导、属地主责落实、综合执法队重点打击"工作模式，压实责任，全面加强日常巡控治理，形成非法运营治理的良好态势。

（二）周密部署，加强主动作为。要结合非法运营违法行为发生的季节性、时令性特点，对火车站、地铁站、旅游景区、商业街区等重点地区提前分析研判，认真研究部署；对市民诉求点位制定切实有效的管控和整治方案，做到早部署、早控制，下先手棋、打主动仗，落实工作措施，有效整治管控非法运营违法行为。

（三）依法行政，防范舆情风险。要依法依规，规范执法程序，严格落实执法全过程记录、重大执法决定法制审核等制度，建立健全日常执法检查制度，强化非现场执法手段支撑；在开展专项执法和联合行动时，做到预案周密、分工明确、衔接顺畅，理性、文明、科学执法，确保政治效果、执法效果和社会效果相统一。

9. 园林绿化执法工作

一、工作目标

为发挥市、区两级城管执法部门的业务统筹指导和综合协调作用，提升各街道（乡镇）综合行政执法专业执法能力，有效履行《北京市绿化条例》《北京市公园条例》《北京市古树名木保护管理条例》《北京市物业管理条例》相关法定职责；进一步密切与园林绿化部门、公园管理机构等相关单位的协作配合，形成工作合力，共同维护首都园林绿化建设成果。

二、主要工作

（一）绿化管理执法工作

1. 持续开展居住区、居住小区绿地问题专项整治工作

一是针对居住区、居住小区绿地中存在的圈地种菜、堆物堆料、私搭乱建等侵占绿地问题，要主动联系街道、居委会、物业等部门工作人员，共同督促整改，化解矛盾；对拒不改正的，可视情依据《北京市绿化条例》或《北京市物业条例》，依法查处。二是要积极配合园林绿化等部门，加强宣传告知工作。针对树木扫窗、遮光、砸车等影响居民生活的问题，及时提醒产权单位或管护单位，采取疏枝、短截、回缩、填补、加固等方法，做合理适度修剪处理；通过修剪确实难以解决的，以及因死亡、严重病虫害无法治愈的树木，应按市、区园林绿化局审批权限，办理相应移植或砍伐树木许可手续后再行处理。

2. 持续开展非法砍伐树木行为专项整治工作

一是要加强专业知识培训，能辨析常见树种、能初步认定截除树木主干或去除树冠，了解森林资源损害鉴定流程，熟悉园林绿化养护管理规范等基本常识。二是要有重点地抽查单位、小区等易发问题点位的树木生长、养护情况；对施工工地涉及移植或砍伐树木情况，要检查是否有相

应许可手续，核验移植或砍伐树木的位置、数量等信息。三是严格依法查处。对未经批准移植、砍伐树木的，未按照国家和本市有关规定截除树木主干、去除树冠的，严格依照《北京市绿化条例》查处，并根据本区实际，积极协调相关单位，做好树木补种工作。

3. 持续开展非法侵占、损害绿地行为专项整治工作

一是加强对辖区公共绿地、附属绿地等涉绿问题的查处工作，对踩踏绿地、攀折花木、采挖植物、采摘果实等不文明损害绿地行为，依法查处；二是对机动车、非机动车停放在道路两侧绿化带上的碾压绿地，重点工程、抢修工程等施工临时占用绿地等热点难点、职责交叉问题，应及时与园林绿化等有关责任部门和管护、施工等有关单位协商，依据法定职责联合开展整治工作。

（二）公园管理执法工作

1. 逐步建立完善公园基础台账

围绕市园林绿化局公布的北京市公园名录，各区城管执法局（分局）组织各街道（乡镇）综合行政执法队，逐步建立健全与区园林绿化部门和辖区内各公园管理机构的联动机制，确定各公园的执法责任，年底前完成并向市城管执法局专业执法指导处报送公园管理和执法责任制基础台账。今后，对新公布的公园名录，必须检查公园竣工验收情况，未经验收交付使用的，依法查处。

2. 持续开展文明游园专项行动

一是重点整治采挖野菜、攀折花木、营火烧烤、投喂动物、乱涂滥刻等突出违法行为。结合辖区公园客流量和环境秩序情况，与园林绿化部门、公园管理机构等相关单位开展联合巡查、联合督导、联合执法、联合宣传等工作，加强节假日、周六日、寒暑假期间的入园执法巡查力度。二是防范季节问题。围绕市民踏青赏花、赏荷赏叶、露营野餐等需求，依据城管执法职责，提示公园管理机构：在公园入口处，禁止采挖、攀折、踩踏、露营，禁止投喂等限制区域，完善各类告知提示牌，设置文明游园的宣传栏、宣传标语等。

3. 探索城管公园特色执法模式

各区城管执法局（分局）、各街道乡镇综合行政执法队加强与园林绿化部门、各公园机构的协作配合，结合属地公园分布、淡旺季、客流量、管控情况等特点，因地制宜建立日常视频监控、及时调度快速协查、重大活动勤务保障、重点时段驻园执法等多种执法协作模式。

（三）古树名木保护管理执法工作

1. 及时摸排，明确属地执法责任

各区城管执法局（分局），要充分发挥统筹指导和综合协调作用，对市、区园林绿化局移交的在账古树名木，要督促属地街道（乡镇）了解掌握在账古树名木管护现状，落实执法责任。

2. 突出重点，建立多种检查模式

将散落在街巷、胡同、居住区等人群

密集区域内，管护情况偏差的古树名木作为日常执法巡查的重点；对村落、深山老林等边远地区的古树名木，可依托园林绿化部门、管护单位、管护人，通过定期高清照片、视频连线等模式，开展非现场执法监管；对市属公园、国有企事业单位等养护力度大，园林绿化主管部门日常监管到位的，可建立案件移送等执法协助模式。

3. 依法履职，严厉打击违法犯罪行为

重点查处擅自移植、砍伐，在树上刻画钉钉、折枝、剥损树皮，借用树干做支撑物，古树名木保护范围内挖坑取土、倾倒污水污物、堆放物料等损害古树名木行为。对发现的擅自砍伐古树名木，涉及非法采伐、毁坏国家重点保护植物罪的，按照《北京市行政执法机关移送涉嫌犯罪案件工作办法》等有关规定，及时移送公安部门查处。

三、保障措施

（一）健全联动机制。依据市园林绿化局与市城管执法局联合印发的《北京市园林绿化行政执法协作工作机制》，加强与园林绿化部门的执法协作，共同维护园林绿化资源，形成合力，提升执法效能。

（二）坚持督查考核。市、区两级城管执法部门要将落实园林绿化执法工作纳入城管执法系统和环境秩序以奖促治综合考评体系，发挥考核的督促牵引作用，调动属地街道（乡镇）综合执法队履行好园林绿化执法职能。

（三）强化宣传引导。围绕"清明""五一""十一"，以及花季、暑期等重要时间节点，联合或配合园林绿化部门、公园管理机构等有关单位，积极开展宣传报道，倡导市民群众文明游园、爱绿护绿。

（四）借助科技支撑。依托综合执法大数据平台，主动对接行业管理部门及公园管理机构，整合公园、古树名木、绿地等视频监控资源；及时更新并利用好园林绿化相关基础台账、执法数据。

10. 天安门及故宫周边地区环境秩序综合整治工作

为贯彻市、委市政府决策部署，集中力量整治天安门及故宫周边地区环境秩序突出问题，不断提升执法保障能力和水平，以首善标准做好2023年环境秩序综合整治工作，制定本工作方案：

一、工作目标

深入贯彻落实党的二十大精神，准确把握首都城市功能定位与使命，以"保稳定、促提升"为工作目标,依托城管执法大数据平台精准提高天安门及故宫周边地区城市治理体系现代化和治理能力现代化水平。按照市级统筹、区级推进、属地主责为原则,以12345市民热线举报的城管职责问题为线索,积极回应群众需求和诉求;坚持以重点区域治理、重点问题攻坚、重点点位管控为主线,加强与各职能部门的协调配合,不断巩固既有整治成果,全面提升天安门及故宫周边地区环境秩序水平。

二、适用范围

东城区城管执法局、西城区城管执法局,天安门地区分局。

三、区域范围及重点点位

根据"平安北京"建设领导小组故宫周边地区综合整治专项组联勤指挥部的部署,结合督办、投诉高发问题,确定以"两环七线及16+N点位"为区域范围及重点点位。"两环"指环故宫周边和环天安门广场周边。其中一环指围绕故宫的环线道路,包括南池子大街、北池子大街、景山前街、南长街、北长街;另一环指天安门广场及围绕天安门广场的道路,包括广场东、西侧路、东、西长安街、前门东、西大街;"七线"指景山西街、景山东街、文津街、府右街、大会堂西侧路、煤市街、前门东路。"16+N点位"包含故宫北门、景山前街公交车站,景山东街南口东侧车道调头点,北池子北口公交车站,东华门、南池子南口,北大一院妇产儿童医院、自忠小学、国管局、北海公园南门、景山公园东门,前门大街与月亮湾交叉口、老火车站、北京规划博物馆门前、前门23号院南门及其他根据工作需要新增的点位。

四、工作任务及主要措施(五提升)

(一)提升系统纵向分级指挥调度和跨区域联合执法能力。各单位要建立联系机制,加强信息共享,加强会商共治,相互协调沟通、密切协作,加强对突出问题和复杂问题的系统调度和联动执法,促进系统同频共振。属地综合执法队要结合辖区实际和季节特点,针对性开展整治工作,对《2022年天安门及故宫周边地区检查易发问题点位清单》中的问题点位进行全覆盖检查;落实管控责任,每日在问题高发的时间区间安排执法队员对点位开展日常巡查,对发现的各类环境秩序问题"零容忍",及时予以处置;针对区与区、辖区与辖区交界区域的易发问题,各单位应依据市局《交界地区环境秩序联动执法工作意见》要求,推动城管执法系统跨区域协同执法的有效落地,确保市、区、街三级高效联动、同步发力,强化过程指导和效果评估,确保取得整治实效。开展执法时相关单位要统一时间,一致行动,牵头单位要做好执法应急预案,确保对流动违法行为形成集中统一整治态势,进而达到防反弹、根治违法形态的目的。

(二)提升横向执法联动和综合治理能力。各单位要加强与其他执法部门联合执法的对接工作。依托平安北京建设行动,实现对重点违法行为相对人的精准打击。以天安门及故宫周边地区环境秩序问题为导向,持续夯实"五部门"联动和"城管+公安"并肩行动等工作机制,推动完善与公安、交通、文旅、市场监管等部门的会商,适时组织部门间的联合执法,实施综合治理,对长期盘踞该地区、屡教不改的重点违法行为相对人做好线索收集,向公安部门及时进行案件线索移送;对垃圾分类、违法建设、生产经营性噪声、私设地桩地锁、施工扰民等百姓关心关切、急难愁盼的问题要加强与区环办、城市管理委、规划、建委的对接、沟通,对基层执法队上报或反映的典型问题做好分析、研究,开展定点帮扶、指导,切实解决长期影响该地区环境秩序的痼疾顽症,提升综合治理能力。

(三)提升"重大节、会"期间环境秩序保障和研判能力。依据日常巡检、12345热线举报分析、城管执法大数据平台任务派单等要素,结合天安门及故宫周边地区实际特点,制定"重大节、会"工作方案和突发情况应急预案,合理调配各方资源,严格落实属地责任和部门职责,全力保障天安门及故宫周边地区环境秩序良好。针对易发时段的违法形态,各单位做好研判,提前到岗,挤压违法形态的生存空间。充分利用好天安门及故宫周边地区保障联系工作机制,相关区、分局,属地执法队在"重大节、会"保障期间全程做好联系、对接,在市局统筹指挥调度下,确保各类问题第一时间响应、处置、解决。

(四)提升科技手段实现精细化管控能力。各单位要充分利用好城管执法大数据平台功能,根据本辖区实际情况建立和维护好各类专项执法数据台账、强化案件线索移送、加强视频监控,建立和应用好执法数据模型,提高综合执法效率。建立并利用好12345案件分析机制,做好问题研判和问题处置。依托城管执法大数据平台的"勤务足迹"功能在全市率先开展执法巡查轨迹可视化试点工作,先行先试建立重要点位巡查可视化检查机制。各相关区局、分局指导执法队根据市局执法总队发布的《2022年天安门及故宫周边地区检查易发问题点位清单》选取1—2个本辖区内易发问题点位作为试点(易发问题点位大于2个的街道应选取不少于2个点位),日常在试点点位检查时需开启执法终端的"勤务报备-勤务足迹"功能,加强步巡力度。各相关执法队应做好开启终端人员的报备登记管理,建立执法队"勤务足迹试点点位"巡查计划。各区局、分局应及时向市局综合执法保障中心申请开启城管执法大数据平台的"勤务足迹"检查功能,对天安门及故宫周边相关执法队"勤务足迹"使用情况进行检查，做好记录，并对巡查计划履行情况进行对照抽检，对发现的问题予以指导、汇总，及时向市局执法总队执法二队反馈。市局执法总队将根据试点开展情况适时对各区、分局"勤务足迹"情况进行检查、考核。通过加强对一线执法人员执法轨迹的检查，增强天安门及故宫周边地区步巡频率和执法人员街面可见率，提升发现和解决问题的标准，以问题为导向，推动该地区易发问题点位的解决、销账。

（五）提升日常巡查标准和日常管控能力。工作中要善于发现问题、分析问题、解决问题，提高问题的发现率、整改率和解决率，并随时做到动态清零。执法过程中实现"全链条、全环节、全覆盖"，不断巩固既有整治成果，提升天安门及故宫周边地区环境秩序水平。加强街面环境治理，夯实"门前三包"基础台账，做到每月主动更新一轮次。同时关注燃气安全、夜间施工等专项问题，确保安全、清静。主动增加街面巡查次数，提升重点点位发现问题的能力，以问题为导向，适时加强综合执法频率，为广大人民提供优美环境。

第三部分

大事记

1月

1日 《关于进一步加强建筑垃圾分类处置和资源化综合利用的意见》正式实施。北京市对建筑垃圾按照工程渣土、工程泥浆、工程垃圾、拆除垃圾和装修垃圾五类进行分类收集和实施排放备案,推进建筑垃圾资源化综合利用。

19日 市城市管理委印发《首都功能核心区及朝阳区装修垃圾收运处一体化方案(试行)》,明确装修垃圾收运处一体化规范治理要求、方法和工作目标,修订一体化合同范本,指导北京建工集团开发"装修垃圾收运处"微信小程序,方便物业企业和居民一键下单,清运处置记录全程可查。

1月 市城市管理委开展春节和元宵节期间景观布置。以人民群众对美好生活的向往为主题,以欢乐祥和、喜庆热烈为主线,本着"整体布局、节俭利旧、创新特色、多元参与"的原则,突出弘扬中国传统文化,结合区域功能和风貌特点,运用传统、现代、科技、时尚、冰雪等元素,围绕市民生活的住、行、游、购、娱,在全市大街小巷、居住小区、社区村庄、公园景点、商圈、产业园区等重点区域,共悬挂灯笼灯饰及各类装饰22万余件,布置缠树灯约130万延米,设置景观小品近600处,装扮过街天桥78处,布置户外广告设施200余处。全市景观照明按照重大节日标准开启,各处张灯结彩,共同营造出喜庆热闹的节日氛围。

2月

13日 《北京市户外广告设施设置专项规划（2022—2035年）》发布。按照城市空间结构和区域功能定位不同，全市划分商业户外广告设施禁止设置区域、限制设置区域和允许设置区域。政务区域、文物保护区域、生态保护区域严格控制设置户外广告设施，商业区域内鼓励设置形式丰富多元、体现特色活力的户外广告设施。

23日 市城管执法局印发《2023年北京市城市管理综合执法工作意见》，明确"强基础、补短板、促提升"的工作思路，组织开展服务首都功能优化提升、执法为民暖心解忧、城市人居环境整治、安全隐患排查治理、首都城管执法品牌打造"五大行动"，推动首都城市管理综合执法工作实现新发展。

25日 市城市管理委、首都精神文明建设委员会办公室、市规划和自然资源委员会联合印发《深入推进背街小巷环境精细化治理三年（2023—2025年）行动方案》，标志着第三轮背街小巷环境治理三年行动正式拉开帷幕。全市5393条背街小巷，将按照精品、优美、达标街巷标准，分类治理、持续推进，三年全部完成环境精细化治理。

26日 市城市管理委会同市公安局联合印发《2023年非法中转倾倒垃圾联合打击整治专项行动方案》，发挥"公安+行政"联合治理机制，开展非法中转倾倒垃圾联合打击整治专项行动，形成非法中转倾倒垃圾问题部门共治格局，做到垃圾非法中转倾倒"黑窝点"动态清零，实现"四减、两提升"。

3 月

2 日 首都精神文明建设工作暨背街小巷环境精细化治理动员部署大会召开。尹力强调，要深入学习贯彻党的二十大精神，深入贯彻落实习近平总书记关于精神文明建设和城市工作的重要论述，切实提高工作站位和责任担当，树牢首善文明旗帜，下足绣花功夫打造精品宜居街巷，全力推动首都精神文明建设和背街小巷环境精细化治理工作再上新台阶，为新时代首都发展提供坚强思想保证、丰润道德滋养、强大精神力量、良好社会环境。市委副书记、市长殷勇主持会议。

11 日 市城市管理委出台《北京市环卫低速电动三、四轮车综合治理工作实施方案》，坚持"杜绝增量、消减存量、分类治理"原则，按照"现有规范、老旧淘汰、更新合规、逐步推动"的思路，推进环卫低速电动三、四轮车治理工作，实现环卫低速电动三、四轮车"三统一"（统一车型、统一标识、统一号牌）、"四规范"（规范作业时间、规范作业路线、规范作业范围、规范作业用途），2023年年底全部更换为合规车辆。

30 日 市城市管理委联合市市场监管局发布北京市地方标准《建筑垃圾消纳处置场所设置运行规范》（简称《规范》），自2023年7月1日起实施。该《规范》是国内首部关于消纳处置场所设置和运行方面的标准，明确了各类建筑垃圾消纳场所的设置要求和运行规范，规范了建筑垃圾资源化处置设施的再生处理生产线和再生产品生产线，要求建筑垃圾资源化处置设施增设装修垃圾处置工艺，鼓励协同处置大件垃圾和低值可回收物，全面提高资源化处置率。

4 月

1日 《网格化城市管理系统：单元网格划分》正式实施。该标准明确单元网格划分要求，填补北京市在网格化城市管理中单元网格划分领域地方标准的空白，也是落实北京市推进城市运行"一网统管"建设要求的具体举措。

7日 市城市管理委印发《2023年度小巷管家工作方案》，组织动员小巷管家参与治理背街小巷中的高发问题，围绕重点工作，组织开展雨后清淤清扫工作、门前三包、垃圾分类、中秋国庆和重大活动保障、漫步"北京活动"相关胡同专项巡查等专项工作培训和工作动员，加强巡查，及时发现，开展志愿服务工作。

23日 首都环境建设管理办印发《关于组织开展城市家具精细化规范治理工作的通知》，组织各区、各相关单位，以公共座椅、废物箱、阻车桩、标识牌、棚亭柜等城市家具为重点，采取"撤除一批、规范一批、提升一批"方式开展规范治理，重点解决群众反映强烈的阻碍安全通行、外观不洁、设置不规范、与周边环境不协调等问题。

28日 市城市管理委印发《城市管理行业领域安全生产和火灾隐患大排查大整治工作方案》。在全市城市管理行业领域开展安全生产和火灾隐患大排查大整治，重点聚焦燃气安全、城市生命线安全、电力安全、供热安全、环卫设施安全、环卫作业安全、车用能源站安全、广告牌匾安全、有限空间作业安全、限额以下工程安全十个方面开展排查整治。

5 月

4日 首都环境建设管理委印发《2023年首都城市环境建设管理工作意见》，确定年度重点任务，建立首都城市环境建设管理工作月调度会制度和工作成效量化排名机制，统筹推进首都环境建设18个市级重点项目的组织实施。

16日 尹力围绕"深入学习贯彻习近平新时代中国特色社会主义思想，积极推进韧性城市建设，维护城市生命线运行安全"到市城市管理委、北京燃气集团、市自来水集团第九水厂调查研究。他强调，水、电、气、热、运等城市生命线是维系城市正常运行、满足群众生产生活需要的重要基础设施。要以深入开展主题教育为牵引，坚持人民城市为人民，以"时时放心不下"的责任感，统筹好规划、建设、管理、维护，守牢城市安全运行生命线，加快建设韧性城市、智慧城市，提高城市运行管理现代化水平，打造宜居宜业美好家园。

22—28日 首届全国城市生活垃圾分类宣传周活动开展，北京市积极响应，加强垃圾分类宣传和管理工作。市城市管理委举办"北京市生活垃圾分类达人""垃圾分类 我们一起来"等宣传动员活动，打造生活垃圾全流程精细化管理服务平台、开展生活垃圾处理设施综合治理"一厂一策"专项行动。组织各区参加生活垃圾分类知识大赛和垃圾分类打卡点亮城市地标21天习惯养成活动。成功举办全国城市生活垃圾分类知识大赛总决赛北京选拔赛。6月5日，举办全国首台城市生活垃圾分类专题晚会"奋进在文明的征程中"，北京卫视等全网播出。晚会融合歌曲、小品、相声、快板等多种节目形式，宣传垃圾分类的理念和知识，在全社会倡导垃圾分类，推广低碳环保的生活方式。该活动由住房和城乡建设部主办、北京市人民政府承办、市城市管理委牵头组织原创节目创作和演出保障。

24日 市城市管理委印发《北京市居住区新能源汽车充电"统建统服"试点工作方案》并组织实施。打造一批"统一选址原则、统一建设标准、统一服务标准"

的"统建统服"充电服务试点，为居住区新能源汽车用户提供"三个5"（找桩距离不大于500米、服务费不高于0.5元、排队时间不长于5分钟）的用户体验，形成"四个创新"（智慧选址、价格优惠、预约即得、安全提示）的服务模式，进一步提升居住区新能源汽车充电服务能力。

26日 首都环境建设管理办、首都文明办、市爱卫办联合印发《"共管门前事、共享新环境""门前三包"专项行动工作方案》，以"干净、整洁、有序、安全"为目标，开展门前环境卫生大扫除、门前乱设设施治理、规范非机动车有序停放三个专项行动，创建百条"门前三包"精细化治理示范街，带动提升全市"门前三包"精细化治理水平。

6月

22日 殷勇围绕"学习贯彻习近平新时代中国特色社会主义思想，加强城市精细化管理，加快智慧城市建设，提升首都城市治理现代化水平"到市城市管理部门调研，并向端午假期坚守岗位的干部职工致以诚挚问候。他强调，城市管理关乎民生福祉，关乎城市品质，是城市治理体系治理能力现代化的重要内容。全市城市管理系统要坚持不懈用绣花功夫治理城市，持续改善城乡环境面貌，强化科技赋能城市管理，守住城市运行安全底线，着力提升城市精治、共治、法治、慧治水平，以首善标准推动城市管理各项工作再上新台阶，向着国际一流的和谐宜居之都目标不断迈进。

30日 《生活垃圾分类治理数据平台运行及数据管理服务项目》（三期）全面验收合格，标志着生活垃圾精细化管理服务系统正式上线运行。生活垃圾精细化管理服务系统主要包括1个市级主页、6个业务系统、5个应用中心、4个管理层级。系统建设取得了"四个突出成效"，即搭建了垃圾分类全流程感知体系，推进了垃圾分类治理体系管理流程再造，建立了垃圾分类治理倒逼管理机制，拓展了垃圾分类多维度治理空间。

7 月

7 日 市生活垃圾分类推进工作指挥部办公室制定《关于进一步做好生活垃圾分类的工作方案》，经市政府常务会议审议通过印发实施。方案提出在坚持现有工作机制、巩固阶段性成效的基础上，坚持问题导向和效果导向，从居民需求入手，落实"源头减量、精准投放、循环利用、长效机制、基层治理"五个方面新突破以及相应的十项硬措施，定期调度进展情况，推进垃圾分类走深走实。

29 日 市城市管理委第一时间启动预警响应，召开防汛调度会，督促各区、各有关单位落实城市运行防汛措施，强化应急值守。电力、燃气、供热、环卫等相关单位109支防汛抢险队伍、9597名抢险队员、576台抢险车辆、1895台各型水泵、1210台各型发电机及相关防汛物资在岗备勤，确保降雨期间及时处置各类突发事件。14时，发布地下管线分指防汛橙色预警响应启动单，管线分指各成员单位按照要求加强巡查检查和应急值守，落实各项防汛措施。23时，发布地下管线分指防汛红色预警响应启动单，各单位严格落实红色预警响应措施。

30 日 市城市管理委对电、气、环卫等重点行业和房山区等重点区域进行专项调度，实化细化防汛措施，启动最高级别值守备勤。同时，各单位加强巡查巡检，出动巡查人员1.6万余人次、6000余车次，巡查各类管线5.6万余千米、设施场站3.1万余座（次）。

31 日 为解决房山生活垃圾焚烧厂和首钢鲁家山循环园因道路和中水管线中断造成的处理能力缺口，市城市管理委制定生活垃圾物流优化调整方案，将停产影响区域垃圾分流到阿苏卫、南宫和安定三处设施，确保生活垃圾处理总体平稳。

8 月

1 日 市城市管理委组建专班，赶赴房山区、门头沟区支援路面清淤和环境秩序恢复工作。第一时间协调东城区、西城区、丰台区、石景山区以及市环卫集团、首发集团等作业力量支援工作，北京环卫集团成立党员突击队、青年突击队赶赴一线。支援各类作业机械、车辆共计255台套，作业人员共计762人。仅用3天时间清除道路淤泥6500余吨，8月4日，实现房山、门头沟两区378条城市道路全面恢复通行。

9 日 市交通综合治理领导小组办公室、首都环境建设管理办联合印发《2023年互联网租赁自行车停车专项治理"百日行动"工作方案》。8月9日到11月30日，全市将全面启动互联网租赁自行车停车专项治理"百日行动"，以中心城区和通州区为整治重点，范围覆盖全市共享单车停放投诉较集中、容易淤积的点位，大力整治共享单车停车秩序问题，净化城市道路空间。

11 日 首都环境建设管理办、市交通综合领导小组联合印发《城市道路护栏规范设置专项行动工作方案》，组织各区、各相关单位，按照"以拆为主、应拆尽拆、统一规范、到期更换"要求，有序推进护栏规范设置。

14 日 针对灾区道路两侧及河道区域产生大量淤泥杂物、严重影响灾后重建工作的情况，市城市管理委制定实施《关于山区灾后淤泥杂物清理处置工作方案》，明确"就地就近、分类施策、资源化处置和生态治理"基本原则，对淤泥、水毁林木、生活垃圾、建筑垃圾及河道漂浮物等分别明确处置方式，要求8月31日前完成清淤工作，9月15日前完成就地就近资源化处置、生态治理。

25 日 市安全生产委员会印发《北京市城镇燃气安全专项整治工作方案》，市城市管理委为召集单位，组建北京市城镇燃气安全专项整治工作专班，在全市开展燃气安全"大起底"排查、全链条整治，严格落实"十个一律"硬措施，构建燃气风险管控和隐患排查治理双重预防机制。

9 月

2—6 日 2023年中国国际服务贸易交易会在京举办。市城市管理委成立城市运行和环境保障专项工作组，制定印发工作方案，明确43家成员单位和"两区、两场、多点、三线"重点保障区域，开展城市运行隐患、环境秩序问题排查整治和景观提升，确保会议期间环境干净整洁、秩序良好、城市运行安全平稳。

25 日 市城市管理委发布北京市地方标准《可回收物体系建设管理规范》，规范可回收物交投点、分类驿站、中转站、再生资源分拣中心建设。指导各区推动再生资源回收经营者备案工作。

9 月 北京燃气天津南港LNG应急储备项目一期工程投产运行，包括1座LNG码头、4座储罐、配套工艺设施及外输管线，全市天然气应急储备能力达到6.7亿立方米。

10 月

13 日 市城市管理委印发《全面优化营商环境推行市政接入联合服务实施细则》，细化部门职责和工作流程，明确在联合报装、联合踏勘、联动施工、协同验收等环节所需要的报件材料、办理时限、属地职责等事项，推动市政接入服务更好、更快落地，进一步提升全市市政公用报装接入服务水平。

17—18日 第三届"一带一路"国际合作高峰论坛在北京举行。市城市管理委组建城市运行和环境保障组，明确"两区、两场、多点、三线"重点保障范围，组织市容环境、秩序环境、城市运行安全问题排查和整治，统筹做好国庆和高峰论坛市容景观布置和城市运行保障。

11月

7日 北京市2023—2024年采暖季提前8天正式启动居民供暖，达标（不低于18℃）供热。正式供热首日，涉及居民的3610座锅炉房点火3606座，点火99.88%；达标（18℃）供热锅炉房3599座，达标率99.69%。城市热网计划投入的居民供热面积全部达标供热。

16日 市城市管理委会同市政务服务局制定并出台《关于深化"热线+网格"为民服务模式 提升首都城市治理水平的指导意见》，提出"健全一个体系、夯实两个基础、建强三支力量、完善四项制度"的工作任务目标，创新形成资源力量协同、工作机制顺畅、标准规范完备、平台运行高效的"热线+网格"为民服务模式，推动提高城市管理精治、共治、法治水平。

23日 市城市管理委组织召开全委警示教育大会，推动全面从严治党向纵深发展。

12 月

1 日 由北京日报社联合市城市管理委、首都精神文明办、市规划和自然资源委员会首次进行的"最美庭院"评选活动结果正式揭晓,赵锥子胡同24号院、西四北五条24号院、达智桥胡同25号院、雨儿胡同30号院、草厂四条44号院等共10个院落,成为市民心目中人气最高的京城"小院儿"。为期一个月的"最美庭院"评选共吸引市民投票点赞30余万次。

6 日 北京市最大垃圾焚烧发电厂——位于大兴区安定循环经济园区的生活垃圾焚烧主厂迎来首车垃圾进场。该项目将主要服务大兴区、大兴国际机场临空区、亦庄经济开发区等北京南部区域的生活垃圾处理,全市新增生活垃圾设计处理能力6200吨/日,有助于加快实现原生垃圾"零填埋"的目标。

9 日 2023年十大"北京最美街巷"名单正式发布。东城区交道口街道东不压桥胡同、东城区天坛街道西草市街、东城区安定门街道钟楼湾胡同、西城区牛街街道烂缦胡同、西城区什刹海街道柳荫街、朝阳区望京街道央美西街、海淀区北太平庄街道文慧园路、通州区北苑街道北苑北路、昌平区城南街道昌盛小街、延庆区永宁镇永宁古城北街10条街巷入选。

20 日 电力最大负荷为2678.1万千瓦,创历史新高(往年历史最大值2564.3万千瓦,为2022年8月4日);天然气日用量1.444亿立方米,创历史新高(往年历史最大值1.36亿立方米,为2021年1月7日)。

21 日 城市热网日供热量69.1万吉焦,创历史新高(往年历史最大值64.9万吉焦,为2021年1月7日)。

第四部分
应对"23·7"极端强降雨

【概况】 7月29日至8月2日，北京遭遇了历史罕见极端强降雨过程，特别是门头沟、房山、昌平等区西部山区和浅山区，城市运行基础设施严重受损。市城市管理委坚决贯彻落实市委、市政府决策部署，立足"防大汛、抢大险、救大灾"，统筹开展抢险救灾及恢复重建工作。主要领导及班子成员第一时间到岗到位、靠前指挥，预制前置水、电、气、热、通信等109支防汛抢险队伍、近万名抢险队伍，调集576台抢险车辆、1895台各型水泵、1210台发电机及相关防汛物资，滚动式开展电、气、热等城市生命线巡查巡检，严密防守重点基础设施。快速开展"四通一保"，3天时间清除道路淤泥6500余吨，实现378条城市道路恢复通行。4天实现16个受灾小区通电100%，14天实现全部有人居住村、户100%恢复市电。紧急为受灾地区配送液化气4200余瓶，确保"路通气到"。支援灾区219个单体厕所、17辆拖挂厕所，保障灾区群众临时如厕需求。灾后，迅速开展恢复重建，会同文明办、爱卫办联合开展"清洁环境、共建家园"行动，恢复市容环境面貌。完成电力主网"1站4线"、配网212条线路等重建任务，恢复路灯照明5309基，修复受损的35座锅炉房、67个换热站以及热力管线，保障受灾群众温暖过冬。

（秦彦磊　季　扬　孙国龙　李　艳
邢　蕊　王　丹　代伟丽）

【主要领导及班子成员靠前指挥】 面对本轮强降雨天气，市城市管理委立足"防大汛、抢大险、救大灾"，闻汛而动、迅速响应。主要领导及班子成员第一时间到岗到位、靠前指挥，紧急调度；组织国网北京市电力公司和市环卫、燃气、自来水、排水、热力等集团公司专业抢修队伍和应急支援队伍第一时间响应预案，迅速集结、驰援灾区，快速、有序开展"四通一保障"工作；组织各有关单位对雨中、雨后城市运行安全风险紧盯不放，第一时间巡查发现、分析研判，并做出应急处置。

（秦彦磊）

【周密部署防范应对措施】 灾前，紧跟市委、市政府防汛救灾调度会工作部署，第一时间召开城市运行调度会，传达习近平总书记重要指示精神和党中央决策部署，落实市委、市政府部署要求，统筹推进城市运行防汛救灾工作。水、电、气、热、通信等109支防汛抢险队伍、近万名抢险队员提前到位，24小时备勤值守，576台抢险车辆、1895台各型水泵、1210台各型发电机及相关防汛物资全部就位、预置前置。7月29日相继启动防汛橙色预警、红色预警，主要领导靠前指挥、紧急调度，根据雨情汛情及时调整部署，研究解决防汛救灾重点难点问题。领导班子成员分赴一线、协调调度，专班支援受灾地区防汛工作。地下管线防汛分指第一时间启动防汛预警响应，部署了11项防汛救灾措施。

城市管理系统18万干部职工全员到岗、坚守一线。各行业企业迅速响应，提前布控，滚动式开展电、气、热等城市生命线巡查巡检，严密防守重点基础设施、重点单位场所和灾害高风险区域，不留漏洞、不留死角。

（秦彦磊）

【启动最高级别应急响应机制】"23·7"特大暴雨预警后，全市城市管理行业领域启动最高级别应急响应机制，建立防汛工作群，落实"零报告"和"一小时一报"要求。7月29日22时，市城市地下管线防汛专项分指挥部启动防汛橙色（二级）预警响应，23时，启动防汛红色（一级）预警响应，部署防汛措施，确保水、电、气、热等城市生命线安全。

（秦彦磊）

【全力抢修基础设施】灾后，国网北京市电力公司组建58支抢修队伍、2400余人、105台发电车、427台发电机，分片包干抢修故障。燃气部门紧盯管线周边塌陷、滑坡、管线裸露、管廊进水等灾害问题，强化政企协同、靠前服务，争分夺秒开展抢修、恢复和新管线建设工作。组织液化气应急保障队，紧急为受灾地区配送液化气4200余瓶，确保"路通气到"，保障居民需求。门头沟区4家供热企业受到影响，供热设备受损严重。完成积水抽排工作后，供热部门第一时间做好设备及管线恢复工作，保证冬季供热正常运行。根据雨情，紧急对全市144处照明电源点进行了断电处理。按照"先功能、后景观"的原则，重点抢修恢复路灯照明5309基。

（邢蕊 代伟丽 张妍）

【涉汛安全隐患问题处置】抗洪期间，发挥"热线+网格"工作机制优势，受理12345市民热线中心派发工单1.43万件，排查、处置安全隐患问题1.34万件，做到主动发现、主动治理，当好城市管理的巡查员、监督员、管理员。

（庞艳平）

【打好道路清淤攻坚战】针对受灾地区淤泥杂物堆积、积滞水严重、亟待支援情况，分派委领导组建专班、协调调度，以"抢通、清淤、清运"为重点，调集东城、西城、朝阳、海淀、丰台、石景山、市环卫集团、首发集团等环卫专业力量，组建突击队和救援队，出动作业机械1085车次、作业人员4960人次，赶赴房山区、门头沟区现场支援，发挥专业作业优势，连夜奋战，清除道路淤泥6500余吨，在3天时间内实现378条城市道路全面恢复通行。

（季扬）

【供水恢复和积滞水抽排】洪水过后，协调市自来水集团、市排水集团、市热力集团抢险支援队对水厂、积滞水区域进行抢修。目前，门头沟城子、房山良乡和燕山三个水厂已恢复供水；16组抽水单元对163个小区轮番抽排积滞水作业5.5万立方米，北潞园等积水严重小区已完成抽排。

（秦彦磊）

【保障群众用厕需求】抗灾期间，会同卫健委、农业农村局等研究公厕户厕应急保障及灾后修复重建工作，紧急调度578个单体厕所、46辆拖挂厕所，共计1038个移动厕位支援灾区。按照"边摸排、边建账、边修复"原则，对受损公厕分类建账、综合施策，能立即修复的组织抢修，经安全评估、全面消杀后恢复使用；对受损严重、存在安全隐患的，采取临时封闭措施；彻底损毁的，重新选址，按照二类及以上公厕建设标准进行重建。

（季　扬）

【开展"清洁环境、共建家园"行动】灾后，会同文明办、爱卫办联合部署"清洁环境、共建家园"行动，发动党员、干部、群众、志愿者等各方力量，对社区村庄、大街小巷、房前屋后及门前责任区开展清理、清洁，尽快恢复市容环境面貌，确保道路干净整洁畅通。全市累计发动6448个社区村、19.3万名党员干部、18.8万名志愿者采取"包街、包片"等方式，带头开展环境清理工作，帮助群众恢复正常生活秩序。动员8.6万家商户、1.4万家企事业单位，清理门前责任区堆物堆料、小广告、卫生死角。累计出动各类作业人员17.3万人次、作业车辆2万车次，清除淤泥12.9万吨、垃圾2.9万余吨。城管执法部门检查"门前三包"责任单位6200家，规范市容环境秩序类问题537处。利用纸媒、新媒体等渠道主动发声，中新社、央广网、北京日报等央属、市属媒体积极正向客观报道，推送相关信息325条，阅读量达33万，营造"人人动手、清洁家园"良好氛围。目前，丰台、房山、昌平、门头沟、怀柔、延庆等区主城区和主要道路已清淤完毕，部分山区乡镇清淤工作仍在进行中，其他地区全面完成清淤工作，进入常态化清扫保洁阶段。

（孙国龙）

【督促"门前三包"保障环境清洁】首都环境建设管理办、市爱卫办、市城管执法局深入基层，指导、督促工作落实。8月5—8日，首都环境建设管理办派出5个检查组，对全市54条主要道路、7个商业街区、10个交通枢纽、13个居民小区和3个医院周边清扫清淤情况进行检查，针对个别区域清理不及时、不到位情况，下发工作提示单。8月8—9日，市爱卫办会同市农业农村局、市市场监管局赴门头沟、房山、昌平等区调研、指导爱国卫生工作。

（孙国龙）

【搭建宣传矩阵营造良好氛围】首都环境建设管理办、首都精神文明办、市爱卫办搭建宣传矩阵，全方位、多角度宣传报道"清洁环境、共建家园"行动开展情况。中新社、央广网、光明网、北京日报、新京报、北青网、北京社区报7家央属、市属媒体，以及20家重点网络视听新媒体矩阵，连续发布"清洁环境、共建家园"情况，累计报道信息325条，曝光量达308万余次。市爱卫办组织开展宣传教育累计1012次，发放宣传品7.5万余份，覆盖人数356.6万余人，营造"人人动手、清洁家园"良好氛围。

（李　珍）

【编制市政灾后恢复重建规划】年内，按照市委、市政府"一年基本恢复、三年全面提升、长远高质量发展"总体要求，有序开展受灾情况排查、恢复重建规划编制、项目审批实施等相关工作。一是多次组织专班赴门头沟区、房山区等受灾地开展实地调研，深入重点受灾点位查看了解受灾情况，听取受灾情况、清淤和恢复重建工作安排和进展情况，帮助解决实际困难，并提出相关工作要求和意见建议。二是开展灾后恢复重建规划编制。按照"立足当下、着眼长远、适度超前、突出重点、分步实施"原则，配合市发展改革委编制灾后恢复重建总体规划市政专篇相关内容，科学优化设施布局，加快补短板、强弱项，目前已定稿报市政府常务会审议通过。三是按照"应急抢险、恢复重建、功能提升"三类标准梳理城市运行领域灾后恢复重建基础设施项目，核实纳入恢复重建信息系统项目库，会同市发展改革委、相关区等成员单位做好分批次灾后恢复重建项目联审，并做好已联审项目的周监测和协调调度工作。

（薛继亭　张速新　厉卜友）

【城市照明恢复重建】年内，全面了解城市照明受灾情况，全市共122处路灯电源点进行断电处理，共计6412基路灯停运；共22处景观照明电源点断电处理，共19965套景观灯停运。通过会议提示、视频调度和现场检查等多种方式，迅速与重点受灾区建立应急联系。及时下发《关于做好汛期受损照明设施抢修恢复的通知》，明确先功能后景观、先恢复后改造、重保障保安全总体原则，提出重视抢修安全、勘察核实情况、进行抽水排水、检查修复线杆、完成检测复电、采取临时措施六条具体要求，有力指导规范全市城市照明恢复重建。经统计，除门头沟区108、109及永定河沿线，因道路受损725基路灯和17420套景观灯需要重新建设外，其他因灾受损设施已经抢修恢复运行。

（孙　政）

【抢修陕京一线受损管道】灾后，管保办向各区、各管道企业发布灾后工作提示单，落实灾后恢复和防汛复盘工作，协助企业做好应急抢险工作。协调市应急办，向国家管网集团北京管道公司调配一组大功率排水设备，助力抢修受损管道，确保陕京一线平稳运行。

（周　媛）

【灾区公厕集中消杀及恢复重建】 灾后，市城市管理委会同市农业农村局、市卫生健康委、市财政局印发《关于做好受灾村庄厕所重建修复与消杀工作的通知》《关于加快灾后农村人居环境基础设施恢复重建有关工作的通知》《关于明确洪灾过后公厕消杀恢复标准的提示》等文件，规范灾后公厕清理及卫生消毒标准和程序，召开全市部署会，指导各区对受损公厕分类建账、综合施策，做好恢复重建及消杀工作，完成灾区公厕消杀1977座，修复872座，对受损严重、存在安全隐患及彻底损毁的101座公厕，已制定大修及重建方案。同时，支援灾区219个单体厕所、17辆拖挂厕所，保障灾区群众临时如厕需求。

（季　扬）

【灾后供热设施恢复重建】 年内，为消除"23·7"极端强降雨对供热设施造成的不利影响，确保灾区供热设施如期恢复，组织属地供热主管部门和供热单位进一步完善供热保障体制机制，协同配合加速破解问题难题。经过统筹协调，门头沟和房山区受灾涉及的35座锅炉房、67个换热站、3.4千米管线以及涿房大线2.7千米管线，10月底前具备供热条件，11月6日全部按时提前供热。

（马德钦）

【建立垃圾处置应急物流调度体系】 年内，通过分析垃圾清运量和处理能力，研判垃圾处理形势，建立全市垃圾处置应急机制，全面统筹垃圾物流安排和处置，特别是在"23·7"特大洪水灾害期间，积极应对房山、门头沟鲁家山处理设施停产带来的影响，加强协调生活垃圾流向和流量调度。灾后恢复重建过程中，协助受灾地区做好积存生活垃圾清运处置，实现全市生活垃圾处理安全、平稳、有序。

（赵哲夫）

【灾区垃圾运输处置物流调度】 切实做好受灾地区生活垃圾运输处置物流调度，督促生活垃圾处理设施采取措施，受灾设施鲁家山生活垃圾焚烧厂10天恢复满负荷运行，确保生活垃圾处置及时有序。指导门头沟、房山、昌平等区组织力量抓紧清运灾后居住小区（村）和公共区域积存的生活垃圾，具备道路通行条件后及时恢复垃圾收运体系，受道路等影响未能及时清运的垃圾，利用现有垃圾收集站点、压缩箱暂存，具备运输条件后及时清运，严禁生活垃圾非法倾倒和掩埋。共向灾区支援57辆垃圾运输车辆，累计清运积存生活垃圾13655吨。

（高　茜）

【通州跨区支援抗洪救灾】 灾情发生后，通州区城市管理委调配200人精干力量和40台机械设备奔赴门头沟、房山开展跨区救灾，连续奋战25天，累计作业长度1.6万米，作业面积15.37万平方米，清理河道碎石2.56万立方米，清运淤泥、碎石9178立方米，为3个村的1356户4105人打通了出行道路。

（马婷婷）

【燃气安全隐患排查整治】面对极端强降雨天气，统筹城管执法系统迅速开展燃气安全隐患集中排查整治行动，共检查燃气供应企业及燃气非居民用户2.67万次，发现并责令改正问题2664起，立案1026起，罚款183.39万元。督促沿街商户认真履行"门前三包"责任，及时清理雨水收集口周边淤泥、垃圾，加快雨水排放。

（石岳靳丹）

【城管执法队员魏承浩壮烈牺牲】当极端强降雨来袭，全市城管执法队伍迎"汛"而战，坚守在防汛一线，用实际行动彰显责任担当。全面启动应急机制，严格落实24小时值班和领导带班制度，落实全员备勤，保证联系渠道畅通；以魏承浩同志为代表的城管执法队员不惧危险，直面挑战，高频次开展街面环境秩序巡查，对重点路段、重点区域、重点设施进行全面排查，确保第一时间发现问题，迅速处置，及时消除安全隐患。在营救转移群众过程中，魏承浩同志不幸壮烈牺牲。2023年12月，中共北京市委决定，追授魏承浩同志"北京市优秀共产党员"称号。中共北京市委、北京市人民政府决定，为魏承浩同志追记一等功。北京市人民政府评定魏承浩同志为烈士。

（张林海 姜霁峰）

【昌平推进灾后恢复重建】年内，昌平区形成《"区城管委'7·29'暴雨复盘工作总结"综合评估报告》，会同区发改委统筹报送灾后重建项目16项。完成朝凤北路水毁修缮工程、京密引水渠南侧路水毁修缮工程、昌平区农辛路道路恢复工程、八家村铁路桥下道路恢复工程4条道路修缮恢复工作。

（王浩 陈子琪）

【大兴区积水点位实行联动责任制】年内，大兴区地下管线（城市道路）防汛分指挥部接到预警信息及时启动防汛应急预案，严格落实防汛工作，将职工划分为15个责任小组，对各积水点位实行联动责任制。安排抢险运输车辆26台、铲吊车2台、高压清洗车2台、水泵12台、发电机10台、令配备铁锨100把、移动照明作业灯2个、编织袋2000条和防汛沙袋4000条等物资，出动人员572次，防汛运输车辆137次。明确、细化人员防汛备汛责任，紧盯防汛关键点位、薄弱环节，强化防汛抢险措施，实现2023年安全平稳度汛。

（赵虎 佟雪）

【灾后市级燃气项目实施重建】灾后，

市城市管理委积极协调推进"23·7"灾后重建市级燃气项目。"23·7"灾后重建燃气共包含三个市级项目，门头沟区高压A调压站工程、葫芦垡高压A站天然气工程以及房山区液化石油气长输管道恢复工程。其中，门头沟区高压A调压站工程主要建设内容为新建军庄高压A调压站1座及配套设施，葫芦垡高压A站天然气工程主要建设内容为新建葫芦垡高压A调压站1座及配套设施，房山区液化石油气长输管道恢复工程主要建设内容为修复河道内受损DN150液化气管道480米。

（李　艳）

【房山区迅速恢复城市运行】面对"23·7"极端强降雨，房山区主动响应，先行一步，成立5支应急抢险队伍，赶赴佛子庄、大安山等5个受灾严重的偏远乡镇开展抢险救灾工作。累计组织29支供电抢险队伍，开展电力抢修工作，确保16个居住小区、134个断电村第一时间恢复供电。两周内恢复完成74处燃气设备设施、8.7千米燃气管线、25座液化气供应站、6座压缩气点供站、3座调压箱抢修工作，以及5000余户居民复气工作。成立燃气保障突击队，在断路恢复后，立即向8个山区乡镇配送液化石油气1万余瓶。仅用10天，全区生活垃圾转运全面恢复常态化运行。协调199座移动公厕，第一时间运送至需求乡镇。

（杨　亮）

【房山区统筹规划市政设施灾后重建】年内，房山区把握长远高质量发展需求，建立"恢复重建、功能提升"两阶段工作体系，编制完成《房山区市政设施灾后恢复重建行动计划》，将灾后恢复重建工作与韧性城市建设、"平急两用"设施建设有机结合，扎实推进城市及农村公厕恢复重建、房山区市政道路及照明设施水毁修复等重点项目，其中重点推进房山积水点改造、房山区阎村镇生活垃圾转运站工程等8项重点项目，涉及总资金约8.9亿元。

（杨　亮）

【门头沟区保障受灾群众温暖过冬】年内，特大洪水导致门头沟区11座锅炉房、67座换热站、58条10千伏线路等基础设施严重受损，门头沟区城管委部署受损企业快速行动，尽快完成灾后恢复重建工作。截至10月底，全区受损的影响冬季取暖基础设施均在供暖季前完成恢复重建工作，所有锅炉房、换热站均已按照全市统一要求于11月6日0时进行点火调试，7日0时启动正式供热工作。另外，区城管委部署燃气供应企业储备充足气量，并制定应急预案，确保满足民生用户用气需求；部署企业、镇街、村居进行三级优质燃煤储备，应对极端天气等突发状况，保证燃煤供应及时、充足；部署其他相关部门按照各自职责落实温暖过冬有关任务。

（王东洋）

【液化石油气抢险救灾保障】 年内，受海河"23·7"流域性特大洪水影响，造成门头沟区道路冲毁、山体滑坡、桥梁坍塌，严重影响着门头沟区7个镇街的送气下乡工程，为保障山区群众基本生活，区城管委秉持着"路通气到"的工作原则，坚定目标、竭尽全力、排千难、克万险，以最快的速度恢复液化气送气下乡工程。截至8月7日17时，门头沟区液化气配送已覆盖潭柘寺镇、妙峰山镇、王平镇、大台街道、雁翅镇、清水镇、斋堂镇等受灾地区除转移安置外的所有村（社区）；截至8月31日，累计应急配送液化石油气9000瓶，圆满完成液化石油气抢险救灾保障工作。

（王东洋）

【受损电力设施恢复重建】 受海河"23·7"流域性特大洪水影响，门头沟区需恢复正常运行方式线路共73条，截至10月底，73条线路主网架结构及高低压已全部恢复；洪灾导致区90个煤改电村受影响，截至10月20日，90个煤改电村已全部恢复。累计架设各类导线约718千米，新立电杆约3700棵，敷设各类电缆32千米，新装变压器146台。

（罗德恕）

【抢修水毁市政设施】 特大暴雨灾害后，为全力保证门城地区道路及附属设施正常运行，门头沟区立即组织抢修，在最短时间内完成全部抢修工作，恢复城市道路、桥梁及照明相关设施正常运行。一是市政道路及附属设施修复沥青道路4.55万平方米，修复人行步道1.75万平方米，检测修复城市桥梁44座。修复挡墙340立方米，路缘石修复646余米，树池口96余座、清理淤泥8500余方，道路护栏修复3163米，交通标线恢复1570平方米，标志修复41套，隔离柱修复64根。二是市政照明设施共计修复涉水路灯电缆1.9万延米，更换损坏灯具260余套，配电箱8台，处理故障点1200余处。公园照明设施修复涉水灯具973盏，照明电缆1.67万米。

（张继征）

【攻坚灾后抢修和抗台复电】 灾后，国网北京电力公司出动11776名干部职工，全面攻坚灾后抢修和抗台复电，克服了公网通信中断、物资运输困难等诸多不利因素，除调拨发电机外，依靠自身力量争分夺秒完成供电设施抢修工作，4天实现16个受灾小区通电100%，6天实现30个乡镇通电100%，8天实现273个村庄通电100%，14天实现全部有人居住村、户100%恢复市电，及时确保了受灾地区"村村通电""户户通电"。8月14日完成电力保通阶段性任务后，国网北京电力公司扛起灾后恢复重建的政治责任，围绕保障百姓安全温暖度冬，打响"百日攻坚战"，主要负责同志靠前指挥，广大干部职工连续奋战，专班组织、专项推进，于10月底提前完成了主网"1站4线"、配网212条线路等重建任务，恢复了 3.8 万余户受损"煤改电"设施供电能力。

（邢蕊）

【提升地下变电站站线设防标准】灾前，国网北京电力公司明确重要区域设防标准，开展地下变电站及周边环境 3D 激光扫描勘查测绘，精确量化设防标准，落实"一站一策一图"。在全市范围内 84 座地下/半地下变电站和 7309 座地下配电站室，增加配置沙袋、防水挡板、苫布等防汛物资 80 余万件；将全部地下变电站挡水设防标准提升至 1 米，同时配置能够稳定码放两层 1.2 米的沙袋；针对 284 户重要客户外电源站室沙袋、水泵等防汛物资按照标准上限的 1.2 倍配置到位；对沿河或河道内架设的输配电线路，采取砌筑护坡围堰、挡水墙、包台加固等措施。

（邢蕊）

【优化配置电力抢修资源】国网北京电力公司在房山、门头沟等公网通信中断地区，应用卫星车、地面卫星便携站、点波束卫星便携站+Mesh 自组网方式等应急通信技术，累计行车 7000 千米、拨打卫星电话 920 分钟、为 1680 余人次提供 Wi-Fi 300 余小时，为抢修决策指挥提供通信保障。出动无人机 447 架次、充分利用 586 座变电站工业视频、93 处沿河道输电视频监控装置等可视化手段，在道路受阻的条件下优先完成 5 座变电站及 115 条、1400 余千米输配电线路远程在线立体查勘，为掌握地区及设备受灾情况提供勘察支撑。调配水陆两栖车 2 台、冲锋舟 4 艘、吸污排涝车 3 台、龙吸水 2 辆、方舱及液压泵 80 余台套、吊车、钩机等特种作业车辆进驻重点区域，修建站外围堰及临时道路，铺设级配砂石 2800 方、搭设临时围堰 540 米、清除淤泥 80 余吨，抽水 40 余万立方米，为电网抢修提供装备支撑。

（邢蕊）

【快速恢复民生用电】国网北京电力公司安排发电车 165 台套、发电机 430 台，为 26 个政府集中安置点、医院等用户，16 个居民小区、95 个村提供应急供电服务，累计发电 8335 小时，用油超 1700 吨，第一时间恢复用户供电。集中力量打通受损主网架，采用断弓子、临时短接、临时联络等方式，避开受损严重区域，就近恢复主线电源。应用轻型电杆等解决山区个别区域机械无法到达问题，累计投入轻型电杆 69 根。采用积极恢复变台、临时低压联络方式，恢复村内低压供电。

（邢蕊）

【市环卫集团组织突击队支援灾区】灾后，北京环卫集团成立党员突击队、青年突击队，组织精干力量，调配专业设备，全力支援强降雨灾后恢复，完成门头沟、房山城区 261 条道路清淤任务，道路清淤面积约 1200 万平方米，出动各类作业车辆

686 台次，出动作业人员 2968 人次，清理淤泥 3805 吨；支援房山 15 部垃圾清运车和 5 部垃圾转运车，协助房山清运积存生活垃圾 3615.90 吨、转运生活垃圾 2393.14 吨，清运房山水淹动物 594.12 吨；启动阿苏卫焚烧厂、南宫焚烧厂、安定填埋场应急库容，进行应急处置，接收门头沟生活垃圾 377.14 吨、房山生活垃圾 14813.94 吨，接收总量约为两区灾后单日垃圾产生量的 5.1 倍；支援门头沟 35 部单体厕所，支援房山 16 部拖挂厕所和 237 部单体厕所，支援涿州地区 20 部拖挂厕所和 3 部单体厕所；支援门头沟、房山共计 4 个乡镇 14 个自然村包村清淤和环境卫生恢复，累计清理淤泥约 57350 立方米，清理道路面积约 241.88 万平方米。

（王　丹）

【市环卫集团驰援门头沟区清淤】8 月 14 日，按照市国资委统一部署，北京环卫集团再次驰援门头沟区，承担了龙泉镇、潭柘寺镇的村庄道路、社区的清淤任务。集团所属各支援单位采取人工机械相结合的作业方式，人工配合铲车、挖掘机等 3 台机械车辆，完成门头沟区潭柘寺镇南辛房村的清淤任务；人工配合 4 台重型机械、10 部渣土车，完成潭墅苑小区清淤、贾沟村入村道路疏通工作；人工配合 3 台工程机械车、6 辆渣土车，完成龙泉镇龙泉雾村清理石坦路辅路沿线坍塌土方和杂物任务，同时开展污水抽运工作等。各支援单位与属地政府积极沟通，统筹作业机械配置、渣土车辆运输卸料等情况，圆满完成清淤任务。

（王　丹）

【220 名京环人在大安山乡奋战清淤】在极端强降雨引发的地质灾害中，位置偏远的大安山乡受灾尤其严重。北京环卫集团出动各类作业人员 200 余人、作业车辆 30 台深入大安山乡进行协同作战。集团抢险队连续奋战，完成部分重点困难群众居所、大安山乡中心幼儿园、大安山乡敬老院等重点、难点地区的清淤任务。由于大型客车进入山区临时道路存在风险，支援任务过程中所有抢险队员夜宿深山，面对艰苦的环境，努力克服困难、迎难而上，以实际行动彰显了首都环卫主力军的担当与使命。面对特大洪水灾害，北京环卫集团作为首都国企，坚决扛起社会责任，履行国企担当，积极与属地政府携手同行、共渡难关，全力以赴打赢防汛抢险和灾后重建攻坚战。

（王　丹）

【市燃气集团组织青年志愿者支援救灾】灾后，北京燃气集团从所属团组织中招募 15 名政治素质好、工作表现出色，具有奉献精神和志愿服务基本能力的志愿者，组建专项志愿者服务队，赴房山区河北镇东庄子村参与清淤消杀救灾志愿服务活动。8 月 18 日，燃气专项志愿服务队集结出发，深入房山区群众最需要、条件最艰苦的地方，进行为期两天的防汛清淤救灾志愿工作。同时，燃气志愿者积极宣传燃气安全知识政策，在恢复重建一线亮身份、亮职责、亮承诺，践行国企责任担当，为受灾地区人民群众尽快恢复正常生活秩序贡献燃气青年力量。

（代伟丽）

【恢复燃气供应】年内，北京燃气集团切实履行国企责任，组建抢险支援和灾害重建队伍，全力开展灾后重建工作。集团所属高压管网分公司、第四分公司、房山公司、昌平公司、绿源达公司等单位，出动抢险人员3000余人次、车辆设备807台次，通过应急补气装置点供、接入市政管网等方式，投资715万元用于管线修复和应急供气工作，安全高效地完成了受灾用户供应恢复工作，所有受影响用户已全面恢复燃气供应。

（代伟丽）

第五部分
环境建设管理

【概况】年内，首都环境建设管理委印发《2023年首都城市环境建设管理工作意见》，确定年度重点任务，建立首都城市环境建设管理工作月调度会制度和工作成效量化排名机制，统筹推进首都环境建设18个市级重点项目的组织实施，按期完成2022年13个项目竣工验收。联合39家相关单位，围绕42个重点区域、28条重要通道，开展"三提升、四规范、三治理"工作。落实农村地区人居环境整治任务，组织开展京雄城际、京沪高铁、京哈铁路沿线专项整治和暑运保障，通过"周跟进、月分析、季调度、半年督导"工作机制，推进"疏整促专项行动"，圆满完成服贸会、"一带一路"高峰论坛环境保障任务。落实"七有""五性"要求，以城市环境"干净整洁、安全有序、美丽宜居"为目标，优化首都城市环境考核评价内容，重点考核群众身边的"脏、乱、差"问题。年内，全市网格共发现上报问题828.52万件，按时办结800.28万件，协调处理市级平台问题1456件，办结1401件，及时有效解决了一批环境问题。2023年首都城市环境建设社会公众满意度87.40分，同比上升0.5%。

（冯向鹏　杨　敏　孙国龙　庞艳平）

【重点区域和重要通道沿线环境整治】年内，联合39家相关单位，对42个重点区域、28条重要通道，围绕道路清扫保洁、园林绿地、城市家具等10个方面内容，开展"三提升、四规范、三治理"工作，清脏治乱、增绿提质、降尘控污，摸排建账的3189处问题点位全部完成整改，取得阶段成效。录制《重点区域和重要通道沿线环境问题专题片》，加大环境问题曝光力度，督促问题整改。组织对重点区域、重要通道常态化环境整治提升情况开展抽查验收，建立健全常态化管理机制。

（冯向鹏）

【实施环境建设市级重点项目】年内，组织实施中轴线、西单北大街、朝阳站和丰台站、三里屯等环境建设市级重点项目，打造首都样板；市、区协同，推动房山大石河、门头沟一线四矿等项目，纳入灾后恢复重建项目储备库；按期完成2022年13个项目竣工验收，推进2023年18个在施项目建设，统筹开展2024年20个项目前期准备。

（冯向鹏）

【铁路沿线环境整治】年内，组织开展京雄城际、京沪高铁、京哈铁路沿线专项整治和暑运保障，主动协调市委平安铁路专项办、市交通委、中国铁路北京局集团，重点围绕绿地林地、施工工地、桥下空间等7个方面，开展环境综合整治提升。京沈客专沿线、门大线（门头沟一线四矿项目）沿线、北京朝阳站周边、丰台站周边环境整治提升项目顺利完工。

（冯向鹏）

【统筹推进"疏整促专项行动"】 年内，组织制定《2023年"疏解整治促提升"专项行动工作计划任务分解表》，建立"周跟进、月分析、季调度、半年督导"工作机制，统筹推进任务落实。

（冯向鹏）

【实施天通东苑街区环境提升项目】 年内，组织实施天通东苑街区环境整治提升项目，提升建筑立面、修复路面铺装、优化慢行系统、完善公服设施、打造口袋公园等。

（冯向鹏）

【举办京港城市专业环境服务专题论坛】 11月30日，市城市管理委与香港特区政府环境及生态局以视频连线方式共同举办京港城市专业环境服务专题论坛。京港两地政府机构及多家相关企业就未来两地城市环境工作，进行了交流讨论。

（冯向鹏）

【举办京台社区生活垃圾治理交流会】 3月21日，市台办、市城市管理委、石景山区共同举办了2023年京台社区生活垃圾治理交流会暨《民生"关键小事"——生活垃圾治理学习手册》发布会。本次连线活动在北京市石景山区文化中心和高雄市前金区分设会场连线举办。京台两地城市管理负责人、专家学者、社区民众相约云端，聚焦生活垃圾分类、志愿服务、宣传引导、低碳环保等方面进行了深入探讨和互学互鉴。

（冯向鹏）

【加强首都环境建设管理工作统筹】 年内，首都环境建设管理委印发《2023年首都城市环境建设管理工作意见》《重点区域和重要通道沿线常态化环境整治提升工作方案》等文件，统筹推进城乡环境建设管理工作。召开首都环境建设管理委全体会，审议确定年度重点任务。建立首都城市环境建设管理工作月调度会制度和工作成效量化排名机制，定期调度推动重点区域重要通道常态化环境整治提升和道路遗撒、背街小巷、城市家具、占道经营、非法小广告、非机动车停放秩序治理等重点工作。

（杨敏）

【完成服贸会环境保障任务】 2023年中国国际服务贸易交易会9月2日至6日在京举办。市城市管理委成立城市运行和环境保障专项工作组，制定印发工作方案，明确43家成员单位和"两区、两场、多点、三线"重点保障区域。建立调度指挥、检查督促、值守应急等工作机制。开展城市运行隐患、环境秩序问题排查整治和景观提升。会议活动期间环境干净整洁、秩序良好、城市运行安全平稳。

（杨敏）

【完成"一带一路"高峰论坛环境保障】 第三届"一带一路"国际合作高峰论

坛10月17日至18日在北京举行。组建城市运行和环境保障组，明确"两区、两场、多点、三线"重点保障范围，编制总体方案和7个专项方案，建立指挥调度、团队"手拉手"、检查督办、信息报送、保密管理等工作机制。落实"常态化、不扰民"要求，组织市容环境、秩序环境、城市运行安全问题排查和整治，构建城市运行"1+8+N"的保障方案和应急预案体系，统筹做好国庆和高峰论坛景观布置。活动举办期间，全市市容环境整洁优美、城市运行平稳有序，社会面安全稳定，重点区域景观布置氛围浓厚，赢得全市人民及国外友人的赞赏和好评。

（杨　敏）

【农村地区人居环境整治】年内，围绕农村地区生活垃圾治理、公厕管护等相关工作，督促各区加大巡查力度，强化日常管护。生活垃圾治理方面，完善农村生活垃圾分类收运处置体系，按照农村生活垃圾治理检查标准，每月对13个涉农区152个行政村开展生活垃圾监督检查，累计抽查1851村次，督促整改问题1.1万余处。完成150个农村生活垃圾分类示范创建工作。公厕管护方面，加强市、区两级农村公厕运行情况检查，市级累计抽查5343座次，督促整改问题2620处，督促各涉农区做好整改，三类以上公厕比例达99%以上。

（杨　敏）

【优化首都城市环境考核评价】年内，坚持以新时代首都发展为统领，落实"七有""五性"要求，以城市环境"干净整洁、安全有序、美丽宜居"为目标，重点考核群众身边的"脏、乱、差"问题（主要包括垃圾乱堆乱放、占道经营、非机动车乱停放、城市家具破损、违规设置广告设施、城市运行安全事故等内容），满分100分，其中专项治理40分、常态化管理30分、社会监督20分、综合执法10分，实行扣分制。按照区域功能定位分为首都功能核心区和城市副中心（东城区、西城区、通州区）、中心城区（朝阳区、海淀区、丰台区、石景山区）、平原新城（房山区、顺义区、昌平区、大兴区、经开区）、生态涵养区（门头沟区、怀柔区、平谷区、密云区、延庆区）四个组。每月组织开展检查考核，按月度、季度、年度考核排名。结合12345市民服务热线环境问题诉求、网格平台问题、各区（地区）反馈问题、实地检查发现问题等，从行业履职、属地配合、运行安全三个维度，每季度对重点站区管委会、10个委办局、18个市政公用服务企业开展行业评价。

（孙国龙）

【开展"门前三包"专项行动】年内，首都环境建设管理办、首都文明办、市爱卫办联合印发《"共管门前事、共享新环境""门前三包"专项行动工作方案》，以"干净、整洁、有序、安全"为目标，开展门前环境卫生大扫除、门前乱设设施治理、规范非机动车有序停放三个专项行动，创建百条"门前三包"精细化治理示范街，带动提升全市"门前三包"精细化治理水平。专项行动期间，以服务沿街单位和商户为出发点，对全市主要大街进行全覆盖摸排，梳理统计医院、学校、国有企业、事业单位、便民超市、餐饮、旅馆酒店、美容美发、综合商业体等沿街单位和商户13.7万家，重新签订"门前三包"责任书，确保签订率100%，要求责任人每日"扫一扫、擦一擦、摆一摆"，做到责任区卫生干净、设施整洁、秩序有序。

(孙国龙)

【共享单车"百日行动"专项治理】年内，首环办联合市交通委开展共享单车"百日行动"专项治理。一是施划非机动车停车区域及标识。按照"顺向有序、分类停放"的原则，以全市非机动车乱停放集中区域及容易淤积点位1001处为重点，各区新施划停车标线29万余米、补划停车标线9万余米，其中新施划共享单车停车区域11万余米、补划3万余米。二是开展废旧非机动车专项治理。全市集中清理车身严重残破（无车把、无车轮、车辆锈蚀严重、严重变形等）、落满灰尘、轮胎瘪气等明显长期无人使用的非机动车近2万辆。三是开展"文明停车"活动。累计动员2.9万家次企事业单位、10.3万家次商户、7.2万人次党员干部参与"随手做志愿"，劝阻不文明停车行为，引导市民有序停放，增强骑行人规范停放意识。

(孙国龙)

【首都城市环境公众满意度调查】年内，采取实地拦访、网络调查等多种方式，以月为单位面向常住居民开展满意度问卷调查，通过系统分析，动态掌握首都环境公众满意度变化趋势。结合公众反馈的突出问题和高发区域，实地踏勘各区域存在的环境建设管理问题，通过上报、审核、处置、结案推动问题闭环整改。全年共回收有效样本67373个，发现7092个环境问题，均纳入考评系统并督促属地整改。2023年，首都城市环境建设社会公众满意度87.40分，同比上升0.5%。

(孙国龙)

【城市管理领域"接诉即办"持续提升】年内，共接收办理城市管理领域市民诉求12.16万件，同比下降37.28%。其中自办诉求1251件，占诉求总量的1.03%，同比上升26.49%；行业诉求12.03万件，占诉求总量的98.97%，同比下降37.61%，均转交区政府、街道（乡镇）或相关责任单位办理。全年诉求办理响应率99.51%，解决率98.56%，满意率98.78%，全年综合得分为99.55分，综合考核成绩排名第26位，相比去年上升13位。

(庞艳平)

【参加市第九季"听民意 解民忧"活动】8月15日，市城市管理委参加市政务服务局组织开展"听民意 解民忧"第九季活动。通过电话沟通、现场解决，听民意、察民生、集民智、解民忧，促进党建引领接诉即办工作开展，以群众诉求驱动城市治理机制深化。"诉求马上办"环节，通过12345市民服务热线接听群众诉求，针对市民反映的更换燃气安全配件问题，市城市管理委组织人员赶赴市民家中，现场进行核实，协调并解决问题。在"难事部门研"环节，针对集中供暖不热问题，市城市管理委介绍了通过"政企联动、企企联动"的方式，针对供热系统的源、网、站、线、户等各环节实施的系统治理工作，包括稳步开展老旧供热管网改造、重点开展入户巡检等，实现敲一次居民门，热、气问题一次解决。

（庞艳平）

【"每月一题"破解高频难点问题】年内，市城市管理委承担"供电保障"和"集中供热"两项"每月一题"工作。集中梳理和分析2022年两类市民诉求工单反映的问题，以问题为导向，制定"每月一题一方案三清单"，梳理职责，明确任务和进度。厘清、协调、明确供电行业中"用户产权设备因故障或维修不及时导致停电问题""因加价转供电造成的电费纠纷问题""临时代永久居民小区接入正式电问题"等高发难点诉求事项中各相关单位的工作职责；换装智能电表80万只，及时响应居民客户用电诉求，圆满完成迎峰度夏期间客户供用电安全服务保障。深入分析集中供暖不热诉求的特点和问题成因，结合"冬病夏治"和消隐工程，组织供热单位制定方案，开展突出问题专项整改；继续推进智能化供热进程，组织各区所辖供热单位，主要选取纠纷用户和供热条件不利用户，在各小区每栋楼安装一定数量无线室温采集装置，未诉先办。

（庞艳平）

【夯实"接诉即办"工作基础】年内，组织开展《2023年度北京市接诉即办考评实施办法》培训。加强与市政务服务局的沟通联络，及时就相关政策和重点难点问题进行沟通，协调涉及职责交叉、派单不准等诉求办理疑难问题。组织更新完善行业派单目录、接诉即办知识库、不计入考核或只考核响应率事项清单、问答口径等工作，充实完善"工具箱"。根据阶段性工作、季节性特点调整丰富接诉即办日报、周报、月报内容，细化数据统计分析要求，为领导和行业部门掌握行业（领域）诉求提供数据支撑。梳理各月扣分派单，督促各区、各部门开展分析和跟踪督办，推动高频难点民生问题解决。

（庞艳平）

【市区合力推进诉求办理】年内，召开全市城市管理系统接诉即办工作协调会、市区两级接诉即办工作沟通会，搭建各区城市运行管理领域接诉即办工作经验交流平台，组织开展对各区城管委、区城指中心、街道（乡镇）相关工作人员的培训，完成集中供热、城市照明、建筑垃圾、道路清扫保洁、公厕管理、电力、燃气及电动自行车管理等行业诉求办理培训。进一步强化各区城市管理委、城指中心、城管执法局等部门接诉即办工作负责人的沟通联络，促进市级行业部门与区级接诉即办工作人员的交流指导，形成合力，共同提升城市管理领域接诉即办工作。

（庞艳平）

【行业主管部门主动治理】年内，以"践行主题教育 破解供热难题"为主题，对西城、海淀、石景山、昌平和密云5区的8个集中投诉小区进行现场调研，并采取"包区到人""一区一策"方式开展专项治理；因地制宜，通过"冬病夏治"、老旧供热管网更新等措施，推动属地主管部门、街乡和供热单位，共同解决供热系统问题；8个集中投诉小区供热问题得到改善，在深入社区，与居民面对面座谈交流中，获得居民理解和认可。专题调研十里堡东里小区、晨光家园小区组织开展供电保障，现场查验老旧小区配电改造施工情况，并对更新换装智能电表全流程进行观摩调研，为全市电表换装工作提供样本。

（庞艳平）

【巩固"每月一题"工作成果】年内，深化巩固历年来"每月一题"工作成果。坚持每月挂牌督办市民服务热线诉求前20名的街道（乡镇），会同各区加强调研分析，促进管理水平提升。结合群众诉求、媒体舆情曝光等问题，通过专业机构组织调查问卷，对全市充电设施建设情况进行专题分析，对全市90余万个既有电动自行车充电接口"健康状况"进行全面普查摸底，重点消除僵尸设施、线缆短路漏电等安全隐患，加大解决群众充电难问题的力度。持续开展全市无灯路段排查，持续完善工作台账，力争实现"有路无灯"问题动态清零。今年，超额完成市级重点任务，共完成85条无灯路段路灯补建。

（庞艳平）

第六部分
环境卫生管理

【概况】年内，围绕建设"标杆城市""低碳城市""洁净城市"和"韧性城市"的目标要求，全面实施《北京市"十四五"时期环境卫生事业发展规划》，提升首都城乡环境品质。立项修订《北京市公厕管理办法》，完成首都核心区平房院167座不达标厕所改造及验收，落实农村公厕"五有"（有摸排、有制度、有人员、有经费、有监管）管护机制。开展扬尘治理专项行动，实施机械化、精细化深度保洁，深化"冲扫洗收"组合工艺作业，城市道路车行道组合工艺作业率达到95.5%。持续开展"爱国卫生大扫除"和"周末卫生日"活动，提升环境卫生管理水平。落实《北京市生活垃圾管理条例》，推进生活垃圾全流程精细化管理，生活垃圾回收利用率39%以上，全市创建2800个示范小区（村），5000个达标小区（村），在全国城市生活垃圾分类工作评估中成绩名列前茅。推进怀柔再生资源分拣中心项目、高安屯厨余垃圾处理厂项目、安定循环经济园区焚烧厂项目等垃圾处理设施市级重点项目建设，完成顺义、平谷、大兴3个垃圾分类设施项目建设的民生实事。全市生活垃圾处理设施34座，其中焚烧设施12座，生化设施17座，填埋设施5座。2023年，全市生活垃圾清运量为758.85万吨，日均2.08万吨，累计同比增长2.47%。生活垃圾无害化处理率100%。

（季　扬　吴润江　戴志锋　皮景林）

【环卫低速电动三、四轮车治理】年内，市城市管理委出台《北京市环卫低速电动三、四轮车综合治理工作实施方案》《低速电动三轮环卫机具技术指引》《北京市小型环卫作业机具工作规范》《北京市环卫燃气行业低速电动三轮车综合治理工作方案》，建立环卫违规电动三、四轮车动态更新台账，明确治理计划，细化治理要求、实施步骤、车型标准，四季度每日调度，各区积极落实要求，按时更新环卫行业合规电动三轮车及驾驶人员取得D型驾驶证，完成环卫行业违规26523辆车治理。

（季　扬）

【开展扬尘治理专项行动】年内，坚持每周专题调度，坚持问题导向，印发《北京市道路清扫保洁质量提升工作的通知》《关于进一步提升本市道路清扫保洁作业质量的函》《北京市建筑垃圾运输企业监督管理办法》《建筑垃圾消纳处置场所设置运行规范》《2023年非法中转倾倒垃圾联合打击整治工作专项行动工作方案》。针对"土从哪里来、土到哪里去"，深入剖析原因，加强源头治理，多部门联合打击路面遗撒，紧盯工地、渣土车、渣土暂存点和建筑垃圾消纳场，细化工作措施，压实部门责任，强化执法检查，扬尘治理行动取得实效。市级检测2585条次城市道路、12925个采样点。全市一级作业道路尘土残存量均值为8克/平方米，同比下降1.7克/平方米；全市二级作业道路尘土残存量均值为10.8

克/平方米，同比下降 1.5 克/平方米，达到标准要求；12 月，高快速路道路尘土残存量均值为 15.1 克/平方米，与 5 月份相比下降 5.9 克/平方米。

（季　扬）

【提升城市道路机械化作业能力】年内，市城市管理委实施机械化、精细化深度保洁，深化"冲扫洗收"组合工艺作业，城市道路车行道组合工艺作业率达到 95.5%。落实《深入推进背街小巷环境精细化治理三年（2023—2025 年）行动方案》要求，推动机械化清扫保洁向背街小巷延伸。推进环卫再生水利用，在保持上年度全市环卫再生水用水量 580 万吨相对稳定的情况下，逐步扩大环卫再生水使用区域。

（季　扬）

【环卫装备管理】年内，市城市管理委建立环卫作业车辆台账并动态更新，定期调度积极推动各区新增更新，将新增更新 4.5 吨以上环卫新能源车作为加分项目纳入环境卫生日常工作考核，进一步增强各企业主动性，激发内生动力。

（季　扬）

【修订《北京市公厕管理办法》】年内，市城市管理委配合住房和城乡建设部调研《城市公厕管理办法》实施情况，提出修订意见，细化相关部门职责。按照市司法局《关于征集 2022 年政府规章立法项目建议的函》要求，修订《北京市公厕管理办法》立项报告及对照文本，并按照北京市推进依法行政工作领导小组办公室要求完成立法后评估。

（季　扬）

【调整公厕运行定额成本绩效】年内，市城市管理委按照市政府建立区级财政运行综合绩效评价常态化机制有关要求，配合市财政局调整城市环卫公厕运维成本综合绩效评价内容。调整《北京市环境卫生作业预算定额》，重新按照坑位数量及人流量核算保洁员数量，精细化测算公厕运行定额费用，指导各区加强财政资金使用效益。

（季　扬）

【推进公厕人性化便民服务】年内，市城市管理委以小设施为突破口持续推进公厕人性化便民服务，采取加装厕位扶手，改造门口坡道等方式，改造 200 座公厕无障碍设施，对 150 座公厕加装除臭、节水、节能灯具，提高节能、环保水平。合理规划设计男女厕位数量，女厕位比例达到 57.12%。落实疫情防控"乙类乙管"总要求，保持公厕消毒、通风，保洁员防护不放松。指导相关区新建公厕外观设计，公厕色彩、造型与周边环境相协调。

（季　扬）

【核心区平房院 167 座不达标厕所改造】年内，市城市管理委积极落实《首都功能核心区控制性详细规划三年（2023—2025年）行动计划》，协调市自来水集团、北京电力公司开辟绿色通道，简化水电报装手续。会同市财政局制定厕所改造补助方案，安排市级环境建设专项转移支付资金，对纳入提升改造范围的不达标厕所给予支持。采取"周调度、月检查"方式，持续推进核心区平房院不达标厕所改造，8月31日，完成167座不达标厕所改造及验收。

（季　扬）

【提升背街小巷公厕作业标准】年内，市城市管理委落实《深入推进背街小巷环境精细化治理三年（2023—2025）行动方案》，建立背街小巷公厕管理台账，指导各区充分挖掘公厕内空间潜力，在适当的位置增加洗手盆及厕纸机等便民设备，提升公厕服务水平。同时，增加作业、消毒频次，确保背街小巷公厕干净、整洁、卫生，无明显异味。

（季　扬）

【加强园林等公厕日常检查考评】年内，市城市管理委加强行业公厕的管理，6月1日起，开展轨道交通、公园、超市和市场公厕的日常检查考核，每月检查130座行业公厕，每日在市城市管理委政务网站上公示检查发现的问题，通报行业部门督促公厕管护责任人整改并定期反馈情况。行业公厕管理已纳入首都城市环境建设管理行业评价。

（季　扬）

【开展公园公厕管理专项行动】年内，市城市管理委会同市园林绿化局研究制定《北京市公园公厕管理专项行动方案》，组织召开全市工作部署会，各区城市管理委、园林绿化局及100余家公园参加会议。专项行动期间，会同市园林绿化局等多家单位组成联合检查组，对市领导批示、媒体报道的公园问题公厕进行了7次督导检查。8月10日，市城市管理委会同市园林绿化局联合举办北京市公厕管理专题培训班，针对灾后公厕恢复消杀要求、公厕建设规范、公厕作业定额、公厕检查考评等内容进行专题解读。市区两级城市管理委、园林绿化局、公园管理单位、环卫作业单位等共260余人参加培训。

（季　扬）

【强化农村公厕监督检查】年内，市城市管理委持续推进农村"厕所革命"，落实农村公厕"五有"（有摸排、有制度、有人员、有经费、有监管）管护机制，强化市级农村公厕日常检查，共检查5344座农村公厕，发现2611处整改问题。同时，指导各区自查公厕，发现问题立行立改。指导各涉农区加强农村公厕管护、提升改造，确保农村地区三类及以上公厕比例在99%以上，8035座农村公厕正常开放运行。

（季　扬）

【深化环卫安全生产大排查大整治】年内，组织各区严格落实《城市管理行业领域安全生产和火灾隐患大排查大整治工作方案》，重点严查建筑垃圾运输企业安全生产制度落实、驾驶员安全生产教育记录、车辆转弯补盲设备和语音提醒装置，以及道路运输未密闭、车身不洁、道路遗撒和消纳场所安全隐患和扬尘污染行为，累计检查运输企业和消纳场所1999处，发现安全隐患和扬尘问题1400处，完成整改1394处。

（季　扬）

【建筑垃圾分类处置】1月1日《关于进一步加强建筑垃圾分类处置和资源化综合利用的意见》《关于调整建筑垃圾备案办理工作的通知》正式实施。北京市对建筑垃圾按照工程渣土、工程泥浆、工程垃圾、拆除垃圾和装修垃圾五类进行分类收集和实施排放备案。全年累计处置（利用）建筑垃圾1.09亿吨，采取工程回填、堆景造景等方式直接利用6006.92万吨，采取筛分、破碎、再加工等方式资源再生4895.76万吨。

（季　扬）

【实施建筑运输企业诚信监管】年内，市城市管理委联合九部门发布《建筑垃圾运输企业监督管理办法》，自4月1日起实施。对2000余家从业企业实施诚信考核，并公示分级结果，219家运输企业列入高风险名单，实施重点监管。全年建筑垃圾运输亡人责任事故同比下降62.06%。

（季　扬）

【实施建筑垃圾消纳场所设置运行规范】年内，市城市管理委联合市市场监管局发布北京市地方标准《建筑垃圾消纳处置场所设置运行规范》，自7月1日起实施。组织全市80余处消纳处置场所法人、现场负责人和安全生产负责人开展标准集中培训工作，并组织达标改造工作和专家验收工作，累计对21处不达标设施给予关停整改处理。

（季　扬）

【开展装修垃圾收运处一体化示范运行】年内，市城市管理委印发《首都功能核心区及朝阳区装修垃圾收运处一体化方案（试行）》，明确装修垃圾收运处一体化规范治理要求、方法和工作目标，修订一体化合同范本，指导北京建工集团开发"装修垃圾收运处"微信小程序，方便物业企业和居民一键下单，清运处置记录全程可查。东城区、西城区和朝阳区内3271个小区开展装修垃圾"收运处"一体化示范运行。

（季　扬）

【打击垃圾违法中转倾倒行为】年内，市城市管理委会同市公安局联合印发《2023年非法中转倾倒垃圾联合打击整治专项行动方案》，发挥"公安+行政"联合治理机制，从严追究"人、车、企和产废单位"责任。专项行动以来，多部门开展联合执法4112次，发现并移交"产、运、消"各环节问题3864条次，追究"人、车、企、产废单位"责任1438起。侦破非法倾倒垃圾刑事案条17起，打掉垃圾非法中转倾倒点位180个，行政拘留100人、刑事拘留71人。

（季　扬）

【重大活动重要节日环卫保障】年内，落实中央对北京市提出的"四个服务"要求，建立健全大型活动环卫服务保障机制，高标准完成全国"两会"、中央领导人植树、抗战爆发纪念活动、"9·30"献花篮和人民大会堂会议等重大活动及元旦、春节、"五一"、"十一"等重要节日的环卫保障工作，提供重大活动汽车厕所71次（102车次）。

（季　扬）

【加强道路清扫保洁应急作业】年内，积极应对沙尘、雾霾、杨柳飞絮、汛期和降雪等特殊天气，组织市、区环卫作业单位开展保洁、洒水、推水和扫雪铲冰等应急保障作业。2023年春季，全市共组织5次扫雪铲冰工作，累计投入30余万人次，机械设备近3万台次，按照"机械扫雪为主，人工扫雪为辅，社会公众参与"的原则开展除雪工作。

（季　扬）

【行业环境卫生管理】年内，进一步加强行业环境卫生管理，建立健全问题"发现—公示—督办—整改—复核"闭环治理模式，检查高速公路487条次，发现整改问题1851处；检查市属园林绿地448块次，发现整改问题194处；检查市属河道235条次，发现整改问题266处；检查铁路94条次，发现整改问题21处；检查轨道站口1173个，发现整改问题735处；检查3577条农村街坊路，发现整改问题693处，持续不断提升行业环境卫生作业质量和管理水平。

（季　扬）

【开展爱国卫生大扫除】年内，市城市管理委按照爱国卫生运动委员会开展爱国卫生运动的要求，制定印发《关于开展爱国卫生大扫除专项行动的工作方案》，召开全市部署会，组织各区、各单位开展7次"爱国卫生大扫除"和"周末卫生日"活动，开展共动员辖区单位12.4万个次，出动110.1万人次、7.8万车次，清理消杀垃圾站点13.7万处次，持续改善城乡环境面貌，提升环境卫生管理水平。

（季　扬）

【抓好环卫事务"接诉即办"】年内，市城市管理委持续做好"接诉即办"工作，坚持"日筛单、周督办、月报告"制度，办理93件自办派单，判定3.1万件行业工单。运用诉求大数据做好社会面风险研判评估。对重复诉求，与投诉人建立日常沟通机制，确保矛盾不上行、不外溢。定期组织召开环卫行业接诉即办工作会，通报各区环卫工单办理情况，根据季节特征和区域特点，开展工作提示，指导各区、各单位补短板、强弱项，提升环境卫生管理水平。

（季 扬）

【"十四五"北京环卫事业发展规划落地】年内，发布实施《北京市"十四五"时期环境卫生事业发展规划》。《规划》以习近平新时代中国特色社会主义思想为指导，坚持首善标准、精益求精，坚持党建引领、多元共治，坚持城乡统筹、因地制宜，坚持源头减量、绿色低碳，坚持科技赋能、精细管理。到2025年年底，城市环境卫生事业取得长足发展，建成符合首都功能定位、适应新时代首都发展要求的超大城市环境卫生治理体系，首都城乡环境品质普遍提升，环境卫生社会参与度和满意度显著提高，市民文明素养全面提升。"十四五"末期，生活垃圾焚烧和生化设计处理能力达到3.1万吨/日以上，实现原生生活垃圾"零填埋"，生活垃圾无害化处理率稳定在100%，回收利用率达到40%以上，资源化利用率达到80%，建筑垃圾资源化处置和综合利用率达到90%，城市公共厕所等级达标率达到99%，城市道路车行道机械化作业率达到97%。围绕"标杆城市""低碳城市""洁净城市"和"韧性城市"，绘制发展蓝图。

（戴志锋）

【规范可回收物体系建设和管理】年内，正式发布北京市地方标准《可回收物体系建设管理规范》，规范可回收物交投点、分类驿站、中转站、再生资源分拣中心建设。指导各区推动再生资源回收经营者备案工作，截至12月，全市备案再生资源回收经营者116家、经营场所1091处。

（马建骥 马学有）

【开展低值可回收物建设推广工作】年内，以外卖塑料餐盒为切入点，研究《北京市低值可回收物体系建设推广工作方案》，组织相关行业协会、回收利用企业制定《北京市低值可回收物目录（试行）》，研究对一般低值可回收物、外卖塑料餐盒、大件垃圾、低值废弃电器电子产品等分类管理，分别制定回收技术路线，逐步打通低值可回收物"投、收、运、处、利"全链条。

（马建骥 马学有）

【开展再生资源回收行业安全排查整治】年内，深刻吸取"4·18"火灾事故教训，研究制定可回收物安全管理和防火措施，组织各区按照《北京市可回收物体系安全生产检查参考清单》，督促再生资源回收经营者落实安全生产主体责任，持续开展隐患排查治理。已组织对83个再生资源回收场所进行检查，共检查整改问题509处。持续组织相关部门和街道（乡镇）开展行业检查和执法检查，对不符合安全生产、消防、环境保护、市容环境等要求的回收经营者和经营场所进行整治，依法查处违法经营活动。

（马建骥　马学有）

【抓好垃圾分类"接诉即办"】年内，每日将12345市民服务热线和视频巡查、舆情反映的垃圾清运不及时问题进行通报，督促整改，日办日结。定期召开例会督促指导各区紧盯"接诉即办"问题落实整改，提示阶段性重点关注事项。每季度统计垃圾清运不及时诉求涉及的物业服务企业，及时移送市住房城乡建设委。持续夯实问题整改成效，现场调研核查问题多发或难以解决的重点点位，跟进整改、溯因溯源，提出工作建议。12345市民服务热线反映的垃圾分类问题从1月的1108件下降至12月的618件，降幅达44.2%，居民满意度不断提高。

（马学有）

【生活垃圾回收利用率39％以上】年内，以钉钉子精神狠抓新修订《北京市生活垃圾管理条例》（简称《条例》）实施。《条例》实施以来，全市1.6万个小区（村）、11.7万个垃圾分类管理责任人实现垃圾分类全覆盖，居民垃圾分类习惯逐步养成，践行绿色生活新时尚的社会文明水平大幅提升。12月，生活垃圾回收利用率达39％以上，分类效果突出显现。

（吴润江）

【完善垃圾分类工作机制】年内，印发《北京市生活垃圾分类推进工作指挥部组织架构和会议机制》。市指挥部调整为"一办九组"，增加中直管理局、国管局、军委后勤保障部、市委宣传部、首都精神文明办相关部门领导为副总指挥。指挥部会议机制包括调度会、专题会、"四不两直"调研和现场会、约谈会、办公室联组会等。与促进中心共同承担市指挥部办公室工作，牵头政策指导组、监督检查组有关工作，持续开展生活垃圾分类月度考评。坚持"日检查、周通报、月考核、月点评"工作机制，优化完善考核指标，开展各区垃圾分类月度考核，逐区反馈考核结果并提出工作建议。月度考评情况纳入区委书记月度点评会通报、市政府常务会季度通报，按时完成相应的工作情况报告。

（吴润江）

【制定进一步做好生活垃圾分类的工作方案】为贯彻落实2023年5月21日习近平总书记给上海市虹口区嘉兴路街道垃圾分类志愿者的重要回信精神和关于生活垃圾工作的系列重要论述，按照市委、市政府工作部署，市生活垃圾分类推进工作指挥部办公室制定《关于进一步做好生活垃圾分类的工作方案》，经市政府常务会议审议通过印发实施，提出在坚持现有工作机制、巩固阶段性成效的基础上，坚持问题导向和效果导向，从居民需求入手，落实"源头减量、精准投放、循环利用、长效机制、基层治理"五个方面新突破以及相应的十项硬措施，定期调度进展情况，推进垃圾分类走深走实。

（李彦富　刘雨农）

【修订完善《生活垃圾分类考评方案》】 年内，贯彻落实市委专题会精神和市领导指示要求，紧紧围绕推动居民生活垃圾分类习惯养成，结合工作实际以及当前考评中存在的问题，将考核和评价有机结合，修订完善《生活垃圾分类考评方案》，将2023年12月住建部调整后的生活垃圾分类评估细则，以及"五个新突破、十项硬措施"内容纳入考评方案，突出垃圾分类过程管理和宣传动员、基层治理等工作，实施差异化管理，充分调动各区（地区）积极性。

（李彦富　刘雨农）

【组织开展基层赋能活动】 年内，组织开展赴广州、深圳、厦门市调研生活垃圾分类工作情况，学习吸纳国内先进城市经验做法。制定印发《2023年北京市生活垃圾分类基层管理人员赋能工作方案》，扩充基层赋能讲师团至161人，同比增加35%。以经验交流会、工作坊等多种形式，举办市级基层赋能活动7场，累计参加培训1万余人，深入开展针对社区书记和物业经理等基层工作者的赋能活动，组织主题宣传活动，提升基层垃圾分类治理能力，西城、朝阳、门头沟、昌平区相继举办了垃圾分类基层赋能培训讲座或大型宣传活动。组织编制《北京市生活垃圾分类基层赋能指导手册》，对基层垃圾分类推动工作的痛点和难点提出解决办法，通过典型案例展示具有推广意义的垃圾分类模式和做法。

（吴润江）

【生活垃圾全流程精细化管理】 年内，建立生活垃圾经营性收集运输许可企业信息汇总发布机制。定期更新汇总在市城市管理委官方网站发布，截至12月，具有资质的收集运输企业共计593家。强化小卫星监测结果运用力度，持续加强生活垃圾随意倾倒问题治理。每月与督考处、环卫处进行小卫星监测情况会审，纳入考核，发现一处、整改一处，严控反弹和新增。同时，将小卫星对垃圾随意堆放监测与整治情况纳入每月生活垃圾治理工作检查考评系统，实行通报—整改—反馈工作机制，提升垃圾随意乱倒问题整治水平及效果。

（左　普　马学有）

【农村生活垃圾治理】 年内，每月对13个涉农区进行检查考评，对156个行政村生活垃圾组织管理、分类管理和治理效果进行检查，定期反馈通报，督促整改提升。5月23日在房山区召开全市农村生活垃圾分类管理现场会，进一步提升规范管理水平。

（左　普）

【生活垃圾计量收费】年内，全市4.4万家非居民厨余垃圾产生单位，已通过生活垃圾精细化管理服务平台实现运输服务合同、计量称重数据动态更新，1.04万家单位集体食堂全部实施厨余垃圾定额管理。市城市管理委会同市发展改革委、市财政局制定《北京市加强非居民其他垃圾计量收费管理实施方案》，督促指导街道（乡镇）组织辖区内居住小区和非居民单位全面落实排放登记，并通过按量计费，推动生活垃圾源头减量，进一步提升非居民其他垃圾规范化、精细化管理水平。

（戴志锋）

【强化示范引领和模式创新】制定印发《生活垃圾分类达标、示范居住小区（村）创建考核办法》，2023年年底前全市创建2800个示范小区（村），5000个达标小区（村）。

（戴志锋）

【做好全国生活垃圾分类宣传周活动】年内，住房和城乡建设部交由北京市承办全国首台城市生活垃圾分类专题晚会，市城市管理委牵头组织原创节目创作和演出保障。"奋进在文明的征程中"主题晚会顺利演出，在北京卫视等全网播出，得到了各级领导的充分肯定和社会各界的广泛赞誉。5月23日，住房和城乡建设部在青岛市召开现场会，北京市做了"党建引领、多元共治，推动生活垃圾分类工作走深走实"的典型发言。北京市报送"党建引领，多元共治"推动生活垃圾分类工作走深走实、北京率先实施非居民厨余垃圾计量收费管理、多渠道多维度开展"垃圾分类 我们一起来"宣传动员、打造生活垃圾全流程精细化管理服务平台、开展生活垃圾处理设施综合治理"一厂一策"专项行动5个典型案例和3个方面展板内容。北京市3人入选全国"生活垃圾分类达人"名单，7个设施入选"生活垃圾分类宣传教育基地"。组织各区参加生活垃圾分类知识大赛和垃圾分类打卡点亮城市地标21天习惯养成活动。成功举办全国城市生活垃圾分类知识大赛总决赛北京选拔赛，确定1个家庭（3人）和团体（5人），组队参加8月21—24日在浙江省宁波市举行的生活垃圾分类知识大赛总决赛。

（吴润江　戴志锋　马学有）

【协调落实以奖代补资金保障】年内，落实《北京市生活垃圾分类、减量以奖代补资金管理办法》，指导各区制定区级生活垃圾分类、减量以奖代补资金管理办法。完成2022年度市级生活垃圾分类、减量以奖代补资金绩效评估工作，提高市级资金使用效能。坚持问题导向，引导各区通过垃圾分类成效争取以奖代补资金，提高以奖代补资金使用效能，研究优化调整资金分配、测算及预拨方式，印发资金管理办法补充通知。

（戴志锋）

【扎实开展垃圾分类日常检查】年内，累计出动2783组，对343个街道（乡镇）、11237个居住小区、1561个农村、425个社会单位、395座次密闭式清洁站、649辆垃圾运输车辆开展检查，累计检查出点位问题6.5万余个，均反馈各区整改。将垃圾分类视频巡查情况纳入月度考核，累计巡查42.2万余次，发现问题6500余个，编辑下发巡查日报365期。

（孙 绿 刘雨农）

【开展环卫"十四五"规划中期评估】年内，统筹相关处室、单位对《北京市"十四五"时期环境卫生事业发展规划》开展中期评估工作，总结经验并查找问题，调整后期实施方向，推动环境卫生事业向着更加健康、持续、高质量的方向发展，最终形成中期评估报告：一是完成现状调研及存在问题分析。分析了"十四五"规划实施两年来，各项核心指标进展、重大项目实施进展状况，分析"十四五"规划实施中存在的问题。二是对生活垃圾、餐厨垃圾等未来产生量进行进一步预判，综合考虑收运体系、现状处理设施能力状况等，确定了生活垃圾、餐厨垃圾等品类垃圾收运和处理设施布局。三是对下一步工作提出合理建议，有效指导"十四五"规划的进一步实施。

（皮景林）

【完成环卫行业投资任务10亿元】年内，环卫行业投资任务40亿元。设施处采取分区梳理、专项挖掘、定期调度、重点推进等措施，圆满完成纳统任务。

（皮景林）

【完成垃圾分类设施建设民生实事】年内，北京市生活垃圾分类重要民生实事工作共有三个项目，分别为顺义区生活垃圾处理中心—焚烧三期、平谷区生活垃圾综合处理厂技改升级工程（二期）和大兴安定循环经济园区项目。安定循环经济园区焚烧厂项目已完工，正在带料试运行，日均进场垃圾2200吨；顺义三期项目已完工，正在带料试运行，日均进厂垃圾600吨；平谷二期垃圾焚烧项目已完工，正在带料运行，日均进厂垃圾300吨。

（皮景林）

【垃圾处理设施市级重点项目建设】年内，环卫行业市级重点项目共有三个项目，分别为怀柔再生资源分拣中心项目、高安屯厨余垃圾处理厂项目、安定循环经济园区焚烧厂项目。采取"定期调度、专项协调、重点推进"的方式推进市级重点项目建设。怀柔再生资源分拣中心项目于1月29日全面开工建设，年底，已完成总工程量的58%；高安屯厨余垃圾处理厂项目，于10月26日开工建设，年底，已完成总工程量的18%；安定循环经济园区焚烧厂项目已完工。

（皮景林）

【开展生活垃圾处理设施星级评价】年内，为进一步改善人民群众周边环境，提升设施管理水平，对39座设施实施"一厂一策"专项治理。修订完善《北京市生活垃圾处理设施运行管理检查考评办》，完成全市21座设施星级评价评定工作，组织开展"美丽花园设施""治理优化设施"评选，形成新型常态化生活垃圾处理设施运行监管模式，取得良好成效。

（赵哲夫）

【规范设施运行安全管理】年内，制定生活垃圾处置设施运行安全重点工作，制定检修计划；按季度召开设施运行交流和安全形势分析会。全面落实"火灾事故和安全隐患大排查大整治"工作要求，实行设施安全分级分类管理，制定印发《环境卫生行业安全隐患目录汇编》，开展专项培训，建立检查机制。起草完成《北京市生活垃圾运行企业安全标准化建设和评价管理办法》，强化企业安全管理主体责任。修订《北京市生活垃圾处理应急预案》，建立健全北京市生活垃圾处理应急体系。全面开展设施运行安全风险评估，形成全市生活垃圾处理设施运行管理领域风险评估报告。

（赵哲夫）

【探索生活垃圾收运处一体化智慧管理】年内，探索研究全市生活垃圾"公交化"收运模式，以首钢环境公司餐厨垃圾收运处一体化项目为依托，建成餐厨垃圾"公交化"收运信息化系统和手机APP程序模块，投入试用开展测评。

（秦娜）

【修复北神树垃圾填埋场生态】年内，北神树垃圾卫生填埋场修复试点项目完成，通过生态修复，改善周边环境质量，实现土地再利用，为居民提供绿色活动空间。

（秦娜）

【生活垃圾处理运行平稳有序】年内，全市生活垃圾处理设施34座，其中焚烧设施12座，设计处理能力18650吨/日；生化设施17座，设计处理能力7645吨/日；填埋设施5座，设施处理能力2131吨/日。2023年，全市生活垃圾清运量为758.85万吨，日均2.08万吨，累计同比增长2.47%。全市生活垃圾无害化处理率100%。

（高茜）

【推进厨余垃圾堆肥产品试用】1月，市城市管理委联合市园林绿化局、市农业农村局、市生态环境局印发《关于做好家庭厨余垃圾制备的达标土壤调理剂在本市林地试用工作的通知》（京管办发〔2023〕15号），为厨余垃圾堆肥产品资源化利用提供途径和依据。同年，在燕山地区率先开展家庭厨余垃圾制备的达标土壤调理剂在林地试用工作试点，先后完成产品质量检测、试用地块选取和土壤本底值检测等工作，试点工作实施顺利。

（高　茜）

【交流互鉴京港城市环境服务经验】11月29日至30日，第二十六届北京·香港经济合作研讨洽谈会在港举办。市城市管理委围绕党建引领、社会协同、多元参与、系统治理、设施建设与新型监管模式等方面进行了经验分享。北京环卫集团、绿色动力环保集团、北京朝阳环境集团作为市环卫行业优秀企业代表分别就双碳背景下行业发展、园区协同发展等方面进行发言。同时充分学习香港的先进经验与做法，共同展望未来京港两地在环境卫生领域的合作，为下一步京港两地加强在生活垃圾分类和处理方面的交流奠定了良好基础。

（高　茜）

第七部分
市容景观管理

【概况】年内，市容景观管理工作适应首都定位要求，组织做好城市家具规范治理，有序推进护栏规范设置，拆除交通护栏、绿地护栏等900千米。持续推进多杆合一及"箱体三化"重点区域治理，完成175千米架空线入地及规范梳理，打造安全舒适、空间协调、视觉清朗、规范有序的城市环境。组织编制专项设计方案，推进长安街及其延长线环境整治提升和市容景观管理。启动新一轮背街小巷环境精细化治理三年行动，完成1730条背街小巷环境精细化治理，打造精品街巷195条、优美街巷1243条、达标街巷292条。统筹开展"五一"、国庆、春节景观布置工作，营造欢乐吉祥、喜庆热烈、温暖和顺的节日氛围。圆满完成全国"两会"、"一带一路"高峰论坛、北京文化论坛和服贸会等重要会议活动环境保障任务。出台《北京市户外广告设施设置专项规划（2022—2035年）》。启动《北京市城市照明管理办法》立法进程，推进路灯智慧低碳节能改造，全市100条道路路灯补建全部竣工亮灯。制定城六区市政路灯节能改造方案，总投资约5.7亿元，拟在"十四五"末完成约13万盏节能改造。

（邓玮皓　南　斌　姚　亮）

【城市家具规范治理】年内，制定印发《关于组织开展城市家具精细化规范治理工作的通知》，组织各区、各相关单位，以公共座椅、废物箱、阻车桩、标识牌、棚亭柜等城市家具为重点，采取"撤除一批、规范一批、提升一批"方式开展规范治理，共治理群众反映强烈的阻碍安全通行、外观不洁、设置不规范、与周边环境不协调等问题10715处。

（邓玮皓）

【护栏专项治理】年内，制定印发《城市道路护栏规范设置专项行动工作方案》，组织各区、各相关单位，按照"以拆为主、应拆尽拆、统一规范、到期更换"要求，有序推进护栏规范设置。拆除交通护栏、绿地护栏等900千米，四环内50千米桥下空间护栏统一为灰色。

（邓玮皓）

【"骑沿井"专项治理】年内，组织完成全市8000余处"骑沿井"问题治理，消除安全隐患，方便市民出行。

（邓玮皓）

【推进多杆合一及"箱体三化"】年内，组织完成南中轴线、西单北大街等8条道路16千米"多杆合一"治理，由1877根减为990根，减杆率47.3%。启动朝阳门内大街、朝阳门南北小街等7条道路8千米"多杆合一"治理，减杆率50%。按照"景观化为主，小型化次之，隐形化第三"原则，"一箱一策"推进首都功能核心区重点区域244台电力箱体三化改造工作，其中，西单北大街110台电力箱体与环境建设项目实施，其余134台电力箱体景观化109台、小型化25台。同时，500台中心城区重点区域电力箱体完成"景观化"治理。

（邓玮皓）

【架空线入地】年内，完成175千米架空线入地及规范梳理，其中架空线入地113条路154千米（电力架空线入地34条道路36千米、路灯架空线入地11条道路10千米、通信架空线入地68条108千米）；架空线规范梳理86条道路21千米，拔杆3800余根。印发《横跨四环路、三环路、二环路架空线治理专项行动方案》，完成撤除横跨二环路、三环路架空线15处。

（邓玮皓）

【精心布置春节景观】年内，充分运用传统、文化、科技、时代等元素，采用春联福字、龙年生肖、灯笼灯饰、户外大屏、景观小品、夜景照明等布置形式，全市范围近1000条主要大街、3000余条背街小巷，悬挂灯笼灯饰及各类装饰装置25万余件，布置缠树灯200万余延米，设置大型景观小品230处，户外电子显示屏、5G+8K高清大屏、公交地铁显示屏广告、城市电视等近8万处播放新春祝福语和拜年宣传画面，全市2809处景观照明设施开启，呈现"一核、两轴、六大区域"景观照明风貌，营造了红火热闹的中国年味儿。

（邓玮皓）

【背街小巷环境精细化治理】年内，按照"十无五好四有"标准，全市启动新一轮背街小巷环境精细化治理三年行动，完成1730条背街小巷环境精细化治理，占三年任务的32%，打造精品街巷195条、优美街巷1243条、达标街巷292条。统筹老城整体保护与复兴，纵深推进改造内务部街27号院、东铁匠胡同甲15号院等184处"美丽庭院"，发布20条"漫步北京"最美胡同街巷探访推荐路线，钟楼湾胡同、西草市街、烂缦胡同、柳荫街等精品街巷获评2023年十大"北京最美街巷"。市统计局调查显示，居民对背街小巷治理工作满意度为97.9%，同比提升5.4个百分点。

（宋　玮）

【长安街及其延长线市容景观管理】年内，组织编制专项设计方案，推进长安街南北纵深1千米环境整治提升。持续开展非机动车停放"三有"（有序停放、有人引导、有人巡查）专项治理，属地、社区和互联网租赁自行车企业安排引导、摆放和清运人员，加强监督巡查，始终保持道路通行顺畅、市容环境秩序良好。加强公服设施管理，采取网格巡查、视频巡视、专业巡检、市级检查等方式，对发现问题按特级标准督促处置。深入开展东城区皇城根遗址公园环境整治提升和前门大江社区环境整治提升工作，完成地面铺装5259平方米，安装庭院灯90个，地埋灯50个，射灯6个，补植麦冬草500平方米，补漆约400平方米。

（宋　玮）

【整治提升重点通道环境】年内，紧密结合重点区域和重要通道沿线常态化环境整治提升工作，组织交通、交管、园林等部门及相关属地、权属单位，开展运通隧道出入口周边、国贸桥至城市副中心行政办公区主要道路沿线等重要通道环境整治提升，清脏治乱、增绿提质、降尘控污，营造干净整洁城市环境。共清除杂草9000余平方米，清运渣土1100余立方米，拆除占路临时用房1处、工地罐体1处，迁改占路10千伏变电器1处，拆除违规广告牌匾48处，绿化补植7385平方米，硬化路面4130平方米，规范设置围挡2100余米，梳理架空线4处，粉刷桥体1处。

（宋　玮）

【轨道交通出入口周边环境整治】年内，完成新开通的昌平线南延一期（清河站—学院桥站）、16号线南段（玉渊潭东门站—榆树庄站）15座车站38个出入口周边整治提升任务，共补植绿地1.7万平方米，硬化路面257延米，拆除违规广告设施4个，清理小广告315处，清理堆物堆料176起，清运共享单车45万余辆次。

（宋　玮）

【重大活动环境保障】年内，充分发挥市、区、街（乡镇）+住地+N横纵一体工作机制作用，围绕园林绿化、建筑物外立面、城市家具、广告牌匾标识、道路及其附属设施、施工工地、架空线、环境卫生等主要任务，制定专项方案，明确职责分工，细化任务安排，统筹各级环境保障力量，全面摸排整改问题点位5000余个，圆满完成全国"两会"、"一带一路"高峰论坛、北京文化论坛和服贸会等重要会议活动环境保障任务。共清洗粉饰外立面2.5万平方米，整治绿地700万平方米，修复路面及步道2.6万平方米，治理公共服务设施1000余处，拆除标语横幅60条，清理非法小广告300余处，规范梳理架空线1500米，规范更新围挡1.2万平方米，拆除围栏护栏154千米，清理堆物堆料和垃圾8吨，为会议活动顺利举办提供坚实保障。

（宋　玮）

【出台户外广告设施设置专项规划】年内，按照城市总体规划、分区规划、核心区和城市副中心控规等规划要求，依据《北京市户外广告设施、牌匾标识和标语宣传品设置管理条例》等有关法律法规，坚持首善标准，落实精治、共治、法治要求，科学合理规划布局户外广告设施，推动设施品质升级，在深入调研、广泛听取意见基础上，组织研究编制了《北京市户外广告设施设置专项规划（2022—2035年）》。经2022年第184次市政府常务会议审议通过，《北京市户外广告设施设置专项规划（2022—2035年）》于2023年1月13日正式印发执行。

（南　斌　宋小玮　赵雨晴）

【北京消费季户外广告宣传】年内，认真落实《关于组织开展"2023北京消费季"促消费活动的通知》要求，积极配合此次活动宣传工作，及时组织各区（地区）利用重点商圈电子显示屏和冬奥5G+8K超高清屏等共53处设施开展宣传工作。自2月24日起至3月31日期间，播放北京消费季主视觉海报、宣传片等素材，共同营造"全城一节"的浓厚氛围，持续优化营商环境，助力培育国际消费中心城市建设。

（南　斌　宋小玮　董彦飞）

【举办户外广告设施管理培训班】年内，会同市城管执法局联合举办户外广告设施、牌匾标识及标语宣传品管理培训班，市司法局、市规划自然资源委、市公安局网安总队相关负责同志出席并发言，培训采取线上线下相结合方式，重点解读了《北京市户外广告设施、牌匾标识和标语宣传品设置管理条例》《北京市户外广告设施设置专项规划（2022—2035年）》和户外广告牌匾设施安全管理政策、贯彻法规规划开展行政执法的相关重点问题等内容。天安门地区管委会、重点站区管委会、经开区城市运行局、区城市管理委、区城管执法局、区规划自然资源委、区商务局、区应急局、区市场监管局及街道（乡镇）主管负责同志参加培训，约1000余人。

（南　斌　宋小玮　孙晓军　董彦飞）

【全国"两会"期间户外广告安全运行抽检】年内，对东城区、西城区、朝阳区、火车站及主要道路的户外广告类电子屏网络安全工作落实情况进行抽查。现场听取各区（地区）工作情况，查看北京北站、京信大厦、老佛爷百货、王府井百货户外广告类电子屏的播放内容、控制设备安全措施、网络安全检测、管理制度、工作机制和应急预案等，全市共关闭户外广告类电子屏1464块，断网运行233块。

（南　斌　孙晓军）

【杭州亚运会户外广告宣传】年内，会同市委宣传部组织市交通委、重点站区管委会、首都机场集团及相关区选取机场、火车站和商业密集区域21处户外电子显示屏，于2023年8月15日至10月7日期间，滚动播放杭州亚组委提供的官方宣传画面和视频短片，为赛事营造良好氛围。同时，会同相关部门加强网络安全监管和日常巡查检查，要求播放期间24小时人员值守，断网运行，坚决杜绝插播，严防意识形态风险，保障设施安全运行，展示效果良好。

（南　斌　姚　亮　宋小玮　郭彦博）

【严格重大活动期间电子显示屏管理】年内，召开全市会议，要求各区、各地区严格落实《关于做好重大活动期间户外广告类电子屏网络安全防护工作的函》的各项措施；由委领导带队，组织市委网信办、市公安局网安总队、市市场监管局、市城管执法局和属地对8处播放重大活动主题画面的电子显示屏的网络安全和值班值守工作开展联合督导检查；再次下发关于做好重大活动期间户外广告类电子屏网络安全防护工作的通知，组织各区、各地区开展全面摸排，落实硬核措施，合规电子显示屏一律断网运行，双人24小时值守，室外设置电子监控摄像头，实时监控播放画面，发现异常，立即采取"一键断电"措施，不符合设置规划的，一律断电、断网、关屏。经排查，全市户外广告类电子显示屏共1232块，其中，64处合规户外广告类电子屏，53块断网运行，11块断电、断网、关屏；1168块违规设置的电子显示屏全部断电、断网、关屏。

（姚　亮　孙晓军）

【中秋国庆节景观环境布置】中秋、国庆节期间，全市共布置灯笼和中国结灯饰1万余个；升挂国旗3万余面；地栽花卉10万余平方米、花箱1万余个，容器花卉100组，花拱花球40余个，共使用花卉1300万余盆。中秋、国庆节期间，全市按重大节日标准开启景观照明，开启奥林匹克塔、望京、中关村等8处主题灯光秀，利用20余处商业街区户外电子显示屏播放中秋、国庆画面；开启金水桥、东方广场、奥林匹克中心区、金融街等19处喷泉景观设施，营造浓郁喜庆的节日氛围。

（姚　亮　郭彦博）

【"一带一路"高峰论坛景观布置】年内，统筹第三届"一带一路"国际合作高峰论坛景观布置，10月8日夜间全部落实到位。全市共布置主题花坛40余组，含有重大活动标志的主题花坛5组，分别位于首都机场、大兴机场、钓鱼台、四元桥及东单西南角；奥林匹克中心区布置4处硬质景观小品；二环路、三环路、首都机场高速等26条道路悬挂宣传道旗14616面；利用长安街及延长线、二环路、三环路34座过街天桥设置40个硬质横幅；二环路、三环路、国家会议中心等联络线公交站亭广告位设置800幅宣传画面；利用北京北站、京信大厦等8处电子显示屏播放宣传画面；对硬质横幅、主题花坛、硬质景观、户外电子显示屏均执行7×24小时专人盯守，共安排人员486名；就近设置应急备勤点16处；规范治理标志牌、设备箱、棚亭柜等城市家具脏污破损问题9975处；完成109千米架空线入地及规范梳理；清洗粉饰外立面2.5万平方米；组织规范更新施工围挡1.2万平方米；修整绿地700万平方米，更换草坪240公顷；提升道节点绿化美化70万平方米；修复路面及步道12万平方米，维修养护桥梁557座；拆除城市道路护栏245千米，复划标线190千米，维护交通标志标识592处；补栽树木3.3

万株，灌木23.4万株，绿篱色块466万株，月季50万株。实现活动保障和区域环境双提升，确保道路及周边环境整洁优美。

（姚　亮　瞿利建　陈　龙　孙晓军　郭彦博　贺美郡）

【服贸会景观布置】年内，围绕会场及周边、联络线的54条重点道路，悬挂景观道旗17530面；布置花箱491个、地栽花卉1450平方米，完成绿化带、绿地微景观、花池等绿化景观提升45万平方米；活动期间，蓝岛大厦、首钢园区等20余处户外电子显示屏播放服贸会主题视频和宣传画面，奥林匹克中心区、首钢园等夜景照明设施按照重大节日标准开启。

（姚　亮　宋小玮　冯　乐）

【金融街论坛景观布置】年内，会同西城区城管委、金融监管局、清华同衡规划设计研究院等单位深入研究景观布置元素、色彩、范围、形式等，对会场、住地周边和保障路线现场踏勘。聚焦论坛举办核心区域、金融街中心广场、住地和途经路线、抵离路线，通过景观道旗、宣传画面、景观小品、景观花坛、花箱花钵、特色灯饰、楼体灯光秀、电子显示屏8种布置形式，指导西城区制定《2023年金融街论坛年会户外布置方案》。悬挂景观道旗3940面，布置宣传画面200余处，景观小品4处、景观花坛6处、花箱花钵200余个、特色灯饰1万余处、楼体灯光秀2处（金融街中国人寿大厦西侧立面、天桥演艺中心入口）、电子显示屏6处，为金融街论坛举办营造浓郁氛围。

（姚　亮　宋小玮　冯　乐）

【文化论坛城市运行及环境保障】年内，贯彻落实《2023北京文化论坛总体方案》和《2023北京文化论坛领导小组办公室组织架构方案》要求，研究制定《2023文化论坛城市运行及环境保障方案》，对文化论坛重点活动保障区域首钢园及周边、现场观摩路线和途径沿线进行景观布置及市容环境专项检查，并召开论坛活动城市运行及环境保障工作现场调度会。会上，市园林绿化局、市公安交管局、市城管执法局，东城区、石景山区城管委，首钢集团、国网电力公司、歌华传媒集团等17家相关单位汇报了工作进展及需要协调解决的问题，各单位高度重视，落实落细各项措施，以首善标准做好相关服务保障工作，为文化论坛活动营造优美、整洁、安全、有序的城市环境。

（姚　亮　宋小玮　冯　乐）

【户外广告设施安全隐患排查整治】年内，加强统筹调度，持续推进安全隐患大排查大整治，制定安全隐患排查清单，组织排查检查9.07万人次。采取科技赋能、技术支撑等手段，安排钢结构、混凝土结构、电气工程师技术力量1200余人次，投入升降车、超声波焊缝探伤仪、电阻测试仪、涂层测厚仪、激光测距仪、回弹仪等技术设备480余台次，排查广告牌匾设施141.9万余处，整治安全隐患问题514处。同比2022年，排查量上涨72%，安全隐患下降9.5%，排查整治取得明显成效。

（姚 亮 孙晓军）

【实施户外广告设施安全风险评估】年内，组织广泛调研走访，多方论证，制定印发《关于北京市户外广告设施、牌匾标识安全风险评估管理工作意见》。通过采取定量与定性评估方法，创新单体评估、区域评估、行业评估新模式，填补全国户外广告设施安全评估空白。同时组织推进落实行业和区域安全风险评估工作，在全市共划分250个抽样单元，确定845个评估样本，投入专业技术人员1000余人次，专业技术设备248台次，完成区域和行业安全风险评估报告。指导设置单位完善安全生产管理制度450余份；督促设置单位整改消除安全隐患299处。北京市户外广告设施安全风险评估经验被《中国建设报》刊发，并被北京市委组织部录制成《新时代新担当新作为》纪实宣传片，在北京电视台宣传播放。

（姚 亮 孙晓军）

【路灯智慧低碳节能改造】年内，郊十区所有新建路灯、改造路灯均采用LED节能灯具，部分采用太阳能路灯。利用物联网、安装控制器等技术，由系统对管辖照明设施实现开关自动控制，对每盏路灯和每片景观照明区域的状态进行高效巡测，及时了解故障的地点和状态，为快速修复提供了强有力的保障。会同照明中心制定城六区市政路灯节能改造方案，拟在"十四五"末完成约13万盏节能改造计划，总投资约5.7亿元。同时，推进全市智慧照明管理平台的建设。

（孙 政）

【建立健全路灯建设长效机制】年内，启动《北京市城市照明管理办法》立法进程，积极主动与市司法局等有关部门沟通协调，尽快推动展开立法实际性工作；发布《北京市城市道路照明设施运行维护规范》（北京市地方标准）；制定完成《市属路灯设施运行维护经费定额标准》和《城市景观照明设施运行维护定额》。

（孙 政）

【开展路灯问题治理专项行动】年内，每月以《北京城市管理》（城市照明管理专刊）简报形式印发各有关部门，通过对总体诉求情况、部门管理情况、各区管理情况、街（乡镇）管理情况的梳理分析，提出工作建议，加强领域监管。同时，每周对上周"接诉即办"派单数据从路灯类型、问题类型进行梳理通报各区城市管理部门，提高全市派单分析梳理解决效率。

（孙 政）

【"接诉即办"路灯照明问题治理】年内，持续深化巩固"接诉即办"工作成效，逐步形成"日督办—周追踪—月通报"的全链条督办模式。全面梳理全市城市照明领域工单诉求，每日对市民诉求涉及设施的问题类型、重要程度、是否紧急等进行研判追踪；每周对周诉求进行回头看，督促办理单位对未完成、不满意工单进行二次再办理；每月发布《北京城市管理："接诉即办"路灯照明诉求情况》，全市通报月诉求办理情况，对当月问题提出建议，形成市、区两级和相关行业部门合力。2023年，全市"接诉即办"城市照明领域诉求共计25034件，城市管理系统考评结果响应率100%，解决率98.99%，满意率99.80%，综合成绩99.41分。

（孙　政）

【无灯路段路灯排查补建】年内，持续深入推进无灯路排查补建，召开专题会动员部署，各区深入梳理无灯路台账，积极争取建设资金，大力协调相关部门，办理立项、财评和招标。定期跟踪了解，掌握进展情况，协调指导解决问题矛盾。截至12月26日，全市100条道路路灯补建全部竣工亮灯，年度任务按时保质完成。

（孙　政）

【景观照明建设管理】年内，配合副中心工程办做好城市副中心行政办公区二期泛光照明建设项目。完成西长安街10号院景观照明设施升级改造，完成左安门桥、景泰桥景观照明项目建设，完成正阳门城楼修缮配合拆装工作。有序开展市属景观照明维护管理，按照年度预算执行计划，细致做好经费报批、拨付等工作，保证年度经费有效落实。采取召开运行维护工作点评会、观摩学习、一对一培训和定期考核通报等方式，加强日常管理，强化监督检查，不断提升景观照明管理水平。

（孙　政）

【城市照明安全管理】年内，督促开展安全生产隐患排查自查，下发城市照明安全隐患排查整治通知，组织城市照明运行维护企业用好"企安安"和动火作业报备系统，认真落实自查、督查规定要求。开展行业领域督导检查，利用联合检查、专项检查和随机抽查等形式，加强对市照明中心和各区城市照明安全管理，及时提醒问题隐患，督促开展纠正整改。委托第三方开展景观照明设施安全检查考核，对所有市属景观照明项目、照明设施进行安全巡视检查，依据《城市景观照明技术规范》等标准规范，落实每个季度对市属景观照明设施进行一次全面检查，对维护质量和运行情况进行考核评价。

（孙　政）

【重大庆祝活动景观照明保障】年内，认真做好重大节日和重大活动景观照明服务保障工作。组织各区（地区）、各相关单位精心部署，明确景观照明运行保障规范流程和工作要求，完善应急联络机制和应急预案，完善联动协同机制，落实现场巡查和值班值守，强化检查督导工作，圆满完成元旦、春节、"五一"、国庆、中秋等重大节日以及全国"两会"、"一带一路"高峰论坛、北京文化论坛等重大活动景观照明服务保障工作。

(孙　政)

第八部分
能源日常运行管理

【概况】年内，强化首都能源运行联调联供机制，聚焦保总量、保高峰、保压力、保品质"四保"要求，确保首都能源安全稳定运行。组织开展全市能源运行动态数据实时跟踪与综合监测，加强需求侧管理，提升精准调节、精细管理水平，成功应对冬夏极端天气。持续推进压减燃煤工作，连续两年实现"十四五"规划提出的100万吨以内控制目标。全市年度电力中长期合同签约比例（94.6%）位居全国第一，绿电交易总量、绿电单笔交易量均突破历史记录，以替代外调火电计算为北京市实现减碳141.4万吨。市场主体累计购买绿证约44万张，折合绿电约4.4亿千瓦时。加快推进北京燃气天津南港LNG储备项目建设，实施老旧燃气管线更新改造420.7千米，全市天然气消费量197.7亿立方米。集中供热面积10.47亿平方米，其中区域集中供热7.18亿平方米、城市热网2.19亿平方米、壁挂炉自采暖1.10亿平方米。遇寒潮天气提前8天达标供热，供暖能源数据创历史新高，响应率、解决率和满意率各项指标较上采暖季均有明显提升。实施《北京市老旧供热管网更新改造实施方案（2023—2025年）》，完成1008千米老旧供热管线改造。截至年底，全市已建成14座加氢站，19个新能源汽车充电"统建统服"试点项目通过绩效评价，新建电动自行车充电设施接口10.1万个。

（马友强　李　艳　张钰洁　马德钦　王　洋）

【强化年度能源运行联调联供机制】年内，在国家煤电油气运部际协调机制的指导下，会同市发展改革委等部门结合全市能源运行实际情况，组织国网北京市电力公司、北京燃气集团、市热力集团等主要能源企业研究制定印发《2023年北京市电力迎峰度夏运行保障工作方案》《2023年北京市迎峰度夏有序用电实施方案》《北京市2023年今冬明春保暖保供工作方案》《2023年北京市迎峰度冬有序用电实施方案》等，强化热电气联调联供机制，积极与国家发展改革委及相关中央企业沟通汇报，争取各方支持，确保首都能源安全稳定运行。

（马友强）

【主要能源品种日常运行监测】年内，扎实做好主要能源品种日常运行监测与分析，为首都能源运行管理决策提供数据支撑。一是对现有监测指标进行修订，完成《北京市能源运行统计报表制度（2024—2026年统计年报和定期统计报表）》备案工作。二是梳理完善数据信息报送机制，明确数据信息对外报送机制，确保报送流程顺畅、口径一致。三是与市气象局建立健全常态化能源保供联合会商机制，细化气象需求，建立周频度气象预测信息对接制度。四是依托"北京市能源运行综合监测系统"，全年全天候开展全市油、电、气、热等主要能源品种的运行综合监测工作，并以日报、周报、月报、专报等方式向国家及北京市有关部门报送，共享能源运行数据信息。

（马友强）

【完善能源运行预警调节措施】年内，落实能源资源供应，完成年度供需测算，组织开展全市能源运行动态数据实时跟踪与综合监测。聚焦保总量、保高峰、保压力、保品质"四保"要求，在迎峰度夏、迎峰度冬期间，开展气象会商，建立全市能源运行企业及属地管理部门日调度机制，及时通报资源保障落实及机组设备运行情况，协调解决相关问题。针对极端天气、资源供需失衡、热电气矛盾突出及应急事故等情况，健全热电气联合调度、分级响应机制，完善重要节日、重大活动保障期间能源运行预测研判、监测分析机制。推动建立应急调峰天然气、应急储备煤调用机制，并在极端天气期间，协调华能煤机启停保障首热网、电网平稳运行。

（马友强）

【完成年度压减燃煤目标】年内，按照"严控增量、有序减量"工作思路，全力推进压减燃煤工作，工业燃煤清零工作取得关键突破，农村地区燃煤替代稳妥有序高效，煤炭消费总量控制好于"十四五"规划目标预期。一是精准研判，合理调整年度考核目标。二是服务优先，积极指导金隅集团编制无煤化方案。三是精心组织，严格开展压减燃煤现场核查工作。四是强化沟通，及时掌握煤炭消费情况。五是认真督促，全面完成年度压减目标。初步统计，连续两年实现"十四五"规划提出的100万吨以内控制目标。

（马友强）

【成品油消费量恢复性增长】年内，基于大数据核算校核，成品油消费量呈恢复性增长态势。其中，车用柴油消费量较2022年增长4.6%，较2019年（疫情前）下降8.6%。主要原因是2022年三次大范围疫情，全市多条公交线路暂停运行，货运车辆运行水平持续低迷。车用汽油消费量较2022年同期增长9.4%，较2019年（疫情前）下降10.7%。主要原因是私人小客车的活动水平逐步恢复和北京市重点推动私人小客车电动化双重影响共同作用。

（马友强）

【制定"多表合一"地方标准】2月3日和4月11日，组织国网北京电力公司、北京自来水集团、北京燃气集团和北京热力集团召开的北京市地方标准《综合能源多表合一远传抄表监测系统：第1—6部分》线上初审会、预审会。12月14日，通过线上线下相结合方式，市市场监管局组织召开的北京市地方标准《综合能源多表合一远传抄表监测系统：第1—6部分》审查会。下一步，将按审查专家意见和建议修改标准文本形成标准报批稿。

（马友强）

【应对强降雪寒潮天气】 受强冷空气影响，北京市从 2023 年 12 月 13 日开始强降雪和寒潮天气，16 日夜间最低气温降至 -15.5℃。本次降温天气持续时间长、气温波动幅度大，极端最低气温、持续低温日数均突破近 50 年历史同期极值，带动全市用能需求大幅增加，12 月 16 日起，热电气日用量连续 5 天突破历史极值，期间最大用电负荷为 12 月 20 日 2678.1 万千瓦（往年历史极值为 2022 年 8 月 4 日 2564.3 万千瓦），最大天然气日用量为 12 月 20 日 1.444 亿立方米（往年历史极值为 2021 年 1 月 7 日 1.36 亿立方米），最大城市热网日供热量为 12 月 21 日 69.1 万吉焦（往年历史极值为 2021 年 1 月 7 日 64.9 万吉焦）。按照市委、市政府工作部署，发挥市能源保供调度工作小组作用，强化热电气联调联供机制，积极与国家发展改革委及相关中央企业沟通汇报，争取各方支持。加强监测和研判，及时会商研究解决措施。科学安排用气计划，增加外调电量，加强需求侧管理，提升精准调节、精细管理水平，确保首都能源安全稳定运行。

（马友强）

【供电保障"每月一题"整改完成】 年内，立足市民集中诉求，围绕"保民生用电、可靠用电"服务目标，编制形成供电保障"一方案三清单"。推动治理昌平区北七家镇、朝阳区十八里店乡、房山区窦店镇临时代永久用电问题，有序更新换装 80 万块第一代智能电表，圆满完成预期任务目标。

（王　祎）

【重大活动电力保障】 年内，全力做好全国"两会"、服贸会等重大活动电力服务保障工作，印发专项保障方案和应急预案，累计组织保障人员 12690 人、车辆 2173 辆，聚焦重要设施开展状态检测、巡视检查和专业巡检。安排应急抢修队伍 72 支、应急抢修人员 2453 名、应急发电车 56 台做好应急准备。保障期间，指挥体系 24 小时不间断运转，重大活动电力保障任务保质保量完成，万无一失。

（张　朔）

【度夏（冬）电力保障圆满完成】 年内，加强电力供需形势分析，制定度夏（冬）电力保障方案、有序用电方案和拉路序位方案，报请市政府批准印发实施。充分发挥热电气联调联供机制作用，强化工作统筹调度，成功应对夏季大负荷 2563.4 万千瓦（7 月 10 日）和冬季大负荷 2678.1 万千瓦（12 月 20 日，三破历史极值），确保了度夏（冬）城市供电、供热安全稳定运行，市民温暖过冬。

（顾崇廉　熊毅）

【电力市场规模稳中有进】 年内，印发《北京市 2023 年电力中长期交易方案》（规范性文件），顺利完成各类电力中长期市场交易，通过不断丰富市场化交易品种，形成以"年度双边为主、月度竞价为辅、合同电量转让交易为补充"的电力市场化交易模式。累计组织批发侧中长期电力交易47次，交易总电量281.52亿千瓦时，同比增长8%，平均交易电价425.05元/兆瓦时，进一步满足市场主体交易需求，实现全年电力供应及市场交易价格稳定。

（张钰洁）

【电力中长期合同签约比例全国第一】年内，提前筹备2024年年度电力市场化交易工作，编制印发《2024年电力市场化交易方案》，新市场主体由原先每季度优化调整为每偶数月选择直接参与市场交易，创新设置阶梯方式执行偏差结算；组织开展了2024年度中长期交易、绿电交易，叠加年度电网代理购电，北京市年度电力中长期合同签约比例（94.6%）位居全国第一，圆满完成了国家下达签约比例超80%的要求，较全国整体签约比例80.63%高出13.9个百分点，充分发挥了中长期合同压舱石、稳定器作用，保障了北京市市场化交易有序开展、电力供应平稳运行。

（张钰洁）

【绿色电力交易量再创新高】年内，编制印发《北京市2023年绿色电力交易方案》，首次开展了年度绿色电力交易，新增月度绿色电力交易品种，突破性解决了北京参与京津唐绿电交易在政策、操作、系统等领域的一系列堵点难点问题，首次组织京津唐绿电交易，北京地区参与京津唐电网、跨区跨省绿电成交电量共16.58亿千瓦时，较2022年增长360%，绿电交易总量、绿电单笔交易量均突破历史记录，以替代外调火电计算为北京市实现减碳141.4万吨。市场主体累计购买绿证约44万张，折合绿电约4.4亿千瓦时。组织开展北京城市副中心行政办公区绿电交易，结算电量9800万千瓦时，开启了城市副中心绿电供应的政企合作典范，实现了行政办公区100%绿电供应。

（张钰洁）

【完善电力市场机制】年内，上线运行电子履约保障凭证，完善履约保证凭证管理制度。优化合同电量转让和结算方式，完善中长期灵活调整机制。持续推动全体工商业用户直接参与市场交易，优化调整用户市场注册、信息变更流程，全面完成入市用户表计改造，提升全流程优质服务水平。持续以"线上+线下"等多种方式开展宣贯培训，组织首都电力交易中心共计召开30轮次宣贯培训会议，参培人次突破3000人次，北京地区累计注册市场主体1249家、电力用户925家。

（张钰洁）

【加强售电公司动态管理】年内，为确保售电公司持续满足注册条件，启动对售电公司持续满足注册条件情况的核验，共计完成现场核验售电公司60家。会同华北能源监管局开展"四不两直"随机现场核验，确保售电公司依法合规运营。开展售电公司注册、变更、注销等信息公示管理工作，在市城市管理委官网共计发布43条公示信息，全年累计完成售电公司新增注册公示信息12批次33家，重大信息变更88家，退出售电公司23家。

（张钰洁）

【新型储能电站安全管理体系逐步建立】年内，坚持安全导向和目标导向，积极推进新型储能电站安全管理体系建设。编制印发《进一步加强北京市新型储能电站安全风险防范工作方案》，明确15项工作任务。研究制定《北京市新型储能电站建设管理办法（试行）》《北京市新型储能电站运行管理办法（试行）》，明确了建设许可程序及运行管理等相关要求。研究编制《北京市新型储能电站中长期发展规划》。推动开发北京市新型储能电站安全监管平台。开展电化学储能电站全链条安全风险管控分析，提出7个方面27项落实举措。形成高压态势，全力推动储能电站隐患治理，完成电站拆除52个，拆除完成率98%。

（韩孟娟　于钟丹）

【强化电力行业安全管理】年内，全面推进城市电力行业管理安全生产大排查大整治工作，组织开展电力行业安全生产和火灾隐患大排查大整治安全检查49次，其中委领导带队26次，出动检查人员108人次，检查企业49家次，发现安全隐患95项，整改完成率达100%。对15家发电企业开展风险评估，发现运行风险808项、危化品管理风险145项，整改完成率分别为96.78%、100%。推广"企安安—动火作业报备系统"，进一步规范电力行业安全管理。

（张　朔　熊　毅）

【组织大面积停电演练】年内，为提升本市电力突发事件应急处置能力，11月16日，会同市电力公司组织开展大面积停电事件应急演练。此次演练启动北京市大面积停电事件Ⅱ级响应，设置受淹变电站应急处置、输电通道抢修复电应急处置、重要会议保电应急处置、人员密集场所复电应急处置、社会面应急处置等10个演练场景。全程组织有序，直升机、应急发电车、水陆两栖车、"龙吸水"排水车、排水方舱等应急先进技术装备，得到充分应用和检验，实现了磨合机制、检验预案和锻炼队伍的预期目标，为首都快速应对电力突发事件提供了宝贵经验。

（张宇飞）

【加强重要电力用户安全管理】年内，依据相关法律法规及有关规定，3月28日，会同国家能源局华北监管局印发《关于加强北京市重要电力用户供电电源及自备应急电源配置管理工作的实施意见》，对重要电力用户的认定、供电电源及自备应急电源配置、安全用电主体责任落实、隐患排查整治及服务管理职责划分等进行了明确。组织市相关行业管理部门召开重要电力用户供用电安全服务管理工作推进会，主动向驻京的中央重要电力用户汇报加强重要电力用户供电电源及自备应急电源配置服务管理工作思路和办法，逐步提升重要电力用户在极端条件下的自保自救能力。

（张宇飞）

【燃气安全专项整治】年内，落实国务院安委会和市委、市政府工作部署，印发《北京市城镇燃气安全专项整治工作方案》，组建北京市城镇燃气安全专项整治工作专班，健全信息报送、调度通报、末位排名、督导检查、督办约谈、调查曝光等工作机制，全面推进实施排查整治工作。全市开展燃气安全"大起底"排查、全链条整治，严格落实"十个一律"硬措施；组织燃气供应企业对全市居民用户和非居民用户全覆盖完成一轮入户安全检查；为218.7万居民用户安装完成安全型燃气配件；实施老旧燃气管线更新改造420.7千米；消除占压隐患432处；实现非居民液化石油气禁用区内非居民液化石油气用户清零；组织开展重点场所和领域专项执法检查，重拳打击非法"黑气""黑窝点"；加强安全用气宣传，制作燃气安全"明白纸"，发放到每个小区和社会单位，普及安全用气知识，提升市民安全用气意识。

（李　艳）

【非居民用户液化石油气替代】年内，全市各区均划定非居民用户液化石油气禁用区，其中城六区、通州、昌平、经开等9个区为全区禁用。

（李　艳）

【保障首都燃气安全稳定供应】年内，为保障首都燃气安全稳定供应，会同市发展改革委、市财政局组织北京燃气集团与中国石油天然气销售北京分公司签订天然气购销合同，落实上游资源。持续加强热电气联调联供机制，组织应对连续寒潮天气用气高峰，统筹保障民生用气和发电、供暖用能需求，确保燃气供应运行平稳。2023年，本市天然气消费量197.7亿立方米。12月20日，全市天然气日供应量超1.44亿立方米，创历史新高。

（李　艳）

【液化天然气应急储备项目建设】年内，加快推进北京燃气天津南港LNG储备项目建设。项目一期工程9月投产运行，项目二期工程建成，项目三期工程计划2024年年底前完工。

（李　艳）

【燃气行业安全宣传】5月12日，会同市应急局以"防范燃气事故风险 共护首都城市安全"为主题开展防灾减灾宣传活动，重点宣传燃气安全排查整治、非居民液化石油气替代、燃气安全型配件更换、居民安全用气注意事项等内容。开展进社区、进企业、进学校、进农村、进家庭等"五进+"宣传活动2000余场；张贴、发放"明白纸"海报和宣传单百万余份，小区海报张贴全覆盖。全面构建媒体矩阵，将"管城理市"微博微信、"首都城管"微信、"北京燃气微e平台"微信公众号，以及各区级新媒体账号纳入宣传矩阵，共推送燃气安全信息413篇，累计阅读量达260万。联合北京电视台，邀请知名主持人参演，制作10期燃气安全宣传专题节目，在北京卫视黄金时段播出。持续进行警示教育宣传，曝光案例14起，涉及私自改装燃气设施、燃气灶具安装更换不当、野蛮施工破坏管线、使用"聚能环"的危害等。

（李　艳）

【开展燃气行业安全培训与考核】年内，组织完成2期全市燃气供应企业主要负责人和安全生产管理人员考核，共计853人报名，402人通过考核。开展业务培训，培训对象涉及各区城市管理委、各区城指、各街道（乡镇）、各燃气供应企业和非居民用户，内容包括：全国燃气安全专项整治系统、燃气安全生产和火灾隐患大排查大整治工作、《北京市燃气行业隐患目录（试行）》、燃气经营许可核发及许可后评价工作要求、接诉即办、燃气餐饮用户安全与隐患排查等。举办大讲堂活动，邀请住建部领导和北京市科学技术研究院专家授课。

（李　艳）

【全市集中供热面积10.47亿平方米】年内，全市集中供热面积约10.47亿平方米，其中区域集中供热7.18亿平方米、城市热网2.19亿平方米、壁挂炉自采暖1.10亿平方米。备案供热单位1073家，备案锅炉房3610座；未备案供热单位3004家，未备案锅炉（机）房3862座。城市热网供热面积约2.19亿平方米，占全市总供热面积的20.9%。主要热源包括：四大热电中心和太阳宫、郑常庄8座热电厂；双榆树等8座调峰供热厂；一热、华能煤机共2座应急热源，大唐高井电厂内1个临时应急热源。

（马德钦）

【遇寒潮天气提前8天达标供热】为应对寒潮天气，经3次联合气象会商，北京市2023—2024年采暖季自11月6日零时起启动供热系统点火试运行，11月7日零时提前8天正式启动居民供暖，达标（不低于18℃）供热。正式供热首日，涉及居民的3610座锅炉房点火3606座，点火99.88%；达标（18℃）供热锅炉房3599座，达标率99.69%。城市热网计划投入的居民供热面积全部达标供热。针对未按时点火试运行和达标供热的锅炉房，市城市管理委会同相关区城市管理部门加大协调力度、挂牌督办,至11月8日,居民集中供热面积6.79亿平方米实现全部供热,系统运行平稳。

(马德钦)

【统筹做好采暖季保暖保供工作】 年内,与气象、发展改革、财政等部门组织7次气象会商,为决策正式供暖和停暖时间提供支撑。发挥热电气联合调度机制作用,召开15次联合调度会和多次协调会,保障天然气供需计划基本平衡。市、区36支应急队伍全时值守,各供热单位时刻准备,积极处理供热突发情况。通过统筹协调、快速响应,顺利完成2022—2023年采暖季任务以及全国"两会"等重大活动期间的供热服务保障工作,稳步开展2023—2024年采暖季保暖保供各项任务。

(马德钦)

【破解供热难题】 年内,以"践行主题教育 破解供热难题"为主题,从诉求高发点位出发解剖麻雀,对西城、海淀、石景山、昌平和密云5区的8个集中投诉小区进行现场调研,并采取"包区到人""一区一策"的方式开展专项治理。通过采取支部共建、"冬病夏治"等措施,因地制宜实施系统治理,并归纳不同治理模式。在2023—2024年采暖季前8个集中投诉小区供热问题得到改善,采暖季期间绝大多数小区诉求总量下降明显。2022—2023年采暖季,在疫情、极寒天气和投诉渠道扩容等因素影响下,供暖诉求总量81325件,与上年基本持平。响应率、解决率、满意率分别达到99.96%、92.48%、91.47%,综合得分92.82分,各项指标较上采暖季均有明显提升。

(马德钦)

【落实"冬病夏治"和安全生产】 年内,为提升供热系统运行保障能力,印发《2023年北京市集中供热设施"冬病夏治"工作方案》,1334项改造项目9月底前全部完工。会同市发展改革委制定供热管道更新改造资金补助计划,印发《北京市老旧供热管网更新改造实施方案(2023—2025年)》,成功完成1008千米老旧供热管线改造。开展大排查大整治专项督导检查单位数量192家次,发现问题隐患数量101项,均无重大隐患,全部隐患已整改完成。组织修订《北京市供热突发事件应急预案》,开展应急演练,进一步提高行业应急处突能力,保障供热系统连续稳定运行。

(马德钦)

【做好供热行业"接诉即办"】 年内,出台《北京市区域集中供热考核管理指导意见》,落实供热单位主体责任,将考核结果与补贴挂钩。将接诉即办考核督办情况纳入首环办考核指标,督促各区加强辖区内的供热管理工作。坚持"日统计、周分析、月通报、季考核",每个考核周期召开接诉即办结果点评会,通报各区、各企业排名情况，督促各单位履职尽责。同时对问题突出的供热单位开展约谈，累计约谈180家次。2023年度接诉即办供热行业综合得分96.71分，比上年89.45分提升了7.26分，市民满意度进一步提升。

（马德钦）

【推进供热立法】年内，加强顶层设计，开展供热立法，形成立项论证申请报告、草案稿、专项调研报告等相关立法材料汇编，有序推动《北京市供热用热管理条例》立项论证工作开展。完善技术标准，编制修订《供热系统智能化改造技术规程》《供热系统高压高温高湿作业安全技术规程》等7项指导文件，为行业高质量发展筑牢技术基础。

（马德钦）

【"十四五"供热规划中期评估】年内，编制完成"十四五"时期供热发展规划中期评估报告，并梳理统计本市"十四五"时期城市管理、能源发展、重大基础设施等相关规划中重点任务进展情况，编制相关规划供热部分的中期自评报告。组织调研各类现状供热技术，深入研究重构路径和指标等，对2025年、2030年和2035年的新能源发展进行量化测算，编制形成《北京市供热系统重构方案（征求意见稿）》，推进新建、改扩建供热项目绿色低碳转型发展。

（马德钦）

【智能供热和感知体系建设】年内，为进一步提高供热系统智能调控能力、节能降耗、提升市民用热体验，年内完成约3000万平方米智能化改造工作。同时推进供热行业感知体系建设，开展居住建筑加装室温无线采集装置试点工作，并在具备条件的热力小室敷设3000套温度胶囊，形成源、网、站、线、户联通的感知体系，逐步推进供热行业实现"一网统管"。

（马德钦）

【供热固投和补贴审计】年内，通过对重点企业的深入挖潜和整个行业的广泛收集，落实年度供热行业27亿固定资产投资目标。完成年度热电联产集中供热及市热水厂应急热源补贴资金预拨，完善热电联产集中供热单位绩效考核指标并开展考核评价工作。配合市审计局开展"过紧日子""节能降碳政策落实和资金管理使用情况""供热补贴资金管理及使用情况专项审计"等专项审计工作。

（马德钦）

【制定新能源汽车充电"统建统服"方案】5月，制定印发《北京市居住区新能源汽车充电"统建统服"试点工作方案》并组织实施。打造一批"统一选址原则、统一建设标准、统一服务标准"的"统建统服"充电服务试点，为居住区新能源汽车用户提供"三个5"（找桩距离不大于500米、服务费不高于0.5元、排队时间不长于5分钟）的用户体验，形成"四个创新"（智慧选址、价格优惠、预约即得、安全提示）的服务模式，进一步提升居住区新能源汽车充电服务能力。2023年度共有19个"统建统服"试点项目通过绩效评价。

（王　洋）

【组织新能源汽车充电示范区项目申报】10月，发布《关于开展2023—2024年度北京市新能源汽车充电精品示范区项目申报有关工作的通知》，按照"点上出精品、片上有特色、面上抓提升"的整体思路，以加密、提质、增效为目标，选取消费商圈、商务办公、交通枢纽、公路沿线、产业园区、物流基地等需求密集的公共充电场景，通过应用新技术、新服务和新理念，在各市区部门、街道（乡镇）与充电服务企业协调配合下，共同打造具有典型区域特征的"快捷、创新、高效"的高品质充电服务体验区，为市民提供"三个一"的充电服务，形成"充电生活两不误，补能服务一码通"的示范效果，显著提升区域内充电服务能力与品质，作为社会公用充电站榜样工程和示范标杆，为全市其他地区乃至全国其他城市提供可复制、可推广的经验。2023年共6个片区入选北京市新能源汽车充电精品示范区。

（王　洋）

【充换电设施安全检查】年内，委托第三方专业检查机构开展安全检查。全年累计完成411座充电站、3080台充电桩的安全检查工作，检查发现存在安全隐患76个；检查换电站45座，存在安全隐患的有11座。通过安全检查，督促充换电运营企业整改隐患，确保充换电设施安全运营。

（王　洋）

【加氢站布局建设】年内，积极协调完成大兴区时顺苑、青云店、安固油氢合建站建设工作。主要服务京南地区旅游大巴车、物流车、环卫车、渣土车等氢能源车辆的加氢需求。该站利用现有加油站闲置土地建设，规避新建加氢站手续办理时间长、难度大等问题，缩短了建设工期。同时，依托加油站可有效做到油氢供给互补，实现能源无缝衔接供应。截至年底，全市已建成14座加氢站。同时，围绕现有车辆加氢需求，充分考虑新一年北京市燃料电池汽车示范应用项目场景及车辆数量，谋划新一批加氢站规划布局和建设工作，为氢燃料电池汽车推广应用奠定基础。

（左　磊）

【加氢站建设运营补贴发放】年内，按照《北京市城市管理委员会关于印发京津冀燃料电池汽车示范城市群第一年度北京市燃料电池汽车车用加氢站建设和运营财政补贴申报指南的通知》的有关要求，完成2021—2022年度加氢站建设及运营补贴发放工作，共拨付资金2834.489157万元，其中加氢站建设补贴应拨付资金2500万元，运营补贴应拨付资金334.489157万元。奖励资金极大缓解加氢站建设运营企业的资金压力，确保终端氢气售价在经济范围内，为氢燃料电池汽车的推广应用、加氢站的规划布局和建设提供有力支撑。

（左　磊）

【汽车加气站安全运行地标宣贯】年内，组织召开《车用加气站安全运行技术规程》地方标准培训会，针对地标内容向各区和企业进行详细解读，规范现存车用加气站的安全运行，以及新建车用加气站规范建设。

（于　晔）

【汽车加气站安全检查】年内，按照GB 50156—2021《汽车加油加气加氢站技术标准》、DB/T2034—2022《汽车加气站安全运行技术规程》，开展汽车加气站安全检查工作。共抽查、复查20座汽车加气站，及时更新应急局自然灾害普查相关信息。

（于　晔）

【车用天然气加气站安全风险评估】年内，开展车用天然气汽车加气站安全风险评估工作。完成全市50座车用天然气汽车加气风险评估，共辨识风险源1141项，指导企业制定相应管控措施3281项，切实增强重大安全风险防范化解能力。

（于　晔）

【办理加油站经营手续】年内，根据市政府关于解决部分加油站相关经营手续不全问题的安排部署，按照"老站老办法、新站新办法，尊重历史、承认现实，一事一议、公平公正，分期分批"的原则，继续协调推进手续不全加油站办理经营手续相关工作。

（曹　璐）

【深化电动自行车全链条管控机制】年内，持续以链条化管理模式串起车辆销售、上牌、骑行、充电等多个管理、使用环节，打通各环节间的堵点。召开全市专题调度会议6次，市、区两级工作专班牵头相关部门共同推进工作任务落实；聚焦难点问题，梳理全链条管控工作任务54项，涵盖电动自行车、电池、充电设施各方面工作，逐项挂账落实。通过座谈研究、现场指导、政策解读等多种方式，敦促各区协同推进全链条管控各项工作，助力街道（乡镇）、社区（村）按照市场化运作模式建设充电设施，抓好政策落地"最后一公里"。

（高　扬）

【制定充电设施运营标准】结合充电设施运营管理实际与存在问题，于2023年4月1日制定发布地方标准《电动自行车充电设施运营管理服务规范》（DB11T/2079—2023），规范充电设施运营管理。

（高　扬）

【建立健全安全检查闭环管理机制】 年内，印发《关于开展2023年度电动自行车集中充电设施安全检查工作的通知》，明确年度安全检查工作计划和任务目标，检查工作流程，通过现场检查、整改反馈、核查销账、约谈督办、情况总结等环节，建立健全问题排查、挂账、整改、销账的闭环管理，2023年共检查抽查充电设施接口1.33万个，发现充电设施安全问题反馈各区挂账整改，以检查促整改，以整改促提升。将电动自行车全链条管控纳入城市管理领域安全生产和火灾隐患大排查大整治，印发《北京市电动自行车充电设施全面普查消隐工作方案》，按照普查—消隐—复用工作流程，督促充电设施建设运营企业落实主体责任，促进充电设施安全生产形势持续稳定向好。

(高 扬)

【充电设施规范化建设】 年内，以群众实际充电需求为导向，根据电动自行车年度增长量、实际保有量，结合居住区内既有充电设施接口情况，合理开展充电设施新增补建，2023年共建设充电设施接口10.1万个。一是合理布局集中式、分散入户式充电设施，优先推广使用更具安全性的充电柜，城乡接合部村民自建房区域同步配建车辆集中停放、充电场所。二是针对硬件设施老旧、断电停用、失修失养的既有充电设施开展升级改造，满足群众安全充电需求，杜绝形成"僵尸设施"。三是妥善解决2022年建成的充电设施未通电问题，尽早实现此类问题清零。

(高 扬)

第九部分

市政公用设施运行管理

【概况】年内，市城市管理委着眼首都城市定位和重大任务服务保障，高标准抓好市政公用设施运行管理。统筹推进三号线一期、大礼路等20多条综合管廊项目建设，全年完成综合管廊固投纳统超8亿元，抓好小型管廊建设试点，确定管廊谋划随轨随路6个项目，总长度37.53千米，匡算投资约51.82亿元。完善地下管线综合协调管理，实施管线老化更新改造1711.1千米，推进80个老旧小区水、电、气、热等管线改造市政府重要民生实事项目，下达三批191个市属老旧小区管线改造计划，推进12项中央单位在京老旧小区红线外管线改造。截至2022年年底，全市共有石油、天然气管道27条、总长度1142.38千米，分属于9家管道企业运营管理。按运行状态分为：在运管道21条，长度为1000.96千米，停运封存管道6条，长度为141.42千米。按输送介质分为6种，原油管道7条143.78千米、柴油和汽油管道6条225.90千米、航空煤油管道3条187.40千米、天然气和煤制气管道11条585.30千米。始终坚持"保运行，保民生，更要保安全"工作主线，顺利完成城市管理行业领域安全生产、应急管理、地下管线安全度汛、重大活动和重要会议城市运行应急保障等工作任务，确保首都城市运行形势安全平稳。

（李延超　周李　周媛　秦彦磊）

【综合管廊项目建设】年内，积极推进三号线一期、大礼路等20多条综合管廊项目建设，全年完成综合管廊固投纳统超8亿元，开展市政基础设施改造建设项目入库纳统协调指导，挖潜市政设施领域建设固投支撑项目，对接梳理十六区城管委老旧小区管线改造和消隐年度实施计划项目，挖潜市政设施类项目固投纳统近5亿元。

（李延超）

【深化管廊全要素安全大检查】年内，扎实开展地下综合管廊运行安全和消防隐患大排查大整治工作，采取"四不两直"方式，对投入使用的市政公用综合管廊开展全覆盖、全要素安全生产大检查，重点强化燃气入廊管线安全隐患排查。全年共开展检查55次，处室参与检查110人次，发现各类隐患问题11处，均建立台账并督促相关单位限期整改。

（李延超）

【完善管廊运行标准规范】年内，着力完善标准规范，保障综合管廊及其附属设备设施安全、平稳运行，管廊设施设备未发生安全生产事故。印发《北京市地下综合管廊运行安全风险管理实施指南（试行）》，规范管廊风险识别、风险分析、风险评价、风险控制、风险监测、风险预警、风险更新等实施流程，夯实管廊风险评估工作基础。宣贯《北京市城市地下综合管廊运行安全和风险防控管理规范（试行）》

《北京市地下综合管廊运行安全风险管理实施指南（试行）》，依托线上培训、线上线下答疑、印发政策解读等形式，重点就风险防控、隐患排查、有限空间作业管理等内容，解答企业疑惑，指导企业健全安全生产管理制度。《城市综合管廊数据规范》经过初审、预审，已于12月通过市场监管局组织的专家验收会，下一步经市市场监管局审查后预计2024年上半年完成印发。加快启动编制数字化建设地方标准，目前经过前期调研和框架编制，已形成标准初稿。

（李延超）

【推进小型管廊建设试点】年内，小型管廊建设试点稳步推进。结合背街小巷精细化治理、老旧小区综合整治、道路建设和片区开发，积极推进小型管廊建设。推动开展背街小巷小型管廊建设可行性调研，如受壁街小型管廊调研；结合道路建设，与公联公司研究"大羊坊路管廊建设方案"，并形成节点管廊方案；结合片区建设，推动东坝西区小型管廊建设，初步建成4条小型管廊3千米；探索在长辛店、通州南大街、房山大学城等具备条件的片区开展小型管廊试点研究。

（李延超）

【谋划确定随轨随路6个管廊项目】年内，管廊项目谋划入库工作按期完成。按照"成熟一批、论证一批、入库一批"原则，实现谋划项目滚动论证，一次入库。经开展规划选址意向论证，现场踏勘，组织专家论证，确定管廊谋划随轨随路6个项目，总长度37.53千米，匡算投资约51.82亿元。

（李延超）

【管廊专项审计调查】年内，协调组织完成管廊专项审计调查工作。根据市审计局年度工作安排，5月22日至8月4日，其进驻市城市管理委对综合管廊开展专项审计调查，调查对象还涉及市发展改革委、市财政局、市规划自然资源委、市住房城乡建设委等部门及京投、北投等4家主要管廊建设运营单位，审计组采取进驻现场、听取汇报、调阅资料、查阅账目、座谈交流等方式开展调查，建立周沟通联络机制，审计组对市城市管理委履职情况给予充分肯定。

（李延超）

【完成市政接入营商环境改革任务】年内，全市市政接入"三零"服务案例共5500个，一站式报装案例36个，联合服务案例33个，非禁免批案例138个。印发《全面优化营商环境推行市政接入联合服务实施细则》，细化部门职责和工作流程，明确在联合报装、联合踏勘、联动施工、协同验收等环节所需要的报件材料、办理时限、属地职责等事项，推动市政接入服务更好、更快落地，进一步提升全市市政公用报装接入服务水平。印发《关于深入优化市政接入营商环境工作的通知》,进一步说明"非禁免批"适用范围和不适用情形,明确并联审批覆盖范围。召开一证办、刷脸办等改革举措推广交流座谈会,为各市政企业指明技术路径,会同各市政企业梳理数据需求,继市电力公司之后,市燃气集团、市热力集团也实现了报装一证办、刷脸办。深入工程现场开展调查研究,抓住市政接入工程报装、勘察、施工、接通各环节痛点,指导中国书店自来水、电力、通信联合接入等项目完成联动施工。筹划召开全市市政领域营商环境改革新闻发布会,并开展市政领域营商环境改革培训,窗口单位、市政企业、重点服务包企业3000余人次在线参加。

(李延超)

【地下管线老化更新改造消隐】年内,深入贯彻落实《国务院办公厅关于印发城市燃气管道等老化更新改造实施方案(2022—2025年)的通知》(国办发〔2022〕22号)要求,加快推进城市燃气和供热等管道老化更新改造工作。建立形成市、区两级政府、企业共同参与、协调联动的地下管线隐患排查治理工作机制,明确各类管线更新改造资金支持政策,印发《北京市2023年度地下管线老化更新改造消隐工程计划项目汇编》并进行两次增补。完成6.79万千米材质落后、使用年限较长、运行环境存在安全隐患管线评估,并制定管道老化更新改造计划。2023年计划实施管线老化更新改造1442千米,改造完成1711.1千米,完成年度任务119%。

(周 李)

【老旧小区管线改造】年内,系统谋划老旧小区综合整治、老旧小区管线改造、老楼加装电梯管线拆改移、中央单位在京老旧小区红线外管线改造等工作,推动审批程序简化、主体施工协同,提升改造速度和质量效益,努力实现各类管线"最多改一次"、各类改造"一次改到位"。制发《关于做好2023年老旧小区管线改造工作的函》,强调2023年老旧小区管线改造工作要点;推进80个老旧小区水、电、气、热等管线改造市政府重要民生实事项目,该任务确定以实施方案批复为年度考核目标,完成实施方案批复83个,顺利完成年度任务。下达三批市属老旧小区管线改造计划,共191个;推进12项中央单位在京老旧小区红线外管线改造,完工7个小区,开工4个小区,1个小区正在办理前期手续;推进老楼加装电梯管线拆改移,接到住建部门共享的加装电梯管线拆改移任务521个,完工144个,开工208个,开展方案设计169个。

(周 李)

【防范施工破坏地下管线】年内,深化防范施工破坏地下管线管理机制,按照"先服务、再管理、后执法"的理念,构建施工前、施工中、施工后全闭环管理流程,多措并举推进政府服务到位、企业防护到位、行业监管到位、联合惩戒到位。通过下发地下管线保护宣传告知单等形式加强宣传，对全市物业服务企业开展专题培训，到各区进行工作解读，加强新版地下管线防护系统的推广和应用，确保防范施工破坏机制落到实处。不断优化系统功能，健全核查督办机制。截至12月底，系统内已注册用户9649个，累计发布工程信息1.3万余项，为防范施工破坏地下管线工作提供了有力支撑。年内，全市发生施工破坏地下管线事故9起，相比上年同期26起，下降了65.4%。

（周　李）

【井盖综合协调管理】年内，制发《关于进一步加强井盖管理的通知》（京管办发〔2023〕65号），督促各区管委和井盖权属单位进一步落实井盖管理责任，健全制度机制，做好井盖病害排查治理、井盖更新换装专项治理和井盖"接诉即办"等工作。全年共梳理井盖类"接诉即办"案件14263件，督办井盖类"接诉即办"重点投诉100余件，12345热线井盖类投诉案件的响应率、解决率和满意率均保持在98%以上。对每月重点井盖类12345投诉问题进行现场抽检，强化跟踪督办，现场检查井盖1800余个，发现并督促治理井盖问题221个。

（周　李）

【落实"一带一路"高峰论坛地下管线运行保障】年内，为保障中秋、国庆及"一带一路"高峰论坛期间重点区域地下管线安全运行，按照城市运行保障工作部署，组织开展地下管线安全运行检测。9月25日至10月25日，每日对重点区域地下管线及其附属设施安全运行情况进行排查，实施重要场所、路段可燃气体巡查和井内可燃气体浓度检测等。累计检测道路408千米、检查井1140个，发现各类问题42个，均已及时妥善处置。

（周　李）

【优化地下管线管理基础信息统计】年内，组织召开2022年度地下管线管理基础信息统计工作动员部署会，跟进协调各区、各行业、各主要权属单位做好数据汇总提交等各阶段工作。结合管线管理工作需求，调整构建新的统计分析内容框架，对统计报表制度进行优化，进一步提高统计报表结构的合理性、统计数据的易获得性和统计成果的适用性。形成了比较系统完备的《2022年度北京市地下管线管理基础信息统计分析报告》《2022年度北京市地下管线管理基础信息统计概况》。

（周　李）

【完善油气管道法规标准体系建设】年内，通过前期调研，编制完成《北京市城市管理委员会石油天然气管道保护工作细则（征求意见稿）》和《油气管道高后果区识别与管理规范（送审稿）》。

（周　媛）

【年度管道保护信息统计分析】年内，编制完成《2022年度北京市石油天然气管道保护信息统计分析报告》，截至2022年年底，全市共有石油、天然气管道27条，总长度1142.38千米，隶属于9家企业运营管理。制定了2023年度石油天然气管道保护信息统计制度。

（周　媛）

【依法开展管道备案】年内，全市27条油气管道的竣工测量图备案及停运、封存、报废备案已全部完成；9家管道企业全部完成管道事故应急预案备案。

（周　媛）

【动态加强管道高后果区管理】年内，更新完善管道高后果区数据，建立人口密集型高后果区台账，完成全市169处管道高后果区现场定位打点工作，形成高后果区分布图及图册样例。

（周　媛）

【长输管道数据普查】年内，配合市规自委，组织各管道企业开展管道基础数据普查及数据更新报送工作，已完成8家管道企业26条管道，共1117.68千米的数据提交，完成率97.9%。

（周　媛）

【管道隐患动态清零】年内，开展卫星遥感监测工作12次，累计监测发现管道占压或与管道安全距离不足疑似隐患141处，经核查确认4处隐患，均已完成治理。

（周　媛）

【开展管道保护专项执法】年内，依据年度检查计划，会同市城管执法局对9家管道企业履行管道保护主体责任情况开展专项执法检查，全年对5家单位和个人实施处罚，对1家单位实施责令改正。

（周　媛）

【加强行业安全生产统筹指导】年内，深入贯彻全市2023年安全生产重点工作任务，印发《2023年度城市管理行业领域安全生产重点工作》，明确5个方面24项重点工作。每季度组织开展全市城市管理系统安全形势分析会，部署安全生产、应急管理、交通安全、消防安全、地下管线防汛和反恐防范等方面工作。开展"十四五"时期安全应急规划中期评估，梳理进度情况，分析存在问题，提出对策计划。对30家行业企业落实安全生产主体责任情况开展检查评估，进一步提升城市管理行业企业安全管理水平。

（秦彦磊）

【开展安全生产和火灾隐患大排查大整治】年内，全面贯彻全市领导干部会议和全市安全生产会议精神，印发城市管理行业领域安全生产和火灾隐患大排查大整治工作方案，聚焦燃气、城市生命线、电力、供热、环卫设施、环卫作业、车用能源站、广告牌匾、有限空间作业、限额以下工程施工安全10个方面内容，深入推进大排查大整治专项工作。编制隐患排查目录清单，组织召开工作部署会13次。落实委领导包区督导检查工作，开展督导检查128次。城市管理系统累计开展安全检查62万余次，发现并整改问题隐患13.05万处，立案处罚2.3万起，罚款1071万余元。

（秦彦磊）

【建设安全生产风险管控体系】年内，认真落实全市城市安全风险评估三年计划（2022—2024），加强调查研究，推进修订安全风险评估规范、标准，组织开展电力、燃气、供热、垃圾处理设施、车用加气站、户外广告等重点行业领域安全风险评估，落实日常风险审核机制和季度风险分析会商机制，共有1990余家企业纳入安全风险信息系统，填报风险源共18620项。

（秦彦磊）

【安全生产宣传培训】年内，指导电、气、热、环卫等行业领域深入开展"安全生产月"活动。开展"安全生产大家谈""班前会""以案说法"等活动581场，参与8189人次。组织开展"北京榜样·应急先锋"推选、安全宣传等工作。举办两批次城市管理行业领域安全生产培训，共计400余人参加培训。宣传贯彻《北京市单位消防安全生产主体责任规定》，印发学习落实工作计划，购置发放单行本，组织干部职工，观看宣贯直播培训活动，共计3000余人参加。

（秦彦磊）

【城市管理安全检查考核】年内，强化城市管理安全生产考核，落实省级政府、市级部门、区级部门三级安全生产考核制度和事故控制目标评价机制。围绕4个维度、17个方面、31项指标组成的三级考核指标体系，采取现场考核与非现场考核相结合，单位自评、行业评价、综合评议相结合的方式，完成对区级城市管理部门年度安全生产考核工作，调阅各区城市管理部门文档资料1.7万余份。

（秦彦磊）

【重大活动应急保障】年内，圆满完成2023年全国"两会"、党的二十届二中全会、2023年服贸会、第三届"一带一路"国际合作高峰论坛等一系列重大活动、重要会议城市运行安全保障任务。制定城市运行应急保障方案，细化各成员单位工作职责和任务分工，建立完善工作联络机制，组织开展应急演练，督促相关单位落实服务保障各项任务。

（秦彦磊）

【极端天气防范应对】年内，认真落实

《关于城市运行领域防范应对极端天气的若干措施》，细化城市运行领域沙尘暴、雷电、极端降雨、大风、冰雹等11种极端天气的防范应对措施，防范应对各类极端天气46次，保障首都城市运行安全。

（秦彦磊）

【地下管线防汛】年内，立足"防大汛、抗大险、救大灾"，制定印发《2023年城市地下管线防汛工作方案》《北京市城市地下管线防汛专项应急预案》《北京市城市管理行业领域2023年防汛工作方案》等文件，健全完善调度指挥体系和防汛工作机制。汛期，市城市地下管线防汛专项分指各成员单位的109支防汛抢险队伍、9597名抢险队员、576台抢险车辆、1895台各型水泵、1210台发电机及相关防汛物资全部在岗备勤，严格落实汛期24小时领导带班值班制度，切实保障汛期地下管线平稳运行和突发事件及时处置。

（秦彦磊）

【突发事件处置和值班值守】年内，充分发挥市城市公共设施事故应急指挥部统筹协调作用，进一步健全指挥体系，认真履行指挥部办公室统筹协调职责，做好值班值守管理和突发事件应对处置工作，不断完善抢险抢修作业配合机制。严格落实值班值守制度，加强重要节日、重大活动、重要会议和敏感时期值班值守，落实局级、处级和值班员三级24小时在岗带班值班要求，强化信息报送。积极推进地下管线、供热、燃气突发事件等相关市级专项应急预案的修订工作。

（秦彦磊）

第十部分
网格化城市管理与科技创新

【概况】年内，市城市管理委加速推进网格化城市管理与科技创新工作，完成北京市网格化城市管理平台建设，构建了市、区、街道（乡镇）、社区（村）、网格五级贯通穿透式闭环化流程体系。扩展"网格+"管理事项，联动水电气热公服企业，解决城市管理问题。启动城市运行监测平台升级改造，完成全市城市部件普查工作，完善网格化城市管理地方标准，深化"热线+网格"服务模式，2023年，全市网格共发现上报问题828.52万件，按时办结800.28万件，协调处理市级平台问题1456件，办结1401件，及时有效解决了一批环境问题。聚焦城市运行安全和精细化管理，全面推进城市运行"一网统管"，促进城市管理领域科技创新，加强城市运行感知体系建设，先后打造智慧环卫、智慧供热、智慧管网应用场景。扎实做好科技管理与服务，围绕燃气安全、电动自行车全链条管理等重点领域组织科技创新攻关，一批科技成果持续涌现，为行业管理提供有力科技支撑。

（任玉霞　刘文海　邹　勤）

【网格化城市管理提质增效】年内，强化主动治理，以市级发现问题倒查各区网格发现并纳入首都环境建设考核，督促各区提升网格主动发现能力。会同市民政局联合印发《关于进一步落实党建引领社区网格化服务管理工作的函》，明确社区工作者担任社区单元网格的网格员，推动网格管理进小区、进村庄。加强网格上报问题质量管理，定期梳理分析网格运行的质量问题，印发《关于近期网格上报问题质量情况的通报》，组织各区城指中心开展自查整改。2023年，全市网格共发现上报问题828.52万件，按时办结800.28万件，协调处理市级平台问题1456件，办结1401件，及时有效解决了一批环境问题。

（任玉霞　刘　鑫）

【完成全市城市部件普查】2022至2023年，组织各区（地区）采用一张底图、一张网格、一套坐标、一套编码，对全市公共区域的城市部件开展普查、核实、补测、更新。共普查公共设施、交通设施、市容环境设施、园林绿化设施、其他设施五大类，各类井盖、杆体、箱柜、标牌、护栏、亭站等221个小类共1642万个城市部件。其中，核心区共普查116.2万个，朝阳、海淀、丰台、房山、大兴、通州、昌平7个区城市部件数量均超过100万个。

（任玉霞　刘　鑫）

【完善网格化城市管理地方标准】年内，组织编织地方标准《网格化城市管理系统 单元网格划分》。2023年12月25日发布，2024年4月1日实施。该标准明确单元网格划分要求，填补北京市在网格化城市管理中单元网格划分领域地方标准的空白，也是落实中央和北京市推进城市运行"一网统管"建设要求的具体举措。

（任玉霞　刘　鑫）

【开展网格员评先评优】年内，组织评选全国和北京市优秀网格员，拍摄网格员工作视频，在《人民日报》和委公众号撰文介绍网格员职业，加强专业宣传，强化示范引领。

(任玉霞　刘　鑫)

【推动小巷管家工作】4月7日，印发《2023年度小巷管家工作方案》，组织动员小巷管家参与治理背街小巷中的高发问题，并围绕委重点工作，组织开展雨后清淤清扫工作、门前三包、垃圾分类、中秋国庆和重大活动保障、漫步"北京活动"相关胡同专项巡查等专项工作培训和工作动员，加强巡查，及时发现，开展志愿服务工作。全年开展培训19047人次，巡查活动时长达469万小时，解决问题118万余件。《北京日报》《新京报》《北京青年报》等多家媒体宣传报道小巷管家优秀工作事迹，促进形成多元共治格局。

(任玉霞　刘　鑫)

【深化"热线+网格"服务模式】年内，会同市政务服务局制定并出台《关于深化"热线+网格"为民服务模式 提升首都城市治理水平的指导意见》，为主动解决群众身边城市管理方面诉求，变被动接诉为主动治理，提出"健全一个体系、夯实两个基础、建强三支力量、完善四项制度"的工作任务目标，创新形成资源力量协同、工作机制顺畅、标准规范完备、平台运行高效的"热线+网格"为民服务模式，提升城市管理精治、共治、法治水平，增强人民群众的获得感、幸福感和安全感，为建设国际一流的和谐宜居之都提供有力保障。扩大管理覆盖面，深入探索多元化的网格+工作模式，以达到提前干预、积极管理、提升服务质量和管理效率的目标。

(庞艳平)

【打造"网格+"北京模式】年内，在不断夯实网格化城市管理的基础上，强化问题导向，发挥网格精细化管理的优势，将城市运行管理行业相应的数据资源、人员力量、管理区域、工作标准、服务事项下沉至社区网格，通过主动对接服务、优化工作流程、固化工作职责、强化监督反馈，积极探索推进"网格+背街小巷""网格+执法""网格+创城""网格+气象"等事项，打造"网格+"北京模式。

(庞艳平)

【城市运行监测平台升级改造】年内，编制城市运行监测平台升级改造项目方案，通过市经济和信息化局技术评审和市财政局财政评审。该项目将对现有北京市城市运行监测平台进行升级改造，汇聚整合能源运行、环境卫生、市政公用、市容景观、环境建设和综合执法六大领域城市运行数据，提炼城市运行关键指标并可视化呈现，实现运行监测、综合分析、预测预警、辅助决策、调度指挥等系统功能，搭建能源迎峰保供、扫雪铲冰、重大活动保障等专项场景，实现科学决策、顺畅调度、高效处置，为城市治理科学化、精细化、智能化水平提升提供平台支撑，并完成与"京智"对接。

（刘文海　邹　勤　苟于人　龚　盼）

【打造智慧环卫应用场景】年内，编制建筑垃圾全流程管理场景技术方案，围绕"产、运、消、利"四大环节，对渣土车进行从工地源头、道路运输、消纳核量、循环再利用的全过程信息采集及监管，全面掌控建筑垃圾管理的物质流、信息流。同时，联合市经济和信息化局提出"渣土车跨区域协同治理场景"需求，在2023年北京智慧城市场景创新需求清单发布会上发布，已确定技术验证主体企业，试验环境已搭建完毕。

（刘文海）

【打造智慧供热应用场景】年内，组织相关企业完成3000万平方米建筑智能化供热改造工作，同步推进完善相关企业智能供热平台建设。通过智能化系统的投入和使用，更加直观地展现供热运行中各种参数，提升热源、热网、热力站、热用户等供热系统各个环节的感知监测能力，能源利用效率有效提升，对于节能减排、清洁供热的推进具有积极意义。

（刘文海）

【打造智慧管网应用场景】年内，建成地下管线保护（防外力破坏）系统，新增现场原位AR实景透视功能，更好服务施工现场旁站监理，增强管线防护效率。累计注册用户8297个，共计发布工程10071项，2023年全市外力破坏地下管线事故同比下降近65.4%。针对该应用成果会同市应急局、海淀区政府举办"防范施工破坏地下管线 共护首都城市安全"主题活动，号召多方联动，共同参与地下管线安全防护工作。

（刘文海）

【持续提高地下管线安全感知覆盖面】年内，按照"应装尽装、应测尽测"原则，增加电、气、热等行业感知种类，拓宽感知范围，实现首都功能核心区燃气、热力、电力感知全覆盖。完成核心区电力、燃气、热力的城市基础数据及监测数据汇聚，接入相关地下管线设施属性等静态信息和感知监测温度、压力、可燃气体浓度等动态信息共10类指标，覆盖约7000个点位，初步建立"感知发现—决策指挥—反应处置—终端反馈"管理闭环，全面、实时掌握核心区地下管线运行状态，实现地下管网安全运行"观、管、防"一体化，动静态感知"一张图"。

（刘文海）

【网络与信息系统运行平稳】年内，对18个业务系统实行网络及系统运行状态7×

24小时监控，提供全方位网络安全防护保障。共进行4次渗透测试和2次系统脆弱性检查，共发现并整改漏洞671个。全年派出专家40余人次，到国网北京市电力公司、北京燃气集团、市热力集团、市环卫集团和市城市照明管理中心等单位进行网络安全检查18次。在全市网络安全应急演练中，累计监测并分析安全告警879871次，拦截红方攻击2038512余次，溯源并封禁攻击IP地址1694个，向市委网信办提交钓鱼邮件分析报告13封，演练预设目标全部实现，所有系统安全运行。

（刘文海）

【实施电动自行车安全攻关系列项目】年内，为落实市政府关于加强电动自行车领域全链条管控的相关要求，市城市管理委会同市科委中关村管委会通过"揭榜挂帅"形式，组织开展电动自行车安全科技攻关，公开发布研制电动自行车安全智能充换电设备、锂电池安全检测设备、安全充电电源、高安全性电池组的4项攻关需求榜单。相应的4项课题年内结题并通过验收。其中，智能检测充换电设备加强主体防火、防爆措施，实现与电池管理系统（BMS）通信，进行快速安全处置并上报故障数据；柜式深度锂电池安全检测设备可监测电池总电压变化速率过快、内短路、异常产热、放电过流保护等关键指标；安全充电电源满足IP7防水等级，方便在室外安全使用；高安全性电池组远程自动断电处置能力可辅助提升充电过程安全性。

（孙思琦）

【地下管线科研攻关项目进展顺利】年内，市城市管理委聚焦地下管线运行安全，会同市科委中关村管委会通过"揭榜挂帅"形式组织开展地下管线相关科技攻关。埋地燃气管道泄漏内检测机器人、燃气泄漏全域探测关键技术及装备、既有直埋热力管道泄漏点精准定位、深埋管道周边土体病害探测及精准空间定位4项课题结题并通过验收。城市智慧管网"观、管、防"一体化关键技术研发和小管径燃气管道内修复用装备2项2023年度新申报课题成功立项并加快推进。

（孙思琦）

【卫星遥感影像科技支撑城市管理】年内，卫星监测持续为市城市管理委相关行业管理工作提供专题影像和数据分析支持。大型废品回收站监测方面，发现废品回收站639处，面积约366万平方米。油气管道保护方面，监测全市管道上方及安全距离范围内的疑似隐患情况，全年累计监测发现疑似隐患141处，核查确认的4处隐患，均已完成治理，同步完善全市管道基础数据台账和管道外部隐患项目库。识别全市164处石油天然气管道高后果区周边环境要素情况，形成全市石油天然气管道高后果区周边情况图册。电力设施保护方面，针对220千伏及以上的架空线及地下电缆线路通道，在通州区开展了电力设施保护区内的施工监测、外力破坏监测及隐患排查、输电电缆地面覆盖物信息识别工作，形成"影像覆盖一轨，监测判读一轨"的监测模式，全年监测发现新增施工点共24处，新增疑似隐患点共581处，地面覆盖类型变化14处。

（孙思琦）

【2项市级重点课题立项并启动研究】年内，液化气瓶远程定位、供热系统能耗精准管控等两项科研攻关需求，经市级科研主管部门论证后，成功作为市级重点课题项目立项。气瓶远程定位及可视化技术研发工作课题拟结合通信和定位技术，支持实现对气瓶的全流通过程信息化管理和监管；基于气象要素协同的供热系统能耗精准管控技术研究与示范应用课题拟填补对供热单位实行能耗定额管理和考核的依据空白，提高供热系统能耗精准管控水平。

（郭增增　李泽禹）

【架空线分线装置成果应用】年内，架空线分线装置项目研发成果用于消除架空立线非绝缘带来的熔断器、铜铝接头打火现象，消除因立线打火带来的电气火灾隐患。截至12月，架空线分线装置在北京市城市道路安装35330套，成果转化累计680余万元，经项目持续跟踪监测，相关设备的打火现象彻底消除，有效杜绝了电气火灾隐患，确保城市照明设施安全平稳运行。

（于乐淘）

【组合式配电箱成果转化】年内，为促进市政照明领域"双创"能力建设，市照明中心研发完成组合式配电箱。箱体结构设计采用模块化设计，可实现按需组合，具备灵活性和可拓展性；箱体具备阻燃、耐老化、高强度（IK10）、高防护等级（IP65）特点，相比传统配电箱具备更好绝缘性和安全性。年内在33台柱上变压器、123台高杆灯控制箱实现组合式配电箱实地应用，助力首都城市照明智慧化、安全化发展。

（于乐淘）

【充电桩自动化检测流水线获奖】第48届日内瓦国际发明展于4月26日至30日在瑞士日内瓦举行。北京市电力公司参展的优秀发明专利"电动汽车充电桩自动化检测流水线"项目荣获本次展览最高奖项"特别嘉许金奖"。展览会创办于1973年，由瑞士联邦政府、日内瓦州政府、日内瓦市政府和世界知识产权组织共同举办，是世界上举办历史最长、规模最大的发明展之一，旨在促进全球创新和技术交流。"电动汽车充电桩自动化检测流水线"项目研发了充电桩自动化检测流水线，通过对充电桩的智能仓储、运输、全性能测试，实现所有品牌充电桩的批量化、无人化测试，显著提升检测效率、节约成本支出。

（刘庆时）

【新型电力系统实验园区获得授牌】 8月，北京市电力公司新型电力系统实验园区获得北京城市副中心授牌的"北京城市副中心建设国家绿色发展示范区新型电力系统实验基地"。新型电力系统实验园区位于通州区张家湾镇，占地约3.73公顷，由公司联合中国电科院、南瑞集团、清华大学、华北电力大学等电力领域国内顶尖科研机构打造而成。实验园区与高等院校、科研院所开展产学研合作，积极吸引更多创新技术、科技人才等创新要素向城市副中心集聚。作为北京市电力公司所属"大型城市电网承载力及供电可靠性提升技术"国网实验室的重要载体，致力于配电网源网荷储协同互动相关技术研究，服务保障城市副中心国家绿色发展示范区建设，是推进城市副中心新型电力系统建设的重要技术支撑，在智慧零碳新技术、新产品、新系统研发方面发挥重要作用。

（刘庆时）

【燃气用户计量体智能防护技术投用】 年内，北京燃气集团承担的北京市重点科技项目《燃气用户计量端本体防护及智能安全监测关键技术研究与示范》通过验收。该项目开发燃气计量设施本体智能防护终端，具备防拆感知与预警等8种功能，能够自动监测计量设施振动等7种运行工况参数，提升了燃气计量设施的防破坏性；研制了视频采集分析一体化终端，实现了非着装工作服、人员重点区域徘徊、人员入侵重点区域等5种异常行为的非接触式实时监测，实现计量设施安全诊断从被动防护到主动监控的革新；研制了多源传感监测及边缘异常识别的本体防护智能计量终端；项目融合北京燃气集团巡检、维修、应急等海量业务数据，形成了基于大数据分析和画像展示技术的燃气精准化管理与服务方案。项目成果已在昌平区北七家、中关村小区、中铁华侨城和园计量间、昌平中石油创新基地和通州副中心玉桥服务中心等典型公服用户进行了试点应用。

（柴家凤）

【LNG接收站装船泵通过鉴定并投运】 12月，北京燃气集团天津南港LNG接收站研制的LNG接收站装船泵（型号：RC2000-75x3-G）通过中国机械工业联合会和中国通用机械工业协会产品鉴定。国产化LNG装船泵研发针对泵的运行工况要求及特点，攻克设计、制造、检验、测试等关键技术，并建立相关技术体系，产品于10月12日在北京燃气天津南港LNG接收站T-6202储罐投运。鉴定委员会认为，研制的LNG接收站装船泵具有自主知识产权，填补了国内空白，主要技术指标达到国际同类产品先进水平。

（艾绍平）

【氢能驱动空气源热泵供热示范应用】 年内，北京热力集团基于安全有机液储氢的氢能供热系统技术，选取石景山区218#

一期锅炉房进行氢能供热示范应用。示范项目围绕常温常压安全有机液氢能储运、氢能供热等应用技术开展，验证氢能供热的稳定性、经济性和产业链上下游协同性。作为国内首个氢能供热示范项目，完成了氢源端储氢至常温常压下以非危化品形式的氢储运再到用氢端放氢的全环节验证。

（尹海全）

【石墨蓄热在锅炉房供热系统应用示范】年内，北京热力集团与浙江大学深度合作，结合供热行业特点，研发了以石墨为材质的蓄热材料，可实现模块化安装，灵活安装，结构比相变蓄热和熔盐蓄热简单，占地面积比传统砖蓄热节约三分之二，成本低于相变蓄热和熔盐蓄热。该项目有助于解决核心区传统锅炉房替代中场地狭小、可再生能源匮乏的问题，助力推进热力领域"双碳"工作。目前已经在东、西城全面推广示范，其中航空胡同22号院锅炉房、东城分公司建南锅炉房、东四四条锅炉房及北岗子锅炉房顺利运行2个供暖季。投运后锅炉房综合成本降低了40%—70%。

（李 智）

【两项国家重点研发项目通过验收】年内，北京环卫集团所属研发公司承担的两项国家重点研发项目通过验收。其中，城镇高含固有机固废高效制备生物燃气技术与装备项目建成干式厌氧发酵示范工程一套，于2023年8月完成项目综合绩效评价且通过验收，项目成果在青岛转化落地；垃圾高效预处理与压缩运输一体化技术装备项目建立一处村镇生活垃圾处理装备示范，有效解决村镇垃圾预处理过程中的高成本运输和二次污染问题，于2023年8月通过验收，项目成果在海口市红旗镇转化应用。

（章夏夏）

【多功能清洗环卫车研发成功】年内，北京环卫集团所属装备公司设计开发具备冬季清除道牙积雪，并具备隔离水泥墩清洗功能的环卫车辆。该车辆体积小，实现低限高工况作业、窄小路段工况作业；具备多种功能，实现水泥墩清洗作业、立道牙立面及上平面、路面清洗作业。整车采用模块化设计，可适用多种底盘不同车辆，全年四季通用。

（章夏夏）

【12项地方标准发布实施】年内《城镇燃气管道翻转内衬修复工程施工及验收规程》《建筑垃圾消纳处置场所设置运行规范》《电动自行车充电设施运营管理服务规范》《供热系统智能化改造技术规程 第1部分：热源、热网和热力站》《供热系统智能化改造技术规程 第2部分：热用户》《供热系统智能化数据采集及通信规范》《居民用户室内供暖系统改造规范》《生活垃圾焚烧厂运行评价规范》《燃气输配工程设计施工验收技术规范》《可回收物体系建

设管理规范》《生活垃圾收集运输管理规范》《网格化城市管理系统 单元网格划分》共12项地方标准通过北京市市场监督管理局审查，获批发布实施。

（邻　言）

【12项地方标准获批立项】1月，北京市市场监督管理局发布《2023年北京市地方标准修订项目计划》《2023年北京市地方标准制定项目计划》，我委《燃气室内工程设计施工验收技术规范》《小型液化天然气瓶（组）供气系统：技术规范》《液化石油气、压缩天然气和液化天然气供应站安全运行技术规程》《管道燃气用户安全巡检技术规程》《环卫车辆功能要求：第1部分：生活垃圾运输车辆》《安全生产等级评定技术规范：第19部分：环卫从业单位》《供热系统智能化改造技术规程：第3部分：验收与评估》《供热系统入户巡检规程》《城市综合管廊数字化建设要求》《城市管理大数据平台：第1部分：架构及接口规范》《城市管理大数据平台：第2部分：数据分级分类》《油气管道高后果区识别与管理规范》共12项制修订标准项目获批立项。

（邻　言）

【46项地方标准复审】年内，组织开展46项地方标准复审，从相关法律法规变化、政策文件调整、科学技术发展、相关标准的发布实施情况等方面进行论证，建议修订《城市综合管廊运行维护规范》等14项，废止《电力需求侧管理项目节约电力负荷计算通则》等4项，继续有效28项。

（邻　言）

【12项地方标准实施评估】6月至9月，市城市管理委组织开展《配电室安全管理规范》《电力储能系统建设运行规范》《城市道路照明设施运行维护规范》等12项地方标准实施情况总结分析和效果评估，12项地方标准均得到有效实施。

（邻　言）

【城市管理标准化培训】年内，市城市管理委组织《餐饮单位餐厨垃圾分类减量装置使用规范》《汽车加气站安全运行技术规程》《供暖民用建筑室温无线采集系统技术要求》《建筑垃圾消纳处置场所设置运行规范》《电动自行车充电设施运营管理服务规范》等10项地方标准宣贯培训班，各区、相关部门、企事业单位代表共计1800余人参加培训，邀请标准编制单位、相关行业领导和专家授课，详细解读标准内容，突出实用、管用，为标准顺利实施打好基础。

（邻　言）

【供热技术标准体系获创新成果奖】12月22—24日，全国国企管理界年度会议举行"国企管理创新年度成果"发布仪式，北京热力"以绿色低碳智慧供热引领者为目标的大型供热企业技术标准体系"获评国企管理创新成果二等奖。该成果提升企业技术管理水平、促进技术创新，提升企业在供热行业的技术引领实力。北京热力通过该成果总结适合供热企业发展的技术标准体系构建模式，破解行业难题能力明显提升、行业技术引领实力显著增强，为将北京热力打造成绿色、低碳、智慧的供热行业引领者打下坚实的基础。

（张瑞娟）

【国际电信联盟（ITU）标准获批发布】4月，经国际电信联盟（ITU）批准，由国网北京市电力公司牵头编制的ITU国际标准《人工智能增强的管理系统日志分析需求》正式发布。该标准是国网电力系统首个发布的ITU标准。该标准充分利用通信设备日志数据及其内在关系开展日志分析，规范了AI增强的电信管理系统日志分析框架、日志分析功能需求，并编制了典型用例，有效实现故障预警，确保通信网络安全稳定运行。

（刘庆时）

【保障委信息系统运维与网络安全】年内，做好委信息系统运维与网络安全工作，有效排除隐患漏洞、木马后门、高危端口等风险，发现和整改安全问题370余项。持续做好城市运行感知相关数据的汇聚、共享、保障和开放，利用信息化技术手段为城市运行保障提供平台支撑。

（邹　勤　苟于人　龚　盼）

【北京市网格化城市管理平台建成】年内，推进城市运行"一网统管"体系平台建设，加快城市管理应用场景构建和技术难题攻关。完成北京市网格化城市管理平台建设，构建市、区、街道（乡镇）、社区（村）、网格五级贯通穿透式闭环化流程体系，满足重大活动保障、极端天气应对、突发事件处置和日常巡查需求，扩展"网格+"管理事项，联动水、电、气、热公服企业，解决城市管理问题。

（邹　勤　苟于人　龚　盼）

【城市生命线安全感知体系建设】年内，完成核心区地下管线运行感知系统建设，接入核心区电力、燃气、热力地下管线安全感知数据，全面监测核心区电气地下管线安全运行态势，实现管线运行状态监测、异常预警、风险评估、事故处置等功能，并搭建"感知发现—决策指挥—反应处置—终端反馈"闭环管理流线，建立健全行业主管部门、属地政府和地下管线权属企业的安全管理和监管体系，落实城市生命线安全管理职责。完成北京市地下管线运行综合管理信息平台建设，搭建了政府、企业、社会共同参与的地下管线防护系统，通过线上"手拉手"促进线下对接的业务模式，牵引和带动各级、各行业、各相关单位健全管理机制，提升管线安全防护协调能力，增强管线安全运行监管效能。

（邹　勤　苟于人　龚　盼）

【深化大数据平台科技赋能执法效果】年内，围绕打造数据驱动的"智慧执法"新品牌，深入开展综合执法大数据平台应用提升年行动，通过教育培训、精准帮扶、远程咨询、创新应用等丰富推广应用举措，深化完善需求导向、业务牵引、技术支撑的平台运行工作体系，平台应用率达到99.9%，形成上下联动、整体推进的良好局面，整体提升了数据驱动执法业务水平，得到殷勇市长和住建部的充分肯定。围绕安全生产和火灾隐患大排查大整治专项执法工作，通过优化提升平台已有功能，快速实现7个方面117项涉安全生产案由的检查单和台账管理等功能，并与"企安安"实现对接，有力支撑了全市性重点整治工作的开展。基于平台已有台账管理和协调联动功能，市违规电动三、四轮车整治专班统筹各成员单位协同办公、数据采集、线索移送等工作，通过信息化手段推动形成工作合力，极大提升了专项整治成效。

（袁荣林）

【生活垃圾精细化管理服务系统正式运行】6月30日，《生活垃圾分类治理数据平台运行及数据管理服务项目》（三期）全面验收合格，标志着生活垃圾精细化管理服务系统正式上线运行。生活垃圾精细化管理服务系统主要包括1个市级主页、6个业务系统、5个应用中心、4个管理层级。即市级主页1个，居民管理、非居民管理、分类收集、分类运输、分类处理、可回收物管理6个业务系统，预警中心、事务中心、调度中心、宣传中心、监控中心5个应用中心，市、区、街道（乡镇）、社区（村）4个管理层级。实现了"五个核心功能"，即居民、非居民生活垃圾治理全流程横向一链打通，市、区、街道（乡镇）、社区（村）、末端处理设施管理层级纵向一网贯通，生活垃圾产生量预测、物流调配、处理费预缴等核心业务智能辅助决策，居民、非居民两大分类主体自主排放登记，环卫运输记录单电子化。取得了"四个突出成效"，即搭建了垃圾分类全流程感知体系，推进了垃圾分类治理体系管理流程再造，建立了垃圾分类治理倒逼管理机制，拓展了垃圾分类多维度治理空间。

（刘贤正）

【推广应用小区生活垃圾排放登记系统】年内，搭建街道居住小区生活垃圾排放登记系统，开发居住小区排放登记APP，采用专题调研、"小课堂"培训等模式，开展了"一区、一街道、一社区、一小区"试点先行。组织16个区、343个街（乡）、7096个社区、14000多个居住小区进行生活垃圾排放登记。截至9月，全市98%的居住小区完成生活垃圾排放登记，形成了居住小区、固定桶站、分类驿站、大件垃圾投放点、装修垃圾投放点、可回收物投放点、有害垃圾暂存点、小型收集车、物业单位和收集单位10类电子台账，管理区域设施设备点位实现了落点落图，居住小区生活垃圾收集识别率达到40%。

（刘贤正）

【**环卫运输记录单电子化系统上线运行**】年内，按照区块链的理念，研究制定末端处理设施环卫运输记录单"四场景、一联单"电子化系统建设方案，构建了生活垃圾从收运发起、来源区确认、计量称重，到卸料平台卸料"四场景"系统化、实景化交易场景，推动环卫运输记录单电子化。选取南宫、鲁家山、阿苏卫焚烧厂，南宫、董村、首钢、国中厨余厂、小武基、马家楼转运站，以及涉及的东城、西城、石景山、门头沟、昌平、大兴6个区，开展环卫运输记录单电子化试点，并结合试点设施、试点区相关联的"四场景"进行了现场跟踪调研，打通了从司机端收运发起、车辆管理单位端调度、来源区人员跟车与确认、收集设施端现场作业、末端设施计量称重、卸料平台监督入仓全流程管理链条，实现了业务流、管理流、数据流、信息流多流合一、闭环监管。年底，系统实现了6个区、9个清运单位、9个末端设施"四场景、一联单"上线运行。

（刘贤正）

第十一部分
城管执法

【概况】年内，全市城管执法工作统筹推进重大活动服务保障与环境秩序整治，攻坚克难解决群众急难愁盼，全力守护城市运行安全，推动城市环境面貌明显提升、群众身边环境秩序不断改善，圆满完成第三届"一带一路"国际合作高峰论坛、全国"两会"等重大活动服务保障任务，区域协同取得新进展。实施行政处罚37.9万起，同比上升125.7%；拆除违法建设2314.5万平方米，完成全年任务量的115.7%。荣获全国依法行政先进集体、全国住房城乡建设系统先进集体等市级以上荣誉表彰99个，市城管执法局接诉即办月考核成绩两次在市级部门取得第一名，在服务"四个中心"功能建设、首都经济社会高质量发展中展现新作为、新担当。

（王　玥）

【顶层谋划城管综合执法工作】年内，立足首都发展大局，统筹谋划全市城管综合执法工作，制定印发《2023年北京市城市管理综合执法工作意见》，明确"强基础、补短板、促提升"的工作思路，组织开展服务首都功能优化提升、执法为民暖心解忧、城市人居环境整治、安全隐患排查治理、首都城管执法品牌打造"五大行动"。

（姜霁峰）

【圆满完成重大活动执法保障任务】年内，围绕第三届"一带一路"国际合作高峰论坛、中国国际服务贸易交易会、北京文化论坛等重大活动，探索形成"预先研判任务、实地调研摸排、严密动员部署、提前开展整治、精准指挥调度、从严从实执法、强化过程监管、及时总结复盘"八步工作法，牵动相关部门及属地围绕重点保障区域，组织开展系列执法行动，深入推进安全生产、占道经营、非法运营、非法小广告、夜间施工扰民等重点问题整治，对会场、驻地等重点点位实行"一表一策"和实名盯守，综合运用指挥调度、现场督导、视频巡检等手段，为重大活动圆满举行营造了安全、整洁、优美的城市环境秩序。

（彭　杨）

【完成疏整促工作任务】年内，牵头全市疏整促占道经营整治工作，有力调度指导东城、朝阳两区对东直门鸟市持续开展整治，指导东城、西城两区加强对鼓楼三岔路口的整治与管控，全市城管执法系统累计立案处罚占道经营违法行为7.9万起，同比上升132.1%；受理12345市民热线占道经营类诉求4.4万件，较2019年至2022年均值下降11.6%；执法量达到同期诉求量的1.8倍；"50+N"点位全部实现动态销账；会同公安部门在全市范围内开展"并肩治乱"联合执法行动，公安机关累计处理占道经营扰序违法人员668人。持续推进无违建区创建工作，开展彩钢板违法建设专项整治行动，配合开展"别墅类"

和"低层高档商品住宅"排查工作，指导朝阳、房山、通州、顺义、昌平、大兴等区完成"基本无违建区"创建工作拆违任务。全市、街（乡镇）综合行政执法队牵头和参与拆除违法建设2314万平方米，完成全年任务的115.7%，全市各区全部完成年度拆违任务。

（贾金龙　靳　丹　唐　鹤　赵振华）

【深化京津冀执法协作】年内，为贯彻落实习近平总书记在深入推进京津冀协同发展座谈会上的重要讲话精神，市城管执法以"深化执法协作、共促融合发展"为主题，牵头组织召开京津冀城市管理综合行政执法框架协议签订仪式暨第一次联席会议。与天津市城市管理委、河北省住房和城乡建设厅现场签署《京津冀城市管理综合行政执法协作框架协议》，审议通过了京津冀城市管理综合行政执法重点协作事项，形成执法协作事项备忘录，并明确以服务京津冀协同发展为目标，以构建常态化、长效化和制度化的执法协作机制为路径，加强京津冀城市管理综合行政执法全方位合作，努力推动形成协同发展、信息互通、协作顺畅、相互支撑的执法共同体格局，为京津冀地区高质量发展提供执法保障。

（张　迪）

【开展大排查大整治】"4·18"火灾事故发生后，第一时间印发《城管综合执法系统安全生产和火灾隐患大排查大整治工作方案》，组织全市城管执法系统围绕燃气、城市生命线、长输管线、环境秩序、电力、供热、生活垃圾设施七个领域开展隐患排查与问题整治工作，建立完善隐患台账，圆满完成国务院安委会督导组明察暗访、国务院安委办督导组年度安全生产考核、市委、市政府第六督察组进驻督导和北京市年度消防工作考核等各项安全生产考核、督导工作。其间，共开展专项执法检查59.40万次，同比增长40%；发现并责令改正及清除相关安全隐患共12.57万处，同比增长1608%；立案查处2.46万起，同比增长90%；罚款1158万元，同比增长28%。

（石　岳　唐　鹤　赵振华）

【燃气安全专项执法】年内，指导全市城管执法系统开展燃气安全隐患集中排查整治行动，重点对燃气供应企业、餐饮企业、学校、养老院、旅游景区、医院、施工工地、党政机关（企事业社会单位）八类检查主体燃气安全使用情况开展执法检查；会同市城市管理、应急、市场监管等部门制定印发《北京市打击非法液化石油气协同联动机制》，以市燃气专班的名义印发《关于开展无照游商、集市摊群商贩非法使用液化石油气集中整治专项行动的通知》，加大对无照游商、集市摊群等使用"黑气瓶"、"民气商用"相关违法行为的打击力度，追查上下游线索开展全链条执法。共检查燃气供应企业及燃气非居民用户28.90万次；发现并责令改正及清除隐患问题2.15万处，同比增长168%；立案查处9070起，同比增长149%；罚款687万元。其中，针对涉液化石油气违法行为立案3564起，罚款107.57万元；查扣并向液化气公司移送气瓶5782个，查处使用液化石油气的无照经营违法行为1174起，罚款62.30万元。

（石 岳 唐 鹤 赵振华）

【污染防治专项执法】 年内，组织开展建筑垃圾"每周行动日"、施工工地"净尘"专项执法行动，排查土方作业、拆迁拆违、道路修缮、市政园林等工程，引导各建设、施工、运输单位落实企业主体责任，聚焦市民诉求以及生态环境部门每月数据，加大对城市环路、快速路及其周边的巡查执法，办理擅自倾倒建筑垃圾典型案例，经验做法在全市城管执法系统推广。针对空气重污染和四级以上大风天气，按照预警等级坚决执行停止室外建筑拆除、土石方作业、建筑垃圾运输等强制措施。年内，全市城管执法系统查处大气类违法行为41725起，同比增长60.44%；罚款14003.83万元，同比增长23.41%。

（王 爽 唐 鹤 赵振华）

【施工噪声扰民专项执法】 年内，统筹调度施工噪声扰民问题，通报梳理阶段性夜间施工扰民诉求情况、各区排名情况及各街（乡镇）诉求高发点位，对属地执法检查情况进行分析，加强业务指导。每月针对举报高发全市排名前十的建设、施工企业，组织开展约谈训诫会，通报主要问题，提出整改建议。积极会同住建、生态环境、城市管理等行业管理部门，加大对夜间施工噪声扰民违法行为的联合督察检查力度，针对屡教不改、顶风作案非法夜间施工噪声扰民行为的建设、施工单位，依法严格处罚，列入信用系统，将处罚信息移送住建部门予以记分处理。年内，全市城管执法系统查处违规夜间施工类案件1861起，同比增长31.71%；罚款2433.51万元，同比增长31.17%。

（王 爽 唐 鹤 赵振华）

【生活垃圾分类专项执法】 年内，持续开展生活垃圾分类"城管执法精准进社区"专项执法检查，以"混装混运"案件查处为切入点，指导全系统进一步规范生活垃圾全链条管理秩序，对查证属实案件追溯前端分类管理责任人和中端中转、运输以及末端处理企业主体责任落实情况，对合同签订、台账记录、"联单"造册情况进行检查，对弄虚作假、无资质运输、去向不明、非法中转、随意倾倒等问题坚决立案调查，并调度全系统对全市58家转运、处理设施开展安全生产领域全覆盖检查。年内，全市城管执法系统共立案查处生活垃圾分类违法行为20.57万起，同比上升98.55%，罚款2046.76万元。其中适用

《北京市生活垃圾管理条例》查处生活垃圾分类违法行为19.8万起，罚款1719.93万元。

（刘　京　唐　鹤　赵振华）

【非法小广告整治】年内，多措并举整治非法小广告，会同公安部门与信息技术企业，研发"清朗北京"微信小程序，执法人员发现二维码类、微信、QQ类非法小广告违法问题线索后，第一时间通过小程序向公安部门、腾讯公司进行移送，及时落实封停措施，有效阻断传播途径。强化政企共治，与共享单车企业召开专题协调会20余次，逐步完善政企共治长效机制，督促企业清理车身小广告950万张；同时推动企业建立市民参与清理共享单车小广告奖励机制，三家共享单车企业累计发放骑行奖励1840份。年内，全市城管执法系统共整治小广告点位1.26万个；立案11996起，同比上升93.36%；罚款335万元，同比上升77.13%；收缴非法小广告23.9万张；训诫违法相对人8840人次；市级"小广告违法信息提示系统"累计呼出电话号码834.4万个次，累计移送停机2272个。

（解　峰　唐　鹤　赵振华）

【非法运营治理】年内，梳理非法运营问题诉求高发点位台账和各街（乡镇）重点问题点位4批101处次，在全市同步进行部署，指导属地同频共振、并肩打击。针对市民诉求20次以上的涉及的12个区76个街镇188个主要易发易反弹点位，对通州区马驹桥镇、昌平区沙河镇、朝阳区建外街道等持续处于高位的点位开展市、区两级联合调研，收集意见建议，强化综合治理，全市城管综合执法部门针对各类非法运营违法行为，立案340起，同比上升86%；市民热线诉求同比2019年至2022年四年均值下降52.39%，管控效果显著。

（李　龙）

【废弃电动三、四轮车清理整治】年内，开发清理整治台账系统，向市专班、委环卫处报送工作数据、周报信息52篇，刊发点评通报6期；赴全市26个街道（乡镇）实地调研指导推进，稳妥推进清理整治工作任务。年内，全市城管综合执法部门摸排废弃电动三、四轮车1.7万余辆，依法清拖7944辆，协同属地专班和社区、物业等基层治理力量督促车辆所有人交车处置9000余辆。

（李　龙　李　梅）

【重点地区环境秩序综合整治】年内，重大活动、重要节日期间，通过平安北京故宫专班、中心区"非法一日游"整治专班、天安门地区旅游环境秩序和群众服务工作专班等市级沟通联络机制，积极会同公安、市场监管、交通等部门开展"并肩行动"11次，发现并及时处置占道经营、散发非法小广告等问题76起，有效挤压违法空间。重点加强对天安门地区违规经营租赁亲子单车整治,加大早晚巡查力度,对发现的问题第一时间调度属地执法队进行处置,累计暂扣违规自行车 150 余辆,有力维护了天安门、故宫周边地区的环境秩序。建立占道经营、黑导游等易发点位台账,统筹指导东城区、西城区城管执法局和天安门城管分局签订《天安门交界地区联动执法协议》,提升环境秩序执法保障能力。

(郭锦鹏　唐　鹤　赵振华)

【市容环境领域专项执法】年内,组织召开主题为"党建引领 科技赋能 以精细化执法提升市容环境卫生责任制水平"市容环境卫生责任制经验交流现场会;联合市公安局治安总队并肩整治校园周边街头游商、无照经营、散发非法小广告等违法行为,联合市商务局等多部门推进全市美容美发及洗染行业"6+4"一体化综合监管工作,整治违规户外广告牌匾标识。年内,全市城管执法系统共规范责任单位 6.08 万家次,处罚 5731 起,同比上升 126.6%,宣传告知并规范医院周边商户 2.3 万起、校园周边商户 3.7 万起;开展联合执法 4944 次,责令修复户外广告设施 1404 块;拆除违法户外广告设施 3250 块;责令改正公共汽电车车身户外广告 45 块;责令改正非公共汽电车车身户外广告、车身标识 140 块;责令改正公交候车亭户外广告设施 88 块;拆除违法牌匾标识 6015 块;责令修复破损牌匾标识 4482 块;清理山寨指路牌 861 块;清理标语横幅 5190 条;安全隐患排查整改或拆除 2799(块、条);立案 4422 起,同比上升 201.3%;罚款 59.07 万元,同比上升 19.68%。

(靳　丹　解　峰　唐　鹤　赵振华)

【停车管理及私装地锁治理】年内,持续加强公共停车场开展无障碍停车位专项执法检查,牵头开展停车管理专项执法工作,着力整治未按规定对停车泊位备案、道路和物业小区外擅自设置固定或者可移动障碍物、违反规划将停车设施改作他用、停车管理单位违反运营服务规范、路侧街面公共区域流动无照经营机动车停车场等违法行为。年内,全市城管执法部门共开展联合执法 4294 次;拆除地桩地锁 8513 处;规范轻微违法行为 2766 起;立案 3205 起,同比上升 168.88%;罚款 191.6 万元,同比上升 109.93%;开展宣传报道 1292 次。

(解　峰　唐　鹤　赵振华)

【无障碍环境建设专项执法】年内,统筹指导区街城管执法部门重点查处城市道路范围内侵占、损毁无障碍设施问题,围绕重大活动涉及的会场、驻地周边及途经沿线等区域,加大无障碍设施执法检查力度,根据市残联移交案件线索解决侵占、损毁无障碍设施突出问题 50 余起。年内,全市城管执法部门共开展城市道路方面检查18.5万条次，发现并整改问题3231余起，立案33起，罚款5.7万元。

(郭锦鹏 唐 鹤 赵振华)

【外语标识专项执法】年内，重点针对五类应当设置外语标识公共场所开展执法检查，强化培训，开展外语标识专项执法培训交流，全面提升一线执法队员外语标识类专项执法业务技能。年内，全市城管执法系统共检查外语标识使用场所2704家次，立案94起，罚款2000元。

(解 峰 唐 鹤 赵振华)

【供热专项执法】年内，制定印发《采暖季供热专项执法保障工作方案》，督促、指导全市城管执法部门积极配合行业主管部门开展供热走访巡查，加强对供热单位的执法检查力度，查处各类违法违规行为，组织开展采暖季"问暖"执法保障行动，对全市集中供热锅炉房开展全覆盖执法检查，年内，共走访、检查供热单位、供热设施用户6100余家次，发现并责令改正供热用热不规范、未按规定备案、安全生产责任未落实等问题244起，立案38起，罚款22.2万元。

(石 岳 唐 鹤 赵振华)

【电力专项执法】年内，积极推进落实安全生产大排查大整治相关工作要求，组织电力企业召开安全生产视频工作会，联合市城市管理委和属地城管执法部门，对发电和供电企业开展安全生产督导检查10家次。针对电力系统迎峰度夏、服贸会等重要保障时段，组织电力企业召开专项工作会，推动朝阳、丰台、石景山、通州等区城管执法部门与电力企业开展联合执法检查6次。指导开展电力设施外部环境安全隐患治理，累计消除隐患66处。年内，全市城管执法系统深化落实政企协作机制，不断强化执法保障力度，结案721起，处罚25.4万元；国网北京电力公司所属35kV以上架空线路外力故障率同比下降28%，减少经济损失约3500万元。

(夏 禄)

【石油天然气管道专项执法】年内，针对房山区石油天然气管道数量多、管道企业相对集中的特点，在房山区组织我市管道企业，就保障管道运行安全、深化执法协作机制进行现场调研和工作座谈。指导各区城管执法部门密切配合行业管理部门，对管道占压、管道保护区施工等安全隐患开展排查治理，全年累计消除隐患4处。对重要会议和冬季供暖等关键时段，发挥市级综合协调作用，组织丰台、通州、房山等区城管执法部门联合管道企业，着重对管道Ⅲ级人员密集型高后果区开展执法检查3次，提高安全防范意识，重点防范外力破坏和管道外部运行环境综合治理情况。年内，全市城管执法系统结案6起，处罚4万元。

(夏 禄)

【城市绿化管理专项执法】 年内，积极主动配合园林绿化部门主办的城市绿地建设管理与养护问题接诉即办"每月一题"整治工作，通过召开业务交流视频会，指导基层解决居民自种树木、种菜等侵占绿地、小区改造涉绿等疑难、热点问题；收集并指导协调解决基层反馈的反复举报涉绿问题；督促街道（乡镇）综合行政执法队重点推进居住区、居住小区绿地非法砍伐树木、损害绿地等整治工作。年内，依据《北京市绿化条例》《北京市物业条例》，结案1305起，罚款146.4万元，其中，结案查处非法砍伐树木（含截除主干、去除树冠）行为46起，罚款91.8万元。

（李　慧）

【公园管理专项执法】 年内，持续开展文明游园整治，重点围绕媒体发布公园赏花片区、无界公园、开放式网红打卡景点、以往舆情高发公园，以及游客量大的公园，增派执法力量，加大执法巡查力度，劝阻、制止不文明游园行为。年内，依据《北京市公园条例》，全市城管执法系统结案处罚1167起，罚款4.1万元，其中，查处各类不文明游园违法行为1013起，罚款1.4万元。

（李　慧）

【古树名木保护专项执法】 年内，指导督促街道乡镇综合行政执法队落实执法责任，根据辖区实际，加强与森林公安、园林绿化等部门协作配合，采取现场检查、非现场执法监管、案件移送等模式，提升执法检查覆盖率，依法查处损害古树名木违法行为。年内，全市城管执法系统结案处罚31起，罚款44万元。

（李　慧）

【强化交界地区联动治理】 年内，制定印发《关于报送交界地区联动执法工作开展情况的通知》，指导各区城管执法局与相邻区建立完善了交界地区联动机制，共签订、制定区一级联动执法协议、工作方案66份33个；先后就交界地区存在的痼疾顽症在东城区与朝阳区交界的东直门三角地，通州、大兴、开发区三区交界的马驹桥等区域现场指导属地城管执法部门开展联合执法。

（刘　钧）

【城乡接合部重点村综合整治】 年内，制定印发《关于加强城乡接合部重点村无照游商占道经营整治工作的通知》，依托综合执法大数据平台，建立完善城乡接合部重点村综合整治台账及108个重点村日常管控联系人实名制台账，指导属地做好城乡接合部重点村综合治理工作。涉及108个城乡接合部重点村整治任务的41个街道（乡镇）共查处无照游商占道经营行为17109起。

（刘　钧）

【分类开展督察工作】年内，市城管执法局坚持督作为与督成效相结合、线上数据督察与线下现场督察相结合、日常督察与专项督导相结合、交叉督察与联合督察相结合、整改验收与"回头看"相结合、督办履职与考核评价相结合的"六个结合"督察工作方式，统筹抓紧抓实专项任务督导检查、重点任务督察、行为规范纠察，不断提升市领导批示督办件办理成效，共检查主要大街、重点点位（场所）51522处，三次组织开展全市跨区域联合交叉督察检查，发现各类问题4499处5694起，问题率8.7%，同比上年提高2.3个百分点；通过综合执法大数据平台，线上监测区街两级执法责任落实情况237轮次；按照"举报新进前十必查，连续两月举报前十必查"的原则，对18个区局（分局）及其所属166个基层执法队"面对面"督导305次，确保督察工作跟着群众诉求走、跟着高发问题走、跟着高发时段走、跟着高发点位走。

（曹 亮）

【强化执法指挥调度】年内，立足首都城市精细化管理要求，加强统筹协调、服务保障、快速响应，强化各单位之间、部门之间调度会商，制定完善视频巡查、突发事件、极端天气等应急管理制度，快速响应推送极端天气预警信息84次，调度全系统共出动执法人员22.51万人次，查处违法行为8975余起。持续增强数据分析导向的指挥调度能力，完成大数据平台8大类6772处重点保障点位的落点落图，开展视频巡查105万余次，巡查重点区域和重点点位25万余个次，发现并调度处置违法问题1047起。

（彭 杨 周 健）

【持续深化接诉即办】年内，设立专人负责接诉即办全过程盯办，年内，共办理12345热线环境秩序类诉求59.5万件，同比上升45.3%；其中行业问题响应率、解决率和满意率平均成绩为98.12分，同比上升5.99分，12月份首次实现系统满分成绩的新突破。"接诉即办"年度考核综合成绩100分，月考核成绩两次在市属机构获得第一名。

（彭 杨）

【完善大数据平台】年内，围绕推动城管综合执法数字化转型和高质量发展目标，坚持统筹赋能执法与数据安全，充分发挥信息化驱动引领作用，大数据平台15个业务系统整体运行平稳。其中，梳理建立18类指标28项数据，形成执法核心数据指标体系，精准服务支撑综合执法工作；新增朝阳、海淀、门头沟、房山、平谷、延庆6个区对接简易程序掌端应用，共11个区实现对接应用；大力推动非现场执法工作，指导各区开展视频探头接入和智能识别平台建设应用，新增8个区级单位接入视频监控资源；生活垃圾、非法小广告、燃气安全、施工工地四个执法专项已完成建模并上线试运行；依托大数据平台推进城管执法转型发展的经验做法获评法治政府建设示范项目，并在全国住建系统精神文明建设工作会议上获得好评。

（刘　志　张海博　赵京滨）

【落实智慧城市建设重点任务】年内，推动基础台账数据、分类分级台账数据、检查单数据、执法办案数据、12345诉求数据等方面的治理工作，进一步提升数据的完整性、准确性和及时性。按照全市感知体系统筹建设部署安排，结合城管执法实际需要，研究梳理了15个智能感知应用场景需求，积极推进与市图像办、市经信局的信息共享。依托自建和共享公安、住建部门的14万余路视频监控资源，积极开展非现场巡查执法工作。

（张海博　张焱博）

【执法队伍规范化建设】年内，以"抓规范、补短板、促提升"为主题，制定印发《2023年北京市城市管理综合行政执法队伍规范化建设方案》《关于深入推进新时代北京市基层综合行政执法队规范化建设的指导意见（2023—2025年）》，修改完善基层综合行政执法队规范化建设监测指标，统筹调度推进16个区局选取的59个基层综合行政执法队开展示范队建设，打造第一批18个队伍规范化建设示范执法队。持续深化向全国"最美公务员"张春

山同志学习活动，制定《2023年"最美城管人、最美执法队"推树方案》，共完成三期推树最美执法队34个、最美城管人48人，加强"双美"推树与"北京榜样"举荐工作衔接，入选"北京榜样"周榜3人、月榜1人。

（齐莹爽）

【执法监督考核】年内，组织修订完善《2023年北京市城管综合执法考核评价指标体系》，修订2023年度以奖促治工作方案，制定以奖促治城管执法业务考评办法，加强系统考评工作。健全完善市、区两级城管特约监督员制度，增聘5名政协委员、1名人大代表为市级特约监督员，组织会议开放日、经验交流现场会、征求意见座谈会等11次，区级层面开展监督员活动80余次，经验做法在市委统战工作部举办的政府特约人员专题培训班上进行交流发言。

（张向军　王庆凯）

【执法风纪监督】年内，组织开展《北京市城市管理综合执法人员行为规范》《城管执法系统风纪问题查办暂行办法》等制度文件培训解读，狠抓执法行为规范落实，持续开展执法风纪类举报梳理、统计、分析和通报。共接到市民投诉执法风纪类问题445件，经属地调查属实15件，问题属实率3.37%；加强反面警示教育，对11起突出违规、违纪受到纪律处分事件进行公开曝光，引导全体人员自觉规范言行举止，

勇于抵制不良风气，树立城管综合执法队伍良好形象。

（马　垚）

【分类推进执法宣传】年内，以宣传环境秩序新变化、队伍建设新成果、执法转型新进展为重点，全系统在各级各类媒体刊发新闻11648条次，制推短视频80个，开展社会宣传活动和城管志愿服务活动1844次，宣传发动社会力量14.49万人次；在"志愿北京"平台发布志愿服务项目345个；制作发布宣传海报、动画片、公益广告、宣传片等宣传材料283个。其中，充分发挥媒体曝光工作机制的作用，对涉及安全生产、不文明游园、建筑垃圾泄漏遗撒、未及时扫雪铲冰等相关违法行为在媒体曝光88批次；打造"城管开放日"活动品牌，开展安全生产、生活垃圾分类、文明游园、开学第一课等主题的"城管开放日"活动260余场；建设以微信公众号、抖音等为主的新媒体阵地，并在《中国建设报》《北京日报》等头版宣传首都城管执法高质量发展新成效，构建具有北京城管话语特色、渠道特色的传播品牌。

（陈　宣　吴　熙）

第十二部分
综合管理和服务保障

【概况】年内，紧紧围绕城市管理工作大局和全委重大任务完成，全力做好综合管理和服务保障工作。下发372个项目推进计划书，完成城市运行保障领域256.8亿元固定资产投资任务。加强政府采购和合同管理，完善委内统计调查制度，编制市政灾后恢复重建规划，协调委内重大战略任务落实。全面推进依法行政，不断完善城市管理法规规章制度体系，坚持行政决策科学化、民主化和法治化，妥善办理行政复议应诉案件，提高机关干部法治思维和依法行政能力。围绕城市管理策划宣传报道，加强舆情引导应对，挖掘先进事迹和典型人物，积极宣传报道行业发展正能量。建设忠诚干净担当的高素质专业化干部队伍。编纂完成《北京市城市管理年鉴（2023）》，展开立志续史有关工作，重大课题调研取得新成果。牢固树立"零基预算"理念，坚持"重点保障、加大统筹、精打细算、控制成本、加强审计"的财务管理工作方针，积极落实财政资金，抓好预决算管理，做好各项外部审计配合及内部审计工作，加强完善内控制度，推进绩效全过程管理。积极做好中央国家机关、驻京部队、中央在京企事业单位服务联络工作，聚焦群众愁心事积极办理信访工作，统筹市政府绩效考核和重点任务落实，2023年度，市城市管理委在北京市政府绩效考核中获得优秀等次。

（张速新　李　珍　胡晓侠　王　冬
　　王　健　张京松　朱文彬　刘泽群）

【"十四五"规划中期评估】年内，完成"十四五"北京市城市管理发展规划中期评估。规划实施以来，14项主要指标中3项指标已提前完成、7项指标进展符合进度要求，132项重点任务总体推进顺利，基本实现"时间过半、进度过半"，为如期完成"十四五"规划目标任务奠定坚实基础。

（张速新）

【完成固定资产投资256.8亿元】年内，创新工作方式方法，多渠道扩大项目支撑，完善项目推进机制，压实各方责任。全年城市运行保障领域固定资产投资累计完成256.8亿元，超额完成年度240亿元目标任务。

（薛继亭　孙　博）

【污染防治等重大战略任务落实】年内，完成污染防治牵头任务37项、协办任务15项，生态文明建设重点任务牵头任务6项、配合任务16项，京津冀协同发展重点任务7项，城市总规督察绩效考核任务6项。

（韩　璐　厉卜友）

【完成国家和市委办局统计调查工作】年内，完成国家、市统计局2022年城市建设统计年报，2023年定期（月报、季报、年报、快报）统计报表等报送工作，共计110余张。完成能源运行、地下管线、地下综合管廊、石油天然气管道保护4项统计报表制度修订工作。组织开展委内统计造假专项治理工作。

（张速新　贺锦涛）

【城市管理重点领域立法】年内，市城市管理委完善立法工作机制，成立立法专项起草工作小组，开展实地调研、专家论证和意见征集等工作，完成《北京市供热用热管理条例》（制定）、《北京市"门前三包"责任制管理办法》（修订）的立法调研工作；完成《北京市公共厕所管理办法》《北京市标语宣传品设置管理规定》《北京市城市道路和公共场所环境卫生管理若干规定》《北京市人民政府关于扫雪铲冰管理的规定》《北京市城市建筑物外立面保持整洁管理规定》《北京市地下设施检查井井盖管理规定》的立法后评估工作，发挥立法对城市管理工作的支撑保障作用。

（范开花）

【开展普法学法】年内，市城市管理委印发《北京市城市管理委员会关于印发2023年北京市城市管理系统普法依法治理工作要点的通知》，组织开展基本法律知识和城市管理领域重点法规学习，做好机关内部普法和社会面普法工作。组织领导干部在主任办公会上学法4次，开展专题法治讲座2次，举办城市管理系统2023年依法行政培训班，完成依法行政培训任务。组织开展法律咨询、以案释法、旁听庭审、普法宣传等活动，组织"12·4"国家宪法日主题普法活动，机关干部法治意识和依法行政水平持续提高。

（范开花）

【文件合法性审查】年内，印发《北京市城市管理委员会关于印发〈北京市城市管理委员会行政规范性文件制定管理办法〉的通知》，明确行政规范性文件合法性审核要点，加强对行政规范性文件起草、审核、发布和备案的管理，切实将行政规范性文件制定工作全面纳入法治化轨道。市城市管理委制发的7件行政规范性文件均在规定的时间内通过北京市规范性文件审查工作信息平台报送备案；对提请市政府会议审议的2件文件进行合法性审查，并按照程序和时限要求报送市司法局审查。

（范开花）

【行政复议应诉】年内，市城市管理委依法履行行政复议职责，及时受理复议申请，采取调解、和解方式做好案件争议化解。按期提交行政复议案件答复材料及证据，积极配合复议机关调查。共受理2件行政复议案件，办理8件行政被复议案件，未收到行政复议意见书和建议书。市城市管理委加强对信息公开、履职申请等涉法易诉事项的法律审查，从源头预防行政争议。严格落实行政机关负责人出庭应诉制度，认真做好答辩举证工作。共办理3件行政应诉案件、3件民事诉讼案件，均未败诉。

（范开花）

【围绕城市管理策划宣传报道】 年内，紧紧围绕垃圾分类、"门前三包"、背街小巷整治、抗洪救灾、燃气安全、充电桩建设、冬季供暖、扫雪铲冰等重点工作，积极策划报道选题，深入各区和行业基层，挖掘先进事迹和典型人物，积极宣传报道行业发展正能量。2023年，组织中央及市属媒体集体采访、新闻发布会、专访和发布新闻通稿75次。

(李 珍)

【组织参加新闻发布会】 年内，共组织、参加新闻发布会3场。牵头组织市水务局、市通信管理局、国网北京市电力公司、市自来水集团5家单位召开"营商环境再行动"宣传月第二场新闻发布会——"提升市政公用报装便利性、服务协同性、供应可靠性，让企业以更少成本获得更高效率和更优服务"。重点围绕市政公用联合服务和市政接入工程并联审批、"非禁免批""一证办""刷脸办""免申办"等系列服务举措，提高供水用水可靠性、环境可持续性、报装便利性，推进重点场所"双千兆"网络深度覆盖和提升网络报装的透明度和便捷性等方面，介绍了本市改革经验和做法。《中国建设报》、新华网、《北京日报》、北京电视台、《新京报》等9家媒体参加。参加北京冬春防火工作新闻发布会，会上就电动自行车充电设施建设、全市城镇燃气安全专项整治工作回答记者提问。参加"北京市贯彻落实党的二十大精神"系列主题新闻发布会"北京市韧性城市建设"专场，介绍北京电、气、热等"城市生命线"韧性建设进展。

(李 珍)

【垃圾分类宣传动员】 年内，在《北京日报》要闻版面头条刊发《1.6万个小区（村）全面实施垃圾分类》，《80余小区"精准赋能"提升垃圾分类能力》。在《北京社区报》刊发《本市已评出200余名垃圾分类达人》，对北京市生活垃圾分类达人评选工作进行宣传报道。在《中国建设报》刊发《"关键小事"连着"生态大事"——全国城市生活垃圾分类专题晚会侧记》《计量收费提升行业精细化管理水平——北京市城管委做好非居民厨余垃圾管理工作侧记》。深入基层挖掘先进事迹和典型人物，拍摄播出《垃圾分类我们在行动》节目108期，累计在"北京时间""学习强国"平台播放量超过4250万次，获赞45万条，全网各类新媒体稿件阅读总量破7000万。制作369期垃圾分类短视频，在委"管城理市"微信公众号、抖音、快手、"北京时间"APP等平台播出。官方新媒体矩阵协同发力，微博、微信共发布垃圾分类相关推文1001篇，累计阅读量达398.7万。全市共组织进社区、进公园、进校园、进单位、进企业等市级宣传活动39场，线上线下参与人数近435万人次。

(李 珍)

【垃圾分类三周年主题晚会宣传推广】年内，做好《奋进在文明的征程中》垃圾分类三周年主题晚会宣传推广，晚会本地平均收视0.63，35城平均收视0.192，同时段全国节目排名第6名，外地贡献率74%。@北京时间多平台阵地对活动进行全方位宣传推广，邀请30余家媒体（涵盖国家级、地区级、省市属、商业重点媒体）进行深度跟踪报道，联合豆瓣、小红书、今日头条、百度百家等自媒体平台，抖音、B站等视频平台进行矩阵式报道。全网话题量累计达2.2亿，全网累计收获热搜热榜12个，全网视频播放量7068.62万次，全平台直播总互动量达2011.4万次。

（李 珍）

【背街小巷成效宣传】年内，结合中宣部"高质量发展调研行"专题，协调《人民日报》《新华每日电讯》、中央电视台等多家重点媒体开展集中宣传报道，聚焦北京5393条背街小巷三年内完成环境精细化治理、首次评选"最美庭院"、启动第六届"美丽街巷我的家"摄影绘画作品征集活动等工作规划，点赞用"绣花功夫"恢复北京胡同肌理留住乡愁，持续改善提升人居环境，以"一街一策"实现极具人文关怀的街巷治理成果惠民利民。《北京日报》在头版《新时代首都发展巡礼——精神文明建设》专栏以《小巷深处故事多》为题介绍背街小巷整治成效及长效管理机制，系列报道获多家媒体转发。联合北京日报社推出20条"漫步北京"最美胡同街巷探访路线邀市民打卡。利用地铁站台四封、十二封灯箱及出入口公共安全灯箱开展"漫步北京"最美胡同街巷探访公益宣传，设计制作海报26幅，投放灯箱广告56块。组织"漫步北京"最美胡同街巷探网络名人行活动，邀请网红9名，对东城区水穿街巷、西城区白塔寺路线进行探访，在微博、头条、抖音、快手等新媒体平台发帖52条，视频7条，共获网友点赞3.9万次，跟帖评论1694条，转发2537次。

（李 珍）

【城市运行服务保障宣传】年内，持续开展燃气安全宣传，抓住"气、瓶、灶、阀、管、网"重点环节，聚焦"六要六不要"、安全配件使用和《北京市燃气管理条例》相关规定，会同行业企业印制发放"明白纸"海报、折页170余万张。围绕燃气安全巡检、安全型配件安装等工作，组织媒体进行实地采访。制作3部燃气安全视频宣传片，在北京电视台和自媒体发布。在微信、微博开设"城市运行""科普小课堂""曝光栏"等栏目，持续发布工作动态和知识常识，曝光典型案例。通过微信朋友圈在全市范围内发布燃气安全H5长图。做好抗洪救灾新闻宣传报道，及时收集文字、图片、视频素材，形成新闻通稿推送到各新闻媒体。在北京电视台新闻频道播出滚动字幕，对市民进行灾后燃气、电力使用安全提示。通过新媒体发布各行业企业防汛救灾、保障城市运行信息共126篇。做好提前供热宣传，组织10余家中央和市属媒体集中采访。做好暴雪寒潮宣传，通过集中采访、电话连线、推送新闻通稿、政务新媒体推送等方式，播报全市扫雪铲冰工作开展情况，发布市民安全出行提示。

（李　珍）

【基层典型选树】年内，联合首都精神文明办开展2023年"北京市生活垃圾分类达人"评选工作。经过基层推荐、专家评审、资料复审等环节，共评选出"北京市生活垃圾分类达人"（以下简称"达人"）190人。组织开展2023年北京市生活垃圾分类达人颁奖交流活动，活动中"老"达人为"新"达人颁奖传承垃圾分类精神，活动线上观看人数达到68万余人次。3名垃圾分类先进典型入选住建部评选的"生活垃圾分类达人"（全国共计100名）。

（李　珍）

【弘扬管城理市志愿服务】年内，全市共发起管理城市志愿服务项目5100余项，参与志愿者数26万人次，累计服务时长434万余小时；发起垃圾分类志愿服务项目2500余项，志愿者7万人次，累计活动时长158万小时。市、区两级垃圾分类宣讲团深入基层进行"面对面"宣传，开展垃圾分类宣讲700余场，辐射人群11万人次。结合垃圾分类等重点工作，积极调动各基层志愿服务组织开展"爱满京城"学雷锋志愿服务主题宣传实践活动，服务内容涵盖垃圾分类、桶站值守、环境保障、卫生大扫除等多个方面。城市管理领域共有2名个人、1个组织、1个社区获评2022年首都学雷锋志愿服务"五个100"先进典型。

（李　珍）

【舆情引导应对】年内，加强舆情跟踪和分析研判，为城市管理工作顺利开展保驾护航。共制作舆情日报365份、周报53份、月报12份、季度报4份、半年报2份，专报95份，制作舆情问题办理专刊30期。针对《北京市生活垃圾管理条例》实施三周年等热点问题相关舆情制作风险研判报告。加强内部协同与横向沟通，完善舆情问题办理流程，与委相关业务处室研究建立舆情问题的分派、办理和反馈闭环管理机制，加大对各区的协调督办力度，积极推动问题解决。在《今日舆情》日报中开辟《落实与反馈》专栏，对舆情问题办理情况进行梳理分析，共反馈问题落实整改情况692个，督促点位问题落实整改，避免舆情发酵，为城市安全稳定运行提供保障。持续做好新媒体各平台舆情监测，新媒体各平台收到网民互动信息共计28642条，针对私信和评论信息进行分类筛选，回复解决网民问题219条。

（李　珍）

【加强深化改革工作组织领导】年内，

认真学习贯彻习近平总书记关于全面深化改革重要讲话精神，落实市委深改委改革工作部署，在更高起点、更高层次、更高目标上推进城市管理领域的改革创新工作。完善组织架构，按照"扁平化"原则，构建"领导小组统筹、专项小组领衔、牵头处室主责、参与处室配合"的工作体系，保障各项改革任务落实。科学统筹谋划，研究审议涉及市城市管理委改革任务，搞好规建管领域改革顶层设计，明确各专项小组和各处室改革任务、责任分工、时间进度、工作要求，推动全委重点领域和关键环节改革取得新突破。

（曹志佳）

【年度重点改革任务29项全部完成】年内，以打造宜居、韧性、智慧城市为目标，践行"人民城市人民建、人民城市为人民"理念，强化首善标准，突出问题导向，聚焦重点领域，围绕内部协同、横向沟通、系统联动、科技赋能、安全管理、队伍建设等方面改革创新，年度重点改革任务29项全部完成，其中列入市委深改委和规建管改革专项小组工作要点的共3项，其他城市管理重点领域改革任务26项，精治、共治、法治水平得到进一步提升。

（曹志佳）

【严格督察推进改革任务落实】年内，树立"管行业就要抓改革，管业务就要推改革"的理念，从主要领导到主管领导，再到处室一把手，都是推进改革第一责任人，人人肩上有压力，确保了推进改革有动力。强化督察指导，对每项改革任务明确成果形式、完成时限，定期研究推进，全程进行跟踪指导。利用网络、简报、宣传栏等形式，发布改革动态、交流改革经验，发布改革相关信息110余条，编发《城市管理简报》2期，营造改革工作氛围。

（曹志佳）

【基层综合执法改革措施落地】年内，围绕《关于加强北京市基层综合行政执法队伍建设的意见》落实，指导推动全市16个区全部出台实施意见或实施方案，对市级《队伍建设意见》明确的30项任务细化措施，其中，规范党组织建设、基层综合行政执法队主要负责人由街道（乡镇）领导班子副职兼任、配备1名正科副队长三个方面30项任务已基本完成，并督促形成106篇经验做法材料进行学习借鉴，全面推进《队伍建设意见》各项任务贯彻落实。

（胡晓侠　李国安）

【下放行政执法职权评估】年内，会同市委编办、市司法局对下放街道（乡镇）行政执法职权进行评估，重点围绕基层执法体制建设、职权履行、制度落实、工作保障四个方面，系统梳理职权下放以来在制度保障、队伍建设、教育培训、装备配备和信息化建设等方面的改革成效，深入分析在区街关系、队伍管理、执法能力和教育培训等方面存在的不足，提出四个方面工作建议，推动下放职权能够"接得住、管得好"。

（胡晓侠）

【推行分类分级执法】年内，立足执法"无事不扰""无处不在"，深入推动贯彻实施《城市管理综合执法分类分级执法工作管理规定》，依托城市管理综合执法大数据平台加强数据监测分析通报和调度部署，督促执法人员优化检查方式、精准配置执法资源，不断压减无违法行为执法对象的检查频次，积极营造良好营商环境；加大对燃气等重点执法对象的检查，加强风险防范，筑牢安全防线。年内，已逐渐将实施过检查和处罚的20余万家责任主体纳入城市管理综合执法大数据平台分类分级系统，促进执法更加精细和精准，让企业享受到诚信守法经营带来的"红利"，对引导市场主体自觉尊法守法、共同参与城市治理发挥了积极作用。

（赵鸿波）

【落实财政资金】年内，结合年度工作重点，完成对部门预算进行分解和批复，保证城市环境建设、市容环境卫生、景观照明、路灯改造、户外广告、供热燃气等方面工作顺利开展。2023年市财政局安排市城市管理委部门预算109.78亿元，其中，委系统内预算66.03亿元，转移支付区预算43.75亿元，充分保证履行各项工作职能所需资金。

（王　冬）

【预算初审】年内，按照市人大城建环保委关于2024年度预算初审的有关要求，认真研究分析，积极组织落实，把预算初审工作作为市城市管理委进一步提高预算管理水平的重要抓手，向市人大城建环保委就职能职责、组织机构、2023年度预算执行及2024年度预算安排做汇报；积极采纳市人大城建环保委、财经委提出的意见建议。

（王　冬）

【预算编制】年内，根据市财政局2024年部门预算编制要点，按照"保工资、保运转、保重点、控一般性支出"的总体原则，夯实基础工作，加大审核力度，统筹计划安排各项预算，盘活存量，用好增量，严格控制行政成本，把市城市管理委系统2024年部门预算编制工作做细做实，在规定时间内完成预算编报工作。

（王　冬）

【预算管理】年内，在预算执行过程中，严格按照年度项目经费支出预算批复指定用途、范围和支出金额，结合项目工作进度，加快推进项目采购工作，统筹合理安排支出。加强预算执行分析，加快资金审核支付。从财政预算控制、拨付程序是否合规完备、票据是否真实有效等方面对预算资金支出进行审核，确保每笔支出均按照财政批复及国库集中支付有关管理办法执行。建立预算执行进度月通报机制，确保支出进度指标的完成。全年委系统财政拨款预算执行进度为97.65%，委机关财政拨款预算执行进度为97.61%，高质量完成预算支出工作。

（王 冬）

【年度决算】年内，核对各项基础数据，编制完成2022年度部门财务决算和政府财务报告、固定资产年报工作。对一年来收支活动进行分析和研究，做出正确评价；通过分析，总结出管理中的经验，发现存在的问题，改进财务管理工作，提高财务管理水平，也为领导的决策提供了依据。

（王 冬）

【配合外部审计】年内，做好审计署、市审计局各项外部审计配合工作。接受市审计局九个批次的审计和审计调查任务，分别为：审计署关于北京市乡村建设行动相关资金与政策落实情况审计和中央新能源汽车充电基础设施奖励项目审计，市审计局关于市级一级预算单位过"紧日子"政策落实情况专项审计，市审计局对节能降碳政策落实和资金管理使用情况专项审计，市审计局对北京市供热补贴资金管理及使用情况专项审计调查，市审计局对综合管廊项目建设运营情况专项审计调查，市审计局对国外贷援款项目使用国外贷援款资金形成资产的管理和使用情况审计调查，市审计局首都环境建设市级重点项目资金专项审计调查，市审计局稳经济等重大政策措施落实情况跟踪审计，市审计局2022年度部门决算和财务数据采集。在做好沟通联络、保障服务、资料收集、意见汇总反馈等工作的基础上，协调委内相关部门，确保审计报告反映的问题事事有着落，件件有回应。配合委内相关部门做好审计落实整改工作，建立健全审计发现问题整改机制，对审计发现的问题，深入分析、着力解决，推动长效机制建设，确保整改到位。

（王 冬）

【加强内部审计】年内，根据年度内部审计工作计划，组织开展内部审计工作。成立以财务处（审计处）相关人员、中介服务机构和委系统特约审计员组成的审计工作小组，对委机关本级及所属预算单位全面开展预算执行审计及内控评价工作；多方面实施内部专项审计，完成王坦同志、赵宇光同志经济责任离任审计，组织开展燃气集团2020—2022年燃气运营成本绩效专项调查、北京城市副中心老城地区主次干路架空线入地三年工作进展情况审计、北京市安全型液化气配件推广阶段性进展审计工作。

（王 冬）

【开展绩效评价】年内，组织开展委预算项目绩效评价工作。一是制定《北京市城市管理委员会2023年度全面预算绩效管理工作方案》，成立以分管财务委领导为组长的委全面实施预算绩效管理工作小组；二是组织开展委系统2022年预算项目绩效评价自评工作，评价项目375个，占部门项目总数的100%，涉及金额594301.82万元，开展简易程序评价项目363个，涉及金额545076.02万元；三是对2022年项目绩效目标执行监控，监控项目403个；四是组织对区专项支付资金绩效评价工作；五是组织对市级部门产业资金项目进行普通程序绩效评价工作，经专家评议，人大代表监督，该项目评定为"优"；六是组织完成市属景观照明设施运行维护项目成本绩效分析工作。通过我委绩效评价工作的开展，将绩效管理贯穿于预算管理全过程、各环节，并在预算执行过程中，达到对项目绩效目标和支出进度同步"双监控"。

（王　冬）

【争取财政政策】年内，配合相关业务处室与市财政等相关部门积极争取各项财政政策，保障委各项工作顺利开展。一是配合落实新一轮背街小巷环境精细化治理市级引导资金以及奖励资金财政补助政策，保障背街小巷环境治理工作的有效推进和实施，保障预算资金顺利下达。二是配合推进中央充电基础设施奖励资金使用方案，保证重点工作顺利实施。三是配合落实核心区平房院公厕改造补贴标准及项目清算工作。四是配合完成全国城市生活垃圾分类专场晚会资金落实工作。五是配合推进新一轮道路清扫保洁采购、景观照明设施维护采购工作，征求财政意见、保证预算资金，启动新一轮采购工作。六是配合推进行政办公区二期景观照明工作、协调市财政局落实预算资金，推进采购及相关合同付款实施。

（王　冬）

【开展资产清查】年内，印发《北京市城市管理委员会2023年度资产清查盘点工作方案》，成立委资产清查工作小组，开展资产清查，全面摸清委系统固定资产底数。编制完成2022年度行政事业单位国有资产年报，按时报送2023年行政事业单位国有资产月报。完成所属预算单位资产处置工作，做好于宅办公区、大会堂西侧路45号院资产调拨事宜，优化资源配置，提高资产使用效益。

（王　冬）

【推行量化考核】年内，根据《北京市城市管理委员会下属事业单位财务审计管理量化考核办法（试行）（2021年度）》对事业单位财务管理工作进行考核。考核内容包括预算管理、内部审计及内控制度、绩效评价、资产管理、财务资料报送和涉及财务审计管理的重大违法违纪事项六个方面。以考核促管理，增加各事业单位间的横向对比，知不足、找差距。不断提高财务人员自身能力和业务水平，保证积极履职、认真履职、正确履职。

（王　冬）

【服务中央单位和驻京部队】年内，赴中直管理局、国管局和全国人大、全国政协、中组部、中纪委的机关事务管理局，以及中央军委后勤保障部军事设施建设局、中央军委机关事务管理总局、北京卫戍区等相关司局走访座谈，建立联系机制，了解服务需求。围绕中央重点项目，专人服务、定期调度，协调市区相关部门、行业企业解决电力增容、燃气切割改线、供热接入等市政设施建设改造事项，确保项目顺利推进实施。按照市服务中央单位和驻京部队领导小组办公室要求，结合中央单位和驻京部队来函、来电、来访等需求，协调解决市政接入、应急抢险配合、标语宣传品许可等各类城市管理领域服务事项70项；搭建军地对接平台，协调中央军委后勤保障部军事设施建设局和北京燃气集团、市热力集团，做好49个驻京营院（营区）供热接管运行。

（王　健）

【做好重点企业"服务包"工作】年内，落实市委、市政府关于企业"服务包"制度有关工作要求，发挥行业管家作用，与重点企业建立联系机制，赴国家电网、国家管网集团等12家"服务包"重点企业走访调研。定期与企业沟通对接，了解企业遇到的难点问题，听取意见和建议，及时办理企业需求事项88件。做好11次市领导走访服务保障，督促办结走访提出的60项诉求。

（王　健）

【统筹市政府绩效考核和重点任务落实】年内，以绩效考核为工作总牵引，按照年初编制绩效任务清单、季度集中报送进展、半年完成综合考评的要求，形成"三本账"，坚持全过程管理、全事项督办、全结果公开，39项市政府重点任务和3项民生实事按期完成，2023年度市政府绩效考核获得优秀等次。

（张京松）

【建议提案办理】年内，市城市管理委累计接收建议、提案123件（人大代表建议48件，政协提案75件），其中，主办44件、会办79件。44件主办建议提案中，垃圾处理和市容环境卫生类13件，占29%；供热、燃气、充电桩建设、照明、地下管线综合协调和电力等城市运行类21件，占48%；环境整治、景观提升等环境建设类10件，占23%，均已办理完毕。

【严抓保密工作】年内，把维护首都安全稳定、国家安全人民防线建设和保密工作当成头等大事来抓，狠抓"五个始终坚持"，一是始终坚持健全"三位一体"（维稳、国家安全、保密）组织机构和责任管理体系相结合，突出抓好重大活动保障保密管理，动态更新保密委成员、涉密人员台账，压紧压实责任。二是始终坚持经常性保密教育和日常保密检查相结合，在党组会和主任办公会7次部署保密工作要求，组织全委签订保密承诺书。三是始终坚持强有力的宣传导向和警示教育相结合，定期动态扫描全委非涉密电脑，发现问题通报整改。四是始终坚持技术防范和人员防控相结合，全面排查清理僵尸群、临时工作群等存在严重风险隐患的社交软件。五是始终坚持高位督导和细节抽检相结合，采取部门自查、现场督导方式开展保密自评，强化涉密载体存管。累计接收、存管机要文件800余份。

【信访办理】年内，共接收各类信访事项1174件，接听信访电话579次（件），接待群众来访65批74人次，处理北京市网上信访信息系统51件，市民来信23件，领导信箱456件。期间未发生重大重复上访户、重大群体性事件、极端恶性案件和大规模集体访的情况。一是发挥领导干部带头作用，牵头组织分管副市长下基层接访活动，解决群众反映强烈的护栏拆除、小区电动自行车充电设施建设等烦心事；严格执行"委领导公众接待日"安排，委领导带头接访、集中接待，研究解决市民反映的重点难点问题。二是焦聚重大活动、会议，提前做好矛盾化解工作，重点关注群访、长期缠访、闹访和有极端行为倾向的突出个体，确保"四个不发生"。三是建立律师参与与工作通报机制，每月开展办公室、法制处、业务处室、律师联合接访，为来访群众提供法律援助，确保案件办理依法合规，程序严谨。每月通报委机关处室信访案件办理情况，分析研判下月形势，夯实信访工作责任制，及时妥善解决群众诉求。

（张京松）

【干部选拔任用】年内，严格执行《党政领导干部选拔任用工作条例》等制度规定，落实全国组织工作会议提出的四个"注重选拔"、四个"坚决不用"要求，突出对干部政治素质和能力素质考察考核，严格开展"凡提四必"，用好监督执纪成果，加强选人用人把关。2023年，结合优化干部队伍结构和事业发展需要，选拔使用8名处级领导干部，晋升职级公务员37名。

（朱文彬）

【干部教育培训】年内，共开展"城市治理讲堂"12期25讲，行业和专项工作培训115期，培训内容覆盖委各业务板块和重点领域，累计培训系统内干部6.4万余人次。圆满举办市委组织部重点调训班次"城市精细化管理专题研讨班"。组织开展处级干部学习贯彻党的二十大精神进行轮训。落实住建部、市委组织部调训工作要求，共组织调训干部100余名。委干部教育培训工作经验做法在《北京组工通讯》2023年第11期刊发。

（朱文彬）

【年轻干部培养】年内，结合重大活动、重大任务有计划地选调政治素质好、工作能力强、有发展潜力的年轻干部到安全隐患大排查大整治、燃气安全专项整治、防汛救灾和恢复重建等急难险重岗位经受磨炼，并用好援派挂职、干部交流培训等多种手段加强年轻干部培养锻炼，系统搭建干部实践锻炼平台，帮助干部经风雨、见世面、长才干。

（朱文彬）

【干部考核激励】年内，强化干部考核激励，鲜明树立重实干、重实绩、重担当的考核导向、用人导向，持续推进公务员平时考核，依托信息化系统加强考核工作，合理分配等次指标，共考核813人次，完成2022年度机关干部考核奖励工作，57人被评定优秀等次，记三等功14人，给予嘉奖奖励57人。组织10家委属事业单位开展2022年度工作人员考核工作，共考核604人，120人被评定为优秀等次并落实嘉奖奖励。组织开展首都绿化美化、安全生产等表彰奖励评选工作，推荐先进集体5个，先进个人8名。

（朱文彬）

【干部队伍源头建设】年内，结合新时代首都城市管理事业发展需要，共招录公务员6名，其中定向选调生3名，遴选公务员2名，接收安置转业军官1名。公开招聘3名参公事业单位工作人员、12名公益一类事业单位工作人员、4名"优培计划"应届毕业生、2名退役大学生士兵。

（朱文彬）

【事业单位管理】年内，组织开展事业单位年度"一报告两评议工作"，加强测评结果数据分析和利用。规范事业单位领导分工、组织人事工作人员备案管理制度。加强对事业单位选拔任用、公开招聘、工资保险、档案管理等工作指导，开展干部人事档案巡查工作，规范事业单位科级干部选拔任用工作。组织开展委属事业单位社会公益服务研究职称评定，共评定副高级职称5名，中级职称7名，初级职称1名。

（朱文彬）

【机构编制管理】年内，配合市委编办做好委机关行政编制精减工作。强化事业单位用编管理，严格按照市委编办批复的用编计划开展公开招聘、人才引进、日常交流调配等工作。组织开展工作专班及其借用人员规范管理、直属事业单位编外用工规范管理工作，制定我委《工作专班及其借用人员规范管理办法》《关于进一步加强编外用工管理工作的意见》并以党组名义印发，坚决维护机构编制工作的权威性、严肃性。

（朱文彬）

【重点课题调研】年内，高质量完成市调查研究联席会年度重点调研课题"深化首都城市背街小巷环境精细化治理的调查与思考"，调研成果在《北京调研》刊发，并转发在中央政策研究室刊物《学习与研究》上。制定委大兴调查研究工作方案，围绕"党建引领、环境建设、能源运行、市政公用、城管执法、科技赋能"等10个方面确立调研选题90余项。强化调研成果运用，形成《新时代首都城市治理实践的根本遵循和指南》《扎实推进新时代首都城市管理高质量发展》等理论文章10篇，发表在《学习与研究》《前线》《北京调研》《北京工作》《城市管理与科技》等刊物，为科学决策提供依据和参考。《深化首都城市综合流等机制研究》获北京市第十五届优秀调查研究成果优秀奖。协助做好住建部"城市基层治理模式研究"，配合首都高端智库开展"首都城市运行管理现代化体征指标和实施路径研究""北京市市政公用事业发展现状及管理模式研究"，以及"生物危机背景下城市安全运行问题研究"，不断提升调查研究的前瞻性、针对性和指导性。

（李斐然）

【编纂《北京市城市管理年鉴（2023）》】年内，组织完成《北京城市管理年鉴（2023）》编纂工作，共16部分、50余万字。其中，新增"党的二十大服务保障"部分，忠实记录城市管理系统在党的二十大筹备及举办时所做的工作及完成情况。共协调市城管执法局、各业务处室、事业单位、各区城市管理委等59家单位供稿。各供稿单位全面收集材料，及时规范完成年鉴编纂工作。

（刘泽群）

第十三部分
党建和群团组织建设

【概况】年内，市城市管理委党建和群团组织工作按照市委、市直机关工委、委党组部署要求，深入开展主题教育，坚持不懈用习近平新时代中国特色社会主义思想凝心铸魂、固本培元，持续筑牢党员、干部思想根基。深化模范机关创建活动，建强抓实基层党组织，强化党性锻炼和责任担当。突出主题教育整改整治和纪检干部队伍教育整顿，强化监督执纪，着力推进全面从严治党、党风廉政建设和反腐败工作。不断加强工会建设，做好走访慰问、困难帮扶和群众文化工作，维护职工合法权益，在城市管理系统广泛开展"建功十四五·奋进新征程"岗位建功行动，激发广大干部职工干事创业热情。抓好离退休干部党的建设、服务管理、作用发挥和自身建设，圆满完成老干部的服务保障工作。

（蔡祎婧　孙培杰　朱　虎　赵瑞敏）

【深入开展主题教育】年内，坚持把开展主题教育作为重大政治任务，制定"五学四抓促三化"措施，突出以上率下示范领学、融会贯通全面深学、联系实际重点研学、营造氛围推动助学、融入工作持续促学，在抓深学习、抓实调研、抓好贯通、抓出实效上下功夫，紧紧锚定目标任务深化在学、内化在心、转化在效。抓实党组理论学习中心组学习与"城市治理讲堂"的结合、青年理论学习小组学习与忠诚教育的结合，形成常态长效理论学习机制。领导班子成员带头深入基层调研151次，推动解决并取得成效54项，建立制度机制34个，主题教育成效惠及群众民生。委主题教育经验做法在《前线》《北京调研》《北京机关党建》上刊发，新华社、《北京日报》等中央和市属媒体报道主题教育相关成果49篇，微博信息50篇，阅读量27.46万。

（蔡祎婧）

【建强抓实基层党组织】年内，严格落实"三会一课"等组织生活制度，坚持"周四理论学习日"机制，有计划地组织理论学习、党日活动，深化党性教育和理想信念教育。全委各级党员领导干部认真过好双重组织生活，增进思想交流，增强党组织活力。16个党支部按期换届，接收10名预备党员、7名预备党员转正。定期对党支部"过筛子"，强化台账式管理，个性化督导，解剖式反馈，形成布置、落实、检查、反馈、整改闭环工作机制，促进基层党建质量全面提升。开展"两优一先"评选表彰活动，对70名优秀共产党员、30名优秀党务工作者、20个先进党组织进行表彰。

（蔡祎婧）

【严格落实意识形态工作责任制】年内，深入开展主题教育，坚持不懈用习近平新时代中国特色社会主义思想凝心铸魂、固本培元，持续筑牢党员干部思想根基。把意识形态工作纳入全面从严治党主体责任考核和基层党组织书记述职评议考核重要内容，纳入干部教育培训、干部考核等重点工作，压紧压实责任。坚持以正面宣传、舆情引导为主，加强阵地建设，编印《党建廉政工作动态》内刊44期，讲好城市管理党员故事，组织集体采访、新闻发布会、专访和发布新闻通稿75次，传播城市管理好声音，规范平台管理，严格信息发布审核，加强政务网站和政务新媒体建设，委官方微博共发布信息3641条，"管城理市"微信公众号、腾讯企鹅号发布文章1137篇。

（蔡祎婧）

【深化模范机关创建】年内，以突出城市管理行业特点，总结凝练党建特色做法为切入点，有针对性地打造"一支部一特色"，深化创建"管城理市·真情服务"模范机关党建品牌，引导各基层党组织做政治坚定、提升组织力、作风优良、业绩过硬、关心关爱的"五个模范"，23个基层党组织凝练支部特色，供热办党支部、环管中心党委等基层党组织打造"暖民心""环卫管理先锋"等支部特色被市直机关工委刊发报道。

（蔡祎婧）

【强化党性锻炼和责任担当】年内，指导各基层党组织在服务保障重大活动和急难险重任务中强化党性锻炼和责任担当，成立城市运行和环境保障组办公室临时党支部，圆满完成第三届"一带一路"国际合作高峰论坛景观布置、城市运行、环境保障各项任务。组织行业系统党员先锋带领18万干部职工冲锋在前，连夜奋战，快速高效应对处置"23·7"特大暴雨洪涝灾害，以最短时间、最高效能实现市容环境面貌迅速恢复，同时参与做好灾后重建工作。用业务工作的成效检验了机关党建质量，促进党的政治优势和组织优势不断转化为推动城市管理高质量发展的实际成效。

（蔡祎婧）

【监督推进主题教育问题清单整改整治】年内，按照市委主题教育办通知要求，市城市管理委涉及5个市级问题整改，其中作为主责单位牵头整改供电、供热2个问题，配合市级相关部门整改3个问题，通过自查梳理11个局级问题。对牵头负责的2个市级问题和11个局级问题列出整改清单，制定整改方案，明确整改时限、整改责任、整改措施和整改目标，实行动态管理，每2周更新一次整改进度。紧盯民生领域痛点问题，聚焦城市治理高频问题，把"荣丰2008供热项目"作为正面典型案例，把干部酒后驾车问题作为反面典型案例，进行解剖式分析。通过整改整治，2个市级问题和11个局级问题均已完成阶段性整改目标，全部销号，顺利通过检查验收。

（孙培杰）

【纪检干部队伍教育整顿】年内，按照市纪委监委和市直纪工委部署要求，将在编在职纪检干部和兼职纪检干部共15名同志纳入教育整顿范围，组织参观北京市全面从严治党警示教育基地，观看法纪小课和警钟60秒视频，开展教育整顿应知应会答题活动。遵照市纪委"九不得"要求，加强纪检干部网络言行的政治引领和规范约束。与市司法局机关纪委联合组织市直机关纪检工作第五组第一次联席会议，加强研讨交流。贯彻整风精神，两次填报个人自查事项报告表，撰写个人党性分析报告，召开组织生活会严肃开展批评和自我批评。坚持"边学习、边对照、边检视、边整治"，查改同步推进，教育整顿取得扎实成效。

（孙培杰）

【党风廉政建设】年内，认真贯彻落实全市"以案为鉴、以案促改"警示教育大会精神，组织召开市城市管理委警示教育大会。紧盯重大节日，"四不两直"实地检查督促委属单位廉洁过节，严格执行中央八项规定。协助开展"一把手"和领导班子监督意见落实情况专题检查。在城市管理领域安全生产隐患大排查大整治中强化纪律监督。依据上级通知要求，对委属单位及人员开展无人机摸排管理、2021—2023年北京市论坛活动专项清理整治、基层治理八个方面不良现象排查，杜绝各类问题隐患。

（孙培杰）

【严肃监督执纪】年内，坚持在协助中强化监督，在监督中推动协助，通过列席会议、廉政备案、督促监督等方式，加强"三重一大"廉政监督，完成政府采购项目廉政备案173份，现场指导监督机关处室集体决策会议76次，为152名科级及以下党员干部出具廉洁证明。依据政策规定，对20个信访举报线索甄别调查，准确运用监督执纪"四种形态"，通过谈话函询、初步核实、立案审查等形式，办理信访案件9件，推动纪律建设常态、长效。

（孙培杰）

【组织开展岗位建功三年行动】年内，为落实市直机关工会关于《市直机关"建功十四五·奋进新征程"岗位建功行动计划（2023—2025年）》有关要求，结合城市管理工作实际，研究制定《北京市城市管理委员会"建功十四五·奋进新征程"岗位建功行动计划（2023—2025年）实施方案》。通过开展岗位建功三年行动和评选树、文艺展演等活动，团结引领全委干部职工立足岗位、建功立业，激发广大干部职工干事创业热情。

（朱 虎 陈 晔 钟 珊）

【维护干部职工合法权益】年内，及时维护会员信息数据库，信息采集率、准确率达100%。组织开展极端天气慰问和京卡互助卡会员专享服务等活动，为全委1208名会员办理在职职工重大疾病、轻度疾病、女职工特殊疾病互助保障 8.32 万元。全年，对结婚、生育、生病住院、直系亲属去世等情况的 92 名委机关干部职工进行慰问。通过市级福利费、委福利费和市直机关困难职工专项帮扶基金等渠道对全委 28 人次困难干部职工进行困难帮扶，帮扶资金共计 22.86 万元。

（朱　虎　陈　晔　钟　珊）

【用心用情服务干部职工】年内，积极参加市直机关工会组织的"名家名医进机关"健康大讲堂，组织第五片组成员单位举办"名家名医进机关"职工心理健康大讲堂。组织参与"科学健身进机关"传统八段锦、太极扇、花样跳绳、健身气功八段锦，以及工间操展示和第十七届"和谐杯"乒乓球比赛、首届气排球比赛等各项体育活动。开展节日慰问，为机关会员发放生日慰问品、办理公园年票、发放防暑降温药品。"三八"妇女节前，组织委机关女干部参观中国电影博物馆；"六一"儿童节前，组织委机关干部开展亲子活动（制作蛋糕）；"八一"建军节前，组织委机关军转干部参观香山革命纪念馆。通过丰富多彩、形式多样的各类活动，进一步增强了全委干部职工的归属感和凝聚力。

（朱　虎　陈　晔　钟　珊）

【加强工会自身建设】年内，根据市直机关工会有关要求，认真组织委属基层工会开展统计年报调查，及时准确掌握工会组织建设及重点工作进展情况，适时更新工会组织基础信息数据库，为顺利开展工作提供全面系统、真实可靠的统计信息支持。组织委属基层工会开展 2023—2024 年度市直机关基层工会职工之家（职工小家）建设达标创优，努力把基层工会建设成为组织健全、维权到位、工作规范、作用明显、职工信赖的职工之家。

（朱　虎　陈　晔　钟　珊）

【积极参与全市各类评选树】年内，在以"树清廉家风、创最美家庭"为主题的寻找"首都最美家庭"选树活动中，委机关王项羽同志家庭获评 2023 年"首都最美家庭"提名奖。在 2023 年度"首都最美巾帼奋斗者"选树活动中，委公用站张海艳、城运中心武红霞、涉外中心郝茜三名同志被评为 2023 年度"首都最美巾帼奋斗者"。通过参与选树活动，弘扬清风正气，将清廉家风建设有机融入机关党建和思想政治工作，助力模范机关建设。同时，以榜样力量激励广大妇女把岗位作为奋斗的舞台，把责任化作前进的动力，把感恩党、感恩新时代的真挚情感转化为建功奋斗的实际行动，以奋斗之姿成就最美的巾帼风景。

（朱　虎　陈　晔　钟　珊）

【做好消费帮扶工作】年内，按照市财政局《关于做好市级单位政府采购脱贫地区农副产品工作的函》和市支援合作办公室、市商务局、市财政局、市国资委、市总工会

《关于印发2023"京彩西品"消费帮扶金秋集中行动方案的通知》，统筹推动委属基层工会严格落实政府采购脱贫地区农副产品有关要求，通过"832平台"采购脱贫地区农副产品，抓实抓细消费扶贫。全年，共采购脱贫地区农副产品12.55万元，占全年农副产品采购额的38.86%，超额完成年度采购任务，持续巩固脱贫基础和成效。

（朱虎　陈晔　钟珊）

【举办"中国梦·劳动美"文艺展演活动】年内，委机关处室、市城管执法局和委直属事业单位积极参与。7月份，近500名干部职工通过合唱、朗诵、舞蹈等多种艺术形式，唱响主旋律、弘扬正能量。

（朱虎　陈晔　钟珊）

【加强离退休干部政治建设】年内，起草制定离退休干部工作要点，把学习宣传贯彻党的二十大精神作为首要政治任务。5月份，利用三天时间集中举办2023年机关退休干部理论学习班，学习党的二十大精神，持续在学懂弄通做实、真懂真信真用上下功夫，努力掌握蕴含其中的立场观点方法、道理学理哲理，更好武装头脑、提升境界，自觉把思想和行动统一到党的二十大精神上来，深刻领会"两个确立"的决定性意义，增强"四个意识"、坚定"四个自信"、做到"两个维护"。

（赵瑞敏）

【离退休干部党支部示范创建】年内，认真贯彻落实中央《关于加强新时代离退休干部党的建设工作的意见》和北京市实施意见，以提升组织力为重点，抓实抓好离退休干部党组织建设，不断强化政治功能、组织功能、管理功能、服务功能和激励关怀功能。制定委开展"六好"离退休干部党支部示范创建活动工作方案，部署创建活动。按照机关离退休党支部设置方案，4月份完成离退休党支部换届选举工作。组织离退休党支部开展"两优一先"评选活动，委机关退休一支部被评为先进基层党组织，5名离退休党员被评为优秀共产党员。组织"光荣在党50年"纪念章申报颁发工作，7名老同志获此殊荣。认真落实每月支部书记、委员的工作补贴发放工作。

（赵瑞敏）

【提升管理服务水平】年内，按照"爱心、耐心、细心"的工作理念，做好老干部的教育管理和服务保障。严格落实政治待遇，上半年组织召开离退休干部情况通报会，委领导与离退休干部代表座谈，通报上年度主要任务完成情况和2023年度工作思路、重点任务安排，听取老同志意见建议。下半年召开离退休干部情况通报会，通报我委重点业务工作。全年按照要求为老同志订阅报纸杂志，分发学习资料。严格落实生活待遇，制定离退休人员人事档案查阅制度、抚恤金发放流程、支委工作补贴发放流程，修订《北京市城市管理委离退休公用经费管理办法》慰问品购买标准由人均支出不超过300元，调整到500元；按照《委领导对应联系离休干部工作制度》和《委离休干部"一对一"精准服务工作制度》，做好服务保障。走访慰问贯穿全年，元旦、春节慰问268名老同志，"三八"妇女节前走访慰问4名离退休女干部，"七一"前、重阳节前走访慰问11名离退休干部，为70整岁及80岁以上离退休老同志送生日蛋糕，看望生病住院的9名离退休干部。细致安排老同志的体检工作，先后组织24名市管干部到小汤山医院、169名其他离退休干部到东直门乐健体检中心进行体检，把组织温暖送到老同志心坎里。协调市委老干部局与委供热办、燃气办共同研究制定《市委老干部局、市城市管理委关于联合开展为本市离休干部提供居家燃气、供热服务工作的方案》，为全市5284位离退休干部提供供热、燃气上门优质服务。为瘫痪在床的任贵菊、陈敖两位同志申报适老化改造项目，为机关退休干部吴慧荣、宣教中心退休干部徐亚凤同志各申请1万元困难补助。

（赵瑞敏）

【发挥老党员优势作用】年内，发挥"老党员先锋队"和"老党员垃圾分类宣讲团"的辐射和带动作用，助力首都城市治理。组织"老党员垃圾分类宣讲团"首次进行宣讲活动。注重发挥老同志经验丰富的优势，引导大家为中心工作出谋划策。老同志们围绕城市景观、环境建设等城市运行保障问题，提出很好的意见建议。

（赵瑞敏）

【丰富老干部文体活动】年内，组织老同志开展健康向上的文体活动，丰富大家的精神文化生活。每周二开展舞蹈小组活动，每周四开展台球小组活动，每半个月开展1次声乐小组活动。5月份组织摄影小组户外拍摄活动，开展北京视听零距离科技助老活动；6月份赴南海子公园开展春游活动；10月份赴温榆河公园开展秋游活动，邀请市老龄协会来我委开展人口老龄化国情市情教育系列公益讲座。同时，我们通过线上平台向老同志推送健康知识讲座、摄影等教学视频，组织老同志参加北京市离退休干部健康大讲堂启动仪式暨首场讲座，参加《中国老年》杂志社组织的第三届中国老年健康知识大赛等活动，满足大家多样化、个性化需求，提升老干部精神文化生活品质。

（赵瑞敏）

第十四部分
直属单位

北京市公用工程质量监督站

北京市公用工程质量监督站成立于1986年9月，属于北京市城市管理委直属参照公务员法管理的事业单位，负责全市燃气、热力、给水（上水、中水）以及环卫设施等重要公用工程建设的质量监督管理；负责重要公用管线改造和消除地下管线结构性隐患工程的质量监督管理；负责地下管线运行安全防护机制落实情况的检查和督促指导。人员编制51人，现有人数49人。

年内，北京市公用工程质量监督站共完成318项工程质量监督登记（包含基本建设工程315项，热改工程3项），涉及管线总长度593.73千米，工程总造价16.28亿元。主要有北京大兴国际机场临空经济区生命健康社区配套管线工程，大兴区生物医药基地南拓区一期配套给水、再生水工程，朝阳区东坝北西区域C地块棚户区改造土地开发项目市政配套给水、再生水、燃气管线工程，中关村平谷农业科技园区道路网工程（给水、再生水管线），房山区长阳镇06、07街区棚户区改造配套主、次干路给水管线工程，温泉水厂工程，北京城市副中心0701街区保障房（D、F地块）地热供暖试点示范项目，园博园项目红线外配套市政基础设施项目（再生水工程）等工程。其中，按专业划分，给水工程49项，再生水工程24项，燃气工程22项，热力工程45项（含热改工程3项），综合工程178项。完成北京大兴国际机场临空经济区元平南路给水工程、通州区台湖镇给水及中水工程、北京古北水镇旅游有限公司LNG供气工程、国务院机关事务管理局友谊宾馆热力外线工程等187项工程竣工验收，其中基本建设工程85项，老旧供热管网工程102项。移送工程质量监督报告187份，全部符合标准要求。完成中止质量监督工作工程14项，终止质量监督工作工程6项，恢复质量监督工程1项。在质量监督工作中，全体监督人员通过日常检查与专项检查相结合，一般检查与重点检查相结合的方式，对601项工程项目开展了1136次监督检查（其中专项检查192次），共计2485人次；完成监督抽测7次，专家检查 4 次；发现并消除各类质量隐患问题 1157 个，其中实体问题 337 个。收集整改报告回复 551 次。针对检查中发现问题突出的参建单位开展质量约谈、预警谈话各 1 次，督促参建各方认真履行质量主体责任，确保工程质量始终处于可控之中。

加强质量监督基础建设。完善了"公用站监督（综合）检查项目、结果及常用条款"（2023 年修订）。按市住建部门相关要求规范制作《工程竣工验收记录（样例）》等相关表格及填写要求，统一和规范工程竣工验收相关工作及档案的收集。进一步完善"北京市公用工程质量监督政务系统"，修订相关表格 31 张，增加监督科评查功能、监督政务系统风险等级动态调整功能等，规范了质量监督系统平台工程数据管理，统一了工程数据来源与归口，实现了全面准确掌控全市在施在监公用工程质量风险等级状况全貌。出台了《北京市 2023—2025 年老旧供热管网改造项目质量管理工作有关要求》，规范和加强了北京市 2023—2025 年老旧供热管网工程质量管理工作。全面落实挖掘工程地下管线安全防护工作任务，全力做好地下管线防护系统运行管理。按照"及时沟通，及时调度，及时对接"要求，严格落实"24 小时咨询服务、24 小时催办对接、24 小时强化跟踪"的工作标准，积极开展地下管线防护系统日常运行管理工作，及时完成系统注册、发布、超期催办等工作任务，有效保障了系统对接和运行。开展管线防护系统应用宣传，联合组织召开民营企业家座谈会、联合举办"防范施工破坏地下管线 共护首都城市安全"主题宣传活动、联合拍摄宣传短片，有效提高了管线防护系统知晓率和有效使用率。会同委机关制定了针对各区（地区）城市管理部门和管线单位的切实可行的评价指标，进一步压实责任。通过一系列举措，系统全年新增注册账户 4569 个，增幅 100%，全年共发布工程 11029 项；加大工作力度，通过系统线上催办 53261 次和线下电话催办 3407 次，督促管线单位回复 261666 次，系统超期工程数量持续低位运行，已完成工程 7348 项（包括系统线上确认对接、线下管线信息对接、用户评价），整体呈稳步增长态势。加强轨道安全防护机制检查，明确了轨道交通建设现场检查、内业检查等共计 13 项检查内容。全年对轨道交通建设 103 个标段共检查 447 次，发现问题 384 个，下发 97 余份告知书，有效防范了地下管线安全隐患，避免事故的发生。加强工程地下管线安全防护工作水平，制定了《公用站办理质量监督登记工程地下管线安全防护工作管理办法》，修订了《公用站地下管线安全防护机制检查工作管理办法》，实现对工程建设单位"一核查、两告知、三催促"，进一步促进在我站办理质量监督登记工程的地下管线安全防护对接机制落实。全年实现我站登记的 318 项监督工程全部登录防护系统。加强对各区未登录工程督导检查，对各区疑似未登录系统工程进行核查，一对

一、手把手指导建设单位操作登录系统，做到发现一起、核查一起、登录一起，共计核查疑似未登录管线防护系统工程2633项，经催办后登录系统工程1073项，最大限度排除了挖掘破坏地下管线的死角盲区。通过不懈努力，我市因施工外力破坏管线情况大幅下降，2023年施工外力破坏管线事故仅7起，同比下降71%，地下管线安全防护工作取得新突破，成效得到市领导充分肯定。

（张　轩）

【名录】

单位名称：北京市公用工程质量监督站

站长：冯昆

地址：北京市朝阳区香河园街道西坝河光熙门北里20号楼

邮编：100028

电话：010-64221621（办公室）

传真：010-64222389（办公室）

（张　轩）

北京市垃圾分类治理促进中心

北京市垃圾分类治理促进中心是2018年1月22日经中共北京市委机构编织委员会办公室批准成立的委属事业单位，由中共北京市委机构编制委员会办公室（京编办事〔2018〕6号）批准设立，为北京市城市管理委员会所属相当正处级公益一类事业单位。主要职责为承担全市推进垃圾分类的辅助性、事务性工作。根据《中共北京市委机构编制委员会关于市城市管理委所属事业单位改革有关事项的批复》（京编委〔2021〕42号），促进中心核定财政补助事业编制28名，处级领导职数1正2副。

年内，促进中心全力支撑市垃圾分类治理指挥部办公室相关工作，保障《北京市生活垃圾分类推进工作指挥部组织架构和会议机制》和《2023年市指挥部调度会组织实施方案》实施。组织召开指挥部调度工作会及专题会11次，约谈会6次，组织开展赴相关区"四不两直"调研3次，完成市领导讲话稿、会议通报、工作简报、调研报告、总结等材料撰写工作，累计16万余字。完成住房和城乡建设部全国城市生活垃圾分类工作现场会北京分会场会务工作，参与筹备首届全国城市生活垃圾分类晚会，完成12期住建部垃圾分类评估系统填报，汇总审核各区（地区）、相关委办局报送的信息材料22000余份、梳理审核照片56000余张、季度评分总结报告5期，前三季度得分稳中有升，排名稳定在超特大城市组第三名。将示范小区核验复查，示范片区创建检查与日常检查相结合，通过系统挖潜和整合检查资源，将日常检查样本量由年初的每月350个提升到900个，增加检查客观性。将检查问题周反馈各区调整为日反馈，增加整改复议机制，便于各区及时精准掌握问题短板落实整改，审核检察日报3300余份，处理各区复议问题300余个。参与研究制定《生活垃圾分类达标、示范居住小区（村）创建考核办法》，共收集整理全市3100余个小区（村）示范创建推荐材料，梳理分析考核结果，全年创建示范小区（村）2905个。在各区申报的3361个加分项中，审核遴选出929

项纳入考核加分。撰写信息简报和月度通报12期，16+1分区"画像"3期。完成2023年244个示范片区复验和13个片区二次创建工作。开展16区可回收物体系建设和运营管理情况月考核工作。按照大排查大整治工作要求，结合日常业务检查对重点可回收物回收场所开展业务和安全检查，共核验可回收物中转站、分拣中心和有害垃圾暂存点400余处次，拍摄现场记录照片24000余张，形成可回收物体系月度考核报告12期，发现问题554处，全部反馈各区并督促完成整改。按照"完善150个社会可回收物和大件垃圾回收体系"为民办实事要求，收集整理200余份社区现场情况采集表，建立基础台账。指导创建17个样板社区，组织对154个社区的可回收物和大件垃圾回收体系搭建效果开展逐一核验，发现并督促整改问题474个。参与编写《北京市生活垃圾分类基层赋能指导手册》，完成案例采集、现场考察、调研采访征集意见等工作，组织开展宣贯，品牌形象征集、授书仪式、召开交流会，将7000余册分发到社区（村）和物业管理者。继续征集基层培训讲师，讲师团成员达到161人，比去年（119人）增加35%。优化讲师团构成，由以往的社区（村）书记（主任）、物业经理，拓展到社会组织、退休职工、环保志愿者。全年共组织开展基层培训工作坊活动8次，指导各区组织基层培训活动131场，累计参加培训61万人次，为基层垃圾分类工作提供有效参考和借鉴。组织10余名青年干部开展业务成果分享，走进黄土岗小学讲授垃圾分类一堂课。4月组织赴广州、深圳、厦门开展垃圾分类工作调研。学习借鉴三座城市推进生活垃圾分类工作先进经验做法，主要调研推进垃圾分类体制机制建立运行情况、将垃圾分类纳入基层社会治理体系情况、持续精准宣传发动情况、各品类垃圾分类体系建设和精细化管理情况，并形成相关调研报告。参加全国城市生活垃圾知识大赛，沙志鑫同志和李帆同志通过北京选拔赛，分别作为北京市家庭赛代表队和团队赛代表队成员赴宁波参加主题为"分类，让城市更美好——垃圾分类全民赛，文明中国新时尚"的全国城市生活垃圾知识大赛总决赛家庭赛和团队赛，分别取得榜样团队荣誉称号。

（王琨）

【名录】

单位名称：北京市垃圾分类治理促进中心

党支部书记、主任：段非

地址：北京市西城区三里河北街甲5号

邮编：100045

（王琨）

北京市环境卫生管理事务中心

北京市环境卫生管理事务中心（以下简称"环管中心"）是北京市城市管理委员会的直属事业单位，承担全市环境卫生及环卫设施管理方面的辅助性、事务性工作。环管中心编制107人，现有在职职工99人（其中处级领导3人）；内设党委办公室、办公室、财务科、行政科、市容环卫管理部（市容环卫管理科、环卫检查二科、环卫检查四科、环卫检查五科）、建筑垃圾管理部（建筑垃圾管理科、环卫检查一科）、生活垃圾管理部（生活垃圾管理科、环卫检查三科、环卫设施管理科、环卫检查六科）、基础信息管理部（环卫信息管理科、环卫定额管理科、科技信息科、综合管理科）和工会。

年内，环管中心加强党建引领，突出科技赋能，以监督检查为抓手，聚焦市容环卫、垃圾分类、建筑垃圾、环卫信息等工作，有力支撑委机关重点工作落实。有序开展市容环卫、建筑垃圾、垃圾分类、垃圾处理设施日常检查考评工作。全年中心共出动人员近1.7万余人次，检查城市道路（含街巷）、公厕、垃圾收集站、门前及其他责任区、属地管理检查、尘土残存量监测、行业环境卫生、农村环境卫生、建筑垃圾运输车辆、建筑垃圾消纳场所、小区、社会单位、密闭式清洁站、农村垃圾治理、垃圾粪便处理设施等点位2.8万余个。高效开展各项环卫专项保障工作。完成"一带一路"高峰论坛、全国两会、服贸会、重要节假日和5场降雪的保障工作，共计108天，圆满完成全年环境卫生专项保障工作。邀请专家80余名，完成6座设施安全运行管理专家评价和14个相关区互查互评，提出300余条意见建议，督促设施完成整改；持续推动垃圾处理设施开展"一厂一策"专项行动和星级评价工作。充分发挥基础信息服务保障作用。全年收集各区、各单位环卫数据报表3.5万张，整理成各类日报2500余份，完成93期环卫信息数据核查工作。完成垃圾分类管理相关统计工作，测算各区厨余垃圾分出率，形成统计日报表，助力行业管理和垃圾分类工作深入推进。探索环卫智慧监管方面信息化应用，形成现场检查与视频检查两者互相支撑互为补充的检查新模式。视频检查已应用到垃圾分类、建筑垃圾、市容环卫等设施监管各项日常检查中，检查效能得到大幅提升。助力青年干部提升本领。号召并指导青年团员踊跃参加北京市第九届机关企事业单位青年"我为改革献一策"活动，申报的提案获评为A类优秀提案。开展团员青年主题教育、主题团日和志愿服务活动，累计参与110人次。参与防汛救灾，发挥业务专长做好指导服务。选派青年业务骨干任一同志参加"23·7"暴雨后市级淤泥杂物及环境恢复治理工作专班，赴门头沟区开展相关工作，被评选为北京市防汛救灾工作先进个人。

（周凯音　黄晓裴）

【名录】

单位名称：北京市环境卫生管理事务中心

党委书记、主任：刘琨

地址：北京市丰台区花乡马家楼204号

邮编：100067

电话：010-87504063

传真：010-87502058

（周凯音　黄晓裴）

北京市城市管理委员会综合事务中心

北京市城市管理委员会综合事务中心是北京市城市管理委员会直属事业单位，主要职责是承担北京市城市管理委员会机关服务保障工作。人员编制62人，现有在编人员53人，处级领导职数1正3副。内设13个科室：办公室、财务科、政务服务科、公务事务科、人社服务科、物业管理科、膳食管理科、车辆管理和安全保卫科、西区管理一科、西区管理二科、老干部活动服务科、老干部政治待遇科、老干部生活待遇科。

年内，综合事务中心坚决落实委党组工作部署，坚持党建引领，落实精细化管理标准要求，主要开展八方面工作。一是严把食品安全质量关，提升膳食保障水平。在充分了解干部职工口味喜好的基础上，推陈出新，系列菜品深受广大干部职工好评，2023年共保障28.9万人次就餐。二是打造管家式服务，高质量完成物业保障工作，抓好设备设施运行保障及工程维修工作；积极协调供暖保障单位，提升供暖质量；完成大会堂西侧路房产移交工作，同时积极推进于宅移交工作；规范固定资产管理工作，对委机关34个处室及18个工作专班名下家具类、通用设备类固定资产进行了全面盘点清查，共计盘点7200多件固定资产，价值1617476272.27元，对达到报废条件的资产进行了报废处置；2023年共保障会议6500余次，组织完成空调检修清理515台次，各种设备设施检查维修2300余次，院内及办公楼照明灯更换及电路改造690余次，水、气、电、热巡检860余次。三是规范公务用车管理，严格执行公务用车审批程序，做好公务用车信息登记和公示工作；落实节假日期间公务车辆封存要求，加强交通安全教育培训，提升干部职工防范意识，确保行车安全；2023年为公务车辆定期清洗和消毒400余次、加油202余次，派遣应急车辆1000余次，委机关公务活动租赁车辆240次，公务车辆进厂维修50次。四是全力做好学习贯彻习近平新时代中国特色社会主义思想主题教育市委巡回指导组入驻期间各项保障工作，积极主动掌握指导组工作和生活需求，高质量完成日常保障工作，得到了指导组各位领导的高度评价。五是以"开展活动、服务解难"为重点，高质量做好老干部工作，严格落实老干部政治待遇，在思想政治建设上下功夫，坚持线上线下相结合，组织老干部学习党的二十大精神、参加学习贯彻习近平新时代中国特色社会主义思想主题教育，提升老干部的党性修养，切实引导老干部紧跟时代步伐；组织完成2023年7名离退休党员"光荣在党50年"申报、制作政治生日纪念卡和"光荣在党50年"纪念册、颁发"光荣在党50年"纪念章工作；严格落实老干部生活待遇，在尊老敬老上下功夫，坚持重大节日走访慰问、日常探望和生日祝寿，完成老干部健康体检工作，做好老干部医疗保健服务工作，通过到家看望和邮寄的形式慰问了224位老干部，为老干部快递慰问品及健康包400余份，组织开展262名老干部体检工作；积极开展老干部各项活动，在丰富文体活动和智慧助老上下功夫，举办理论学习班、摄影学习班，组织老干部春秋游等活动，丰富了老干部的退休生活，深受老干部好评。六是以竭诚协助为重点，全力做好委机关相关处室综合保障工作，协助委办公室做好公文管理、机要文件交换、档案管理、信访接待、信件邮寄、大屏信息更新、保密工作等，做到全聚焦、零差错，2023年共收转公文7500余件、发文1300余件、流转涉密文件7500余件、交换机要文件5800余件、邮寄信件3016件；协助委办公室办理行政许可事项109件，梳理形成我委政务服务事项办理台账、完成《北京市行政许可事项清单（2023年版）》中涉及我委新版许可事项的标准化工作、处理各类信访事项1466件；协助委组织人事处做好集体户口管理、机关人员社会保险及人事相关辅助性工作，全年完成社会保险增减员、军转干部账户接续、个人信息变更、在职转退休、社保待遇支付及月缴费等申报工作76项，完成人员信息维护1080余条，专项数据维护147人次，专项统计13项，辅助做好招录面试、档案整理和各季度平时考核等日常基础性工作；以解决群众需求为根本，妥善做好原人才中心流动人员档案查询及相关解释工作。七是以强化安全管理为重点，守牢安全生产基本盘，进一步加强安全巡查监督力度，落实每周五安全检查、问题隐患定期通报和整改落实跟踪问效，全力做好各办公区安全保卫工作；做好委机关三个办公区食堂燃气设备整改工作，确保各办公区食堂燃气使用安全；开展彩钢房隐患整改工作，迅速制定了整改工作方案，现整改项目已有序开展；筹划开展东办公区热力二次管线改造工作；做好绿化基地围墙维修消隐工作；开展西办公区电梯隐患整改工作，完成了曳引绳、曳引轮采购和更换工作，及时消除安全隐患。八是全力抓好制度建设，为了推进综合事务中心各项工作规范化，进一步加强综合事务中心内部控制，成立了内控规范实施领导小组，结合实际进行梳理优化，修订和完善相关业务管理办法和制度35个，其中，新建制度31个，修订完善制度4个，为综合事务中心制度规范化建设打下了坚实的基础。

（张洪波　王敬泽）

【名录】

单位名称：北京市城市管理委员会综合事务中心

党支部书记、主任：刘浩

地址：北京市西城区西单北大街80号

邮编：100032

电话：010-66056168

传真：010-66056168

（张洪波　王敬泽）

北京市城市运行管理事务中心

北京市城市运行管理事务中心，人员编制73名，处级领导职数1正3副，现有人员68名，其中处级领导1正4副。主要职责是承担本市城市管理"一网统管"相关平台建设、运行和数据信息管理等具体工作；负责城市运行智能感知体系建设、城市运行态势与数据监测、分析、预警等事务性工作，承担能源运行、户外广告以及安全生产、应急值守、"接诉即办"等城市运行领域的事务性工作。

年内，城运中心加快推进城市运行"一网统管"和科技赋能城市管理成果落地。成立城市运行调度指挥平台建设和网格化城市管理平台建设两个专班，建立定期例会调度机制，完成核心区地下管线安全感知、北京市地下管线安全防护、北京市网格化城市管理等系统建设，启动城市运行监测平台升级改造等项目。充分发挥雪亮视频"千里眼"的作用，开展全方位不间断视频巡查和重点区域重点路线的检查抽查，圆满完成"一带一路"高峰论坛、服贸会等重大活动城市运行及环境保障和抗汛救灾、扫雪铲冰等极端天气应对，为城市运行和环境保障提供了有效支撑。持续做好城市运行感知相关数据的汇聚、共享、保障和开放，利用信息化技术手段为城市运行保障提供平台支撑。调度指挥大厅作为全委的"窗口阵地"，高质量完成市委书记尹力和市长殷勇等各级领导检查调研的接待保障任务。梳理汇总城市运行相关的能源、水、交通、市场供应等信息，编辑城市运行综合信息270期，制作"接诉即办"日报365期、周报52期。扎实做好委信息系统运维与网络安全工作，有效排除隐患漏洞、木马后门、高危端口等风险，发现和整改安全问题370余项。强化应急值班值守能力，圆满完成重要时段和日常应急值班任务，对城市运行支撑保障作用不断加强。聚焦事业单位改革后续任务，研究制定中心工资分配方案和绩效考核改革方案，实现工资结构和标准统一，并设立了月和年考核奖励机制，合理设置管理岗和专技岗配比，加大干部选拔和安排使用力度，全面建设实现转型提质增效。

推进城市运行"一网统管"体系平台建设，加快城市管理应用场景构建和技术难题攻关。完成北京市网格化城市管理平台建设，构建市、区、街道（乡镇）、社区（村）、网格五级贯通穿透式闭环化流程体系，满足重大活动保障、极端天气应对、突发事件处置和日常巡查需求，扩展"网格+"管理事项，联动水、电、气、热公服企业，解决城市管理问题。完成核心区地下管线运行感知系统建设，接入核心区电力、燃气、热力地下管线安全感知数据，全面监测核心区电气地下管线安全运行态势，实现管线运行状态监测、异常预警、风险评估、事故处置等功能，并搭建"感知发现—决策指挥—反应处置—终端反馈"闭环管理流线，建立健全行业主管部门、属地政府和地下管线权属企业的安全管理和监管体系，落实城市生命线安全管理职责。完成北京市地下管线运行综合管理信息平台建设，搭建了政府、企业、社会共同参与的地下管线防护系统，通过线上"手拉手"促进线下对接的业务模式，牵引和带动各级、各行业、各相关单位健全管理机制，提升管线安全防护协调能力，增强管线安全运行监管效能。启动城市运行监测平台（即城市运行调度指挥系统）升级改造，完成城市运行驾驶舱方案编制，着眼汇聚整合能源运行、环境卫生、市政公用、市容景观、环境建设和综合执法六大领域城市运行数据，提炼城市运行关键指标并可视化呈现，逐步建立调度指挥流线，为城市治理科学化、精细化和智能化水平提升提供平台支撑，并实现与"京智""京办"对接。

（邹　勤　苟于人　龚　盼）

【名录】

单位名称：北京市城市运行管理事务中心

主任：孙作亮

地址：北京市西城区三里河北街甲3号

邮编：100045

电话：010-68546673（办公室）

传真：010-68546136（办公室）

（龚　盼　邹鹤丰）

北京市城市管理研究院

北京市城市管理研究院（以下简称"城市研究院"），加挂北京市环境卫生监测中心牌子，属公益一类事业单位。该院是国家自然科学基金依托单位、全国城镇环境卫生标准化技术委员会骨干单位、中国城市环境卫生协会监测专业委员会和环境卫生监测总站所在单位，是北京市城市管理标准化技术委员会秘书处所在地，是《城市管理与科技》杂志主办单位。单位拥有生活垃圾检测分析与评价北京市重点实验室、具有北京市质量技术监督局计量认证资质。

年内，城市研究院围绕职能定位和城市管理需求，主要开展六方面工作：一是围绕城市运行安全需求，创新城市运行安全研究。主要开展《北京市城市运行"一网统管"标准体系》《地下管线"观管防"一体化管理模式研究》《智慧管网技术与应用》等课题研究。推进《加氢站运营管理规范》地方标准制定，开展《城市综合管廊智慧运营管理系统技术规范》和《燃具连接用软管应用技术规程》标准实施效果评价。梳理涉及电力相关标准200余项、政策法规文件30余项；热力标准54项、政策法规文件72项；燃气标准150项、政策法规文件80项。二是围绕首都城市精细化管理，开展专项研究。开展2项国家自然科学基金项目"基于夜间灯光遥感数据的京津冀地区人口PM2.5暴露时空分布及风险评价""基于多源数据的北京市地面扬尘量估算及空间分布特征"研究。开展1项北京市自然科学基金项目"基于空间物质流模型的北京市建筑垃圾处置设施空间布局优化研究"。编制《首都环境建设项目设计导则（试行）》，形成《背街小巷整治案例图册汇编》《首都环境建设市级重点项目管理规定文件汇编》《市容环境领域政策文件汇编》等多项成果。三是围绕环卫管理重点难点问题，开展环境卫生治理研究。开展《道路尘土残存量快速检测方法测试》《天安门地区活动式厕所设置研究》《北京市餐厨废弃油脂管理现状调研》《昌平兴寿镇农林废弃物协同厨余垃圾处置模式研究》《融雪剂对绿植的影响》等研究。

完成房山区生物质资源再生中心等7座设施建设项目可行性研究工艺评审。开展55座环卫设施废水、废气、焚烧烟气、地下水等类别70余项检测指标的环境应急监测工作。对安定垃圾卫生填埋场等5座重点设施（园区）实施臭气浓度检测。完成82个融雪剂样品检测。完成全市54个点位生活垃圾理化特性检测。四是标委会秘书处工作。编制国家标准《生活垃圾采样和检测方法》，开展《生活垃圾收集运输管理规范》和《城市道路融雪剂融雪技术规程》修订工作。开展2024年标准制修订项目征集，发布地方标准9项、报批7项、送审9项。完成46项地方标准复审工作、12项地方标准的实施效果评估工作。举办《餐饮单位餐厨垃圾分类减量装置使用规范》等10项地标宣贯培训班。五是科技信息研究。开展国外燃气管线安全管理和城市公共空间公共服务设施管理2项专题研究。编纂《北京市环境卫生发展概况（2022）》。编译《国外餐馆燃气报警设备安装与检查要求》《国外垃圾分类推动措施》《国外厨余垃圾处理》等12项资料。六是办好《城市管理与科技》杂志。全年完成6期《城市管理与科技》杂志的编辑、发行工作。

（田　光　商　宇）

【名录】

单位名称：北京市城市管理研究院（北京市环境卫生监测中心）

地址：北京市朝阳区尚家楼甲48号

院长（法人）：王立润

邮编：100028

电话：010-64683065

传真：010-64683086

（田　光　商　宇）

北京市环境卫生涉外服务中心

北京市环境卫生涉外服务中心（以下简称"涉外中心"），主要负责为全市使馆区和部分境外驻京机构提供垃圾分类、收集、清运、处理和再生资源回收等服务的市属公益一类事业单位。服务对象包括112个独立使团馆舍和21个涉外机构，6个外交公寓群。编制89人，现有在职人员81人，其中主任1人，副主任2人，正科8人，副科8人。内设10个科室：办公室、党办、人事科、财务科、涉外业务科、涉外宣传科、安技科、行政科、设施运行科、涉外运输科。

年内，涉外中心统筹发展与安全，持续推进涉外区域垃圾分类工作落实落细，圆满完成了涉外生活垃圾清运任务。一是安全高效完成涉外清运保障服务。共完成生产车日2739个，生产车次6551个，安全行驶里程226545千米，清运转运垃圾10265吨，分出可回收物939吨。二是平稳有序完成涉外重大活动应急保障工作。全年累计为泰国、印度尼西亚、澳大利亚等驻华使馆和涉外机构加运、抢运300余车次。三是完成非税收入电子收缴费改革工作。业务人员采取面对面、一对一的方式，对使馆人员进行宣传培训，多次协调财政、银行和使馆，完善涉外区域用户非税收入电子收缴费工作流程和机制，全面实现涉外用户非税收入电子收缴。四是为推进单位发展，深入开展调研工作。先后到北京汇景恒福西红门垃圾资源化处置场等10余家相关企业实地调研；以科室为单位，举行座谈会，进行10次集体调研；各科室围绕重点工作，以领题调研的形式开展专题调研，为业务开展提质增效。五是推进涉外区域垃圾分类工作。在塔园外交公寓组织开展"让垃圾分类成为新时尚"主题宣传活动，邀请伊朗、尼泊尔、巴基斯坦等驻华使馆公使及来自30多个国家的外交公寓住户家庭参加，不断提升涉外居民垃圾分类意识；严格执行"厨余垃圾分类不合格不收运"规定，指导外交公寓商户提高厨余垃圾纯净度，对不合格的桶站进行改造；推进涉外区域垃圾分类数据体系建设，建立外交公寓垃圾清运数据统计台账，强化源头分类台账管理，落实自查核验和整改完善工作，塔园、亮马桥外交公寓被评为北京市生活垃圾分类示范小区；协调使馆及委相关处室，开展园林垃圾单独收运工作，并试点绿植堆肥资源化利用实验。六是按照委环卫板块"一盘棋"要求，开展垃圾分类检查工作。抽调4名同志前往123个街道（乡镇），419个小区，对2000余处生活垃圾投放点进行分类日常检查。七是落实城市管理领域安全生产和火灾隐患大排查大整治工作。按照"日自查、周检查、月考核、季分析、年总结"的工作原则，全年开展57次大排查大整治专项检查，发现47个安全隐患，及时整改，整改率100%，全面实现年度六大安全目标。八是完成院区规划设计工作。主动沟通协调，顺利实现环卫集团占用土地房屋归还移交工作，推动单位长远建设发展。年内，涉外中心郝茜同志被北京市妇女联合会授予"2023年度首都最美巾帼奋斗者"荣誉称号。

(郭鲲齐湄)

【名录】

单位名称：北京市环境卫生涉外服务中心

党支部书记、主任：薛忠全

地址：北京市朝阳区京顺路崔各庄段19号院

邮编：100103

电话：010-64371083

传真：010-64371083

(郭鲲齐湄)

北京市城市管理委员会宣传教育中心

北京市城市管理委员会宣传教育中心（以下简称"宣教中心"），是承担全市首都城乡环境建设和城市管理宣传教育方面的辅助性、事务性工作的全额拨款事业单位。具体负责市城市管理委政务微博运行管理和发布工作，微信公众号"管城理市"推送工作，城市管理和城市环境建设方面网络舆情的监测、分析和应对工作，市城市管理委（首都环境建设管理办）宣传、总结、汇报等音像制品的制作工作，市城市管理委（首都环境建设管理办）各类重要会议、活动的音像服务保障工作，城市管理和城市环境建设方面社会活动的组织、策划和实施工作，市城市管理委（首都环境建设管理办）教育培训相关工作。

年内，宣教中心围绕环卫、能源、市容景观等行业板块，以"管城理市"微信公众号为主创渠道，微博、抖音、快手等新媒体公众号同步推送，打造宣传矩阵，形成宣传合力。共发布3448条信息、1065篇文章、158条短视频，阅读总量2118.8万次。其中，"北京路灯打卡计划"单个话题阅读量达651.1万次，在北京邮电大学举办的垃圾分类知识分享活动直播观看人数达117万人，短视频平台进行的"一带一路"应急演练和燃气安全展示现场的同步直播，有效拓宽了行业工作的宣传模式；坚持舆情信息日报告制度，有效回复214条网民信息，解决8条网民诉求，未发生网络舆情事故；完成委双语宣传折页、全市中小学垃圾分类倡议书、燃气安全入户宣传"六要六不要"、垃圾分类管理责任人以及市民宣传海报等20项平面设计；服务保障领导调研、会议、活动跟拍以及重要素材拍摄404天次，为委机关提供3845张影像资料、601个视频资料，完成58部工作总结类、曝光类、科普类视频片，原创6期《出发吧，城市观察团》短视频，针对委重点工作及时组建能源和环境项目组高效完成服务保障工作；围绕垃圾分类、燃气安全、能源运行等重点工作，聚焦群众需求，深入社区、校园、街道、机关单位举办宣传活动共计52场，覆盖全市16区，线下参与近万人次，线上参与人数近500

万人次。其中，垃圾分类达人颁奖、"5·12"防灾减灾论坛等活动形式新颖，走进北京邮电大学、北京林业大学和房山区大学城等在首都高校引起广泛好评；细化"政治理论、综合素质、专业能力、岗位能力、在线教育"五个板块，服务保障委系统党建、政务、财务、外事、干部教育等政治思想和岗位能力的培训工作，安排61名专家学者组织开展了城市治理大讲堂、行业专题培训、系统内干部培训等38期各类培训班，参训人员4500余人次，满意度为99.5%；按照民生实事创建任务要求，稳步推进北京市生活垃圾分类示范创建工作。组织完成了150个垃圾分类示范村的创建工作，涉及39772户，103761人。完成了170个示范商务楼宇和14个示范商业街区的创建工作。

（张文涛）

【名录】

单位名称：北京市城市管理委员会宣传教育中心

党支部书记、主任：谢广庆

地址：北京市西城区三里河北街甲5号

邮编：100043

电话：010-68517003

传真：010-68517003

（张文涛）

北京市城市管理高级技术学校

北京市城市管理高级技术学校（以下简称"管理学校"），创建于1978年，是首都城市管理行业唯一一所技工院校。按照国家和北京市关于推进技工院校改革的总体要求，遵循"服务首都、高端引领、多元办学、突出特色、内涵发展"的办学方针，积极做好"学历教育、职业培训、技能鉴定、竞赛服务、公共实训、就业服务"六方面的工作。管理学校编制101名，现有93名，其中，党委书记（处级正职）1名、校长（处级正职）1名、副校长（处级副职）3名，中层干部13名。内设10个部（室），包括办公室、党务办公室（纪委）、组织人事部、财务（审计）部、教务部、职教所（信息化办公室）、学生工作部（团委）、招生就业指导部、职业技能培训部、行政保障部。

年内，管理学校按照"政治是灵魂、教学是中心、安全是底线"的工作要求，紧密围绕"一核两线六强化"的工作目标，坚持党建统领，不断提升人才培养质量和综合办学水平。在专业建设方面，完成特色高水平骨干专业群——城市运行管理专业群的验收工作，获得优秀等级；完成市人力社保局"基于数智化转型的城市管理专业群课程体系构建"和大兴区"世界技能大赛化学实验室技术项目成果转化与应用"两个课题并顺利结题；完成大兴区技能大师工作室年度考核评估工作；修订汽车维修等7个专业教学计划，推进汽车维修、环境保护与检测和燃气热力运行与维护3个专业每学期一门课程实施一体化教学改革，完成新能源汽车汽车检测与维修专业预备技师层级申报工作。在师资队伍培养方面，选派3名教师参加人社部环境保护与检测专业规划教材编写和技能人才工学一体化课程标准和课程设置方案修订工作，15名教师完成市人力社保局一体化课程教学网络研修活动，2名教师参加教师职业能力大赛专题培训，4名教师参加工学一体化教师培训班，7名教师参加工业废水处理工技师、高级技师技能等级取证培训，17名教师参加市人力社保局组织的思想政治、语文、历史公开课和心理培训，6名教师参加工学一体化技能人才培养模式工作推进暨培训活动，5名教师参加微课专题培训，组织全体教师进行"教师自我关爱与自我赋能"培训等。在师生参加技能竞赛方面，组织教师参加第四届全国技工院校教师职业能力大赛北京市选拔赛，1名教师荣获三等奖并进入北京市集训队，2名教师荣获优胜奖；组织教师参加市人力社保局技工院校论文、教案、课程思政案例、交通类教学设计比赛等教科研成果评选，1名教师荣获一等奖，2名教师荣获二等奖，4名教师荣获三等奖；组织参加2023年全国汽车维修服务职业技能大赛，1名教师荣获三等奖；推荐3名教师参加全国第二届职业技能大赛的执裁工作。组织学生参加第47届世界技能大赛北京选拔赛，取得汽车技术项目第一、第三名，管道与制暖项目第一、二名，化学实验室技术项目第二、三名，电气装置项目第五、八名，水处理技术项目第六、七名，创历年大赛最佳成绩；组织3名学生参加全国技能大赛汽车技术、管道与制暖和化学实验室技术项目比赛，1名学生取得化学实验室技术项目优胜奖；组织学生参加第三届网络直播创新创业实战技能大赛暨全国大学生乡村振兴直播大赛、"丝路杯"京津冀直播大赛、跨境电商比赛、第三届国际职业院校创新创业邀请赛和"技能强兴 匠心筑梦"大兴区互联网营销师职业技能竞赛工作等，共获得二等奖12人次、三等奖11人次、优胜奖4人次；组织3名学生参加2023年全国行业职业技能竞赛——全国汽车维修服务职业技能竞赛，荣获一等奖、二等奖和三等奖各1人；组织学生参加2023年北京市技工院校"青春孕育希望 技能创造未来"主题系列活动，参加比赛21项，承办2项，荣获一等奖4人、二等奖8人、三等奖20人；组织学生参加"北京市中等职业学校中华传统诗文大赛"，荣获团体二等奖，学生个人二等奖1人、三等奖2人。在社会化培训竞赛服务方面，完成各级各类培训竞赛服务36个班次，培训5248人；完成通信行业协会培训考试、北京市2023—2024年度采暖季供热保障誓师大会等12个班次，共1649人；完成第三届"北京大工匠"选树活动——汽车维修工比赛、环卫集团2023年有限空间职业技能大赛等4次竞赛活动；完成地下有限空间监护作业培训10期、考试12期，共1450人；组织供热行业系统共1433个单位32040人参加了线上培训考试工作；完成技能认定机构备案变更申请，做好社会化和企业新型学徒制学员及本校学生技能等级认定取证，认定考试23场581人。年内，管理学校完成学制招生266人，90名实习生实习录用率达到100%；通过2021—2023年度首都精神文明单位评选复查工作；学校党委被市城市管理委评为先进基层党组织。

（周佳和）

【名录】

单位名称：北京市城市管理高级技术学校

党委书记：孙淑华

校长：蔡华帅

地址：北京市大兴区康庄路38号

邮编：102600

电话：010-69240274

传真：010-69202081

（周佳和）

第十五部分

各区城市管理

东城区

概　况

北京市东城区城市管理委员会（以下简称"区城市管理委"）是负责东城区城市环境建设、城市管理的综合协调，市政基础设施、市政公用事业、市容环境卫生、能源日常运行、交通、水行政等管理工作的区政府工作部门。加挂北京市东城区城市环境建设管理委员会办公室（简称区环境办）、北京市东城区交通委员会（简称区交通委）、北京市东城区水务局（简称区水务局）牌子。

年内，东城区城市管理委统筹城市运行、环境景观、交通保障等专项工作，深化风险排查治理，加强运维作业和巡查执法，圆满完成2023年全国"两会""一带一路"高峰论坛、北京半程马拉松比赛等重大活动保障。着力强化政治中心环境提升，启动朝阳门南北小街、朝阜路（东城段）区域环境整治，完成中央绿化带及公共空间改造。前门大街照明提升设计获2023年国际风景园林师联合会亚太区分会颁发"照明和夜间体验类卓越奖"，"四方平安"小品入选全市10处市民最爱春节景观。东华门大街完成沿街风貌、公共空间和绿化照明等环境品质提升，成为承载皇城风貌、传统商业和文化旅游的精品走廊。鼓楼东大街环境整治提升（二期）项目完成，形成与鼓楼西大街风貌相互呼应、翼卫中轴的"京潮流转、后市长街"。启动实施新一轮背街小巷环境精细化整治提升三年行动，实施74条精品街巷、157条优美街巷和42条达标街巷建设。建成"美丽院落"15处，全区"美丽院落"累计达109处。开展"门前三包"专项行动，东四北大街东四段等7条道路获评市级"门前三包"精细化治理示范街。完成《东城区街区户外广告设施设置专项规划（商圈部分）》编制，提升辖区内户外广告设施设置品质，推动东城区加快建设成为国际消费中心城市示范区。推进全区环卫行业电动三、四轮车治理工作，超额完成"一人、一车、一证"要求。完善垃圾分类日常检查和考核机制，全区厨余垃圾分出率保持在18%以上，回收利用率达到40%以上，完成170个示范小区、17个精品示范小区、150个达标小区示范创建，437家党政机关和国有企事业单位全部完成垃圾分类示范单位创建工作，34家商务楼宇被评为市级生活垃圾分类示范商务楼宇，前门大街被评选为全市第一批垃圾分类示范商业街区。望坛110kV变电站主体土建工程和电气工程全部完工，完成总长1.8千米电力架空线入地工作，改造新建2.5千米的电缆网供电，新建环网式箱变12台，新敷设光缆2.57千米。

（张　玲）

环境建设管理

【钟鼓楼地区环境综合整治】年内，完成钟鼓楼紧邻地区环境综合整治项目，包含两个片区，分别是安定门片区和鼓楼东南角、鼓楼南眺视线范围。一是安定门街道第五立面整治点位565处，拆除违法建设200平方米，院内平整地面15525.18平方米，建筑立面清洗粉饰13905平方米，绿化景观提升3434.84平方米。配电工程完成新装地箱47台，新装墙箱115台，拆除地箱55台，拆除墙箱130台新装3K3G-800kVA箱变3台，拆除旧箱变4台，敷设各类电缆10090米；通信工程完成迁改墙地箱601台，敷设各类线缆73721.9米；路灯工程完成组立新灯杆185根，新建箱变2台，敷设各类电缆5000米，以路灯杆为母杆进行"多杆合一"，改造前各类杆体206根（公安51根、路灯155根），改造后剩余杆体187根（公安2根、路灯185根），合杆率90.7%；公安交通综合杆改造工程完成迁改摄像头45处，敷设各类线缆16404米。二是鼓楼东大街西段沿街立面整治完成。第五立面重点整治点位20处，拆除违法建设1250平方米，沿街立面提升1130平方米。

（张　玲　杨雨晨）

【鼓楼东大街（二期）环境整治提升】年内，完成鼓楼东大街（二期）环境整治提升项目。新建人行步道13446.75平方米，配电工程完成高压电缆敷设636米，低压电缆敷设2770米。用户院内配电线缆改造工程完成线槽敷设及电缆梳理共86处，新建墙箱迁移用户共25处；制作电缆终端头共200个。通信线缆及附属设施改造工程新建管道42条，拆除旧线缆39000米，穿放线缆85000米，机箱153个，改接业务180余处。电车路灯综合杆改造工程新建电车手孔井61座，新建电力管井2094米，镀锌圆钢2216米，新建钢杆基础59座，拆除旧电杆和电杆基础62座，拆旧单臂吊链断开装置14处，拆旧单臂吊链连续装置36处，拆除砼杆4基，撤除电缆2521米，撤除工井（含井盖）72套。公安交通综合杆改造工程拆除标志杆48根，拆除监控杆11根，拆除标志牌122面，新建公安交通综合杆9根，新建标志牌144面，新建设备机箱27台，迁移设备41处。

（张 玲 杨雨晨）

【东华门大街环境综合整治】年内，完成东华门大街环境综合整治提升项目。实施主体为东华门街道。一是整修沿街风貌。修缮故宫东华门附近3家商户外立面，精细修复全街破损瓦面、油饰等点位20处，规范广告牌匾30处，对沿街14724米通信线缆和69个箱体进行消隐处理；更换破损空调外机罩160平方米。二是优化公共空间。重新铺设大街全段人行步道3400平方米，改造树池箅子58处、隐形井盖170处、阻车桩56处，实现路面平整、盲道连贯。撤除道路中央300米白色隔离护栏，更新为古铜色交通护栏，新增300平方米自行车慢行系统。对标识杆、公安交通杆等进行多杆合一，将57根杆体缩减至21根（原信号灯杆10根、公安交通杆47根）。增加夜景照明设施60处，提升大街夜间亮度，改善行人夜间游览体验。

（张 玲 杨雨晨）

【五道营胡同环境综合整治提升】年内，完成五道营胡同环境综合整治提升项目。实施主体为安定门街道。一是街道主街改造工程。大门油饰39.41平方米，上构件油饰13.92平方米，上构件彩绘0.99平方米，椽望彩绘0.06平方米，丝缝小停泥贴片260.7平方米，漫活打点457.8平方米，墙面涂料189.06平方米，瓦面修补116.1平方米。重新铺设胡同内人行步道305平方米，混凝土路牙25米，改造树池箅子7处，实现路面平整。五道营胡同46号三层违建彩钢房全房拆除20.12平方米，拆除栏杆13.4米，拆除后地面恢复防水44.44平方米，屋面上人孔新做2.32平方米阳光板、滑轨及钢结构。共享单车电子围栏新增无线设备8处，规划非机动车停车位4处。电力增容设备一台，开挖及恢复管沟100米。二是通信线缆及附属设施改造工程新建管道27条，拆除旧线缆11000米，穿放线缆11000米，机箱30个，改接业务58余处。

（张 玲 杨雨晨）

【"美丽院落"建设】年内，完成"美丽院落"建设工作。包含5个街道共计17个院落（安定门街道6个院、交道口街道3个院、景山街道2个院、朝阳门街道1个院、前门街道5个院）。所有院落共约完成外立面粉饰1435平方米，整饰门窗283平方米，设置安全抓杆1.6米，改造或规整管线1106.16米，增设路灯30个，地面整修1173.51平方米，块料墙面新做545平方米，更换木质大门7樘，木构件地仗（一麻五灰）油饰351平方米，增设绿植26.9平方米，增设防腐木格栅57平方米，花池回填种植土13.5立方，砌筑雨水口56座，拆除违建房33平方米，增设储物柜40个，梳理电缆1590米，增设青白石台阶0.7立方，砌筑墙体12立方，青砖竖砌台阶3立方，改造雨棚125.91平方米，墙面清理勾缝635平方米，拆装金属窗棂13樘，花心瓦摆砌1.2平方米，增设小品、设备设施2个，等等。

（张　玲　杨雨晨）

【朝阳门南北小街区域环境整治】年内，持续推进朝阳门南北小街区域环境整治提升项目。步道空间工程、电力三化工程、路灯综合杆工程、公安交通综合杆工程、园林绿化工程、通信线缆及附属设施改造工程已进场施工，实施主体为区城管委。正在开展新建路灯杆基础，污水管线改造，新建路缘石，新建通信管道等工作。电力三化工程、路灯综合杆工程、公安交通综合杆工程共17条过街管道已全部完成，并临时恢复道路保证车辆通行；公安交通综合杆工程完成23座综合杆基础、新建步道管线620米；电力三化工程完成新建设备基础13座、新建三通井8座、直通井1座、四通井3座、调整井7座，新建12φ150+2φ150管线100米、新建8φ150管线366米、新建4φ150管线425米；路灯综合杆工程完成路灯基础100座、新建路灯箱变2座、综合管线敷设约1700米、综合检查井砌筑约65座。

（张　玲　杨雨晨）

【朝阜路（东城段）区域环境整治】年内，持续推进朝阜路（东城段）区域环境整治提升项目。市政交通工程、电力三化、公安交通综合杆工程、园林绿化工程、通信工程、电车路灯综合杆工程已进场施工，实施主体为区城管委。园林绿化工程已完成移植苗木1.2万株，栽植中央隔离带国槐35株，拆除栏杆1015米、中央隔离带回填种植土4960立方米、挡墙浇筑混凝土272立方米；市政交通工程完成花岗岩平缘石2720米、二次过街岛2座，施划临时标线4498平方米；电力三化工程完成2座箱变基础、1座开闭器基础、5座三通井、17座调整井、新建管线及过路管584米；电车路灯综合杆工程新建127座杆基础、综合管线开挖约290米；公安交通综合杆工程已完成43个杆基础、13道主路过街管道、13道辅路过街管道、中央隔离带砌筑工井10个、新建步道管道750米；通信线缆及附属设施改造工程新建交接箱8台，拆除旧线缆70000米，穿放线缆90000米，熔接5200芯，改接业务8处，新建手井6处。

（张　玲　杨雨晨）

【北新桥地铁站周边公共空间改造】年内，持续推进北新桥地铁站周边公共空间改造提升项目。A、B、C、D口均已进入施工阶段，已基本完工，完成总工程量的95%。

（张　玲　杨雨晨）

【调整改进环境考评】3月，区城管委

（环建办）根据《2023年首都城市环境建设管理考核评价工作方案》，对区环境建设月考评进行了调整，考评分为市级检查和区级检查两个板块，在区级检查中增加了背街小巷检查和建筑垃圾渣土处理两个部分。在2023年1—12月首环办环境建设管理考核工作中，东城区对于市级下发案件全部按时整改，在核心区和城市副中心组内5次排名第一。

（张 玲 马 超）

【背街小巷环境精细化治理】3月，市城市管理委印发了《北京市背街小巷环境精细化治理三年行动方案（2023—2025年）》。区城管委牵头编制了区级方案，建立工作台账，将全区982条背街小巷分三年完成精细化治理任务。其中，2023年完成278条背街小巷治理任务。区城管委牵头制定年度任务书，组织17个街道和王府井管委会实施治理任务。截至11月，圆满完成治理任务，区城管委、区文明办、区规自分局完成验收。

（张 玲 马 超）

环境卫生管理

【规范垃圾排放运行管理】年内，一是环卫设施科技赋能全覆盖。现有50座其他垃圾清洁站、8座厨余垃圾清洁站、6座厨余和其他垃圾综合分类清洁站，全部实现了视频监控、车辆主体身份识别、进站垃圾称重计量，1座有害垃圾清洁站，按照生态环境部门的要求，完善安全管理设施、严格落实日常管理制度。2023年，收集转运其他垃圾22.68万吨、厨余垃圾5.07万吨、餐厨垃圾8.48万吨，厨余垃圾分出率18.26%。二是依托区生活垃圾精细化管理平台，强化非居民厨余垃圾计量收费管理工作。依据《北京市非居民厨余垃圾计量收费管理实施方案》要求，建立了手机应用程序（非居民端）、街道排放登记系统、运输单位业务管理系统、区级生活垃圾管理系统4套信息系统。先后组织区环卫中心、市固废物流公司、属地街道开展了3轮次业务培训，将非居民端小程序注册审核流程、监督检查机制、数据可视化、非居民厨余垃圾主体识别和数据上传率等项目纳入街道月考核内容。全区3051家非居民厨余垃圾产废单位实现了排放登记全覆盖，年末签约数为2519家，签约率为82.56%。运输服务企业31辆辖区内作业的非居民厨余垃圾直收直运车辆已全部注册登记，并加装称重计量和卫星定位设备，功能实现与市、区系统平台对接。三是以技术支撑抓试点。在市级远程视频实时监控桶站试点的基础上，2个街道达到了远程视频监控桶站全覆盖，实时监督每个桶站垃圾分类投放和运行管理情况，实现了"一体化""全流程""全覆盖"监管，问题发生率呈下降趋势。

（张 玲 郭 颂）

【垃圾源头减量】 东城区持续构建"户、点、站"可回收物管理服务网络，依托物业、再生资源回收企业，采用APP预约或电话预约的形式实现居民家庭、胡同院落上门回收模式。一是完善再生资源体系建设。针对目前已建成的176座生活垃圾分类驿站，对标市、区检查考核标准，全面进行设施提升，试点探索引进社会力量参与驿站值守和日常运行管理。全区形成点片组合模式，依托8处街道级中转站，2处城市生态岛，实现对片区内可回收物兜底回收暂存、大件垃圾集中拆解减容中转工作。目前东直门、建国门生态岛运行稳定。组织17个街道开展再生资源回收经营者备案工作，实现176个垃圾分类驿站和8个可回收中转站的备案工作全覆盖，回收利用率达到了40%以上。二是推动商超、餐饮企业实现垃圾分类，下发《关于禁止使用不可降解一次性塑料制品的通知》要求，落实"限塑令""净菜上市"，不使用超薄塑料袋、不可降解一次性塑料制品，可降解塑料袋已覆盖全区所有大型商场。餐饮企业实施"光盘行动"，在醒目位置摆放或张贴节约标识，引导消费者适量点餐，剩饭打包。推动快递、外卖企业开展产品包装物、快递包装物的源头减量工作，鼓励使用可降解、可重复利用的环保包装材料，主动减量替代、简化外包装，实现生活垃圾源头减量。三是强化街道、排放主体垃圾减量意识、投放规范意识。为了鼓励各单位垃圾分类效果的提升，区指挥部制定下发了《北京市东城区生活垃圾分类以奖代补专项资金管理法》，依据区级月考评数据，分三个层级对街道垃圾分类工作进行以奖代补奖励，有条件的单位倡导垃圾就地资源化处理。完善垃圾排放主体管理台账，定期提示属地街道垃圾量动态数据，精准采取减量措施，压实减量责任，实现责任主体垃圾排放计量全流程监管。

（张　玲　郭　颂）

【深化示范创建效果】 截至2023年年底，全区已完成170个示范小区、17个精品示范小区、150个达标小区示范创建工作。全区437家党政机关和国有企事业单位已全部完成垃圾分类示范单位创建工作，34家商务楼宇被评为市级生活垃圾分类示范商务楼宇，前门大街被评选为全市第一批垃圾分类示范商业街区。另已创建申报的18个商务楼宇、17个小区以及王府井商业街区等待市级部门检查验收。

（张　玲　郭　颂）

【统筹开展扫雪铲冰】 2022—2023年度圆满完成5场扫雪铲冰工作，面对降温降雪天气及时启动《东城区2022—2023年扫雪铲冰工作预案》，全区各环卫部门加大作业力度、连续奋战，面对极端天气，取得了积极作业效果。5次降雪东城区除雪作业单位共出动扫雪铲冰人员1.4万人次，多功能除雪车8车次，清扫车226车次，融雪车160车次，步道除雪机械设备53台次，施撒固态融雪剂1726吨、融雪液2450吨。统筹开展2023—2024年度扫雪铲冰工作，根据前期雪季工作经验和不足，及时修订《东城区2023—2024年冬季扫雪铲冰工作预案》，进一步健全区扫雪铲冰指挥体系，明确扫雪铲冰指挥部成员单位的责任分工，明晰各单位扫雪铲冰责任路段，强调值班值守及扫雪铲冰作业要求。开展扫雪铲冰应急物资储备、车辆及设施设备安全检查，确保各项准备工作按时到位，随时投入扫雪铲冰应急作业。

（张　玲　赵源源）

【道路清扫保洁】年内，开展环卫板块扬尘治理百日行动和城市道路深度保洁。围绕《东城区环卫板块扬尘治理百日行动工作方案》《东城区提高道路清扫保洁标准工作实施方案》，完善道路清扫保洁作业台账，指导全区环卫作业单位严格执行《城市道路清扫保洁质量与作业要求》《街巷环境卫生质量要求》作业标准，落实"定段、定时、定人"精细化保洁作业，加强道路清扫冲洗，提高作业质量，降低尘土残存。协调指导各街道办事处全面开展背街小巷"净巷行动"，采用洗地、吸尘等作业方式强化背街小巷精细化、机械化作业水平，增加人工保洁作业频次，人机配合高效作业模式，最大限度缩短可视污染物的停留时间，提高背街小巷环境清洁度。定期开展深度保洁，清理胡同边线、花坛花箱、垃圾桶站、雨水篦子等卫生死角。

（张　玲　赵源源）

【建立区级环境卫生检查体系】年内，一方面，通过第三方检测模式，按照一级道路每月检测全覆盖、二级道路每月检测30%、三级道路每月检测15%的要求，对全区城市道路和可机械化作业街巷进行尘土残存量检测，根据检测结果及时提示各环卫作业单位对数值较高区域加强清扫保洁，促进城市道路清扫保洁水平提升；另一方面，研究制定《东城区环境卫生专职检查员管理工作方案》，依托区级环境卫生专职检查队伍、建立检查指导工作长效机制。每日对主要大街、背街小巷环卫规范作业情况和作业质量开展巡查，发现问题通报各单位立即整改，以查促改、以改促进，整体提升全区环境卫生工作水平。截至年底，区级环境卫生日常检查共发现问题1600余处次，均已通知作业单位按要求完成整改。

（张　玲　赵源源）

【环卫行业电动三、四轮车治理】年内，按照全市统一部署，统筹各作业单位梳理车辆保有情况，建立工作台账，依据《区政府会议纪要第224号—关于违规电动三、四轮车行业更换政策会的会议纪要》明确新车采购方式，印发《关于加强辖区内环卫作业单位管理的通知》《关于加强新车规范使用和驾驶人员管理的通知》《关于全面使用新环卫车作业的通知》《东城区环卫行业违规电动三、四轮车治理工作提示》等文件督导各作业单位人员考证、新车购置和旧车淘汰"齐步走",超额完成"一人、一车、一证"要求。目前全区持证驾驶员2234名,原有2604台旧车已全部完成封存、淘汰处置工作,2200台新车已全部就位,并完成市级系统平台录入工作。

(张　玲　赵源源)

【居民违规电动三、四轮车综合治理】年内,结合《东城区违规电动三、四轮车综合治理工作方案》和东城区实际,印发《东城区个人违规电动三、四轮车回收激励方案》,对全区在账个人违规电动三、四轮车车主制定分时阶梯激励政策,鼓励居民主动处置淘汰违规电动三、四轮车。激励政策发布后,各街道均积极开展回收宣传活动,回收处置数量及治理效果明显提升,截至年底,通过车兄弟平台回收处置车辆14526台。

(张　玲　赵源源)

【完善垃圾分类日常检查和考核机制】年内,按照市指挥部2023年度重点工作任务和考评指标方案,制定并印发《东城区2023年度生活垃圾分类工作任务目标》及《生活垃圾分类考评指标方案》,明确了各项任务责任单位,合理制定考核体系,增加行业部门考核占比,梳理日常检查考核标准,分批分级进行培训指导,进一步完善"日检查、日通报、月考核"工作机制,强化检查指导、考评分析、整改反馈。建全日常检查工作机制,细化日常检查标准,丰富检查手段,采取"日常检查+专项督查"方式,在日常检查督导的同时,对问题较多社区进行"回头看",对突出问题和点位,采取"工作提示+主动对接+详细指导"等形式,加强对各街道指导服务,对各街道办在具体操作中的疑问,细致准确解答,提出合理建议。2023年,共抽查了辖区内17个街道小区3876个次、社会单位577个次,可回收物中转站94个次,累计发现问题数4.1万余个次,均已通报各街道督促整改。

(张　玲　赵源源)

【建筑垃圾运输治理】年内,开展夜间联合督导巡查、定点联合执法检查共计86次,共出动执法人员3096人,处罚尾气超标车412辆,暂扣违规建筑垃圾运输车46辆。发现使用伪造建筑垃圾准运许可证一件,相关责任人已交由公安机关拘留。对区内注册6家运输企业所属29辆建筑垃圾运输车辆进行评估,所有运输企业和车辆均符合运输要求。在确保建筑垃圾运输车辆安全运行的同时,开展建筑垃圾源头治理"堵门行动",2023年累计开展专项行动21次,以周、月为单位,督促各属地街道完成辖区内445工地日常监管工作,发现各类违法违规问题37起,处罚37.9万元。

(张　玲　赵源源)

【规范处置居住小区装修垃圾】 年内，组织各委办局、各街道开展装修垃圾收运处一体化政策宣贯工作，部署督促各街道积极推进备案工作，要求各街道将居民小区装修垃圾纳入日常管理范畴，2023年累计办理居民小区装修垃圾消纳备案（居住类）716件，符合装修垃圾收运处一体化模式的居民小区消纳备案705件，通过日常巡查、市区级平台派发等方式，累计发送居民小区违规线索移交函30件。

（张　玲　赵源源）

市容景观管理

【启动广告规划编制】 按照《北京市户外广告设施、牌匾标识和标语宣传品设置管理条例》要求，东城区率先启动东城区街区户外广告规划编制工作，在城六区中最先完成规划编制，全区81个街区户外广告规划全部完成。7月2日，东城区街区户外广告规划编制经区政府审议通过后，报送市城市管理委。

（张　玲　马　超）

【广告牌匾安全管理】 年内，加强大型及高空广告设施安全管理，督促企业开展安全鉴定自查，在第三届"一带一路"国际合作高峰论坛重大活动期间检查户外电子显示屏网络安全保障工作，建立管理台账，针对不合格的显示屏采取强制关屏处理。对全区32处广告牌匾进行安全评估，形成评估报告。

（张　玲　马　超）

【夜景照明保障】 年内，圆满完成春节、元宵节、全国"两会"、第三届"一带一路"国际合作高峰论坛等重要节日和重点时期夜景照明保障工作。按照区委、区政府工作部署，做好自管夜景照明设施运行维护，开展自管设施安全检查172次，发现并整改安全隐患11处。

（张　玲　马　超）

【重大活动景观布置】 年内，圆满完成春节、元宵节节日景观布置工作，经市重大活动联席会审议通过，全区布置范围覆盖全区75条大街，确保节日期间的景观保障工作，并按照市城管委要求，按时有序拆除了全部设施。在第三届"一带一路"国际合作高峰论坛期间，对12座过街天桥和立交桥设置了14条宣传条幅，第一次实现了24小时人工看护，有机出动人员144人次。

（张　玲　马　超）

【重大活动保障】 年内，圆满完成重大活动保障工作，以天安门周边、长安街沿线、二环路、中轴线以及北京站、王府井等重点区域作为保障重点，扎实做好城市运行保障、环境整治、景观布置等工作，高标准完成全国"两会"、第三届"一带一路"国际合作高峰论坛等重大活动环境保障。强化节日期间环境保障工作，进一步完善节日期间的巡查保障机制，组织园林、城管、环卫、网格等单位，坚持在"五一""七一""十一"等重要节日期间，对区主要大街、重点区域、旅游景点、商业街区周边进行巡查26次。

（张　玲　马　超）

能源日常管理

【望坛110kV变电站全面开工】年内，北京城建兴瑞公司严格制定工作计划，按照时间节点加快推进，并与国网北京城区供电公司做好沟通对接，确保土建工作和电气工程协同推进，无缝衔接。截至年底，变电站主体土建工程和电气工程已全部完工。

（张　玲　杨　莹）

【电力架空线入地】年内，完成豆腐池胡同、草厂胡同、草厂北巷、铃铛胡同、钟库胡同、草厂东巷共计6条胡同，总长1.8千米电力架空线入地工作，涉及10kV线缆为人定湖110kV变电站10kV钟楼湾路、北城110kV变电站10kV宝钞路。工程对现状电力架空线入地改造为电缆网供电。项目改造新建2.5千米的电缆网供电，新建环网式箱变12台，新敷设光缆2.57千米通信光缆，采用供电可靠性更高，实现自动化的设备12台，覆盖自动化终端12座，工程实施后提升了供电可靠性，优化了供电网架结构，净化了视觉空间。

（张　玲　杨　莹）

【供热服务保障】年内，完成2022—2023年采暖季供热服务保障工作。采暖季期间，严格落实《北京市供热采暖管理办法》，全区城市热网及供热管线设备运行平稳，未出现大面积长时间停暖事故，及时应对3次极端低温天气和多次寒潮，累计下达5次"升温令"，对全区249家锅炉房开展拉网式检查，对发现的隐患问题及时督促整改，核心区供热运行安全稳定。全区万平方米工单量0.6725，考核排名位列全市第一，"三率"考核得分99.42，位列城六区第一，全市第三。启动2023—2024年采暖季供热服务保障工作，积极开展"访民问暖"，落实供热"接诉即办"，完善供热应急工作机制，为市民提供优质贴心服务。完成5个"冬病夏治"改造项目，累计改造管线890米。

（张　玲　史秋静）

【安全型燃气配件更换】年内，全区完成8.2万燃气安全型配件更换任务目标，消除居民使用端燃气安全隐患，提高燃气使用安全。

（张　玲　史秋静）

【燃气管线占压治理】年内，区领导多次高位统筹，区专班密集调度，在属地街道和供气企业的共同努力下，累计完成109处燃气占压治理，工作取得了突破性进展。

（张　玲　史秋静）

【燃气安全检查】年内，区城管委对辖区内6个液化石油气供应站开展55次安全检查。组织开展20余次燃气安全联合执法检查，保持燃气执法的高压态势。会同区商务局、区应急局、区消防救援支队、区城管执法局、属地街道、供气企业等单位对餐饮单位、宾馆饭店、学校、重大活动驻地等人员密集场所开展燃气安全联合执法检查，深入排查、整治问题，全面消除隐患，压实行业管理部门、供气企业、用气单位各方职责。

（张　玲　史秋静）

【供电保障】年内，提升全区供电可靠性。全面落实隐患排查、迎峰度夏工作，全区供电总量112.72亿千瓦时。

（张　玲　史秋静）

【电动自行车集中充电设施建设】年内，加强电动自行车充电设施管理，全区累计新增电动自行车集中充电设施接口3000个，新增接口均已全部通电。

（张　玲　史秋静）

其　他

【城市管理网格案件】年内，共受理城市管理网格案件19683件（日均54件），办结12632件，其中按期办结9819件，超期办结2813件（一般强结2077件）。

（张　玲　张　慧）

【街道改革重点任务】年内，按照区委全面深化改革委员会总体安排，作为城市精细化管理组牵头部门，统筹协调区规自分局、区人防办、区住建委4个部门5项改革重点任务，为全面提升城市精细化管理水平提供保障。截至12月，其中5项任务已圆满完成。

（张　玲　张　慧）

【城市部件普查】年内，按照首环办《关于开展全市城市部件普查的工作方案》总体要求，积极配合区城指中心，对掌握的备案停车场、充电桩液化气站等城市部件台账进行梳理、完善，并主动对接市属行业主管部门，协调各类井盖、天桥通道等城市部件台账，目前已经按照既定时间节点完成台账汇总报送及复核工作。

（张　玲　张　慧）

【名录】

单位名称：北京市东城区城市管理委员会

党组书记、主任：王品军

地址：北京市东城区东花市大街2号

邮编：100062

电话：010-67073700

（张　玲）

西城区

概 况

北京市西城区城市管理委员（简称区城管委）主要负责西城区城市环境建设、城市管理的综合协调、市政公用事业、市容环境卫生、能源日常运行、交通管理和水行政管理工作。内设办公室、法制科、计划财务科、环境建设规划科、环境建设协调科、交通综合科、静态交通管理科、市政管理科、街景管理科、环境卫生管理科、固体废弃物管理科、市容环境整治科、供暖管理科、能源协调科、水务管理科、宣传科、人事科、科信科、党群工作办公室19个机构。下属5个事业单位：节水办公室、水务管理中心、交通综合治理中心、市政市容管理中心、个体出租管理站。

年内，区城管委着眼建设"政务环境优良，文化魅力彰显，人居环境一流"的首善之区，围绕"2-1-1-5-2"中国式现代化西城实践框架体系，将服务保障首都功能与提升群众生活品质结合起来，开展城市精细化治理，全面推动城市管理各项事业发展。2023年，西城区在首环办环境综合考评、垃圾分类城区组排名第一，环卫专项作业、道路尘土残存量核心区排名第一，停车管理全市排名第一，背街小巷工作入选全国城乡环境卫生清理整治优秀案例。

（张晓娜）

【**市政基础设施建设**】年内，完成25条道路大中修、5条道路疏堵及36千米慢行系统改造，规范养护道路1685条，确保市政道路完好畅通。组织实施11座桥梁检测和140条道路地下空洞检测，完成12处桥下空间整治提升。持续开展老旧小区市政管线改造工作，完成法源寺西里小区项目和老楼加装电梯管线拆改移工作；实施砖塔胡同电力设施入地改造及城市防灾应急指挥站建设工程；实施琉璃厂市政综合管线改造提升项目，新建雨污分流管线，改造路灯，彻底解决汛期内涝问题，提升大栅栏—琉璃厂片区市政基础保障能力。

（张晓娜）

【提升长安街沿线及纵深环境品质】 年内，聚焦提升"感受性"，进一步加强长安街及其延长线环境治理力度，稳步推进精品街巷治理、"最美院落"打造、违法建设治理等12项工作任务，使长安街及其延长线始终保持庄严、沉稳、厚重的形象气质。

（张晓娜）

【供暖保障】 供暖季前，对131家供热单位，348座锅炉设备全部进行了检修维护，更新改造供热面积298.42万平方米，涉及居民户数32321户、涉及一次线2378米、二次线32016米、楼内公共管线63421米。优化保障机制，成立4支抢修抢险队伍，建立了"5分钟接单、30分钟到场、50分钟进入作业状态"的高效处理流程，第一时间响应并快速处置，为冬季供暖保驾护航。

（张晓娜）

【架空线入地整治】 年内，完成架空线入地9条道路4.3千米及灵境胡同—积水潭桥箱体"三化"和多杆合一治理项目，完成灵境胡同至西四段，其中电力设备由33台缩减至12台，且全部实现隐形化、景观化；各类杆体由157颗缩减至79颗，助力金科新区经济高质量发展，推进金科新区（德宝）220kV变电站建设砖塔胡同电力设施入地改造及城市防灾应急指挥站建设工程开工建设，什刹海91条街巷通信架空线入地项目完成管道建设，正在进行设备和槽道安装工作。

（张晓娜）

【背街小巷整治实现"双提升"】 年内，在全区1225条背街小巷整治提升"三年任务两年完成"的基础上，探索实施精细化管理和服务改革。实施主管区领导双周调度机制，将拆除违法建设、规范广告牌匾和垃圾分类等工作统筹调度，各街道拉排名、晒问题、压责任、找办法，全区背街小巷的区级环境检查整改率从1月的38.17%提升到12月的94.25%，提高了56个百分点，保持街巷治理的高压态势，动态解决一大批痼疾顽症。以解决百姓"急难愁盼"为导向，通过拆除院内违建、微整治、微提升、加强小院议事厅等举措，打造胡同"最美院落"，并评选出60个代表，在全市首批十佳"最美庭院"评选中荣获6席，示范引领核心区城市"面子""里子"实现双提升。

（张晓娜）

【疏解整治促提升】 年内，继续推动"疏整促"工作。全区拆除违法建设104160.84平方米。运用"三结合"工作模式，全面推进拆违工作向院内拓展。全区完成进院拆违914处22603.62平方米，为群众营造安全舒适的生活空间。完成25

条道路大中修、5条道路疏堵及36千米慢行系统改造，规范养护道路1685条，确保市政道路完好畅通。组织实施11座桥梁检测和140条道路地下空洞检测，完成12处桥下空间整治提升。

（张晓娜）

【持续开展垃圾分类】 年内，全区共收运生活垃圾46.78万吨，同比增长11.52%。收集可回收物约8.64万吨，生活垃圾回收利用率45.8%，强化监督管理，建立区—街—社区三级巡查模式，保障基础设施周边环境整洁，有效运转。多维度深入开展宣传动员，持续开展垃圾分类进社区、进公园、进楼宇、进学校，"垃圾不落地"和"积分兑换"等项目落地见效。

（张晓娜）

【城市管理精细化智慧化】 年内，市容环境秩序问题"早发现"实现4个转变：从被动响应变主动发现，单一事件处理变多事件融合，事件逐级派发、人工核验到精准调度，从管结果到管过程。垃圾分类"透视镜"通过大数据分析和智能调度引擎实现自动监测预警。

（张晓娜）

【解决群众热线诉求】 年内，区城市管理委以市民诉求驱动城市治理变革，持续提升治理能力。聚焦群众诉求集中的核心区停车、供热供暖、道路维护、环境改造、施工管理等问题，加强"每月一题"专项攻坚，一大批群众身边的操心事、烦心事和揪心事得到解决。2023年共受理群众诉求5647件，整体响应率99.87%，解决率95.55%，满意率96.45%。坚持民有所呼、我有所应，通过一个诉求解决一类问题，通过一个案例带动一片治理，不断提升群众获得感、幸福感、安全感。汛期积极应对广外地区大面积停电，调度供电公司快速反应，仅两个小时就恢复了2000多户居民供电，实现接诉即办每月一题市级加分。

（张晓娜）

【名录】

单位名称：北京市西城区城市管理委员会

党组书记、主任：王冰

地址：北京市西城区北礼士路12号

邮编：100044

电话：010-88391737

电子邮箱：yangmengjie@bjxch.gov.cn

（张晓娜）

朝阳区

概况

北京市朝阳区城市管理委员会（加挂北京市朝阳区城乡环境建设管理委员会办公室牌子）是负责朝阳区城乡环境建设、城市管理的综合协调、市政公用事业、市容环境卫生、能源日常运行、拆违控违等管理的区政府工作部门。下设北京市朝阳区市政基础设施协调中心、北京市朝阳区渣土管理站和北京市朝阳区控违拆违协调中心、北京市朝阳区再生资源循环利用管理事务中心4个事业单位。

年内，区城市管理委统筹推进朝阳区"创无"工作，销账建设面积400.61万平方米，完成市级任务的109%，销账腾退土地面积356.96公顷，完成市级任务的101%；全区环卫违规电动车已全部淘汰，建设完成金蝉西路等20条道路太阳能路灯440根；治理城镇燃气管线占压市级挂账隐患1608处，实现全区隐患清零，安装天然气用户安全配件39.2户，完成2022—2023年采暖季供暖保障；提高垃圾分类精细化管理水平，创建340个示范类和800个达标类小区（村）；围绕春节、全国"两会"、中关村论坛、工体赛事等重大活动开展市容环境服务保障，组建专班统筹推进，各项服务保障工作圆满完成。推动三里屯路、佳程广场及周边、六佰本商业街巷等城市更新项目建设，完成三里屯路环境整体更新，串联太古里、3.3服饰大厦等多个商圈，服务第二使馆区；佳程广场及周边环境整治（一期）以霄云里商圈为服务核心，对霞光里北街、机场辅路等沿线环境进行改善；六佰本商业街巷改造对西侧街巷进行步行化、景观化、商业运营化提升。以北京朝阳站为中心，完成迎宾大道（一期）、北京朝阳站周边二期环境整治；围绕服务城市副中心建设，实施化工路沿线环境整治；以新工体亮相为契机，对工体北门、东门等核心点位进行环境景观提升，重点区域环境明显改善。

（张文倩）

环境建设管理

【整治工人体育场周边环境】 年内，为更好落实新北京工人体育场整体亮相，区城市管理委将工体周边环境整体提升与三里屯商圈升级、营商环境改善等重点任务相结合，重点实施工体北门、东门、西门门前区域及部分绿化带改造，4月已全部完工，整体风格与工体综合体实现内外衔接、统一协调。

（张文倩）

【"六佰本"商业街升级改造】 年内，原"六佰本"商业街完成改造，区城市管理委以"政企联动"共同推动升级整治，由产权单位组织实施商业区及商业广场环境提升，由政府投资落实"六佰本"商业街巷环境综合治理，完成特色景墙改造、地面铺装、绿化植被、休闲设施、电气及给排水系统等整治内容，打造集办公与商业为一体的城市发展活力综合体。

（张文倩）

【专班推动控违拆违】 年内，区城市管理委完善"创无"组织架构，组成"创无"专班，启动专项监督，实体化集中办公，统筹推进"创无"工作。坚持目标导向，逐乡开展点对点、面对面的实地走访，着重督导拆违难度大、点位多的乡，推动限期整治类图斑拆除进展。区政府主要领导坚持调度，统筹推进朝阳区"创无"工作，全区销账建设面积400.61万平方米，完成市级任务109%；销账腾退土地面积356.96公顷，完成市级任务101%；全区62787处举证类图斑、建设面积2101.78万平方米，于7月底全部办结，办结率达到100%。

（张文倩）

【街巷治理工作取得新成果】 年内，区城市管理委在全面总结前两轮背街小巷治理工作成果经验的基础上，启动背街小巷环境精细化治理三年（2023—2025年）行动，以"十无""五好""四有"为标准，对209条小巷"打包提升"，打造了央美西街、武圣东路等一批精品街巷，街巷治理工作取得新成果。完成1500个"骑沿井"整治，持续推进街区户外广告设施设置规划编制，第一批次47个街区的规划文稿已定稿，现正履行合法性审查程序，加快推进第二、三批次146个街区编制工作。稳妥推进景恒街等7条道路广告特许经营工作。

（张文倩）

【街巷环境检查管理】 年内，区城市管理委以文明城区、卫生城区创建为抓手，通过"专项治理+综合整治"，促进环境秩序面貌持续向好。抓严抓实专项治理。组织闲置核酸亭撤除，优化撤除核酸点824个；全面开展共享单车停放、街头游商、违法停车、非法小广告、大型垃圾乱堆乱放问题专项整治行动,稳步推进奥林匹克公园等8个重点区域及12条通道环境整治,拆除护栏75.356千米。加密加细综合整治。落实"月检查、月排名、月通报"制度,加大对全区环境问题的检查力度,检查整改环境问题3.7万余个,不断完善朝阳区环境建设管理考评办法及实施细则;整治市级环境脏乱点台账12批次、2420处;开展地铁站口周边环境专项检查检查地铁站口3960处次,发现并整改问题1700余个;完成文明城区创建检查问题910余个。

(张文倩)

环境卫生管理

【垃圾分类全流程精细化管理】年内,区城市管理委以《北京市生活垃圾管理条例》实施三周年专题宣传为契机,完成340个示范类和800个达标类小区(村)建设,打造一批优秀标杆。推进再生资源回收经营者备案,加强备案指导和现场检查,完成备案企业13家,经营场所65家;加快酒仙桥粪便消纳站、高安屯厨余垃圾处理厂、焚烧三期、渗沥液提标技改等项目建设。

(张文倩)

【专项治理环卫低速三、四轮车】年内,全区环卫违规电动车5281辆全部淘汰,新购合规电动三轮环卫车4398辆全部到京并完成车辆检测、车辆上牌登记申请等工作,完成4429名驾驶员考证任务,人车配比率达100.7%,助推朝阳区完成违规电动三、四轮车有序"退场"。

(张文倩)

【"门前三包"责任单位"一网统管"】年内,朝阳区在全市率先实现全区"门前三包"责任单位"一网统管",以一个平台为抓手,以共商共治为原则,以"四有十无"为标准,以积分评级、红黑榜等手段为工作路径,从基础信息建设完善、优化考核体系、强化执法部署、创经验树示范四个方面出发,形成"一网覆盖、多点开花"的"门前三包"共治管理格局,促进环境秩序面貌持续向好。

(张文倩)

市容景观管理

【提升照明夜景风貌】年内,区城市管理委以"五夜"为特色主题,打造朝阳"不夜之城",为夜间经济发展提供高质量夜间沉浸场景。夜游"亮马河",实施亮马河国际风情水岸沿岸通航延伸段、三环内段及蓝港周边建筑物亮化工程,提升52栋建筑物夜间景观形象。夜赏"金十字",点亮长安街东延长线"最有温度的行政通廊"和东三环核心段"最有品质的商务通廊",一横一纵"金十字"名片初步呈现。夜秀"新朝阳"、夜购"潮商圈"、夜品"中国风"已基本实现。同时,首届朝阳国际灯光节精彩亮相,以"1+1+1+N"为呈现范围,分主题、分层次打造涵盖灯光互动艺术、体验装置和创意灯光秀的夜间活动场所及消费打卡地,奥林匹克塔等5处灯光秀、吉凤朝阳等4处光影秀、AR幻奇等2个AR体验、龙行靓马等6个交互装置以及蓝海微波、星河步道、河畔霓裳等14个灯光装置集体亮相,展现五光十色、璀璨亮丽的"五宜"朝阳夜景风貌。

(张文倩)

【路灯工程建设】年内,区城市管理委按照"永临结合"方针推进路灯工程建设,在金蝉西路等20余条无灯道路建设安装太阳能路灯440根,青年西路等30条路灯补建工程全面开工。

(张文倩)

【重大活动环境保障圆满】年内,区城市管理委圆满完成春节、全国"两会"、中关村论坛、工体赛事等各项环境保障任务,在第三届"一带一路"国际合作高峰论坛保障中,以"一区、三线、四环、多节点"为布局,通过景观小品、硬质横幅、灯笼灯饰、花坛花卉、电子显示屏等多种形式,营造浓厚环境氛围。在传统景观布置和环境保障方式的基础上,奥运塔、大望京建筑组群、CBD区域以及腾龙阁、华润时代、同心桥、通盈中心、"炫彩望京"雕塑等上演精彩灯光秀,持续发挥不可或缺的氛围营造作用。

(张文倩)

能源日常管理

【燃气安全排查整治】年内,区城市管理委全力消除燃气管线占压隐患,全部完成市级挂账隐患1608处,实现全区隐患清零,强化关键领域重点行业安全检查,推进天然气居民用户安全型配件安装,累计完成安装39.2万余户,超额完成朝阳区年度任务。完成老化燃气管线更新改造,累计完成改造管线长度59.15千米,其中庭院管线56.69千米,楼内立管2.46千米,超额完成36.5千米的年度任务。严格落实非居民用户液化石油气禁用,开展打击"黑气"专项行动,"回头看"检查计11次,查扣液化气罐66个,公安机关共抓获倒卖气罐10人、现场起获非法液化气罐67个,查扣运输车3辆。修订《燃气安全检查指南(朝阳区2023修订版)》及燃气安全宣传海报下发属地街乡,增强燃气安全意识。

(张文倩)

【电力工程建设】年内,区城市管理委治理输配电隐患300项,治理率100%。工体变电站、龙潭湖—弘善输电工程实现竣工投运;CBD500kV变电站本体工程、后街、何各庄、三营门、高辛庄、北小河、费家村7个变电站建设工程实现全面开工。

(张文倩)

【年度供暖保障】 3月15日，区城市管理委完成朝阳区2022—2023年供暖季供暖保障工作，供暖面积2.24亿平方米，全区供暖12345市民服务热线投诉工单由上年的5900个减少至5342个，全区万平方米投诉量0.562，低于全市平均万平方米投诉量。年内，组织全区43个街乡持续开展"访民问暖"行动，走访居民小区进行室内测温，并对投诉较多和舆情问题严重的供暖单位进行约谈，提高供暖服务质量，圆满完成供暖季服务保障工作。

（张文倩）

【名录】

单位名称：北京市朝阳区城市管理委员会

党组书记、主任：刘炳起

地址：北京市朝阳区松榆东里甲38号

邮编：100021

电话：010-67325578

传真：010-67327299

（张文倩）

海淀区

概　况

北京市海淀区城市管理委员会为海淀区主管城市管理工作的区政府工作部门，是负责全区城市管理、城乡环境建设的具体组织实施和相关市政公用事业、市政基础设施、市容环境卫生、交通统筹发展等管理职责的政府工作部门。附加挂北京市海淀区城乡环境建设管理委员会办公室牌子外，常设和临设议事协调机构7个，共有内设科室18个。直属单位3个，分别为区城管执法局、市政设施管理事务中心和六里屯垃圾填埋场。

年内，区城市管理委坚持以习近平新时代中国特色社会主义思想为指导，不折不扣落实市区各项决策部署及"争""快""实""好""稳"五字要求，对标高品质海淀目标，统筹好发展与安全，扎实提升"四个服务"水平政治责任，按照摸底数—强基础—补短板—促提升为思路，全力护航海淀高质量发展。聚焦南区城市更新和北区集约发展开展工作，助力城市功能不断优化，区域发展更趋协调宜居。积极推进北部地区2个组团12个输变电项目，西北旺镇HD00-0403街区、HD00-0411街区两个地块市政综合服务站，翠湖东路、永丰产业基地公交首末站等关乎百姓切身体验的基础设施项目。启动37个老旧小区市政管线改造，15个已入场施工，其余加快推进，做实民生保障"里子"工程。启动新三年背街小巷整治提升行动，完善街巷长、小巷管家机制，完成145条背街小巷精细化整治提升工作，文慧园路被评为北京十大最美街巷之一，城市精细化治理水平得到提升。完善"美丽海淀"城市环境管理考核评价体系。发挥区级城市环境建设管理考核"指挥棒"作用，砥砺深耕市容环境整治提升，强统筹、强督办、强整治，充分发挥专业作业队伍优势及网格员力量，加强街镇执法队与公安机关"并肩行动""每周行动日"等联合执法工作机制，着力破解环境秩序难点问题，完善管理—考核—作业—执法闭环。建立重大活动服务保障机制，从联动调度、市容保洁、秩序维护着手，提升四个服务水平。推进行业管理标准化建设，制定油污油渍作业标准、非施工围挡管理、井盖治理等行业标准6项并汇编成册。开展重点区域和重要通道沿线常态化环境整治、城市家具精细化规范治理、公交站亭专项治理、"开墙透绿"等专项工作。结合道路清扫保洁分级管理机制，加强常态化管护，城市道路车行道"冲、扫、洗、收"新工艺作业率达到99%以上，持续推动市容环境更加干净整洁。补建17条无灯路，照亮居民回家路。"关键小事"走深走实，创建280个垃圾分类示范社区（村），全区统筹开展宣传活动480场，覆盖4万余人次，持续掀起分类热潮。健全垃圾收运处体系，非居民厨余垃圾规范运行常态化、可回收物行业管理制度化。强化源头治理，加大联合督导、联合执法、案件移送和联合惩处力度，同步开展非法中转倾倒垃圾打击整治专项行动。聚焦燃气、城市生命线、供热等传统行业及加氢站、新型燃料等新生业态，拉网式检查，推动大排查大整治落细落实。

（师　鹏　杨　思）

环境建设管理

【背街小巷环境精细化治理】年内，按照"十无、五好、四有"标准，完成140条背街小巷环境精细化治理任务，并超额完成任务5条，全部达到精治类标准；完成16个环境建设项目建设工作，其中1项为市级重点环境建设任务，15项列入区级重点环境建设任务，投资金额约2.3亿元。

（朱慧婧　宁　丁）

【"开墙透绿"专项治理】年内，完成北太街道文慧园路、海淀街道海淀路社区、北下关街道高梁桥区域、十一学校本校等6所学校校区和上地信息产业基地周边、中关村北大街沿线、太平路沿线、翠微路南段（东侧）沿线"开墙透绿"专项治理任务，"开墙透绿"5729米。

（宁　丁）

【城市家具精细化规范治理】年内，对公共空间城市家具应治尽治，精细做好规范治理。建立全区城市家具精细化规范治理工作台账，上账问题共计2345处，其中，撤除类228处，规范类996处，提升类1121处。9月底已全部完成城市家具精细化规范治理工作。

（宁　丁）

【小巷管家管理】年内，完成29个街镇招募"小巷管家"13968名，其中完成网上注册13968名，已上岗"小巷管家"累计活动时687693小时。

（宁　丁）

【非施工围挡专项整治】年内，统筹协调海淀区非施工围挡规范治理工作，完成

25个街镇、81条路、43处非施工围挡专项治理任务。

（宁　丁）

【环境建设管理检查考评】年内，完成区城市环境建设管理检查考评工作，全年检查共发现问题133处，其中，报刊亭22处，邮筒33处，公用电话亭78处，均已协调产权单位按时完成整改。

（宁　丁）

环境卫生管理

【试点投放公厕机器人】年内，积极探索公厕智能化建设，在试点公厕投放了智能化保洁设备——地面清扫机器人和公厕蹲便器清洁机器人，打造智慧生态环保公厕。8月18日在海淀公园东北角公厕推行蹲便器清洁机器人，可以在无人时自动对坑位进行清洁，整个清洁过程仅用时1分钟，实现了对公厕地面及厕位的自动化保洁，提高保洁效率和质量。11月10日在长春健身园公厕推行智能化地面清扫机器人，机器人通过系统设定好的智能程序完成地面冲洗、烘干工作，整个清洁过程无须人工干预，节省人力成本。12月22日对冠城园楼厕同时推行蹲便器清洁机器人和智能化地面清扫机器人，高质高效的清扫保洁和全天候干净舒适的公厕环境，获得市民一致好评。

（邓新峰　闫　齐）

【开展城市清洁日活动】年内，为加强背街小巷、社区环境卫生整治，在居住小区、街巷、村落等群众生活区域实施清理垃圾、清除卫生死角、清除小广告等工作，提高居民生活区域保洁标准，着力改善群众生活区域的环境卫生面貌，2023年共动员辖区单位3011个，出动作业人员87403人次，清理机关大院551个，清理居民小区5512个，清理堆物堆料2281.12吨，清理白色污染物15123.45千克，有效提升海淀区整体环境卫生水平。

（邓新峰　闫　齐）

【深化道路案件遗撒移送机制】年内，开展源头治理工作，督促属地政府及相关执法部门落实指导及执法责任，从根源解决道路环境卫生问题。通过行政处罚、应急清理费用给付等方式，提高违法、违规成本，提升施工单位责任意识，降低道路源头污染问题。全年共移送道路遗撒案件32件，签订施工遗撒协议32份，联合属地城管部门罚款5.4万元，追缴应急清理费用9.8万元。海淀区环卫部门的案件移送工作，得到了市级行业主管部门的认可，结合扬尘百日攻坚工作已向全市进行推广。

（邓新峰　闫　齐）

【开展小型机械化试点】年内，认真落实大气污染防治行动计划，以降低背街小巷尘土残存量为目标，在上庄镇、西北旺镇等11个街镇，共730条道路试点开展背街小巷小型机械化降尘作业，实施专业化管理、机械化作业、计量化考核，提高道路洁净度。试点道路使用小型环卫机械开展吸、冲、收新工艺降尘作业，与已经开展的清扫保洁作业工艺不重合，人工作业仍由原保洁作业工艺负责。主辅路每日进行机械洗地、机械清扫保洁（机械吸尘）作业。冬季如气温条件允许，开展洗地、吸尘作业，如气温条件不允许，则应在每日10：00至15：00，地表气温在3℃以上时，采取添加环保型防冻材料等方式，开展午间机械清洗作业，步道每日进行1次机械吸尘作业。试点道路全年整体道路卫生情况良好，市级尘土残存量检测值均在标准范围内。

（邓新峰　闫　齐）

【全力应对"12·13"强降雪】年内，成立扫雪铲冰专班，全力保障扫雪铲冰。坚持雪情就是命令，及时开展雪中除雪工作。采取科技加人工手段，利用海淀市政智慧平台覆盖11000余个摄像头，实时对作业区域进行监控；组织各街镇、各单位按照"先立交、后道路""先重点、后一般"和"先打开一条路，再向两边扩展"的顺序对车行道、非机动车道和人行步道开展作业，重点保障主要道路、桥区匝道、长安街沿线、玉泉山、交通枢纽等重点区域和主干道；发布《扫雪铲冰倡议书》，号召各驻区单位、各沿街商户、各志愿者组织、广大市民共同行动，参与到扫雪铲冰工作中；参与央广网、人民网、《新京报》、央视四套、《北京日报》、北京交通广播的采访和直播任务，直观向市民展示扫雪铲冰作业。迅速开展雪后恢复工作，组织各街镇、各单位围绕学校门口及周边道路开展除雪，共发动2万余人清理563所学校积雪残冰，确保周一师生出入校园安全；针对小区内积雪严重的问题，社区党员、志愿者、居民积极行动，集中对小区内道路上的积雪进行清理，保障居民出行安全。

（邓新峰　闫　齐）

【垃圾分类主题宣传】年内，组织开展进社区、公园游园会、绿色"童"行等活动，以知识宣讲、趣味游戏等形式，引导居民进一步掌握垃圾分类知识，提升垃圾分类水平；以开学季为契机，开展垃圾分类"开学第一课"，帮助孩子们扣好自觉参与垃圾分类的"第一粒扣子"。年内全区共开展宣传活动1000余场，市级媒体宣传报道148次。

（孟占江）

【挖掘垃圾分类优秀典型】年内，完成280个示范小区（村）、709个达标小区（村）创建工作。住建部社区书记、观澜国际物业经理被住建部评为2023年全国垃圾分类年度达人。

（孟占江）

【再生资源回收】年内，通过设置在各

街镇的410个"打货车"点位,承接"高值"可回收物的回收处置工作。建成28处大件低值再生资源回收中转站,破解困扰街镇的"废床垫、废沙发"乱堆乱放问题;依托韩家川再生资源分拣中心对低值可回收物进行分拣打包,实现资源化、减量化发展。大件低值回收体系累计回收大件垃圾16.63万件,低值可回收物3640.19吨,有害垃圾12.44吨,资源化利用率达到100%。高值链条月均回收商品类可回收物2万余吨。

(孟占江)

【"一袋式"上门回收试点】年内,清河街道全域开展"一袋式"上门回收试点工作,居民可把家中厨余垃圾、其他垃圾以外的可回收物统一装袋,由区物资回收公司上门回收。小件低值上门回收服务已注册44534户,年内累计实现垃圾减量1058吨,日均单量已突破500单,单日垃圾减量达到5吨。

(孟占江)

【垃圾运输违规电动三、四轮车更新淘汰】年内,完成4169辆合规车辆登记上牌工作,并完成环卫车辆信息管理系统录入工作。对接辖区内3所驾校,为环卫行业驾驶员培训开通绿色通道,保障驾驶员能够及时参加培训。

(孟占江)

【生活垃圾100%无害化处理】年内,海淀区生活垃圾处理设施运行平稳有序,区外垃圾处理物流调度工作顺畅,实现了全区生活垃圾100%无害化处理。

(温智玄)

市容景观管理

【春节景观布置】2023年春节、元宵节景观布置工作,以"创新创意、节俭利旧、喜庆祥和"为设计原则,突出海淀区科技、文化、创新的元素,力争打造高质量、高品质城市节日环境景观。围绕区重点商圈周边(华熙、中关村、五道口、万象汇、中关村一号、当代商城等)区域开展景观布置工作,广泛动员商业集中区域采取多种形式,通过灯笼灯饰、景观亮化、树木挂饰等方式,营造红红火火过大年的节日景象。注重节约资金,按照"节俭利旧"原则,组织对往年制作及冬奥展示的景观小品进行更新和内容调整,通过增加拜年兔、灯笼、福字、福袋、窗花、鞭炮、祥云等元素,打造7组景观小品,营造传统春节节日氛围。同时,在重点大街和道路节点设计采用两组新型灯饰,中关村大街沿线灯杆灯饰设置舞动未来,两条活泼灵动的飘带模拟双螺旋造型向上舞动,双螺旋寓意突出海淀科技、创新特色。长春桥路、远大路沿线设置火树银花,引用节日燃放的礼花元素和民间传统焰火,利用灯带构造出绚丽绽放的灯饰效果。

（张中静）

【"海淀科技星光大道"系列灯光展示】年内，为展示中关村科技企业的创新精神和技术实力，海淀区城管委会同中关村科学城管委会、区委宣传部继续推出2023年"海淀科技星光大道"第四期、第五期灯光展示活动，联合神州数码、海博思创、艺妙神州、百度、小米等六家引领科技未来的创新企业进行灯光秀展示，助力打造城市新轴线和科技走廊的新模式，树立中关村品牌形象，展示企业科技创新成果。

（张中静）

【架空线规范梳理】年内，海淀区城管委完成51条道路管道建设和掘路恢复，开挖通信管道沟槽25.5千米，掘路恢复路面32000平方米，铺装道路油面共计80000平方米，步道修复及施画交通标示标线20000平方米。

（崔怀斌）

能源日常管理

【电气热行业安全宣传及普法培训】年内，为落实行业监管责任，结合大排查大整治宣传工作及安全生产月宣传活动，海淀区城管委联合区城管执法局于6月26日，组织开展2023年电气热行业安全宣传及普法培训。各燃气供应企业、公交车加气站产权单位、燃气燃烧器具安装企业、电力企业、发电企业、电动汽车电动自行车设施管理企业、供暖企业、加氢企业、综合管廊管理企业等参加培训。

（靳　刚　孙　楠）

【城镇燃气安全专项整治】9月27日，海淀区城管委组织召开海淀区城镇燃气安全专项整治工作专班第一次工作例会，海淀区城管委常康宁副主任主持本次会议。会议强调：一、各单位一定深刻吸取"4·18"及"6·21"重大安全生产事故教训，全面加强海淀区城镇燃气安全风险隐患排查工作；二、各单位应加快成立专班进度并时刻保持与区专班联系，每周要定期开展视频工作例会，确保及时有效沟通；三、各单位要集中攻坚整治，坚持问题导向，重点聚焦"七大问题""九小场所"，特别是餐饮企业，用三个月左右的时间摸排整治城镇燃气全链条风险隐患，建立整治台账；四、各单位要利用现有资源，充分做好燃气用气安全宣传工作；五、各街镇、各燃气供应企业要加快推进燃气安全配件更换、液化石油气替代等重点燃气安全工作；六、各单位要围绕燃气安全全链条管理，明确、分解、落实安全生产相关责任，建立常态化联合监管机制，加大执法力度，消除监管空白，形成监管合力，做到尽职履职、尽职免责。落实落细各项措施和工作责任，切实提高排查整治质量。各相关单位、各街镇参会。

（靳　刚　孙　楠）

【供暖"冬病夏治"】年内，海淀区城管委积极开展"冬病夏治"工作，在全市率先启动并完成11个小区老旧供热管网更新改造、110个小区供热设施维修改造以及40个"无煤化"集中片区的设备保养工作。

（徐丛涛）

【供暖三级管理体系建设】年内，海淀区城管委持续巩固区级统筹、街镇管理、社区（村）治理三级管理体系成效，不断加强供热单位与属地联动，完成供热运行单位备案年检1078家次，发挥区供热协会作用，形成上门入户"三个三"、室内操作"十个一"、客服话务"五场景"标准规范并全区推广，加大属地街镇、社区（村）对辖区供热项目的考核权重，将供热项目负责人向街镇、社区（村）报到作为本采暖季申领供热补贴的前置条件，结合吹哨报到机制，协调解决了西四环中路7号院无主管线维修、建清园等三小区收费率低、韦伯豪和星标家园小区供热主体纠纷、逸成东苑变更供热主体等矛盾纠纷，提前化解了断供、弃供风险。

（徐丛涛）

市政公用设施运行管理

【骑沿井治理】年内，海淀区城管委组织完成30个街道227条区属路850余处骑沿井治理工作。

（郑东虎）

【有路无灯治理】年内，海淀区城管委完成2023年有路无灯治理工作，共亮灯13条路。

（郑东虎）

【助力违规三、四轮车清零】年内，海淀区城管委按照环卫、共享单车等行业用车的淘汰更新、个人用车的回收处置的工作要求，深入推进违规电动三、四轮车专项治理，顺利平稳完成此项全市重点工作任务。

（于　明）

【名录】

单位名称：北京市海淀区城市管理委员会

党组书记、主任：张洪雨

地址：北京市海淀区西四环北路11号

邮编：100195

电话：010-88487200

传真：010-88487211

（师　鹏　杨　思）

丰台区

概　况

北京市丰台区城市管理委员会是丰台区主管城市管理工作的区政府工作部门，同时作为北京市丰台区城乡环境建设管理委员会的办事机构，挂北京市丰台区城乡环境建设管理委员会办公室牌子，并保留北京市丰台区交通委员会牌子，负责城乡环境建设、城市管理的综合协调、市政基础设施、市政公用事业、市容环境卫生、能源日常运行、交通等管理职责。内设15个科室，同时设机关党委；3个事业单位：丰台区循环经济产业园管理中心、丰台区渣土管理站、丰台区道路养护中心。

年内，区城市管理委深入推进垃圾分类工作，提升分类处理能力，开展垃圾分类服务进小区、进学校、进医院、进企业等主题活动。常态化"设桶、盯桶、管桶"，促进居民垃圾分类习惯养成，提升垃圾分类考核成绩。背街小巷精细化治理提质，实施分类治理、持续推进，按照"十无五好四有"标准，年内整治提升123条背街小巷，精细治理居民身边的小街道、胡同等，让历史文化有传承，绿化美化有品质、生活休闲有空间、便民服务有配套。挖掘释放城市剩余空间潜能，高效利用边角地，做好金角银边建设工作，完成"金角银边"点位建设218处，大力开展"三道工程"建设，打造景色优美、环境宜人的"绿道、碧道、秀道"，完成"三道工程"示范点位81处；以"箱体三化"整治为切入点，让箱体更安全、更有序、更美观，年内共完成箱体三化650处；开展城市家具精细化规范治理工作，净化城市公共空间，还路于民，还空间于民，完成规范类245个、提升类108个，拔除废弃电杆712根。全面提升丰台站周边环境。对周边近30条道路（路段）进行整治改造，翻新沿线立面，延续老北京白墙、灰瓦、仿青砖图案的城市肌理，增加街道文化气息，改善市容市貌。增加林荫休闲场地及健身设施等，为群众提供充足活动空间，实现"站、城、景、文"的融合。

（杜江彦）

环境建设管理

【推进"三道工程"及金角银边建设】 年内，编写完成《关于"三道工程"建设情况的阶段性汇报》《关于全面打造秀道建设全力推进京雄城际铁路、京沪高铁沿线环境综合整治提升情况的工作报告》等报告。参与属地街道金角银边建设点位的调研，年内完成"金角银边"地块218处、"三道工程"地块81处。

（刘继祥）

【完善区环境建设综合考核】 年内，修改和完善"2023年丰台区环境建设综合考核办法"，协调督促相关成员单位分别组织考核评价。市级台账系统环境问题的处理和销账方面，全年共处理市级台账2249处，完成率98.9%。

（刘继祥）

【城乡环境建设管理专项检查】 年内，组织开展城乡环境建设管理专项检查。共检查7800条大街小巷及周边环境，累计派发环境问题24200余件。

（刘继祥）

【背街小巷精细化管理】 年内，重点针对"十无五好四有"检查验收标准进行检查。针对26个街镇的408条精细化治理背街小巷，每月进行一次全覆盖环境检查，共检查发现问题4800余起。

（刘继祥）

【持续落实"双段长制"】 年内，针对391处未达标路段及其他铁路沿线环境进行检查，并督促整改环境问题211起。同时配合铁专办对在账400余个涉及环境问题的案件进行跟踪督办，保障铁路沿线环境安全有序。督查22个与铁路相关的属地单位落实好"双段长制"工作，共享信息、共同维护铁路安全。统筹开展全市第二批次（丰台区83处）铁路沿线安全环境问题整改工作。

（刘继祥）

【街巷长管理】 年内，完成800余条背街小巷精细化管理工作，组织对各街道街巷长日常管理工作落实情况的检查，并根据检查情况对各街镇进行分析评价。

（刘继祥）

【丰台站周边交通及环境综合整治】 年内，为改善丰台站周边通行条件、提升综合环境现状，实施丰台站周边交通及环境综合整治工作。从提升建筑立面、完善城市家具、改善道路出行、优化公共空间等多维度开展综合整治，优化出行条件、提升城市气质、美化市容市貌。对新华街、纪家庙路、建国街、科怡路、丰管路等道路（路段）沿线进行整治，开展立面粉饰、牌匾整治、路口渠化、树池连通建设、安装智能违停设备、增设座椅等。

（刘彦梅）

环境卫生管理

【市容环境卫生检查】 年内，制定《丰台区市容环境卫生检查考评实施细则》。细则安排有日常检查、定期检查、长效机制、督查督办四个方面。各分值占比为：日常检查50%、定期检查30%、长效机制10%、督查督办10%。2023年日常检查全区共进行了41个轮次，定期检查组织了12个轮次，长效机制考评共组织了12次。

（祖 蒙）

【背街小巷管理】 年内，将全区5530条、701万平方米的背街小巷日常清扫保洁纳入专业管理。专门聘用第三方进行不间断检查考核，发现问题24小时内回复整改。

（祖 蒙）

【公共厕所管理】 年内，陆续完成838座委管公厕交接工作，委托第三方机构对区1200余座公共厕所清扫保洁质量进行日常检查。

（祖 蒙）

【开展尘土残存量检测】 年内，聘请专业道路尘土残存量监测公司对区内1200余条道路、5500多条背街小巷开展监测工作。按要求每天对1条一级道路、1条二级道路、2条三级道路、1条背街小巷进行尘土残存量监测。定期向各级作业单位通报监测数据情况，利用监测结果指导作业单位有重点和针对性地开展清扫保洁工作，对发现尘土残存量超标的单位，要求对问题点位及时整改并反馈整改情况。

（祖 蒙）

【深度保洁】 年内，严格落实市城市管理委深度保洁作业有关要求，每周三、周四开展深度保洁日工作，区环卫中心及各属地保洁队伍加强人员车辆调度，加大桥区、桥下空间、匝道、护栏周边重点区域深度保洁作业，增加作业车辆，提高作业频次，保障全区市容环境干净整洁。

（祖 蒙）

【道路清扫保洁移交】 年内，区城管委和各相关街镇单位及环卫中心现场确认，将58条路、地铁出站口区域3处，清扫保洁总面积1131232平方米的保洁工作移交至各单位。

（祖 蒙）

【开展扫雪铲冰】 年内，结合市扫雪铲冰应急工作要求，对丰台区《扫雪铲冰应急工作预案》进行了修订。主要对适用范围、实施时间、责任区域和预警响应分级等进行了完善补充，为做好当年扫雪铲冰工作奠定基础。按照"雪前准备、雪中打通、雪后恢复"的流程进行作业，丰台区所有扫雪铲冰备勤人员及设备投入扫雪铲冰作业，特别是对桥区、匝道、过街天桥、地下通道、责任范围内路面坡度较大以及设有阶梯和易打滑的重点区域，采取增加清扫频次、加大清扫力度、适量播撒融雪剂等措施，防止路面结冰，避免"地穿甲"现象，保障市民出行安全。同时区城管委积极发动社会力量，督促门店、单位落实"门前三包"责任，引导社区居民主动参与小区便道等区域的扫雪铲冰工作。重点关注公园出入口、主要大街路口、菜市场门口等沿途道路的积雪积冰情况，强化作业和巡查检查。

（祖 蒙）

【"门前三包"管理】年内，将"门前三包"管理工作，作为工作重点。首先，压实责任，督促各镇街，认真履行主体责任，把"粗"任务变细、"虚"责任变实，形成"一级抓一级、一层管一层"模式，层层传导压力，增强责任，落实任务。通过开展"清洁日""卫生日"等活动，督促全区各责任单位全面清理责任区垃圾，扎实推进门前区域环境整治提升工作。其次，通过丰台区检查管理平台开展数据分析，精准定位门前责任区落实工作问题症结，对薄弱环节逐个击破，持续开展常态化、精细化环境治理。第三，强化督察，通过开展日常巡查检查、联合执法、通报曝光等方式，督促责任单位落实整治主体责任，对易反复问题严肃处罚，切实落实"门前三包"责任制，提升门前责任区环境面貌。

（祖 蒙）

【扬尘治理百日行动】年内，为深入落实市委、市政府决策部署，制定《关于丰台区开展道路扬尘污染专项整治行动的工作方案》，并印发给各相关成员单位及各级作业单位抓好各项工作落实。

（祖 蒙）

【环卫行业电动三轮车辆综合治理】年内，根据市城管委印发的2023年环境卫生重点工作任务，开展环卫低速电动三、四轮车治理工作，制定淘汰更新计划。丰台区共有环卫行业电动三、四轮车辆1829辆，其中，区环卫中心1081辆，街镇单位748辆。购置车辆数902辆，其中，区环卫中心168辆，街镇单位734辆。除22辆小型清扫车因政策原因暂时不能注册登记外，其余车辆已全部注册完成并取得车辆牌照，1829辆违规车辆已全部处置完毕。按市级部门要求，12月1日起，所有新车均实现上路行驶，旧车一律不得再上路。2024年开始，环卫电动车将正式纳入日常工作管理。

（祖 蒙）

【优化环卫基础设施】年内，进一步优化生活垃圾分类设施，全区共设置桶站7435组、生活垃圾分类驿站382处、可回收物中转站16处、大件和装修垃圾投放点各900余处,进一步满足居民分类投放需求。完成7座公厕修缮项目。

(赵俐霞)

【推进垃圾分类习惯养成】年内,充分发挥区级指挥部统筹作用,有效运用调度会、自检会、约谈会、现场会等会议机制,定期调度部署,持续督促提升;制定并印发《丰台区2023年生活垃圾分类重点工作任务》和《丰台区2023年生活垃圾分类考评指标方案》,聚焦"科学管理、长效机制、习惯养成"三个关键,完善"日检查、周调度、月考核"工作机制,进一步压实责任,形成推进合力;从4月区统计局关于城乡居民垃圾分类意识及现状调查情况来看,丰台区89.7%受访居民对生活垃圾分类工作表示满意、97%受访居民认为较《条例》实施前软硬件设施有所好转、99%受访居民知晓生活垃圾分类,居民生活垃圾分类习惯进一步养成。

(赵俐霞)

【持续督导垃圾处理工作】年内,丰台区循环经济产业园管理中心持续督导运营单位实施终端分类处置倒逼机制,促成生活垃圾分类处理。2023年其他垃圾处理量较2019年减少23.61万吨(减少22.84%)、厨余垃圾增长11.23万吨(增长123.14%);2023年循环园异味投诉较2022年下降70.39%。丰台区渣土管理站持续推进建筑垃圾资源化处置工作,共备案建筑垃圾临时性资源化处置场5处,设计年处置能力830万吨,年实际处置建筑垃圾423万吨,各处置场所使用破碎、筛分、轻物质分离、再生利用等工艺,再生产品为再生骨料、再生无机料、流态固化土等,销路通畅。

(杨 宽 李国东)

市容景观管理

【违规户外广告治理】年内,按照市城管委工作要求,推进丰台区集中清理建筑物屋顶牌匾标识整治工作专项行动,共摸排上账396处、463块,要求各街道(乡镇)、管委会积极做好规范整治工作,并对环路、重点区域等进行督办。协调属地及城管部门加大执法力度和频次,坚决遏制反弹势头,共规范拆除其他各类违规广告和不规范门头牌匾1480块,拆除违规标语宣传品455块。

(李洪英)

【夜景照明设施开放运行】在元旦、春节、"五一""十一"等节日期间以及其他重大活动期间,认真组织督促落实夜景照明开放工作,组织应急维修小组对维护范围内夜景照明设施进行全面消隐排查,并在重大节假日(活动)国家要求照明设施开启时间内,对缺字断亮的设施及时修复,保障霓虹灯设施完好,保证丰台区夜晚景观效果。

(李洪英)

【公共服务设施管理】 年内，按照首环办相关工作要求，在规定时间内全部完成丰台区内报刊亭占压便道的挪移工作。在推进公共服务设施二维码管理工作的基础上，不断完善设施日常管理工作，采取周巡、月巡、半年巡、年巡重大节庆及重大活动保障巡查，全年完成50次周巡查、12次月巡查和元旦、春节、全国"两会"驻地周边等保障巡查，累计巡查各类上码设施万余次，巡查道路长度共计1100余千米，发现问题320余处，全部督促产权单位整改完毕。

（李洪英）

【路灯照明问题专项治理】 年内，推进丰台区路灯照明类12345居民投诉件的办理工作，丰台区共承办路灯照明类投诉件1708件。其中，小区内照明问题1271件，占比75%；市政路灯问题240件（涉及丰台区范围内市政道路路灯的投诉），占比14%；农村地区、公园绿地、河道路灯问题188件，占比11%。全年丰台区路灯照明类投诉件数量较去年同期下降50%，各街镇路灯照明类投诉件数量较去年同期也有明显下降，路灯投诉办理满意率91%。共完成10条无灯道路的补建，对少灯路段补装路灯180余盏，减少市政路灯投诉。同时增灯补亮57处，补装路灯145盏。

（李洪英）

能源日常运行管理

【燃气供应保障】 年内，为26万户燃气用户更换、加装安全型配件，对丰台区11个液化气供应站、12个公交加气场站、7家燃气场站开展日常安全检查。完成燃气老旧管线更新改造9.5万米；协调完成1430处非居隐患治理，323处燃气管线占压隐患治理，完成管道天然气、电力替代和改造业态替代1395户，实现了全区禁用目标。

（刘 洋）

【电网基础设施建设】 年内，加快推进电网基础设施建设，协调推动丰火站220kV输变电工程、岳各庄220kV站110kV配套送出、岳各庄至七里庄110kV配套送出、岳各庄至五里店110kV配套送出、张仪220kV变电站改造工程、丽泽220kV变电站项目、丽泽智能电网调控指挥中心项目、开工建设。完成榆园110kV输变电工程立项核准。加强公共区域充电日常监督管理工作，指导督促企业规范运营管理。

（刘 洋）

【完成2022—2023采暖季保障任务】 年内，采暖季继续承担了全区居民供热12345统一接办任务，共接单6949件。结合供热诉求情况，对投诉集中的小区进行现场联合办件，同时开展"访民问暖"，对供热企业开展"四不两直"检查，共召开部署会议8次，开展供热约谈4次，共检查供热单位184家次，检查478处供热锅炉，进行"访民问暖"228余次。

（刘　洋）

【提升供热韧性】年内，加快推动老旧供热管网更新改造，改造一次线3000米，二次线2万米，室内公共管线7000米，涉及248万平方米。结合采暖季接诉即办情况，实施"冬病夏治"改造，加强供热设备设施及管网的检修维护，共改造4485米管线，涉及208万平方米。推进供热资源整合，完成东庄锅炉房油改电改造、东铁营40号楼锅炉房和大红门海户屯165号院锅炉房的并网工作，优化供热结构。

（刘　洋）

【电动自行车充电设施建设】1月1日起，区电动自行车全链条管控工作专班办公室正式从区应急局移交至区城管委负责。电动自行车全链条管控工作专班办公室主要成员单位包括：各街道办事处、镇政府，区应急局、区发改委、区商务局、区市场监管局、区房管局、区交通支队、区消防救援支队、区城管执法局、南区邮政管理局、丰台供电公司。按照市2023年"查缺补漏、满足居民需求"的电动自行车充电设施建设原则，经过年初摸底，计划建设接口2808个（包括充电桩、充电柜、换电柜三种接口），全年实际建设8952个接口，超额完成全年任务。

（王令全）

【电动自行车安全隐患整治】年内，为贯彻市区领导"4·7电动自行车室内充电事故"的批示精神，区专班（区城管委）制定了丰台区电动自行车安全隐患整治"百日攻坚"行动工作方案，并多次组织召开"百日攻坚"专项行动部署会、调度会，相继印发《关于做好电动自行车全链条管理的通知》《关于在全区开展电动自行车"七点半"专项行动的通知》等多个文件，持续抓好全区电动自行车全链条管控工作，切实做好居民区特别是平房区和"三房一院"电动自行车安全隐患排查治理工作。同时组织开展"七点半"敲门行动，即每晚19：30夜查行动。自"百日攻坚"行动以来，通过开展日查、夜查、自查、统筹街镇查等方式，全区累计检查电动自行车充电设施点位29697处，发现隐患6762处，清理废弃、违规停放自行车6868辆，清整堆物堆料6220处，补全灭火器等消防设施3928个，排除飞线3400根，劝阻入户充电人7784次，张贴海报、横幅62175张，开展入户提示69279次。

（王令全）

市政设施运行管理

【架空线入地和"箱体三化"】年内，按照丰台站周边环境提升总体方案，完成了丰台东路（芳菲路—南三环）、正阳大街架空线入地，完成丰台站周边160处"箱体三化"工作，提升周边环境，保障丰台站按计划开通。

（雷先云）

【骑沿井治理】年内，按全市开展骑沿井治理要求，丰台区组织开展骑沿井治理，共计完成219处整治。通过整治，改善人行步道的情况，提高人们的出行安全性。

（雷先云）

【名录】

单位名称：北京市丰台区城市管理委员会

党组书记、主任：纪亚辉

地址：北京市丰台区文体路2号

邮编：100071

电话：010-83656260

传真：010-63805490

（任　俊）

石景山区

概　况

北京市石景山区城市管理委员会（区环境建设办、区水务局、区交通委）是负责石景山区城市环境建设、城市管理的综合协调，市政基础设施、市政公用事业、市容环境卫生、能源日常运行等管理工作的区政府工作部门，设14个内设机构。

年内，区城市管理委压紧压实全面从严治党主体责任，充分发挥党建引领作用，以首都发展为统领，坚持攻坚克难，全力以赴推进城市管理各项工作任务落地见效。全力以赴狠抓创城工作，加大力度治理城市管理热点、难点问题，加强城市道路及背街小巷环境治理，深入探索"互联网+垃圾分类"模式，有序推进垃圾分类工作，严格建筑垃圾处置管理。坚持筑牢城市生命线，强化供热、燃气、电力保障，始终加强安全生产监管，不折不扣落实上级安全生产各项部署要求，稳扎稳打做好电力、燃气热力、工程建设、道路交通、电动自行车等领域安全生产工作，确保城市运行安全有序。

（王　钰）

环境建设管理

【创建全国文明城区】年内，区城市管理委聚焦城市管理领域顽症痼疾，大力整治公益广告宣传布设及主次干道、背街小巷等设施、秩序类问题。累计出动巡查人员5800余人次，维修沥青路面、人行步道30000余平方米，维护宣传布设点位4800余处，更新维护施工围挡9600余米，整修检查井700余座，整治架空线缆、灯杆箱体等设施400余处，清除非法小广告340000余张，查处"门前三包"类问题468起。对重点区域、主次干道、学校医院周边共享单车停放区复划停车框线1000余处，维护共享单车秩序。利用微信公众号等平台，广泛宣传"创城应知应会"，引导干部职工提高创建文明城区的知晓度、参与率及满意度，全力推进文明城区创建工作。

（靳文静）

【京门铁路沿线整治提升】年内，区城市管理委牵头对京门铁路石景山段9.5千米沿线进行环境整治提升，清理堆放垃圾约50000平方米，修复场地破损约180000平方米，种植植被约140000平方米，修整破损围墙约4500延米，修整遗留建筑约6000平方米，沿线完成护栏安装9.5千米，地面石子铺设约85000平方米，金属格栅地面1600平方米。在确保铁路运输安全前提下，对西黄村火车站、苹果园交通枢纽、S1线高架桥下空间等重要节点进行环境整治改造，增补绿色休闲空间，增加慢性步道区域，提供多元设施与服务，优化提升公共空间，打造区段景观特色，满足周边居民通勤和休闲需求。

（陈　慧）

【环境建设专项检查】年内，区城市管理委研究制定《石景山区2023年城市环境建设管理考核评价工作方案》，持续构建以区环境办统筹协调、各街道和职能部门协同参与落实的"查、治、考、报"与"多元化协同"的环境建设工作机制。全年共完成市级台账整改2125个，区级问题整改2418个，整改率达100%。年内，石景山区在首环办月度考核中心城区组中，先后取得5个第一名、3个第二名、3个第三名、1个第四名的成绩，2023年度总成绩在全市中心城区组排名第二，较好地完成了城市环境建设管理各项工作任务。

（耿　介）

【重点区域环境整治提升】年内，区城市管理委对北京冬奥公园马拉松大本营及周边重点区域整治提升。一是依据公园的定位提升主题性及服务功能。实施南侧、北侧主入口形象及综合服务区域进行景观提升，马拉松线路绿化景观提升及修建休息点。二是根据公园的运营需求完善基础设施。实施包括增加3座卫生间；完善引水方案，修建消防水池、泵房及室外消防栓；部分路段增设路灯。三是对周边环境进行整体提升。实施包括公园内部支路环境整治，石丰桥下停车空间环境整治，五环路与卢沟桥北路交叉口至大本营南门路段环境整治，铁路沿线环境整治。

（梁　涛）

【背街小巷精细化治理】年内，区城市管理委按照市级统一部署，完成49条背街小巷精细化治理任务，其中，路面修复20538平方米、新做树池110套、围墙立面修复17800平方米、线杆装饰15处、挡车桩35处。

（梁　涛）

环境卫生管理

【创新垃圾分类管理新模式】年内，区

生活垃圾指挥部按照"五有""四好"工作要求规范容器组合和数量,增加照明设施,提高便利性和干净整洁水平,全区2531组固定桶站、92个分类驿站、282个大件垃圾及装修垃圾投放点位基本符合市级要求。不断深化宣传动员,在全区范围内开展垃圾分类知识宣讲80余场、发放垃圾分类宣传手册5000余份、覆盖人数20000余人。以提升投放设施设置、规范垃圾流向、宣传引导氛围、分类习惯效果等为工作目标,全年完成130个示范小区、150个达标小区创建。以监督检查促日常管理水平提升,不断巩固示范创建成果,全年开展日常检查8038次,检查桶站56034组,发现问题8483处,均已整改。建立由社区书记、物业经理、志愿者等15人组成的基层赋能讲师团,通过培训、参观交流学习等形式全面提高基层赋能讲师能力,全年共开展基层赋能宣讲80次,实现带动全区各社区、各物业提高垃圾分类管理水平的既定目标。

(田　锦)

【可回收物体系建设】年内,区城市管理委指导街道建成可回收物交投点344处、分类驿站98处、街道可回收物中转站5处,设立小区大件垃圾暂存点288处;实施再生资源回收备案管理制度,会同各街道对辖区内符合条件的可回收物交投点、分类驿站、中转站进行备案管理,在全市范围内率先完成第一家再生资源回收经营者备案登记,全年共完成2家再生资源回收经营企业的备案登记工作;推动再生资源与物业管理同抓同管,指导首华物业发挥物业管理优势,聚焦再生资源领域,通过选取老旧公共服务设施,打开垃圾分类社区自治、可循环、可复制的新模式。

(田　锦)

【非居民厨余垃圾计量收费】年内,区城市管理委以"健全规范管理模式、健全信息查询申诉渠道、健全标准提高服务质量"为工作目标,全区1723家非居民单位全部纳入台账实现计量收费管理,称重计量误差率已基本控制在5%以内。试点开展非居民厨余垃圾"公交化收运",调整23条收运线路,结合大数据技术、人工智能、云计算等技术支持,定线路、定车辆、定司机、定站点,平稳开展试点收运工作,取得较好成效。

(田　锦)

【大件垃圾管理】年内,石景山区建立区级大件垃圾暂存场地1处,街道级可回收物中转站5处,为街道发放《石景山区大件垃圾通行证》126张。全年共收集、转运大件垃圾26800余立方米。

(赵艳涛)

【扫雪铲冰】年内,区扫雪铲冰指挥部遵循"机械扫雪为主、人工扫雪为辅、社会广泛参与、科学使用融雪剂"的原则,坚持三级指挥、四级控制和四级预警响应工作机制，按照"雪前准备、雪中打通、雪后恢复"的流程开展扫雪铲冰作业，全区共组建21支1000余人的扫雪铲冰应急保障队伍，入冬前完成各类除雪作业设施设备集中检修和保养，保证272台扫雪铲冰车辆、122台扫雪铲冰设备和4202人力推雪铲、扫把等工具具备随时出动的条件，准备融雪剂1000余吨，顺利完成扫雪铲冰任务。

（陈 慧）

市容景观管理

【春节景观布置】年内，区城市管理委圆满完成春节景观布置工作，共完成全区40条道路布置1981组灯笼灯饰，3处点位新春景观小品，3条特色街区，开启区属166座楼宇及长安街沿线等景观照明。

（张 楠）

【更新创建全国文明城区宣传布设】年内，一是完成144个景观小品的画面更新及设施修缮维护工作；二是完成长安街沿线340个景观灯杆、1360幅画面更新工作；三是完成在长安街沿线、区政府周边、首钢园内等重点区域更新小型地插式提示牌123个，新增100个；四是征用159个公交候车亭（其中包含50个公益广告位，即33个公交集团候车亭公益广告位和17个五里坨街道产权公交候车亭广告位，109个商业广告位）；五是在京源中学对面、人民渠护栏上等5处宣传密度较小的区域，增加固定式宣传展架24个；六是完成张贴"垃圾分类"主题画面2450余幅；七是完成新增落地宣传展牌310个。

（张 楠）

【城市照明建设维护】年内，一是全面开展照明设施安全大检查活动，按时开启景观照明设施，对区166座附有景观照明设施的楼宇、长安街沿线及阜石路沿线景观照明进行日常巡视和安全检查，修复景观照明设施65处，线路710米，消除安全隐患36处；二是按照《城市景观照明技术规范》北京市地方标准，对苹果园综合交通枢纽景观照明方案进行了审核和行政许可。

（梁 涛）

【户外广告管理】年内，一是完成户外广告牌匾标识信息系统审核60余处，完成标语宣传品行政许可1件，完成大型活动临时户外广告审批4件；二是每周推进户外广告牌匾标识的安全大排查大整治工作，督促完成盛景国际和峨眉酒家的安全隐患整改；三是完成违规户外广告设施牌匾标识整改210余块。

（张 楠）

【规范城市家具管理】年内，按照市城管委通知要求，完成规范类城市家具问题16个，完成提升类城市家具49处，对无法确定权属的城市家具落实"兜底"保障，切实提高城市家具安全性、功能性、景观性。并对各行业部门、街道对辖区范围城市家具治理完成情况开展全面检查验收，发现问题，限期整改；根据接到的12345接诉即办热线所反映废弃杆体问题，申请相关专项经费，于6月25日前拆除本区废旧杆体101根。

（梁　涛）

【拆除城市护栏】年内，一是结合区情制定并印发《石景山区城市道路护栏规范设置专项行动方案》。二是摸排建账，完善交通护栏台账，经统计石景山区设有护栏的道路共有47条，长度56千米，我区拟拆除护栏量20.31千米，已拆除20.61千米，超额完成布置任务。

（梁　涛）

能源日常管理

【智慧化供热改造】年内，区城市管理委智慧化供热改造面积共计531.97万平方米，涉及47座热力站，其中包含40座大网热力站和7座独网热力站。

（王　萌）

【燃气安全型配件安装】年内，区城市管理委建立"政府—街道—企业"联动推进机制，积极推动各项燃气安装工作，多次召开工作调度会，联合街道和燃气企业开展用气安全及安全型配件更换工作宣讲活动，配合燃气企业入户开展更换安全型配件安装工作。完成液化石油气安全型配件安装653户；完成天然气安全型配件安装68762户，居民用户智能燃气表安装78602户。

（杨育林）

【治理占压隐患】年内，区城市管理委积极推进违章建筑物占压燃气管线隐患治理工作，要求燃气企业按属地管理区域全面梳理并建立区占压燃气管线隐患清单和目标任务清单，对各点位建立"一点一策"隐患台账并实时更新。违章建筑占压燃气管线隐患共计116处，已消除116处，完成治理率100%。

（杨育林）

【管网供气用户安全检查】年内，依据《北京市燃气管理条例》，区城市管理委督促燃气企业对居民用户实施每两年一次安全巡检（对通气超过20年的居民用户实施每年一次安全巡检），对非居民用户每半年安全巡检一次。对发现安全隐患的用户全部下发《巡检告知单》要求限期整改，对部分用户采取停气或限购措施，年内累计消除隐患数量17740个。

（杨育林）

【燃气管线消隐】年内，区城市管理委督促燃气企业通过精密仪器对730千米燃气管线运行情况进行检测分析，对中低压管线进行17次燃气抢修作业，成功处置户内事件77起，改造永乐东区、西区7400余户锈蚀管线，改造调压站、箱7座，对苹果园（三区、四区）小区、永乐三山、四季园、古城南路居民区、八角南路燃气管线进行技改更换达5.5千米，资金投入近2000万元。

（杨育林）

市政设施运行管理

【老旧管网改造】年内，区城市管理委切实解决老旧网管问题，共进行消隐及管网大、中、小检修3439项。完成首钢金四区站二次线改造、八角北里南侧二次线及八角北里5、6号楼入户管二次线改造等108项检修技改项目，完成消隐工程6项，为保障供暖打下良好基础。

（王 萌）

【重要活动电力保障】年内，区城市管理委在国庆、春节、全国"两会"等节点，派出专人现场24小时驻守，协调供电公司派驻专业人员、应急车辆等在现场附近持续巡逻。从预警、预案、预控和综合调节上入手，督促电力企业加强对重点电力设备和线路的巡查，协调消除电力隐患，全力确保活动和节日期间电力运行安全稳定。

（杨 晨）

【变电站建设】年内，石景山区2个输变电工程取得进展，其中苹果园110kV、北辛安110kV输变电工程已完成变电站结构施工、设备安装施工、内部装修及外电源隧道施工，正在开展站内调试。各项输变电建设工程的实施，将进一步优化地区电网网架结构及变电站电源布点，并从根本改变原电源点偏少难以支撑地区经济发展的短板，将为区内各重点项目的投产提供电力能源保障，进一步提高石景山区供电可靠性。

（杨 晨）

【电动自行车充电设施建设】年内，区城市管理委做好电动自行车集中充电设施全链条管理牵头工作，协调区住建委、各街道办事处及相关单位，在制度设计、例会调度、协调督促等方面发力，确保全年任务提前完成。年内建成电动自行车安全充电设施接口1550个，升级改造既有充电设施接口1520个，截至年底，共建成电动自行车安全充电设施接口21680个。

（杨 晨）

【专项治理"骑沿井"403座】年内，为深入推进"疏整促"专项行动工作任务，区城市管理委扩大治理规模和范围，以全面消除道路安全隐患为目标，对区属城市道路范围内的428座"骑沿井"实施专项治理改造，全部安装可开启式检查井盖板，实现井盖板与人行步道的齐平衔接。年内除少数因特殊情况暂时无法实施治理外，其余全部治理完毕，共计治理"骑沿井"403处。

（沈成勇）

【防范地下管线破坏】年内，区城市管理委联合区应各行业主管部门、街道办相关部门和管线运维单位组成专班，形成长效合力机制，依托北京市地下管线挖掘防护平台，持续加强石景山区地下管线防外力破坏工作。全年共出动巡查人员2500余人次，核查市通报未报备施工项目46项，汇总挖掘施工巡查台账36期，督促完成挖掘类施工前地下管线交底对接476项，发现并制止未报备挖掘施工16次。2023年未发生地下管线施工破坏事故。

（金梦元）

【名录】

单位名称：北京市石景山区城市管理委员会

党组书记、主任：齐兵

地址：北京市石景山区杨庄东路9号

邮编：100043

电话：010-68881555

传真：010-68861105

（王　钰）

门头沟区

概况

北京市门头沟区城市管理委员会（加挂北京市门头沟区城乡环境建设管理委员会办公室牌子）是负责门头沟区城乡环境建设、市政基础设施、市容环境卫生、能源日常运行等管理的区政府工作部门，负责对门头沟区城市管理工作的业务指导、组织协调、指挥调度、专项整治和检查评价。承担城市管理、城乡环境建设的综合协调、监督考核工作，承担门头沟区城乡环境建设管理委员会的日常工作。

年内，区城市管理委全面落实市、区两级决策部署，各项工作落实平稳有序。在海河"23·7"流域性特大洪水灾害发生后，牵头成立城乡运行保障组、市属国企支援专班，在"五通一保"、道路清淤抢修、能源供应保障、公厕修复和垃圾清运等方面圆满完成任务，以最快速度恢复城市基本生活秩序。按时完成优质燃煤配送、山区煤改电外线恢复保障群众温暖过冬。以城乡环境建设工作为主线，累计发现整改市、区级环境问题共5919处。开展城市家具专项治理，撤除护栏59.15千米，治理"骑沿井"341座，拆除非施工围挡3处，推进背街小巷治理精细化，完成11条背街小巷环境精细化治理任务。集中开展城区无主边角地，在实施石厂站、西山艺境大护坡点位治理的基础上，摸排出城区无主边角地57处，对边角地实施分类并治理。指导燃气企业入户巡查天然气居民用户12.33万户、天然气非居民用户2400家次，超额完成安全型天然气配件安装任务。按时完成2023年度4家供热企业8项"冬病夏治"改造任务，保障全区群众温暖过冬。全年共开展垃圾分类检查954个次小区、村，督促4259处问题整改完成。完成区级核验并上报市级示范小区40个、达标小区36个。完成全区环卫行业违规低速电动三轮车淘汰处置工作，推进云泽嘉苑、云梦嘉苑等4座密闭垃圾楼配建公厕改造完成，各类环卫设施运行平稳正常。

（陈利英）

环境建设管理

【铁路沿线环境整治】 年内，区城管委积极推进一线四矿铁路沿线环境整治工程进展，项目共涉及4个镇街、10个村庄及3个社区的环境整治及细节提升。主要施工内容包含铁路沿线围栏更换、破损路面修补、架空乱线梳理、大型箱变遮挡美化、铁路沿线垃圾杂物清理、新增历史风貌展示墙、见缝插绿。项目完成铁路沿线清理33千米，见缝插绿20022平方米，地面修复7780平方米，护栏安装2932米，架空线梳理11050米。项目已竣工验收，并完成结、决算评审工作。

（王世暄）

【石龙经济开发区景观提升】 年内，区城管委积极推进石龙地区环境提升，涉及泰安路企业围墙更换、西峰寺沟2座高压电器设备安装和3处绿化提升，绿化提升分别为谭园路（华悦大厦段）两侧、长安街角、利德衡大厦。该项目竣工完成企业围墙更换600米，高压电器设备安装2座，绿化面积3900余平方米。项目已竣工验收，并完成结、决算评审工作，将严格按照日程养护要求，持续开展养护工作。

（王世暄）

【城市夜景照明管理】 年内，区城管委以《门头沟区门城地区夜景照明控制性详细规划》为夜景照明方案审批的专业性评审依据，做好景观照明审批工作；有效地完成重要活动、重大节日期间城市照明保障工作，全区景观照明设施全部按照市级时间节点的要求开启。促进夜间经济，塑造城市夜间景观名片、提升城市地位、营造亮丽多彩的城市氛围、提升城市整体活力。开展景观照明设施巡查养护工作，对段亮、破损等问题及时处置，完成34处设施整改任务。

（纪　寅）

【户外广告安全管理】 年内，区城管委组织开展户外广告安全排查工作，委托专业评估检测单位对区户外广告设施开展安全风险评估工作，建立安全隐患台账，并完成整改；按照市城管委工作要求，委托专业规划单位开展区户外广告街区规划编制工作，为区户外广告管理工作提供专业依据；组织各镇街及相关部门对抽查不合格的户外广告进行督查整改，加强日常巡查工作，及时查处非法设置的户外广告，减少户外广告对人民群众生命和财产安全的威胁，配合做好户外广告突发应急事件的处置和有关事宜。完成区级台账110处整改任务。

（纪　寅）

【环境建设管理考核评价】 年内，区城管委进一步完善各部门参与的联合检查机制，以创建全国文明城区为契机，加大督导检查力度，进一步完善"月检查、月考评、月通报、月曝光"检查工作机制。坚持从月专项检查、台账整改、迎检成果等方面每月进行考核排名，坚持每月在区政府常务会上通报考核结果，在区政府院内及《京西时报》进行公示，对连续排名靠后的属地主要负责人由区领导进行约谈；坚持将年度综合考核结果纳入区政府绩效考核。

（陈利英）

【城乡环境整治工作督办】年内，全区市、区脏乱点上账5919处按时完成整治，其中1680处市级台账全部按整改时限治理完毕并保持100%的整改率；区城管委下发督办单58个。

（陈利英）

【开展环境大排查大整治专项行动】年内，为解决重要国道、石担路沿线及三家店地区环境脏、乱、差问题，提升周边居民幸福指数并做好重大活动环境保障，区城市管理委牵头组织了环境大排查大整治专项活动，共处理疑难杂症问题323处，设施破损、违规广告、空中飞线等顽瘴痼疾问题治理取得明显成效。圆满完成重要活动期间环境保障。

（陈利英）

【"门前三包"治理】年内，区城管委持续开展"门前三包"治理工作，推进"四公示一台账"不断完善，制定"共管门前事、共享新环境"门前三包专项行动工作方案，打造3条"门前三包"精品示范街。动态建立健全门前责任区管理台账，共上账责任主体2312户，城区"门前三包"点位实现全覆盖，高标准处理"门前三包"台账799处。

（姜 浩）

【桥下空间治理】年内，区城管委与京投公司签署《北京轨道交通门头沟区站前广场及桥下空间使用管理权移交协议》，于11月1日起进行正式移交，移交管理区域涉及地铁S1线16个非机动车场（面积共10193平方米）、15个集散广场（面积共10352平方米）、桥下空间（长度共8015米），通过有效利用站前广场、停车设施、桥下空间等资源，优化门头沟区交通环境与地铁S1线轨道交通站外接驳秩序，提升整体环境质量。

（姜 浩）

【城区无主边角地整治提升】年内，区城管委联合相关部门摸排出城区57处无主边角地，按照专项治理会议要求分类进行整治，由区城管委对43处需绿化的无主边角地进行整治提升，实施面积共计37750平方米，有效改善边角地带管理薄弱的问题，切实做好文明城区创建工作。

（姜 浩）

【铁路沿线环境治理】年内，区城管委

持续深入推进基层"双段长"制，开展铁路沿线环境专项整治行动，按照"一米不漏、一处不落"的要求，对辖区内铁路沿线环境问题进行拉网式排查，落实责任，及时协调处理环境卫生问题，确保铁路沿线环境整治工作扎实推进、有力有序，全年发现并整改铁路沿线安全环境问题102处。

（姜　浩）

【背街小巷环境整治提升】年内，由区城市管理委、区文明办、区规自分局牵头，各相关镇街实施的11条背街小巷环境精细化治理任务全部通过市级验收（精品街巷2条、优美街巷8条、达标街巷1条）。与牵头单位联合制发区级工作方案、检查验收方案，联合区财政局制发《门头沟区背街小巷环境精细化治理专项资金保障的实施意见》，累计治理规范停车500余处，电力架空线绑扎整理约700米，墙体壁画美化约1600平方米，护墙整治约900米，织补便民设施、无障碍设施5处，增设、更换座椅100余个、补种绿化500余平方米，新建植草砖约100平方米，花池整治100余个，共整改背街小巷市账366件，整改率100%。新桥61号院等9个背街小巷获评首都文明街巷。

（孙　璐）

【城市家具专项治理】年内，区城管委按照减量、规范、提质的要求，制定《门头沟区城市家具精细化规范治理工作方案》，撤除护栏59.15千米，治理骑沿井341座，拆除非施工围挡3处，圆满完成全年任务目标。城区因洪灾受损的85座公交站台、156处公交站杆、1774块站牌全部修复完成，组织各单位开展城市家具专项治理和灾后重建，累计处理问题2146处，有效推进城市精细化治理，优化城市公共空间。

（张　瑞）

环境卫生管理

【提升生活垃圾处理能力】年内，门头沟区生活垃圾清运量为71950.1吨，厨余垃圾清运量为5162.04吨，粪便清运量为97282.3吨，餐厨垃圾清运量为1547.02吨，无害化处理率100%；全区共有生活垃圾处理设施6座，其中垃圾转运站1座、焚烧厂1座、垃圾卫生填埋场2座、生化处理厂2座。

（杨　博）

【公厕达标改造】年内，完成4座临时公厕、1座自循环公厕建设和海河"23·7"流域性特大洪水受损的531座公厕修复工作。同时，按照《北京市公共厕所建设规范》增设公厕指示标识，为市民提供精确指引。

（李彦姣）

【公厕规范管理】年内，修订《门头沟区公厕日常运行管理考核办法》，按照城市公厕不少20%、农村公厕不少于10%、行业管理公共厕所中城市轨道不少于10座、公交枢纽不少于5座、商场、超市和市场不少于20座、旅游景区和星级酒店不少于10座、公园和公共绿地不少于10座的要求，每月开展公厕日常考核检查，同时，做好近三年民生实事公厕提升改造相关工作，全面排查全区公厕未合规开放问题，确保公厕正常开放运行，设备设施及时补齐维修。

（李彦姣）

【垃圾分类示范小区（村）创建】年内，完成区级核验并上报市级示范小区40个、达标小区36个。同时，完成今年2批市级示范创建申报工作，涉及10个示范村、20个示范小区、4个商务楼宇。

（李　恬）

【完善垃圾分类全流程体系建设】年内，完善"区级生活垃圾分类全流程精细化智慧管理系统"中垃圾处置中端部分硬件，有效推进垃圾全周期监管，全面提升了城市管理现代化水平。系统基本初现四个"体系"，即建立生活垃圾全流程精细化管理体系、垃圾重量精准计量体系、垃圾分类基层工作大数据体系、大数据资源统筹体系，初步实现区内垃圾从源头到末端的全流程管理。

（杨　博）

【持续开展渣土专项整治】年内，门头沟区注册运输企业64家，备案车辆282辆。已备案建筑垃圾临时性资源化设施11家（其中京西利川10家），建筑垃圾年处置能力600万吨（其中施工、装修垃圾处置能力50万吨）。门头沟区上半年施工现场备案121个、居民区装修垃圾备案246个，弃土需求利用点7个。全区共申报处理建筑垃圾消纳90.62万吨，其中工程槽土39.1万吨，拆除及装修垃圾50.67万吨，产生电子运单53254条，清运量1750037吨，全部采取绿化回填、资源化处置等方式处理。

（张　娜）

能源运行保障

【供暖保障】2023年至2024年采暖季，门头沟区内共有15家供热单位，41座锅炉房，全部为燃气、燃电锅炉。年内，供热面积为1517万平方米，居民住宅供热面积为1138万平方米，居民住宅供热面积同比增加16万平方米。41座锅炉房全部点火运行，平稳有序，经区城管委检查，各锅炉房、热力站、管线均运行稳定正常。

（刘亚玮）

【供暖诉求办理】2023年至2024年采暖季，居民供暖保障工作稳定有序开展，根据区城指中心数据显示，正式供暖以来（2023年11月6日0时至2024年3月15日12时），区城管委共接到区城指中心供暖相关诉求664件，同比减少24.03%，形成有效回访550件。根据市城管委数据统计，

2024年一季度考核期门头沟区供热接诉即办"三率"考核在全市 16 个区排名第一，综合成绩为 100 分，解决率为 100%，满意率为 100%。

（刘亚玮）

【供热应急抢险】年内，区供热应急抢险队由北京市热力集团门头沟分公司承担应急保障任务，保障人员 15 人，保障车辆 5 辆，抢修设备 131 台，另外委托 3 家专业设备抢修作业单位，为全区居民供暖工作保驾护航。年内，发生小型供热抢修事件 152 起，其中管线漏水事件 69 起，设备设施抢修 83 起，累计产生抢修费用 263 万元。所有应急停热抢修工作，均在 3 小时内及时解决泄漏问题，保障用户供暖，得到用户的认可，未发生供热抢修舆论及事故，抢修工作有效、稳定、安全。

（刘亚玮）

【全国"两会"期间能源运行保障】年内，区城管委为切实做好全国"两会"期间区城市能源运行保障工作，聚焦重大会议，围绕"安全、稳定、有序"总要求，按照属地管理原则，整合调度全区人力、物力资源，及时有效地做好各类应急事件处置，强化重大活动期间管理与保障力度，全面确保电、气、热行业各项设施安全运行。圆满完成全国"两会"期间各项能源运行保障任务。

（王东洋）

【电动自行车充电设施建设】年内，门头沟区根据《门头沟区电动自行车全链条管控的实施方案》，通过摸排各镇街电动自行车数量，按照百分比分配建设任务。截至年底，全区新建 1193 个充电设施，此次新增充电设施均符合各项安全标准，对比既有充电设施，新设备有效预防和减少电动自行车充电引起火灾等安全隐患，为居民提供更高效、便捷、安全的充电设施。

（罗德恕）

【燃气安全型配件安装】年内，区城管委为规范和减少燃气使用安全事故，保障城乡居民家庭使用安全，大力推广区燃气安全型燃气配件替换工作，共完成 42704 户，其中安全型天然气配件安装完成 35359 户，液化气配件安装完成 7345 户，超额完成年度市级考核任务 19504 户。

（刘国新）

【名录】

单位名称：北京市门头沟区城市管理委员会

党组书记、主任：李文凯

地址：北京市门头沟区双峪路 39-1 号

邮编：102300

电话：010-69856766

传真：010-69854077

（陈利英）

房山区

概况

北京市房山区城市管理委员会（简称区城市管理委），为房山区主管城市管理工作的区政府工作部门，同时作为区城乡环境建设管理委员会的办事机构，挂北京市房山区城乡环境建设管理委员会办公室（简称区环境建设管理办）牌子，负责城乡环境建设、城市管理的综合协调，市政基础设施、市政公共事业、市容环境卫生、能源日常运行等管理工作。

年内，区城市管理委员会贯彻落实市、区决策部署和工作要求，以开展学习贯彻习近平新时代中国特色社会主义思想主题教育为牵引，统筹灾后恢复重建和城市建设高质量发展，围绕"四大优势"，聚焦"六大房山"建设，着力提升城乡环境建设水平，城市更加宜居；着力提高城市精细化管理水平，城市更加智慧；着力补齐市政基础设施短板，城市更具韧性。全年共完成固定资产160805万元，建安投资86144万元。

（杨　亮）

环境建设管理

【城乡环境建设整洁有序】年内，圆满完成8次重大活动环境保障。首次建立考评一体的评价体系，围绕创城、创卫重点工作，不断完善"政府推动、部门联动、属地负责"工作机制，全区上下共同推进城乡环境建设管理的协调配合机制，累计整改市、区级检查问题点位4.9万处。

（杨　亮）

【疏整促全力攻坚拆违】年内，治违销账369万平方米，腾地销账371万平方米，创建"基本无违法建设区"工作进入验收阶段。

（杨　亮）

【背街小巷精细化治理】年内，持续开

展背街小巷精细化治理三年行动，2023年实现48条旧貌换新颜。

（杨　亮）

环境卫生管理

【大气污染扬尘治理】年内，开展尘土残存量监测道路998条次，每天出动5个检查组，整改完成问题1088处。

（杨　亮）

【抓好垃圾分类"关键小事"】年内，开展各类宣传128次，媒体发布各类信息、微动画百余条。坚持以示范创建为突破口，创建425个达标示范类小区（村），建立"一主体一方案"，因地制宜、靶向发力推进垃圾分类。开展专项检查行动，累计整改问题2.6万处。

（杨　亮）

【打击违法倾倒建筑垃圾】年内，严格落实《房山区建筑垃圾综合治理方案》及《房山区2023年建筑垃圾私倒乱卸专项治理工作方案》，全方位、多角度严厉打击违法倾倒建筑垃圾行为。组织联合执法行动及专项检查173次，打击非法中转站17处，非法倾倒点位3处。全程追踪产出建筑垃圾处置去向，深入实施案件联合惩处，已移转147件次。规范居民建筑垃圾，全区小区（村）建筑垃圾备案率达到99%。

（杨　亮）

市容景观管理

【公服设施维修维护】年内，将六类公共服务设施规范治理与城市家具精细化管理相结合，治理完成公共服务设施、骑沿井、架空线问题点位、违规户外广告、跑马屏等1700余处。完成2条市政道路、14条公路47.47千米2429盏装灯的市、区民生实事任务。

（杨　亮）

能源日常运行管理

【城镇燃气安全专项整治】年内，牵头开展房山区城镇燃气安全专项整治工作，完成更换天然气安全型配件7.7万户，完成率162%，超额完成年度任务；液化气安全型配件实现安装全覆盖，共计完成23.3万在册用户安装任务。天然气、液化石油气居民用户及非居用户入户巡检覆盖率均达到100%。完成130户直排式热水器、"双气源"重大隐患的居民用户的整改工作，有效提升用气安全。

（杨　亮）

【燃气非居民用户用气安全集中培训】年内，牵头开展组织全区燃气非居民用户用气安全集中培训，共举办集中培训23期。其中，天然气非居民用户培训17期、液化石油气非居民用户培训7期，参训人数1000余人，有效提升了燃气用户安全用气的意识和能力水平。

（杨 亮）

【供热行业考核评价】年内，开展供热行业考核，制订出台《房山区供热单位考核办法》，对供热单位的安全运行、供热保障、节能环保、用户服务、维护改造等工作进行综合考核评价，出台《关于开展供热单位万平方米投诉量目标控制评价的通知》，要求供热企业提升供热服务水平，降低12345市民投诉量。

（杨 亮）

【搭建房山区供热监管平台】年内，搭建房山区供热监管平台，加装室温检测设备6000余块，在200座锅炉房、换热站安装锅炉二网供回水监测设备。

（杨 亮）

【做好供热服务保障】年内，会同属地政府，适时推动小散锅炉房并入大网，共清退8家问题供热企业；大力开展压缩天然气锅炉房并网，由29家49座锅炉房减少为23家44座锅炉房；开展"冬病夏治"检修维护管线38.73千米，更新改造老旧供热管网17.89千米。

（杨 亮）

【电动自行车充电设施接口建设】年内，全区电动自行车充电接口达到67470个，居住小区基本满足市级要求电动自行车保有量与充电设施接口数3∶1的建设比例。

（杨 亮）

【开展地下管线隐患大排查大整治】年内，组织开展地下管线隐患大排查、大整治专项治理，超额完成老旧管网改造80.705千米，治理病害井盖3254个。

（杨 亮）

市政公用设施运行管理

【市政基础设施规划编制】年内，围绕1+3+N重点功能区发展，完成全区市政基础设施规划综合深化编制工作，形成包括燕房组团、良乡组团、窦店组团和长阳中心区四个重点区域和重点项目周边的市政基础设施的规划"一张图"；对34个重点项目进行市政、交通需求分析，制定254个配套基础设施建设项目，形成市政配套清单库。

（杨 亮）

【补齐市政短板】年内，推动青龙湖地产项目、中粮生态谷、董家林和黄土坡安置房等项目市政配套。完成长安南220kV输变电工程、望楚110kV变电站土建工程。应急实施完成金林嘉苑周边道路、良乡中心区排水干管工程、吴店沟北路修复工程、绿洲西路改造工程，完成昊天大街电力设备总厂段道路恢复工程。

（杨 亮）

安全生产

【安全生产和隐患排查】年内，坚持"管行业必须管安全"，将安全生产工作纳入全委工作的重要议事日程，检查本行业、本单位安全生产和火灾隐患1589家次，查出隐患1089项，整改率100%。"企安安"检查端对上线企业完成全覆盖检查，隐患整改100%。开展487家城市管理领域落实主体责任检查评估，完成供热、燃气、环卫、渣土等7个行业的"体检报告"。按照风险等级分级管控，保持154家企业风险源动态更新，深入推进城市风险评估工作。

（杨 亮）

【长输管道外部隐患消除】年内，消除长输管道外部隐患40处，全面规范71处"高后果区"标准化提升管理模式。

（杨 亮）

【防范施工破坏地下管线】年内，防施工破坏地下管线防护系统发布工程信息1446条，系统激活率、对接率均为100%。

（杨 亮）

【名录】

单位名称：北京市房山区城市管理委员会

党组书记、主任：王春年

地址：北京市房山区拱辰北大街11号

邮编：102400

电话：010-89358821

传真：010-89351418

网址：http://mac.bjfsh.gov.cn

（杨 亮）

通州区

概　况

北京市通州区城市管理委员会是通州区主管城市管理工作的区政府工作部门，同时作为北京市通州区城乡环境建设管理委员会的办事机构，加挂北京市通州区城乡环境建设管理委员会办公室牌子，负责通州区城乡环境建设、城市管理综合协调、市政基础设施、市政公用事业、市容环境卫生、能源日常运行等工作。内设办公室、政工科、财务科、市政管理科、城市景观管理科、环境卫生管理科、城乡环境建设管理科、能源运行管理办公室等11个科室，下设一个正处级参公事业单位、一个正处级全额事业单位、一个副处级行政执法机构、11个科级全额事业单位，全委共有在编干部职工644人。

年内，区城管委深入开展垃圾分类日常检查和分类设施问题"清零"专项整治，在全市"2+1"排名单项指标得分与东、西城基本持平。实现全区359个农村垃圾分类管理责任人"'潞晓分'线上平台自查自改功能应用"全覆盖。完成180个示范小区（村）创建市级申报，370个达标类小区（村）取得市级验收，开展各类宣传培训103场，获央级、市级媒体报道59次。实施《通州区背街小巷精细化整治提升三年（2023—2025年）行动方案》，潞河中学北街等8条背街小巷获评首都文明街巷称号，北苑北路获评2023年十大"北京最美街巷"。推动梨园、创意园2项220kV输变电站工程和永开、商务园T接北苑等3项110kV变电工程实现开工建设。实现永乐店110kV变电站扩建工程建成投产，有力保障全区电力迎峰度夏。有序推进浅层地源热泵在新建公共建筑和工业建筑开展示范应用，副中心政务服务大厅、城市绿心配套建筑地源热泵供热供冷项目建设完工。通州运河核心区区域能源系统建设项目DN1000与DN500热力管道实现互联互通，具备区域内大型供热企业冬季供热互联互保功能。提速推进重大环卫设施建设，有机质再生资源中心实现开工奠基，发电厂二期、台湖转运站等前期手续基本完成，为助力副中心双碳战略和绿色可持续发展积累优势。

（马婷婷）

环境建设管理

【**环境脏乱点整治**】年内，区城管委共接到市级下发 2388 处脏乱点、区级下发 40383 处脏乱点台账，协调督促属地单位全部整改完毕，城市环境面貌得到持续改善；利用区级小卫星月度监测成果，累计自查发现小卫星点位 7305 个，督促各属地清理整治。全年累计 7 个月市级通报个数为 0，有效提升区首都环境综合考评成绩。

（马婷婷）

【**轨道交通沿线环境整治**】年内，区城管委成立专项小组，组织专人对区轨道交通沿线及出入口周边环境进行检查并建立台账。对轨道交通沿线及出入口周边环境展开多次复查，共检查车站 26 座，出入口 86 个，检查发现环境类问题 1439 个，已全部整改并保持长效机制。

（马婷婷）

【**架空线入地**】年内，持续推进电力架空线及通信架空线入地工程。电力架空线入地工程累计完成 19 条道路电力工程建设并投产送电，新建电力工作井 654 座、新安装箱变 54 台、开闭器 114 台，架空线入地总长 24 千米；通信架空线入地工程累计完成 264 条道路的通信架空线入地任务，道路总长度约 186 千米，共计布放线缆 11806 条，长度 3392 千米。

（马婷婷）

【**打造 8 条"首都文明街巷"**】年内，区潞河中学北街、运河园路、西总村路、翠屏东路、翠屏路、上园西路、四员厅大街、荔景西路共 8 条街巷被评为"2022 年度首都文明街巷"。

（马婷婷）

【**精心打造漕运文化探访线路**】年内，区漕运文化探访线路荣获北京日报社联合市城市管理委、首都精神文明办、市文化和旅游局共同评选的"漫步北京"最美胡同街巷探访路线。漕运文化路线位于通州区，全长约 3.5 千米，涵盖了乔庄后街、公安学校路、梨园中街一巷三条背街小巷。此路线既有红运河文化浮雕，展现了漕运景象等运河文化，也有"十姊妹"工作室的手工艺品展示橱窗，展现了楼门文化等特色，同时把"森林拥抱城市"这一主题具体展示在人们眼前，塑造了传统文化和现代文明交相辉映的城市特色风貌。

（马婷婷）

环境卫生管理

【**垃圾分类日常检查**】年内，共检查

6168次小区（村），出动人员1374次；完善14个社区可回收物和大件垃圾回收体系，实现投放站点设置合理、居民交投便捷、收运处置规范；实施居住小区（村）分类治理，精准施策。对全区1095个小区（村）以一小区、一村庄一举措的方式，实施精准指导，上报180个示范类（132个小区、48个村）参与验收；科技赋能，上线"潞晓分"小程序拍照自查功能，在农村地区试点先行，全区359个村全部实施，自检上报率达到75%；全区确定5个"定时定点"试点小区（马驹桥镇融科钧庭小区、杨庄街道广通小区、梨园镇土桥plus、通运街道运河园小区、中仓街道同心家园）总结经验，集中力量开展桶前值守。逐步由试点推广覆盖全区，实现无人值守，彻底解决值守力量不足的问题。

（马婷婷）

【生活垃圾精细化系统建设】年内，区城管委推进生活垃圾精细化管理平台建设，区收运车辆共计450辆，其中371辆完成GPS定位设备和称重计量设备加装工作。推进区居住小区排放登记管理工作，全区共计1111个小区（村）完成排放登记工作，排放登记信息登记率达100%，信息补全率达100%，提前完成市级考核目标。推动区非居民厨余垃圾计量收费管理工作，共识别小区厨余垃圾清运数据82462条，累计清运量15596.87吨；识别小区其他垃圾清运数据1858530条，累计清运量123409.42吨；识别非居民厨余垃圾清运数据33967条，累计清运量4006.58吨。

（马婷婷）

【提升城市道路洁净度】年内，全区共有城区道路607条，道路面积1588.26万平方米，可上大型机械作业道路272条，道路面积为703.26万平方米，机械作业率达100%。共计出动人员1128050人次，出动作业车辆85045车次，总计用水量569635吨。共检测道路尘土残存量1300余条，城市道路洁净度总体良好。

（马婷婷）

【扫雪铲冰】年内，全区雪中作业和雪后恢复工作累计出动一线作业人员33382人次，多功能除雪车489车次，融雪车583车次，撒布器419台次，滚刷254台次，推雪铲1246台次，步道除雪设备587台次，人工除雪设备21229台次，施撒固态融雪剂4764吨，融雪液3484吨。

（马婷婷）

【科技赋能打造环卫检查新模式】年内，完成通州区155平方千米环境卫生及环卫设施视频检查项目中的15座密闭式压缩清洁站和1座融盐池场站视频回传系统；完成与区经信局签订视频图像信息安全责任书，初步实现对区大部分区域道路的环境卫生可视检查功能，对副中心所覆盖监控的环卫设施进行有效监管；完成生活垃圾精细化管理平台系统的迁入，实现对通州区部分环卫设施单位车辆进出场情况和卸料平台环境卫生情况进行可视化检查功能，将视频巡查与人工监督检查相结合，全面提升环卫监管智能化精细化管理水平；完成通州区 155 平方千米环境卫生及环卫设施手持拍照检查项目。

（马婷婷）

市容景观管理

【做好重点时节景观布置】 春节、国庆节和重大活动期间，区城管委在通济路、新华大街、芙蓉东路等主要道路灯杆上，北苑桥、天成桥、东关大桥 3 处重要节点安装传统灯饰，做好群众身边的景观布置，营造热闹红火的节日氛围。开展常态化花箱布置，以时令花卉装扮副中心，打造城市副中心亮丽的风景线，营造车在花中走、人在画中游的美丽景观。

（马婷婷）

【三庙一塔夜景照明工程荣奖】 年内，通州区三庙一塔夜景照明工程项目荣获 2022 年"北京照明奖"二等奖。三庙一塔景观亮化提升工程，通过对三庙一塔、运河文化、历史文化等城市文脉的分析，做到尊重历史，再现经典，通过设计将建筑、景观、灯光三者融为一体，用光的浓、淡、明、暗来表现建筑的节奏感、韵律感和三庙一塔地区所蕴含的文化之光、人文之光、自然之光。

（马婷婷）

能源日常管理

【供热保障】 年内，区城管委扎实推动区域散小热源整合，不断提高供热品质。结合"冬病夏治""敲门温暖"等措施实施老旧管线设施改造，更换截门 5000 余个、换热板 500 余组、一次主管线 3500 余米、二次管线 1.3 万余米、室内公共管线 1.5 万米。有序推进浅层地源热泵在新建公共建筑和工业建筑开展示范应用，副中心政务服务大厅、城市绿心配套建筑地源热泵供热供冷项目建设完工。稳步推进全区公共区域集中供热热源互联互通，通州运河核心区区域能源系统建设项目 DN1000 与 DN500 热力管道实现互联互通，具备区域内大型供热企业冬季供热互联互保功能。围绕并网三河电厂、华源管网等项目，开展余热利用的能源节约和能效提升，优化供热能源结构，全区供热资源统筹全面推进。

（马婷婷）

【电力工程建设】 年内，制定《北京城市副中心电网发展行动计划（2023—2035年）》，为副中心电力发展谋篇布局。推动梨园、创意园 2 项 220kV 输变电站工程和永开、商务园 T 接北苑等 3 项 110kV 变电工程实现开工建设。实现永乐店 110kV 变电站扩建工程建成投产，有力保障全区电力迎峰度夏。

（马婷婷）

【电动汽车充电桩建设】年内，全区共有56家充换电设施运营企业，充电接口、充电仓数共计8048个。针对电动汽车充电难的问题，区城管委联合供电公司统筹协调推动，在运河商务区建成一个市级"统建统服"精品示范区试点充电场站、一座超充大型充电场站，有效解决周边地区电动车充电问题，为居民提供高效便捷的服务。

（马婷婷）

【提升电动自行车充电设施覆盖率】年内，新建电动自行车充电桩（柜）接口数4万余个，全区共有11.30万个电动自行车充电接口。区电动自行车保有量28.71万辆，已超额完成市级要求车与充电接口3：1的比例，实现全区楼房居住小区电动自行车充电桩覆盖率100%。

（马婷婷）

【燃气安全宣传】年内，为提高全区居民安全用气意识，普及安全用气常识，区城管委开展燃气安全宣传进社区、进企业、配合并督促属地政府、燃气供应企业开展燃气安全宣传活动共20余次，发放各类《燃气安全使用手册》共计20余万份。通过现场用户讲解安全知识、现场演示使用方法、发放安全宣传手册、摆放展板等方式，切实提升居民燃气安全用气意识、安全用气常识和自救互救技能，从源头防范化解群众身边的安全风险，让用户掌握燃气应急、抢险自救、火灾防范化解技能，真正把问题解决在萌芽之时、成灾之前。

（马婷婷）

【落实"煤改气"长效管护】年内，区城管委供暖季期间调度各属地做好2022—2023年度取暖季长效管护工作，组织区级第三方公司累计检查各管护队伍售后服务网点100余次。组织长效管护队伍完成5.6万余户供暖季前入户巡检工作，部署区级第三方公司开展入户抽查工作。督促属地落实煤改气长效管护工作，如期高质量完成巡检工作，有效降低设备故障率，确保农村煤改气住户冬季正常供暖。

（马婷婷）

【安装燃气安全型配件】年内，全区完成天然气配件安装16.76万户，超额完成原定任务目标13万户。液化石油气配件安装累计完成3.84万户安装，完成率达172.92%（年初任务22207户）。

（马婷婷）

市政设施运行管理

【深化安全生产和火灾隐患大排查大整治】年内，区城管委推进燃气、城市生命线、电力、供热、环卫设施、环卫作业、车用能源站、广告牌匾、有限空间作业、限额以下工程十大领域安全生产和火灾隐患大排查大整治工作，编制专项工作方案，推动"企安安"信息系统、动火作业全链条管理、违法外包外租行为监管、有限空间作业安全、餐饮场所火灾隐患排查等专项行动，累计出动检查人员3342人次，检查单位2065家次，消除隐患1229项。全力推动"企安安"全覆盖应用，企业端累计完成372家行管单位"企安安"自查自纠，覆盖率100%。"企安安"检查端累计检查企事业单位1736家次，检查企业覆盖率100%。

（马婷婷）

【名录】

单位名称：北京市通州区城市管理委员会

党组书记、主任：刘学军

地址：北京市通州区西海子西路12号

邮编：101100

电话：010-69546931

传真：010-80881198

（马婷婷）

顺义区

概况

北京市顺义区城市管理委员会（原北京市顺义区市政市容委员会）于2017年12月更名，主要负责顺义区城市管理工作的业务指导、组织协调、指挥调度、专项整治和检查评价，统筹、规划、指导区网格化城市管理工作，市容环境综合整治工作，户外广告、牌匾标识、标语、宣传品设置工作，垃圾分类工作，对再生资源回收行业进行监督管理，燃气、供热、煤炭、电气、电源点的行业管理，加油（气）站管理的综合协调，新能源汽车充电站（桩）的建设和运营管理，能源日常运行工作，综合协调管理本区地下管线及其检查井和井盖设施，石油、天然气管道（不包括炼油、化工等企业厂区内管道）保护工作等。

年内，区城市管理委员会紧紧围绕中心工作，完成了9项市区两级折子、重要实事工程和31项绩效任务，城市运行总体平稳，城乡环境品质持续提升，城市精细化管理取得新进展。全区在首都环境建设考核、首都城市环境建设管理社会公众满意度调查中成绩均位列平原新城组第一名。圆满完成2022—2023年采暖季供热工作，万平方米工单量在全市排名第一名。圆满完成春节、全国"两会"、服贸会、HICOOL峰会、世界智能网联汽车大会、第三届"一带一路"国际合作高峰论坛、首届国际链博会等重要活动外围环境保障工作。完成90280户天然气、3627户液化气居民用户燃气安全配件推广工作。以机场周边、副中心联络线、城区区域、各镇（街）核心区域为重点，完成机场周边环境改造重点工程、环境建设小微工程50项，累计建账、解决各类环境问题5.8万余件，城乡面貌日新月异。

（赵 琛 单 昕）

环境建设管理

【环境整治提升】年内，完成2条精品街巷、60条优美街巷、4条达标街巷环境精细化治理，打造25条"门前三包"示范街区，推行"门前三包"信息化管理平台，共巡查221297次，动态更新门店信息3679条，完成"一店一码"商户认领工作8305户；完成区内32处铁路沿线问题整治行动；针对高速路口及两侧白色污染、垃圾乱倒问题，开展高速路口及两侧专项治理工作，通过建销账机制共解决问题3835处；以机场周边、副中心联络线、城区区域、各镇（街）核心区域为重点，完成机场周边环境改造重点工程、环境建设小微工程50项。

（单　昕　施薇薇）

【加强环境建设基础管理】年内，开展"每月一题"专项检查工作，根据季节特征，针对性开展环境建设专项整治，不断强化协调、巡查和治理。累计建账、解决各类环境问题5.8万余件，整改率100%，解决环境类诉求8369件。

（单　昕　施薇薇）

【健全共治共建机制】年内，每月组织全区开展月末清洁日活动，围绕群众身边环境问题治理积极开展环境志愿服务，累计时长50万余小时。开展街巷长、小巷管家活动，累计解决城市管理问题3万余件。

（单　昕　施薇薇）

环境卫生管理

【道路清扫保洁】年内，针对顺义城区及周边236条城市道路开展机械化道路清扫作业，市级检测94条次城市道路尘土残存量平均值8.6g/㎡，其中，一级道路尘土残存量平均值为7.7g/㎡（合格标准10g/㎡），二级道路尘土残存量平均值为9.7g/㎡（合格标准15g/㎡）。区级检测961条次城市道路尘土残存量，其中一级道路尘土残存量平均值为3.1g/㎡，二级道路尘土残存量平均值为6.1g/㎡，城市道路机械化作业率95.8%，单日最大用水量2150吨。

（单　昕　潘广伟）

【更新淘汰环卫电动三、四轮车】年内，完成全区环卫行业违规电动三、四轮车淘汰任务2042辆，更新购置完成区属环卫合规车辆，按照一人一车驾驶需求，已全部取得D本驾驶证，完成取证工作。

（单　昕　潘广伟）

【提升公厕服务品质】年内，深化"厕所革命"，全面提升公厕服务品质，开展农村公厕运行管护检查评估，完成12次农村公厕日常运行管护月度检查，4次787座公厕全覆盖检查。完成9座建设工程配套环境卫生设施公厕竣工验收行政许可决定书办理工作。

（单　昕　潘广伟）

【厨余垃圾处理工程建成投用】年内，顺义区生活垃圾处理中心焚烧三期工程、顺义区厨余垃圾应急处理工程建成投用。其中，焚烧三期工程处理能力为800吨/日，厨余垃圾应急处理工程处理能力为300吨/日。进场所有生活垃圾均进行焚烧处理，不再进行填埋处理，实现原生垃圾零填埋目标。

（单　昕　潘广伟）

【垃圾清运处理】年内，共处理生活垃圾总量为435290.08吨，其中，其他垃圾320138.12吨、餐厨垃圾36952.98吨、家庭厨余垃圾78198.98吨。粪便处理厂处理粪便93672.52吨。

（单　昕　潘广伟）

【推进垃圾分类】年内，调整《顺义区垃圾分类检查考核方案》，组织开展小区、村庄垃圾分类检查，全年顺义区生活垃圾分类考核成绩在全市排名第四。年内，完成200个达标、190个示范居住小区（村）创建工作。为各镇街更新配备分类垃圾桶10000个。完成北京市生活垃圾分类工作任务目标，生活垃圾回收利用率稳定在39%以上。

（单　昕　李　响）

【建筑垃圾资源化再利用】年内，共备案临时性建筑垃圾资源化处置场9座，处置能力约840万吨/年，开展220次日常及联合检查工作。全区建筑垃圾资源化处置场接收建筑垃圾664万吨，处置691万吨（含2022年积存），再生产品销售618万吨。

（单　昕　黄经纶）

【建筑垃圾运输车辆专项治理】年内，共审批建筑垃圾运输企业4家，运输车辆8辆，目前全区建筑垃圾运输企业276家，运输车辆2058辆，组织开展建筑垃圾道路运输联合执法91次，处罚车辆10辆，重审企业资质11次，重审车辆资质829次。

（单　昕　黄经纶）

【建筑垃圾备案】年内，办理建筑垃圾备案1777批次，其中，建筑垃圾消纳备案（居住类）720批次，处理方案备案1057批次，综合利用点位59批次，指导19个镇6个街道355个行政村、293个小区办理建筑垃圾消纳备案（居住类）；办理北京市建筑垃圾运输车辆准运许可370批次，发证2225张。

（单　昕　黄经纶）

市容景观管理

【春季及元宵节景观布置】年内，组织开展2023年春节景观布置工作，主城区合计布置27条景观大街、14处景观节点。各相关单位及属地布置3处区级公园及46个路段48处节点。

（单　昕　黄经纶）

【城市照明管理】 年内，顺平路（彩虹桥—陈马路）302个路灯灯头更换为高效能LED光源灯头，同时每个灯头加装单灯控制设备。为石园东西区、五里仓小区、幸福小区及胜利小区内合计更换老旧灯杆83基，更换灯头、光源147个。

（单　昕　黄经纶）

【户外广告设施管理】 年内，组织专业机构于5月底完成对全区25个属地42处大型户外广告设施安全风险评估。结合年度安全管理工作要点，共整改全区存在安全隐患的广告设施120处。审核户外广告设施、牌匾标识和标语宣传品方案191个、公开68个；公共场所标语宣传品审批10件。

（单　昕　王新宇）

【治理城市家具】 年内，拆除77.89千米不符合市级保留标准护栏，治理各类城市家具4630处，治理106处骑沿井问题。拆除各类围挡177处，治理非施工围挡40处。

（单　昕　王新宇）

能源日常运行管理

【燃气行业管理】 年内，共许可管道天然气供应企业6家，年供应量6.7亿立方米。液化气供应企业1家，年供应量1.7万吨。燃气燃烧灶具安装维修企业5家。燃气管线2980.2千米、调压站箱874座。车用天然气加气站运营企业1家，加气站点3座，平均日加气量17吨。

（单　昕　杨雪洁）

【推广燃气安全配件】 年内，组织开展市级实事燃气安全配件推广任务，完成90280户天然气、3627户液化气居民用户燃气安全配件推广工作。

（单　昕　杨雪洁）

【供热行业管理】 年内，全区共备案供热单位44家，供热锅炉房90座，总装机容量3293蒸吨，全区供热总面积3062.16万平方米，其中，居民供热面积2328.16万平方米，非居民供热面积698万平方米。

（单　昕　杨雪洁）

【供电设施建设】 年内，共有500kV变电站1座，220kV变电站6座；110kV公用变电站33座，变电总容量3623兆伏安。顺义区"5+15+2"电网规划项目，于庄、胡各庄、张喜庄站3个已投产。

（单　昕　王　凡）

【电动汽车充电基础设施建设】 年内，全区累计建成电动汽车公共充电场站90处，建成公共充电设施接口870个。

（单　昕　张起炜）

【排查治理电力行业安全隐患】 年内，

开展运行变电站检查13次、在施输变电工程检查11次、老旧小区配电网改造工程安全检查28次，发现并整改隐患177项。组织区供电公司及各属地完成35kV输电线路树线隐患30处、10kV及以下配电线路树线隐患2529处。

（单 昕 王 凡）

【推进老旧小区电网配电设施改造】年内，完成老旧居民小区配电网改造项目共7个，老旧居民小区配电网改造19个。

（单 昕 王 凡）

【电动自行车充电设施建设】年内，组织各属地、充电设施建设运营企业新建电动自行车充电设施接口1335个。

（单 昕 刘 超）

【汽车天然气加气站管理】年内，为3座LNG汽车天然气加气站办理燃气经营许可，定期开展气质检测与安全检查，关停CNG汽车天然气加气站1座。

（单 昕 刘 超）

市政公用设施运行管理

【市政管线设施管理】年内，督导地下管线权属单位完成老旧管网更新改造92千米。组织开展架空线随道路大修入地3处，长度2.65千米。协调架空线权属单位梳理整治架空线130千米。协调井盖权属单位治理井盖病害960余处。

（单 昕 薛 鹏）

【老旧小区市政管线改造】年内，开展区老旧小区市政管线改造，冬季供暖前完成双阳南区、裕龙花园一区、裕龙花园二区、裕龙花园老三区市政管线改造工程，涉及供水、雨水、污水、热力管线，长度52千米。

（单 昕 薛 鹏）

【老楼加装电梯管线拆改移】年内，扎实推进老楼加装电梯管线拆改移，完成双兴东区、白露雅园等13个小区23部电梯管线拆改移任务。

（单 昕 薛 鹏）

【石油天然气管道检查】年内，共检查油保企业30家次、管道现场39次，出动167人次、车辆69车次，发现并整改隐患15项，排除疑似小卫星拍摄管道占压隐患11处。

（单 昕 李津京）

【市政重点工程建设】年内，共实现开、复工35项。其中，顺义新城顺福路、顺义老城区步道、仓上南街等11项工程已完工。顺义新城第29街区中德产业园内机场东路与正元大街、富元大街、正元南街、龙塘路与鑫桥中路、北斗路5处路口于年内全部贯通，5处断头路的陆续开通提高了园区内部道路通行效率,为周边居民提供更加方便快捷的交通服务。全年新增道路里程6.62千米,完成19.57千米路灯安装。

(单　昕　潘　嵩)

【名录】

单位名称:北京市顺义区城市管理委员会

党组书记、主任:马卫国

地址:北京市顺义区复兴东街3号院

邮编:101300

电话:010-81498756

传真:010-81492856

(单　昕)

大兴区

概 况

北京市大兴区城市管理委员会于2017年12月15日成立。以北京市大兴区市政市容管理委员会为基础，在整合相关部门职责和人员力量的基础上，设立北京市大兴区城市管理委员会（简称区城市管理委），加挂北京市大兴区城乡环境建设管理委员会办公室（简称区城乡环境建设管理办）牌子。区城市管理委是负责大兴区城市管理、城乡环境建设的综合协调和市容环境卫生管理、能源日常运行管理、相关市政公用事业管理的区政府工作部门。机构设立为办公室（人事科）、财务科（内审科）、法制科（安全科）、设施科、工程科（管廊科）、环境科（固废科）、考核科、景观科、能源科（供热燃气管理科）、综合服务中心、市政管线管理事务中心、环境管理事务中心、固废物管理事务中心、环境协调服务中心、环境考评事务中心、景观管理事务中心、机动车公共停车场管理事务中心、能源协调管理事务中心、市政服务中心、供热监督管理中心。

年内，区城管委以习近平新时代中国特色社会主义思想为指导，深入贯彻党的二十大精神，严格落实市、区级工作部署，坚持"为民、服务、精细、实干"的工作方针，在行动中抓落实，在精细中见成效，扎实推进城市管理领域各项重点工作。完成1125辆环卫行业三、四轮合规车辆的更新、挂牌工作。深入推进背街小巷精细化治理，完成51条背街小巷精细化治理工作；开展创建文明城区工作，切实有效提升我区市容环境和秩序环境水平。开展京雄、京沪铁路沿线环境整治提升专项行动。以深化垃圾品类全流程精细化管理为原则，强化统筹协调，坚持抓实、抓细、抓深，做好生活垃圾、再生资源、公厕、环卫设施等管理与指导。完成安定循环园区建设工作，项目总建筑面积约14.7万平方米，每日可处理生活垃圾5100吨，每年可发电6亿度。以保电保气安全运行为基础，以燃气专项整治、推进实事任务、解决民生诉求为重点，有序推进能源相关重点工作，确保冬季供热质量。

（赵　虎）

环境建设管理

【制定"门前三包"专项工作方案】年内，本着"共管门前事、共享新环境"的工作原则，制定《"门前三包"专项行动工作方案》；创建6条精品街区中，1条（龙河路南段）被市级评为优秀街区，5条（香园路、三中巷、新源大街、隆华大街、滨河街段）为达标街区。

（赵　虎　徐苗苗）

【推进背街小巷精细化治理】年内，制定《大兴区深入推进背街小巷环境精细化治理三年（2023—2025年）行动方案》。完成51条背街小巷精细化治理工作任务，通过区级验收。6条背街小巷（瀛吉街、枣园纵一路国际港段、宇丰苑小区西侧路、清广七巷、灵秀巷、红星街）被推荐为首都文明街巷。旧宫镇红星街背街小巷精细化治理工作被北京交通电台等媒体宣传报道。

（赵　虎　徐苗苗）

【开展创建文明城区工作】年内，高标准完成"十乱"专项治理，积极组织开展"包街"、"包社区"、路口志愿服务活动，深入落实"点长制"工作机制，切实有效提升市容环境和秩序环境水平。

（赵　虎　徐苗苗）

【高铁沿线环境治理】年内，集中开展"京雄城际铁路、京沪高铁"大兴段沿线环境治理工作，先后组织10余次摸底排查，检查发现"裸地、绿网苫盖、垃圾乱堆乱放、场院内部脏乱"等问题点位共计64处。针对问题，各属地及相关单位紧锣密鼓完成各类问题治理，按时保质完成挂账点位问题治理，解决了大兴段沿线一批环境疑难杂症问题。

（赵　虎　张　强）

【高标准做好重大活动环境保障】年内，完成全国"两会"、服贸会、中国燃料电池汽车大会等10余次重要活动及重要节假日的环境保障工作。特别是2023年5月，习近平总书记考察雄安新区期间，高标准完成京雄、京沪铁路沿线的环境治理提升工作，有效保障了大兴区铁路安全平稳运行。

（赵　虎　胡　萌）

【市级重点项目环境整治】年内，顺利完成大礼路东段、永兴河北路、通武线、黄亦路、芦求路5条主干道路联络线整治提升项目，总面积约37.6万平方米，审定资金9742万元；加紧实施临空经济区礼贤回迁安置区、自贸区创新服务中心、综合保税区周边 9 条道路整治提升项目，总面积约 24.89 万平方米，批复资金 6431.86 万元。

（赵　虎　郑　岩）

【违规电动三、四轮车辆更新】年内，按照市级相关任务要求，环卫行业三、四轮合规车辆更新 1125 辆，组织合规车型参观 2 次，召开推进会 8 次，提供摩托车驾驶培训学校 34 所，组织驾驶员驾驶安全培训 2 次。累计取得驾驶证人数 1232 人，合规车辆挂牌 1125 辆，所有更新车辆已于 11 月 1 日起正式使用。

（赵　虎　郑　岩）

环境卫生管理

【垃圾分类考评成绩位列全市前列】年内，大兴区聚焦"加强科学管理、形成长效机制、推动习惯养成"三个关键，加强各品类生活垃圾全流程精细化管理，深化居民文明习惯养成，全面推进生活垃圾分类工作落地、落实，垃圾分类工作在全市和平原新城组考核排名中均位于前列。

（赵　虎　刘汝静）

【生活垃圾分类体系建设】年内，建立"区级督查、属地自查、三方协查"监督检查机制，对前端投放设施、桶车对接点、村级收集点、转运站建设管理达标情况进行检查，现场督导，推进整改。完成各小区（村）三轮全覆盖检查，五轮转运站全覆盖检查，对发现的问题及时整改，分类体系建设管理达标率稳居全市前列。

（赵　虎　刘汝静）

【严格规范厨余垃圾收运】年内，严格规范大兴区非居民厨余垃圾规范收运工作，4 月 25 日起，非居民厨余垃圾收运处理工作全部由属地负责。全区共有 14 家非居民厨余垃圾收运单位，34 辆非居民厨余垃圾收运车辆，基本满足全区收运要求；全区非居民注册单位 3323 家，注册率基本实现 100%，收运合同上传率达到 98.5%。

（赵　虎　常雪红）

【再生资源市场化体系建设】年内，引入社会企业参与再生资源回收，扩大回收范围和种类，利用有偿回收方式，促进居民分类习惯养成。城镇地区以"两桶一袋"为基础，由回收员上门称重回收。农村地区以"上门收集+定时定点"的方式，由指导员入户循环收集。建成 1 座高标准大件垃圾处理厂，自动化生成 RDF、木片和金属物三种再生产品，实现 100% 资源化利用。

（赵　虎　杨佳琪）

【安定循环园区建设】年内，牵头组织安定镇政府、市环卫集团完成安定循环园区建设项目。项目总建筑面积约 14.7 万平方米，包含七大板块，分别为生活垃圾焚烧主厂房、垃圾渗滤液处理设施、炉渣综合利用厂、残渣飞灰填埋厂、医疗废物处理厂、配套建设综合办公区和便民设施。其中生活垃圾焚烧主场房每日可处理生活垃圾5100吨，每年可发电6亿度。

（赵　虎　刘　畅）

【开展多部门联合执法检查行动】年内，牵头组织"区住建委、区生态环境局、区城管执法局及属地等部门"召开联席工作会12次，开展多部门联合执法检查行动91次，其中日间检查53次，夜间检查38次。进一步强化联管联控监管效能，压紧压实各方责任，从源头上切实有效减少违规运输、违法消纳等行为。

（赵　虎　赵世元）

市容景观管理

【春节国庆景观布置】年内，按照"一街一景"的原则，以国潮风加新中式元素为主，采取点面结合方式，在区政府门前及兴华大街沿线部分路口点位布置"国门迎新春""福兔临门""恭贺新春""兔年大吉"等不同主题造型灯饰，同时在兴政街、京开辅路、兴丰大街、林校北路等主要路段，分别用灯笼、中国结景观灯进行装点，烘托出红红火火的新春氛围，向市民传递新春佳节美好祝福，展示新大兴新国门亮丽形象。为庆祝中华人民共和国成立74周年，区城管委以"欢度国庆""梦耀神州""环愉胜意、万事可期"为主题制作三组花坛景观，通过拱桥与飞机相结合，凸显出大兴特色地标；运用火箭与宇航员元素相结合，庆祝成功发射神舟十六号，以及神舟十五号的成功着陆；采用一环扣一环、环环相扣的手法结合活泼灵动的麋鹿，传达愿世间美好的愿望，烘托出欢快、美好的节日氛围。

（赵　虎　王　琦）

【解决城市照明百姓诉求】年内，解决了"黄亦路、黄马路"投诉件影响周边居民夜间出行难的问题，历经近两个月的紧张施工，于11月底实现272根灯杆、352盏灯全线亮灯。

（赵　虎　宋华芳）

【开启城市照明节能减排模式】年内，大力推进节能减排工作，与相关企业签订能源托管合同管理模式，将大兴新城范围内2万余盏灯具更换为LED路灯，同时对老旧路段路灯电路进行维修改造。

（赵　虎　宋华芳）

【架空线入地】年内，为减少京开路两侧周边管线设施对居民百姓的影响，本着提前规划、积极部署、过程安全、最终效果美观的目的，逐一确认每处开挖施工点位位置与方案，牵头开展架空线入地项目工程。工程涉及京开高速辅路（新发地桥—西红门南桥）东西两侧，全长6.4千米。

（赵　虎　佟　雪）

【合理规范城市道路护栏】年内，印发《大兴区城市道路护栏规范设置专项行动方案》，采取各单位集中报送、区联席会议办公室集中甄别、保留护栏涉及单位再次动员等方式，在保障群众出行安全的同时，最大限度保证大兴区护栏设置符合市级五项工作要求，共计拆除护栏总数43千米。

（赵　虎　刘胤峰）

能源日常管理

【电动自行车充电设施升级改造】年内，严格落实市级要求，完成电动自行车集中充电设施升级改造任务，对2011个接口进行了升级改造。统筹各单位、属地力量开展辖区内集中充电设施及周边环境的安全检查和日常巡查工作。

（赵　虎　宋华芳）

【电力供应保障】年内，持续推进变电站项目建设，完成综保区110kV变电站建设投产，完成安定垃圾焚烧电厂送出工程和小营110kV变电站增容工程。协调老旧小区电力改造，推进美然家园等27项小区改造项目进度。开展稳评和虚拟电厂试点建设，组织相关单位对电力项目开展社会稳定风险评估报告的联合审查工作，全年共组织开展3项。协调组织各相关单位，研究决定在庞各庄镇开展虚拟电厂试点建设工作；结合日常安全检查，组织做好消防安全隐患大排查大整治工作，同时借助第三方专业力量，对变电站、开闭站等电力设施深入开展安全检查。

（赵　虎　宋华芳）

【组建专班推动燃气行业安全监管】年内，牵头组建"大兴区燃气安全专项整治工作专班"（简称区燃气专班），统筹推进全区城镇燃气专项整治各项工作。自组建以来，共计召开全区推进会6次、专题调度会19次，协调解决重难点问题。印发3项专项行动方案，建立工作机制，组织全区各单位围绕燃气安全排查整治、管线占压隐患治理、打击燃气违规违法行为等方面进行大起底、大整治。

（赵　虎　宋华芳）

【推进能源重点民生工作】年内，安装安全型配件天然气15.9万余户，完成率155%，超额完成市级规定的任务目标。督促完成液化石油气非居民用户替代155个，禁用区已清零。推进解决管线占压问题11处，清除点位185个；完成"红星北里、清逸园小区"老旧管线2500米更新改造。推动观音寺街道"南湖园、敬贤里小区"老楼通气工作，惠及456户居民。在供暖季前组织属地对3万余户煤改气用户设备设施进行巡检维修，保障群众温暖过冬；组织燃气企业针对防汛、断供、安全事故等应急演练92场，通过线上线下等多种形式组织专题培训7次，有效提高事故防范应对能力；完成"海子角南里、西里，林海园小区"天然气置换工作，为1461居民用户接通管道天然气。

（赵　虎　宋华芳）

【严格生物调和燃料油监管】年内，对生物调和燃料油监管采取摸底调研，走访调研了3家供应企业，组织属地开展了3轮"拉网式"摸排。针对摸底中发现的问题，通过联合执法检查，捣毁了青云店镇、采育镇2个非法存储点，清除新型煤基液体燃料30余吨。

（赵　虎　宋华芳）

【完成供暖并网工程】年内，完成车站南里锅炉房改造和核心区供暖并网工程，将3座燃气锅炉房整合到车站南里锅炉房集中供热，涉及8个小区，约4000余户居民，大幅提高了供热效果，减少了能源消耗。

（赵　虎　王蜀歆）

【开展供热问题大整治】年内，对上个采暖季居民反映较多的问题和隐患进行集中开展整治，完成中、小修项目2582处，更新维修改造项目2517处，确保供热设施运行安全稳定。分批、分片对接全区91家供热企业，对突出问题进行督导。

（赵　虎　王蜀歆）

【探索安装室温监测设备】年内，为解决"低楼层、边角户"等居民室内温度低的诉求，实现实时监测居民室温温度情况，要求全区91家供热备案单位，开展室温监测设备安装。全年已探索安装室温监测设备4176个，针对室温不达标现象，做到第一时间响应，主动上门解决问题。

（赵　虎　王蜀歆）

【召开冬季供热部署会】年内，11月17日组织召开《2023—2024年冬季供热保障动员部署会》，对冬季供热工作进行全面动员部署。要求各成员单位提早准备，开展整治部署，保障冬季供热质量。对上一年度采暖季居民反映较多的问题和隐患进行集中整治，完成中、小修项目2582处，更新维修改造项目2517处，确保供热设施运行安全稳定。提前研判部署，分批、分片对全区91家供热单位进行约谈，对突出问题进行督导。

（赵　虎　王蜀歆）

【名录】

单位名称：北京市大兴区城市管理委员会

党组书记、主任：吴宏权

地址：北京市大兴区黄村镇兴华大街三段15号

邮编：102600

电话：010-81296413

（赵　虎）

昌平区

概况

北京市昌平区城市管理委员会（简称区城市管理委）是负责统筹全区道路建设、城市运行保障、环境建设和环境卫生服务等工作的区政府工作部门。

年内，区城市管理委强化党建引领、高位统筹、专班推动，全面抓好城乡环境建设，做好城市运行保障等工作，全力以赴推进城市治理迈向新台阶。制定《2023年昌平区环境建设管理工作意见》，确定重大活动环境保障、重点区域环境治理和改善群众身边环境品质等29项具体任务，建立实行城乡环境考核"一二三"工作法，完成城北街道、城南街道、沙河镇、南口镇、流村镇5个镇街66条背街小巷市级治理任务。垃圾分类工作取得新突破，全区生活垃圾同比减量率4.14%，生活垃圾回收利用率保持在39%以上。在全市9个月垃圾分类考核中，5次获得全市第1名、2次取得全市第2名。170示范小区（村）已全部通过市级验收，创建通过率100%，位于全市前列。规范路灯运维巡查巡检制度，实施道路亮化工程，完成北清路路灯改建工程项目，启动户外广告设施街区规划编制。全面加强燃气行业监督管理工作，不断强化燃气企业安全生产经营行为，加快城市燃气基础设施和管网建设，稳步推进燃气事业健康有序发展。截至年底，全区取得燃气经营许可证的燃气供应企业、场站和燃烧器具安装企业共计16家，完成5台13.5蒸吨燃油锅炉替代改造年度任务。年内对辖区内需拆除护栏进行摸排并建立台账，拆除55.46千米，提升桥下空间治理水平，实现桥下空间安全、整洁、有序。治理地下管线及井盖病害，建立道路日常巡查机制，加强周六日、法定节假日的道路巡查工作，做到"7×24"无间隙全覆盖巡查巡检制度。持续推进六类设施治理工作，年内协调解决市级台账141处，按时办结率100%。

（宋　爽）

环境建设管理

【确定区年度环境建设管理重点任务】 年内，为扎实有序推进2023年城乡环境建设管理工作，制定了《2023年昌平区环境建设管理工作意见》，主要涉及重大活动环境保障、重点区域环境治理和改善群众身边环境品质等10个方面内容、29项具体任务，经第56次区政府常务会审议通过后下发实施，指导全区环境建设管理工作有序开展。

（朱瑞珍）

【重点区域环境整治提升】 年内，整治涉及昌平十三陵景区、京承高速、北六环和京张高铁，针对违规设置户外广告、绿地垃圾、外立面破损和非法小广告等问题年内建立台账46处，已全部整治完成。

（朱瑞珍）

【优化环境建设管理】 年内，不断更新完善区级环境考核方案，建立实行城乡环境考核"一二三"工作法。一是完善一个方案。采取"镇街+部门（公司）"双考核工作模式，将接诉即办"三率"、主动治理、重点任务落实情况纳入区级考核方案。二是抓好两项机制。实行"检查+挂账+督办"机制，实现"小问题"不过夜、"难问题"周解决，累计开展检查600余次、现场督办180余次，挂账99998处，销账率100%；实行"考核+通报+约谈"机制，定期通报环境建设情况，约谈排名靠后单位。三是强化三项措施。采取"卫星+监控"科技化手段，发现并解决问题1428处；采取"作战图+难题库"针对性措施，督促解决难点问题938处；采取"自转+共转"常态化措施，定期通报环境建设短板问题。

（史博文）

【小卫星及视频监控整治】 年内，结合区级小卫星监测，重点开展垃圾渣土堆放点检查挂账工作，日常检查扩大范围、增加频次，发现问题挂账督办、限时整改，全年共监测点位4505处。同时，开展视频监控点位清理整治工作，共清理整治1428处点位。

（史博文）

【背街小巷环境精细化整治提升】 年内，深入开展背街小巷环境精细化治理工作，完成城北街道、城南街道、沙河镇、南口镇、流村镇5个镇街66条背街小巷市级治理任务，城南街道昌盛小街入选本年度北京市十大最美街巷。清脏治乱方面，解决车辆乱停放、道路墙面破损、暴露垃圾、城市家具缺失锈蚀、架空线凌乱垂落等频发易反弹问题在内的各类环境问题案件29000余件。累计捆扎梳理架空线32000米，地面修整133834平方米，墙面整修、粉饰126514平方米，新增绿化植被52160平方米，建成口袋公园2486平方米，施划停车位207个等。

（杨海江）

【协调开展街巷长和小巷管家工作】 年内，全区共选派了667名干部担任街巷长，在22个镇街完成招募"小巷管家"1450名，覆盖辖区1040条街巷。累计培训3545人次，小巷管家巡访118818小时。共处理各类事件4923件，其中随手解决事项4599件，上报街巷长协调解决事项324件。

（王　浩　陈子琪）

环境卫生管理

【提升道路机扫新工艺覆盖率】 年内，对全区146条681.07万平方米的城市道路，实行以机械化清扫作业为主、人工保洁为辅的作业方式开展清扫保洁作业。全区城市道路机械化作业率达到99%，其中实行"洗、扫、冲、收"组合工艺（新工艺）作业率达到95%以上，有效降低了道路尘土残存量。

（樊海鸥）

【扫雪铲冰】 年内，第一时间响应市扫雪铲冰指挥部预警，迅速部署、做好充分准备。全区共安排备勤人员2400余人，准备多功能除雪车18辆、融雪车和清扫车165辆、除雪铲、滚刷92台，液态融雪液1700吨，按照雪情就是命令的要求，随时调动使用。同时按照"保障道路畅通、迅速恢复市容"要求，本着少用和慎用融雪剂的原则，控制或不使用固态融雪剂，对匝道、桥梁、坡路等重点路段，适当使用融雪液，保障交通安全。第一时间清理学校、医院和居住小区周边道路等重要区域道路积水，保障市民出行安全。

（樊海鸥）

【违规电动三、四轮车治理】 年内，每周召开调度会议，确保各环节衔接有序，保障环卫行业安全稳定运行，保质按时完成采购任务。通过多轮摸底全区环卫行业违规电动三轮车存量，全面掌握全区各镇街、各作业单位用车需求。全区共需采购环卫电动三轮车1589辆，采购车辆于10月底全部完成上牌工作，合规车辆有序投入作业，全部纳入市级环卫电动三、四轮车管理台账。同时组织全区2450辆违规车辆全部停驶完成退出。

（樊海鸥）

【规范建筑垃圾处置】 年内，围绕建筑垃圾的产生源头、运输过程和处置末端各环节，精准施策，靶向发力，以有力有效的监督管理，推动昌平区建筑垃圾治理提质增效。一是严把源头管控。全年共受理建筑垃圾相关备案（许可）5537件，办理3207件，其中建筑垃圾类备案2137件，备案量同比增长7.4%；办理建筑垃圾运输企业经营许可3件、建筑垃圾运输车辆准运许可1067件。全区133个居住区与装修垃圾收运处一体化企业签订服务合同，实现装修垃圾收、运、处闭环管理。全面推进"查源头治末端"专项行动走深走实，全区30个部门累计检查施工工地1092家次，发现问题68处次，处罚46起，有效遏制工地扬尘污染、建筑垃圾私倒乱卸等违法违规行为发生。二是紧盯过程监督。全市率先推进建筑垃圾运输车辆涂装改色工作，涂色改装率100%。持续开展建筑垃圾运输车辆专项执法检查，全年共开展执法检查1005次，出动人员1.4万余人次，车辆2919辆次，查扣违规运输车496辆次，有效降低建筑垃圾运输车辆超载超速、泄漏遗撒等问题产生频次。三是狠抓末端治理。全区临时性建筑垃圾资源化处置场全年接收建筑垃圾约249.71万吨，处置约369.98万余吨，场内积存建筑垃圾同期下降56.74%；全年累计销售再生砖743.63万块、骨料产品372.1万吨。不断强化建筑垃圾资源化处置企业监管，开展处置企业日常巡查595家次、多部门联合检查12次，有效规范各处置企业生产经营行为。市城市管理委对全市各区建筑垃圾管理工作考核12次，我区在城市发展新区组中，7次排名第一、2次排名第二，全年总成绩969.6分，小组排名第二。

（庞　坤）

【垃圾分类工作取得新突破】年内，在坚持现有工作机制、巩固阶段性成效的基础上，坚持问题导向和效果导向，从居民需求入手，实现垃圾源头减量、精准投放、循环利用、长效机制和基层治理五个方面的新突破。全区生活垃圾同比减量率4.14%，生活垃圾回收利用率保持在39%以上。在全市9个月垃圾分类考核中，5次获得全市第1名、2次取得全市第2名。

（李　斌）

【垃圾分类示范引领】年内，加强统筹调度，完善基层治理体系，完成四批次170个示范类、300个达标类小区（村）创建，170个示范小区（村）已全部通过市级验收，创建通过率100%，位于全市前列。办好垃圾分类重要民生实事工作，完成8个社区的可回收物和大件垃圾回收体系完善工作和12个示范村创建，开展全品类生活垃圾规范化、精细化治理。

（李　斌）

【垃圾分类基层赋能】年内，建设基层赋能工作站3处，采用"集中培训+桶前指导"的形式，先后为各镇街开展针对性集中基层赋能培训10余场；同时通过走访式培训，为各镇街、社区开展桶前一对一指导，实现全区覆盖式赋能培训。5月，成功举办北京市"让垃圾分类成为低碳生活新时尚"2023年基层赋能主题宣传活动。在主流媒体刊登宣传报道256篇，深度报道垃圾分类工作成效及典型事迹，形成舆论攻势，做好正向激励。

（李　斌）

【垃圾分类精细化治理】 年内，通过技术、机制、模式等不断创新，昌平区已实现区、街、社区三级贯通，在全市率先打造生活垃圾分类收运"一网统管"管理模式。居民端排放登记率已达100%，非居民合同签订率达99.7%；车辆称重数据识别率、清运车辆运行轨迹率、密闭式清洁站运行率均位于全市前列。通过社区巡查、桶站打卡等功能，重点在生活垃圾源头分类环节进行监管，昌平区桶站值守率、厨余纯净度、整改反馈速度均在全市前列。建立长效监管机制。持续"日检查、周调度、月考核、月点评"工作机制，强化问题通报、考核排名、内部约谈，传导压力，落实责任。全年覆盖检查全区22个镇街小区（村）6轮次，开展检查5700次，发现问题2.56万个；检查餐饮单位10388次，发现问题1.4万余个。建立"雪亮工程"区级日巡查机制，查弱项、补短板，主动向前一步治理，累计发现点位问题600余个。

（李　斌）

市容景观管理

【完成北清路路灯改建工程项目】 年内，利用北清路快速化改造工程中拆改路灯，为昌赤路、龙锦二街、霍营东路、太平庄东路、新龙广场道路、小汤山八号路6条无灯道路新建路灯，在实现资源再利用的同时进一步保障市民安全出行。项目已于10月全部建成投入使用。

（高　鹏）

【实施道路亮化工程】 年内，项目主要涉及十三陵镇G110国道，沙河镇文华路北延和松兰堡工业园区路，北七家镇回南路和商校东侧路，百善镇王庄工业园区路，流村镇李流路等道路，道路长度约18千米，新建路灯609基，配套变压器1座。项目已于年底前建成投入使用。

（高　鹏）

【规范路灯运维巡查巡检制度】 年内，通过巡查巡视主动向前一步，排查问题隐患，未诉先办，共维修各类灯具2816件、排查修复故障电缆144处。通过巡检与维护，确保昌平区路灯系统的正常准时运行，有效减少照明类诉求。同时严格要求运维单位按照操作规程作业，全年有效避免了安全事故的发生。

（高　鹏）

【户外广告设施安全风险评估】 年内，将条例法规设计印发小册子开展宣传，督促各属地镇街开展安全风险评估工作。已完成安全鉴定50块，安全风险评估样本67块，确保设施无安全隐患问题。在大风、暴雨等极端天气，发布安全运行通知和天气预警通知48次。

（冯建强　刘　雷）

【启动户外广告设施街区规划编制】年内，根据《首都城市环境建设管理委员会办公室关于进一步做好街区户外广告设施设置规划编制工作的通知》（首环建管办〔2021〕62号）文件要求，昌平区加快推进户外广告设施设置规划编制工作。已完成户外街区规划，已征求人大代表、政协委员、行业专家意见，正在征求市城市管理委员会意见中。

（冯建强　刘　雷）

能源日常管理

【采暖季供热保障】持续做好供热监督管理，保持与市级、区级各部门，属地各镇街之间的统筹调度，圆满完成年度采暖季全区居民集中供热保障任务。共约谈8家供热单位，妥善解决有关重点诉求；与属地密切配合，联合开展"访民问暖"活动；组织抢修主管道跑冒滴漏点位62处，及时排除各类供热安全隐患。接诉即办综合成绩全市排名第五。

（田　森）

【"冬病夏治"整改】年内，主动梳理总结投诉、应急、维修比较集中的重点小区17处，形成年内区级"冬病夏治"重点项目台账，并督促各相关供热单位于10月底前全部完成整改，涉及供热管道老化更新及庭院管道改造约15千米、楼内立管约6千米，有效提升小区冬季采暖质量。

（田　森）

【供热安全检查】采暖季期间，对全区备案供热单位开展供暖季期间安全检查工作，共计检查105家供热单位（208座锅炉房），共出动624人次，出动车辆208车次，检查出一般隐患1679项，下达隐患整改通知单208份。非采暖季期间开展全行业安全检查工作。非采暖季期间，联合第三方安全检查机构以"回头看"形式，累计检查备案供热锅炉房93座锅炉房，查出一般隐患数量400项，共出动307人次，出动车辆93车次，已全部完成整改，未发现一般以上安全隐患问题。

（田　森）

【燃油锅炉替代改造】年内，按照《北京市深入打好污染防治攻坚战2023年行动计划》（京政办发〔2023〕4号）要求，区城管委组织相关职能部门和供热单位，完成了5台13.5蒸吨燃油锅炉替代改造年度任务。

（田　森）

【严格供热备案管理】年内，结合相关文件要求，完善备案制度，严格材料申报审核流程，做好备案管理。新增备案供热面积约70平方米，累计为72家供热单位办理备案延期、变更等相关手续，持续做好供热企业服务工作。

（田　森）

【燃气供应保障】年内，牵头做好重大

节日、重要项目燃气保障工作，确保各项目燃气管线建设按时完工。强化燃气执法检查，提升燃气检查的专业性，促进隐患整治力度。印发实施《昌平区燃气突发事件应急预案》（2022年修订），并组织各燃气供应企业制定企业突发事件应急预案并开展消防处突应急演练，要求企业以练促防，全面提升应急抢险和处突能力。强化燃气安全培训工作，组织开展大型燃气安全集中培训，覆盖相关部门、全体镇街、各村（社区）、相关大型企业负责人等，切实提升各单位燃气安全责任意识，提高人员风险辨别处置能力。组织各燃气供应企业多渠道、多方式开展燃气安全宣传教育，增强用户燃气安全防范意识。大力推广智能防范措施，引进科技提升燃气设施预警感应能力，推广燃气管线新建或改造加装防外力破坏预警系统外，有效减少外力破坏事故发生率；逐步推广"泄漏感知"系统，远程感知泄漏报警，防止燃气泄漏导致的事故。

（郝蕊）

【燃气安全专项治理】年内，为压减液化气安全事故，划定全区范围内为非居民液化气禁用区域，在全区全面推行替代工作，并于年底达成全区非居民用户禁用液化气的目标。全区通过"三改一关停"等方式共完成非居民用户液化气替代4698家，替代总量排名全市第一。组织协调燃气供应企业为区燃气用户免费更换燃气安全型配件，有效减少因用户使用不合格胶管或配件导致的燃气泄漏事故。液化石油气安全型配件完成全区更换工作，累计更换13.27万户，持续开展查漏补缺工作；天然气安全型配件更换9.76万户，2021年以来累计更换19.97万户。确定将沙河镇一通小区及城北街道的北环里9号楼定为老楼通气工作目标。截至年底，圆满完成共计7栋居民楼、361户居民的天然气接通工程。

（郝蕊）

市政公用设施运行管理

【城市道路护栏规范治理】年内，以"以拆为主、应拆尽拆、统一规范、平稳有序"为原则，依据《城市道路护栏规范提升专项行动方案》中护栏设置标准，年内对辖区内需拆除护栏进行摸排并建立台账，逐步拆除55.46千米。

（姜洋 周小宾）

【完成桥下空间治理工作】年内结合市、区两级相关文件，及时与市交通委对接，以车辆无序停放、垃圾杂物乱堆乱放等环境问题为重点，梳理涉及3处需治理桥下空间点位，根据时间节点开展清理整治工作。同时要求养护单位开展自查整改工作，对发现的问题及时予以处理，并对排查问题、巡查情况及自查整改工作进行汇总。

通过此举，切实提升了桥下空间治理水平，实现桥下空间安全、整洁、有序。

（姜　洋　张博洋）

【统筹网格平台案件处理及部件普查】年内，一是协调相关科室办结昌平区城市网格平台案件270件。二是协调各相关科室配合区城指中心完成城市部件普查工作，牵头建立联络机制，本次二次普查确权设施共计23万余件。

（王　浩　陈子琪）

【持续开展六类设施治理工作】年内，按照市级相关工作部署，积极协调各单位持续推进六类设施治理工作，实时对设施台账问题进行动态挂销账处置，并按时向市级部门上报治理工作信息。年内协调解决市级台账141处，按时办结率100%。

（王　浩　陈子琪）

【治理地下管线及井盖病害】年内，积极开展地下管线（包括检查井、井盖及雨箅）运行综合协调，指挥调度城市地下管线事故的应急处置工作；负责区属燃气、供暖、供排水、路灯、电力管线窨井盖排查治理工作，同时督促其他行业主管部门做好相应工作。累计完成窨井盖处置965个，其中缺失问题数量132个，破损问题数量131个，移位问题数量31个，震响问题数量24个，沉陷、凸起、井盖高差问题数量207个，井周破损、井盖错乱、无防坠落装置问题数量440个。

（白　巍　王海超）

【完成地下管线基础信息年报】年内，积极开展地下管线基础数据普查汇总，涉及城市道路范围内、公共区域范围内、小区范围内、园林绿化范围内的7类管线，包括供水、排水、电力、燃气、供水、供热和通信。昌平区城市地下管线总长度23415.57千米，占全市城市地下管线总长的9.82%；井盖类设施数量为385750套，占全市井盖类设施总数的10.64%。

（白　巍　王海超）

【防范施工外力破坏地下管线】年内，启用"北京市地下管线防护系统"，根据《昌平区防范施工外力破坏地下管线指导意见》（简称《指导意见》），督促各镇街、各管线单位、各建设单位及施工单位按照《指导意见》的要求，及时登录原系统发布挖掘工程建设信息。年内系统共发布1366项工程，完成对接364项工程。

（白　巍　王海超）

【名录】

单位名称：北京市昌平区城市管理委员会

党组书记、主任：黄建军

地址：北京市昌平区城北街道南环东路148号
电话：010-69746250
传真：010-69744289
邮编：102200

（宋　爽）

平谷区

概 况

平谷区城市管理委员会（简称区城市管理委），为主管城市管理工作的区政府工作部门，同时作为区城市环境建设管理委员会的办事机构，挂北京市平谷区城乡环境建设管理委员会办公室（简称区城乡环境建设管理办）牌子，负责城乡环境建设、城市管理的综合协调，市政基础设施、市政公用事业、市容环境卫生、能源日常运行等管理工作。所属副处级行政执法单位1个：北京市平谷区城市管理综合行政执法局；所属事业单位5个：北京市平谷区城市运行服务中心、北京市平谷区市政工程管理处、北京市平谷世纪广场管理处、北京市平谷区环境建设管理服务中心、北京市平谷区环境卫生管理事务中心。

年内，区城市管理委全力推进城市精细化管理，加强环境管理工作机制建设，开展环境集中专项整治和背街小巷环境整治，提升环境建设管理水平；深入推进垃圾分类，加快推进环卫设施建设，提高城市道路街巷洁净度，加大建筑垃圾治理力度，提升环境卫生管理水平；做好配电网设备运维，深化燃气行业综合治理，做好集中供热服务保障，确保能源平稳运行；持续加强地下管线安全防护管理，提升市政公用设施运行管理水平；扎实开展城乡环境整治行动，坚持不懈开展大气污染防治专项执法，提升城管执法水平；开展安全生产和火灾隐患大排查大整治，做好城市防汛，确保城市管理安全生产和城市汛期平稳运行。

（张　妍）

环境建设管理

【环境管理工作机制建设】年内，发挥城乡环境建设委员会的统筹推进作用，制定印发《平谷区城乡环境治理体系建设方案》，建立一体谋划、一体监管、一体推进工作机制，整合部门环境治理资金，实施绩效考核管理，有效提升主动治理能动性。

开展"三点三线两带一环一中心"城市发展及重点产业区、乡村环境建设综合提升规划研究，储备环境项目40项，逐步推进。

（陈文平）

【开展环境集中整治专项行动】 年内，围绕大型垃圾堆放点治理、三线五边清脏治乱、城市家具清理维护、城乡秩序环境整治等八项行动开展集中整治，共排查整改环境问题18.31万个，清理建筑垃圾、生活垃圾和农林废弃物21.59万吨，整改杆、箱、盖、亭、线、牌等各类设施问题2299处，查处"门前三包"、占道经营、乱停车等问题3.9万件，罚款154.22万元，全区环境面貌明显改观。

（陈文平）

【背街小巷环境整治提升】 年内，制定《平谷区深入推进背街小巷环境精细化治理三年（2023—2025年）行动方案》，确定三年整治97条背街小巷，2023年完成滨河街道27条背街小巷环境整治提升，进一步改善了人居环境。

（陈文平）

【开展城乡环境整治行动】 年内，开展城乡环境大整治行动，以"起跑即冲刺、开局就是决战"的决心，贯彻落实"三大措施"，突出督查发现问题、乡镇自查问题、立案查处问题"三本账"，重点对"门前三包"责任制落实、施工工地、车辆遗撒等方面违法违规行为进行查处，扎实推进城乡秩序环境整治、"五尘治理"两个专项行动。整治期间，乡镇自查整改1500余起，区局派发《督办单》《监管通知单》涉及点位5200余个，全部整改完毕。

（张　阳）

环境卫生管理

【推进垃圾分类关键小事】 年内，围绕全国文明城区创建和城乡环境治理等工作，开展垃圾分类宣传活动2163次，入户宣传30.7万户。完成19个市级垃圾分类示范村、20个市级垃圾分类示范小区、4个市级垃圾分类示范商务楼宇创建工作。加强收运车辆和末端处理厂的监督，严格执行"不分类不入桶、不分类不清运、不分类不进场"，累计劝返分类不合格垃圾桶1385桶，开具不分类不收运告知单1051份，停运小区（村）436次、社会单位615家次，有效遏制不分类行为。

（陈文平）

【环卫设施建设】 年内，推进循环产业园区建设，构建技术先进、结构合理、区域平衡、安全环保的生活垃圾处理体系。南宅生活垃圾综合处理厂二期实现试运行，达到满负荷运行状态。推进餐厨垃圾处理设施建设，年底前完成招标工作。共处理生活垃圾15.16万吨，发电量3154.69万度，处理餐厨垃圾3.25万吨、粪便0.38万吨，各类垃圾实现日产日清。

（于向阳）

【提升城市道路街巷洁净度】年内，组织完成城区308万平方米道路日常清扫保洁和95万平方米绿地保洁作业。"冲、扫、洗、收"新工艺作业率达到97.56%。落实大气污染防治攻坚要求，增加空气重污染期间清扫保洁、冲刷洗涤、洒水降尘等作业频次。扎实做好年度扫雪铲冰工作，更新326辆违规电动三轮环卫作业车，淘汰415辆，实现"一人一车一证"。

（于向阳）

【建筑垃圾治理】年内，持续落实《北京市建筑垃圾专项治理三年（2022—2024年）行动计划》，鼓励就地处置和回填利用，全区9家建筑垃圾消纳场和临时资源化处置点共处置建筑垃圾222.64万吨，实现资源化再利用。推动车辆更新迭代，采取"退一补一"政策，投运新能源车辆1辆。联合打击建筑垃圾违法违规车辆及偷运乱倒等行为，约谈高风险运输企业9次，查处违规行为1227起，罚款488.92万元，形成高压态势。

（于向阳）

市容景观管理

【提升广告牌匾和城市照明水平】年内，落实《北京市户外广告设施、牌匾标识和标语宣传品设置管理条例》，完成全区40处违规广告治理，审批户外广告牌匾方案34个。建立统一高效的路灯管理机制，全面排查有路无灯、有灯不亮问题，完成平程路、平关路景观照明建设，加强现有6.4万盏路灯和45处夜景照明节点维护，确保市民出行安全。

（张　超）

能源日常管理

【配电网设备运维】年内，完成太务路、黑水湾路、将军关等9条配电线路低压电网综合改造，新立高低压电杆205基，架设高低压线路8.5千米，居民用电质量得到极大改善。推进第二条生命线马昌营220kV变电站建设，持续做好配电网设备运维，确保居民用电舒心。

（张家兴）

【燃气行业综合治理】年内，为全区3.7万用户安装燃气安全型配件，其中天然气用户2.7万户，液化石油气用户1万户。按照"宜气则气、宜电则电"的原则，完成禁用液化石油气区域100户非居用户能源替代工作。全区具备条件的16栋老楼已全部接通天然气，涉及居民用户600户。

（付建颖）

【集中供热服务保障】年内，顺利完成

1205万平方米集中供热服务保障工作，开展"冬病夏治"和"访民问暖"行动，不断提升供暖服务质量，对12个老旧小区供热管网进行改造，更换管线3880米，确保供热总体平稳有序。

（郝文杰）

【天然气门站建设】年内，畅通气源主线，上游连接中石油马坊分输站出站管线，下游连接现有的次高压管线，可反向向六环高压A环网供气。区管道天然气供应能力和供气安全运行能力得到了大幅提升，同时也为北京市的天然气平稳运行提供保障。

（熊世金）

市政公用设施运行管理

【地下管线安全防护管理】年内，建立老旧小区管网更新改造、隐患治理台账，制订改造计划。统筹推进老旧小区管线改造和老楼加装电梯管线拆改移，完成24部老楼加装电梯管线改移，平粮社区管线改造工程开工。

（徐树东）

城市运行安全管理

【开展火灾隐患大排查大整治】年内，对燃气、电力、供热、环卫、有限空间作业等11个领域进行隐患排查治理，整改隐患1983处，查处燃气各类违法违规行为51起，罚款3万元。组织应急演练35次。

（熊世金）

【城市防汛应急】年内，开展市政管道清淤，清淤管道186千米。修订《平谷区城市运行防汛应急预案》，建立1+5+18城市排水应急指挥体系，成立7个专项防汛组，开展排水作业10次，处置树木倒伏砸中电线事故5起。快速妥善处置突发事件，确保汛期城市运行安全。

（熊世金）

【名录】

单位名称：北京市平谷区城市管理委员会（平谷区城乡环境建设管理委员会办公室）

党组书记、主任：赵金祥

地址：北京市平谷区府前西街17号

邮政编码：101200

电话：010-69963037

传真：010-89997442

邮箱：csglwbangongshi@bjpg.gov.cn

（张　妍）

怀柔区

概况

北京市怀柔区城市管理委员会（简称区城市管理委），位于北京市怀柔区兴怀大街18号，加挂北京市怀柔区城乡环境建设管理委员会办公室（简称区环境办）的牌子。区城市管理委（区环境办）作为怀柔区城市管理主管部门，是负责全区城乡环境建设、城市管理的综合协调和市政基础设施、市政公用事业、市容环境卫生、能源日常运行等管理工作的区政府工作部门。区城管委内设机构4个（政办室、法制安全科、市政能源科、综治科），机关行政编制18名，工勤编制4名。所属事业单位11个。实有在编干部职工共计109人，其中，行政人员18人，机关工勤4人，事业人员87人。编外用工编制7名，实有7人。

年内，区城市管理委启动城区及周边背街小巷环境精细化治理三年行动，创建20条优美街巷，30条达标街巷。组织开展环境"百日"大整治行动、城市家具精细化规范治理、强降雨后城市部件及城市家具修复治理、重要旅游沿线环境整治专项行动、常态化开展"门前三包"联合检查、重点区域和重要通道沿线常态化环境整治提升工作。抓实垃圾分类"关键小事"，累计完成垃圾分类120个示范小区（村）、150个达标小区（村）创建，抓好非居民生活垃圾计量收费管理，全区2000余家非居民厨余垃圾产生单位、3家运输企业、22辆运输车均已纳入市级垃圾分类精细化管理平台。制定《环卫公司"客厅式"清扫保洁质量与作业要求》，进一步规范道路清扫保洁作业。着力推进科学城500kV、220kV罗山、110kV永胜、陈各庄、35kV宝山寺、琉璃庙等12项主网输变电工程。开展燃气安全专项整治，检查居民用户13.6万户，整改隐患3.7万处，完成18465户瓶装液化石油气用户和26726户管道天然气用户安全型配件更换工作。解决老旧小区市政管网改造、科学城路灯增亮、兴怀大街6号楼通天然气、供暖、道路维修等市民诉求1437件。

（崔亚娟）

环境建设管理

【第三方机构环境检查】 年内，聘请第三方检查机构对怀柔行政区域内的环境问题进行检查，全年对各街道（镇乡）检查共发现环境问题25105处，较2022年（29458处）下降4353处。其中，市容环境问题14500处；复查点位1920处，复发问题179处，复发率9.3%；垃圾分类问题5676处；建筑渣土问题689处；扬尘管控问题56处（自2023年3月从考核体系中删除）；公厕问题270处（自2023年3月纳入考核）；"门前三包"问题3735处，其中，市容秩序类问题884处、违规广告问题976处、垃圾分类问题1875处。对34个区直部门履行"门前三包"管理职责情况进行检查，发现垃圾分类方面问题1处。以上问题已全部整改完成。对7个业务部门和作业部门所管辖范围内的环境建设管理及专业作业情况进行了检查，发现245处环境问题。以上问题已全部整改完成。同时，根据第三方机构每月检查发现的环境问题及各单位的整改情况，对各单位进行综合考核、打分、排名，每月形成通报上报四大机关，每季度在区政府常务会议上进行通报，并在各被考核环境委成员单位及区内媒体进行通报。

（宋小华）

【严格环境督查考核】 年内，区环境办共督促各责任单位整改首环办明察暗访反馈的环境脏乱问题1386处，在首都环境建设管理考评中得分897分，位列生态涵养区第三名。

（宋小华）

【城市家具精细化规范治理】 年内，督促各城市家具管理单位和权属单位完成城市家具精细化规范治理工作，共撤除、规范、提升各类城市家具66个。

（宋小华）

【重点区域常态化环境整治】 年内，研究制定并专题部署《怀柔区重点区域和重要通道沿线常态化环境整治提升工作方案》，完成市级41处整治提升任务。

（宋小华）

【背街小巷环境精细化治理】 年内，共治理治理提升50条背街小巷，其中精品街巷1条，优美街巷19条，达标街巷30条，全部通过市级验收。开发了"街巷管理"APP协助街巷长日常巡查，于11月正式投入使用。

（武文静）

【开展大清洁大整治行动】 年内，组织各街道（乡镇）及环境办各成员单位开展汛后清淤清扫恢复市容环境卫生专项行动，累计出动作业人员11464人次，作业车辆

2475车次，清理雨水口1842处次，清理主次街道2219条，清理背街小巷3257条。

（宋小华）

【组织强降雨后城市家具修复治理】年内，组织各行业管理部门、各属地、各产权单位企业立即督导所管行业、所属区域产权范围内的城市部件及城市家具，快速开展雨后修复治理工作，共摸排建账治理路灯、电表箱、燃气闸箱、杆体、雨水箅子、井盖、通信箱、公共座椅、垃圾箱、护栏、管井等103处问题。

（宋小华）

【创建精细化治理示范街】年内，协助龙山、泉河两街道及相关单位创建"门前三包"精细化治理示范街6条。经市级部门验收，商业街被评为优秀街区；府前街、后横街、礼贤街、于家园路和红中路被评为达标街区。

（宋小华）

【优化"包街"方案】年内，会同区直机关工委、区文明办（创城办）对原有"包街"志愿活动方案进行了优化调整，调整后"包街"路段共23条，107家单位参与"包街"工作，全面覆盖城区"四纵十横"街路。全区共出动志愿者5022人次，发现并整改"门前三包"问题1757处，市容环境卫生问题8177处，市容秩序问题1291处，劝阻文明交通行为709起，清除小广告274处，捡拾烟头等垃圾21620处。

（赵　赫）

【科学城区域环境整治提升】年内，以通怀路两侧为核心，辐射东西两侧进村主干道大小路、恒利街、幸福大街等。南起杨宋镇耿辛庄村东、京承高速大韩庄立交桥与潮白河交汇处北的左堤路，北至河防口村与111国道相连处，西侧从通怀路路肩到杨雁路处，东侧从通怀路路肩到小罗山路处范围，进行清脏治乱、绿化美化、设施修复、节点打造、道路修复等综合整治。项目批复资金为9847.24万元。

（于泽卿）

【疏解整治促提升】年内，主要对科学城中心区及以南片区范围，科学城沿线北房西桥、101中学南校区南侧及西侧、多模态东侧裸露地块进行绿化美化；高能同步辐射光源入口修建跨渠桥；杨雁路沿线北房西桥道路匝道补充安装照明设施；中心区内牤牛河西路（东）、雁栖南一街等8条破损严重的道路进行路面修复及雨水箅子、井盖更换；杨雁路两侧北房西桥至永乐大街段的围栏基础部分进行局部修复。项目批复资金为3669.98万元，工程已于8月下旬进场施工。

（徐　楠）

【雁栖湖国际会都周边综合治理】年内，区城管委负责配合完成门户区改造。

门户区范围南起京承 13 出口，沿京承高速至示范区南环路，京加路 3 千米至河防口立交桥两侧及周边南北全长 25 千米。主要对联络线及京加路两侧和周边零散裸露和拆违腾退地块进行绿化补植提升，京加路至河防口立交桥两侧破损围栏更换等。工程于 7 月下旬进场施工，已基本完工。

（徐 楠）

【市级重点工程绩效考评】年内，按照首环办市级重点项目绩效评价相关工作要求，全面梳理市级重点环境整治工程市郊铁路通密线、京沈客专怀柔区段"2个"环境整治提升工程的全过程工程项目资料并抓好工程现场后期管理工作，顺利迎接并完成市首环办组织开展的绩效考核评价工作。

（徐 楠）

【开展扫雪铲冰】年内，提前组织各专业作业单位做好扫雪铲冰物资贮备、应急队伍人员汇总等工作。根据新开通的下园街、开放西路等 4 条路段，进一步优化城区三纵十横扫雪铲冰责任单位和责任区，确定城市河湖积雪消纳点、建筑工地积雪消纳点、融雪剂禁用区和融雪剂搅拌站等。召开专题会议，提前对各类除雪作业车辆进行盘点、检修、调试和维护。对环卫公司多功能除雪车、洒布机等扫雪铲冰机械设备、融雪剂贮备情况、应急队伍建设等进行现场检查。区公路分局和环卫公司建立扫雪铲冰应急队伍 4 个，配备专业作业人员 395 人，储备可作业车辆 197 台，其他除雪工具 1962 把，融雪剂 1550 吨；各乡镇（街道）建立扫雪铲冰应急队伍 62 个，应急人员 2203 人，配备车辆设备 70 台，其他人工除雪工具 12261 把，融雪剂 200 吨。

（林 楠）

【应对空气重污染天气】年内，接到预警指令后，立即部署空气重污染期间道路清扫保洁工作，并加强巡查检查，发现问题立即通知责任单位整改，按时完成"北京环卫信息管理系统"的工作情况上报工作。怀柔区共遇空气重污染预警 2 次，共 7 天。其间清扫保洁道路 752 条，其中，增加 1 次及以上清扫保洁的道路 201 条，洒水降尘道路 24 条。共出动人员 25944 人次，出动清扫保洁和洒水抑尘车辆 1933 车次，其中，出动洒水车 134 车次，洒水 6458 吨（包含再生水 440 吨）。出动自查人员 1875 人次。

（林 楠）

环境卫生管理

【公厕管理】年内，采取专业检查、中介督查和重大活动督查的方式，针对全区 14 个街道（乡镇）共 521 座公厕进行不间断检查、监督，确保全部实现专人管理、对外开放，日常管理水平得到巩固和提高。完成 8

座公厕新建改造任务，进一步提高公厕覆盖率。

（徐子茜）

【再生资源经营者备案登记】年内，结合生活垃圾分类考评方案的相关要求和标准，开展再生资源回收经营者的摸排及建账工作，协助属地对符合备案登记条件的经营者宣传备案登记工作，完成对2家再生资源经营者共16个回收点位的备案登记工作。

（徐子茜）

【启动生活垃圾焚烧处理补贴调价】年内，北控雁栖公司负责全区的生活垃圾处理工作。特许经营协议约定在项目商业运行1年后结束，为保持项目公司合理的投资收益，年初区城管委启动了生活垃圾焚烧处理补贴费调价工作，拟定《怀柔区生活垃圾焚烧发电项目特许经营项目首次调价方案》，经区政府第49次常务会审议同意，按照《怀柔区生活垃圾焚烧发电项目特许经营项目首次调价方案》开展首次调解工作并圆满完成。

（徐子茜）

【完成违规电动三、四轮车更新淘汰】年内，根据公安、交通等五部门要求的"车辆更换合规车型、人员取得驾驶资质"的原则，推进违规电动三轮车淘汰更新及职工驾驶证培训工作。环卫公司更新淘汰了32辆违规电动三轮车，有序推进人员培训取证工作。截至年底，区环卫公司70人持有D型驾驶证，取证与需求比例为218.75%。驾驶电动三轮车人员均已实现D本上岗。

（徐子茜）

【提升道路保洁质量】年内，依据DB11/T353—2021《新城市道路清扫保洁质量与作业要求》及DB11/T1375—2021《街巷环境卫生质量要求》，结合公司"客厅式"道路清扫保洁工作实际，研究制定了《环卫公司"客厅式"清扫保洁质量与作业要求》规范文件，形成了怀柔道路清扫保洁作业标准，进一步规范了道路清扫保洁作业。高质量完成了城区98条道路297万平方米"一扫三洗一冲"标准化清扫保洁作业、科学城46条道路116万平方米"一扫三洗一冲一降尘"清扫保洁作业、街道（乡镇）110条道路257万平方米的机械"一洗一冲"作业，清扫保洁面积同比增加8万平方米，高标准完成了1382个果皮箱（同比增加74个）的清理擦拭消毒工作。年内，出动保洁作业人员22.26万人次，各种洗扫、洒水车辆4.95万车次，总用水量41.47万吨。

（徐子茜）

【规范垃圾分类运输】年内，严格执行城区每日清运2次、街道（乡镇）每日清运1次，重点桶站和敏感区域增加清运频次的作业标准。完成了全区 2399 个生活垃圾桶站 19882 个垃圾桶、3239 个餐厨垃圾桶站 4297 个垃圾桶、342 个可回收垃圾桶、321 个有毒有害桶的分类清运任务，全年共清运生活垃圾 145733.6 吨（其中其他垃圾 121409.02 吨，餐厨垃圾 24324.58 吨），抽运公厕污水粪便 3687 车次 26506 吨。

（徐子茜）

【推行自主交投新模式】年内，在 8 个可回收物回收试点小区全力推行无人值守、自主交投模式，截至 12 月底，用户注册率达 75%，累计用户 2812 户，参与率 41%，参与用户 1521 户，满意率 98%，准点率 95%，累计签单 1.8 万多单，累计回收 200 余吨。

（徐子茜）

【生活垃圾末端处理】年内，北控雁栖再生能源科技有限公司累计处理其他生活垃圾 21.51 万吨，污泥 5.4 万吨，粪便 0.58 万吨，发电量 7476.024 万千瓦时，上网电量 5587.995 万千瓦时。

（徐子茜）

【生活垃圾处理率 100%】年内，全区共产生生活垃圾 15.88 万吨，无害化处理 15.88 万吨，已达到生活垃圾无害化处理率 100%的目标。

（徐子茜）

【渣土车专项整治】年内，由城市管理委、城管执法局、住建委、环保局、交通局、公路分局、公安交通支队、公安治安支队 8 个部门成立联合执法组，成员单位每月轮流牵头，采取日查与夜查相结合、路面检查与施工工地检查相结合、联合执法检查和部门日常执法检查相结合的方式，确保每月开展不少于 4 次联合执法检查，每月至少夜查 2 次。年内，共开展联合执法检查 56 次，其中夜查 29 次，共出动执法检查人员 640 人次，出动执法检查车辆 340 车次。

（高　尚）

【建筑垃圾消纳】全区现有建筑垃圾资源化处置场所 4 处（大屯、宰相庄、西台下、连石沟）。年内，4 处处置场累计进场建筑垃圾约 125.61 万吨，处置建筑垃圾约 169.82 万吨，销售再生骨料及还原土约 175.28 万吨，销售再生无机料约 7.06 万吨，销售固化土约 3.38 万方，销售再生水泥制品约 9.24 万平方米。

（苗立津）

【市级建筑垃圾考核】年内，怀柔区建筑垃圾处置管理考核在全市五个生态涵养区排名中共取得 10 个第一的成绩。

（赫彦菲）

【实施垃圾分类以奖代补】年内，制定并印发《怀柔区关于落实〈北京市 2023 年生活垃圾分类重点工作任务〉的实施方案》，梳理25项重点任务83条具体措施，明确牵头工作组及责任单位，有效压紧、压实、压准责任链条。此外，为激发街道（乡镇）的工作积极性，结合怀柔区实际，制定了《怀柔区生活垃圾分类以奖代补专项资金管理办法》，统筹考虑常住人口数量、行政区划及区级垃圾分类考核排名情况，对镇乡街予以奖补。

（王利红）

【非居民生活垃圾计量收费】年内，全区2000余家非居民厨余垃圾产生单位、3家运输企业、22辆运输车均已纳入市级垃圾分类精细化管理平台管理。结合区政府重点任务，深入机关、企事业单位，指导非居民厨余垃圾运输单位，根据各集体食堂厨余垃圾产生量进行定额收费。2月，全区500余家非居民集体食堂B类单位定额管理认定和垃圾分类精细化管理平台上传工作全部完成。

（王利红）

【可回收物体系建设】年内，对庙城镇等平原4镇及城区2个街道的56个生活垃圾分类驿站，进行智能化升级改造。推广24小时无人值守、自主交投模式，居民通过回收可回收物实时兑换环保金，实现生活垃圾源头减量。

（王利红）

【垃圾分类宣传引导】年内，围绕新版《北京市生活垃圾管理条例》实施三周年，制作生活垃圾分类三周年宣传片，联合市城市管理委开展"让垃圾分类成为新时尚"怀柔主题宣传活动，倡议全民做好垃圾分类关键小事。区委宣传部将垃圾分类纳入每月宣传工作要点，积极对接市级以上媒体，统筹区属媒体持续做好垃圾分类的宣传报道工作。对外宣传方面，区镇两级在《北京日报》、北京电视台、管城理市、千龙网等市级以上媒体平台刊播高质量垃圾分类稿件近200篇。

（王利红）

【居住小区（村）生活垃圾分类治理】年内，围绕《北京市居住小区（村）生活垃圾分类治理实施方案》，明确区2023—2025三年分类治理计划任务，其中2023年全区计划完成150个达标、120个示范小区（村）创建。通过压实街道（乡镇）、社区（村）和分类管理责任人责任，超额完成145个示范小区（村）创建工作。为确保有效落实居住小区（村）分类治理，聘请第三方专业公司，定期对全区居住小区、村及社会单位进行覆盖检查，并联合属地城管执法队进行执法处罚，累计立案生活垃圾分类相关问题6159起，罚款50余万元。

（王利红）

【生活垃圾全流程管理】年内，全区实

现生活垃圾精细化管理系统全过程动态监测，在分类收集方面，科学规划分类桶站1267个、大件和装修垃圾投放点各489个，可回收物交投点覆盖所有小区、村。在分类运输方面，辖区垃圾清运企业全部按市级要求，完成各品类垃圾清运车辆涂装、卫星定位及车载称重系统安装，并与市区两级生活垃圾分类精细化管理系统对接。在末端处理方面，所有小区、村和社会单位产生的生活垃圾均由区环卫公司等有资质的清运企业进行分类收集，并运输至区生活垃圾焚烧厂进行无害化处置，无害化处理率达到100%。

（王利红）

市容景观管理

【户外广告安全风险评估】年内，在辖区内以街道（乡镇）为单位划分出7个评估单元，共抽取44块户外广告设施、牌匾标识评估样本进行安全风险评估。

（宋小华）

【城市景观照明运维管理】年内，对城区及联络线景观照明运维单位利亚德智慧科技集团有限公司北京怀柔分公司进行考核，共计考核12次，年度考核平均分98.5分。完成景观照明各类灯具更换126套，各类电源及开关41块，电缆483米，智能控制芯片1套。

（王然然）

【城市道路照明运维管理】年内，负责管理路灯道路93条，路灯6253基、12347盏，路灯变压器171台。主次干路路灯设施完好率、亮灯率均达到99%。更换水库环湖路太阳能路灯亮度低的灯头65盏，老旧电池170块。

（王然然）

【春节景观布置】年内，完成怀柔区春节景观布置工程，布置范围包括"城区三纵、九横、九节点"以及科学城雁栖大街和科学城管委会路口节点。灯杆安装红灯笼3996盏，中国结852套，灯笼树挂14500盏，缠树灯10800串，设置大型景观小品26套。

（王然然）

【恢复被盗被毁路灯】年内，完成因外力、不可抗拒的自然灾害及路灯设施被盗造成路灯设施损坏的恢复工程，恢复被撞毁高12米的路灯杆5基，被盗电缆设施35米。

（王然然）

【科学城实验室周边路灯提亮改造】年内，完成怀柔科学城实验室周边5条道路、135盏路灯灯头提亮改造工作，原有150W路灯提亮至200W，增设路灯杆1基，更换路灯内电源线1269米，新敷设电缆127米。

（王然然）

能源日常管理

【电力故障应急抢修】 8月31日，110千伏汤河口站10千伏3号母线系统C相接地；拉开10千伏汤碾路578号杆怀K0643-A开关后接地消失（异常方式：庄户沟门路带汤碾路部分负荷），造成宝山镇道德坑、南台子、温栅子、下栅子、郑栅子5个村，高压1户、低压467户停电。供电公司派出抢修队伍于当日处理完毕，恢复供电，故障原因为一台变压器短路导致。

（王有才）

【黄坎110千伏输变电工程投产】 年内，黄坎110千伏输变电工程正式投产送电。工程占地近0.53公顷，新建31.5兆伏安变压器2台，新建铁塔55基，架空线路近16千米。工程89%的铁塔位于山区，施工难度大，安全风险高。同时，完成7路10千伏配套切改、110千伏九渡河临时变电站退运、110千伏北红二渤九支及九渡河变电站第二路电源的投运工作。

（王有才）

【安各庄110千伏输变电工程投产】 年内，安各庄110千伏输变电工程正式投产送电。工程占地4612.5平方米，新建50兆伏安变压器2台，新建铁塔9基，架空线路1.8千米。安各庄110千伏输变电工程是服务于怀柔"国家能源实验室"的重点项目，纳入市重大办重点调度。工程的顺利投产将切实满足国家能源实验室各阶段的用电需求，进一步提高了怀柔科学城地区供电可靠性。

（王有才）

【第二批老旧小区配网改造】 年内，完成第二批老旧小区配网改造工程。该工程涉及23个小区6534余户。其中，外线工程建设主体为怀柔供电公司，主要涉及新建、更换低压电缆15千米，新建低压π接箱140座、更换配电箱15台等内容（以上规模以最终现场实际施工为准），总投资3137.37万元；内线工程建设主体为区城市管理委，主要涉及新建低压电缆约144千米、热浸塑钢管103千米、低压配电箱140台、单元配电箱545台、T接箱共3092台、手孔井551座等内容，总投资7566.4万元。

（王有才）

【电动自行车充电设施建设】 年内，通过规范铺设充电线路，采取以车棚外墙为主、其他公共区域为辅的方式，安装公共智能充电设施。全年新建充电接口约1900个，建设换电柜21台，252个换电仓，主要用于服务外卖快递人员。怀柔区已累计建成电动自行车充电接口约3万余个。

（王有才）

【智能化供热改造】 年内，按照北京市"十四五"时期供热发展专项规划和关于开展供热系统智能化改造指示要求，依托北京热力集团建立怀柔区智能供热服务平台，开展每栋楼不低于3户室温采集器安装工作，并实现室温监测数据实时上传。计划2024年开展供热系统智能调节阀改造和每栋楼不低于15%比例室温采集器安装工作，并完成160万平方米智能化改造任务。2025年要完成400万平方米智能化改造任务。

(胡晶晶)

【供热设施"冬病夏治"】年内，按照"十四五"时期怀柔区城市精细化管理行动计划，区城管委积极督促各供热单位开展夏季供热设施更新维修改造工作。采暖季结束后，要求各单位结合供热期间的系统运行工况、供热质量诉求及供热抢修停暖事故，以及重点区域、系统末端、难点问题进行认真分析、研究。从锅炉房、一次管网、换热站、二次管网、用户采暖设施等几个方面，详细制定年度怀柔区夏季供热设施"冬病夏治"维修改造计划，并督促企业组织实施。

(胡晶晶)

【供热行业日常管理】年内，将供热服务质量作为百分制考核的主要考核指标，加大奖惩力度，全面压实企业责任。要求企业每天上报运行数据，严格落实"逢五测温"制度，通过测温真正了解掌握终端用户的供暖效果；要求所有投诉工单做到10分钟内接单、20分钟内与住户取得联系、1个小时内上门服务，确保一次性解决问题；对投诉较集中、用户反映较大、投诉持续不降的企业实行约谈机制，每约谈一次扣分、扣补贴。在日常督查检查基础上，增加夜查和低温区入户寻访等措施，及时掌握投诉集中小区、低温区供暖质量，保障居民温暖过冬。严格落实企业安全生产主体责任，开展自查和联合检查工作，发现安全隐患，立行立改，确保供热行业安全稳定运行。

(胡晶晶)

【老楼加装电梯管线拆改移】2022—2023年，老楼加装电梯第一批计划20部，区城管委负责统筹实施老楼加装电梯管线拆改移工作，改移项目包括给水、排水、雨水、热力、燃气、电力、弱电管线。已完成19部电梯的管线拆改移工作，剩余1部电梯位于龙翔小区丙31号楼，已完成管线拆改移设计施工方案，将随老旧小区市政管线综合改造工程同步进行施工。

(胡晶晶)

【保障天然气供应】年内，全区天然气用户8.8万户，比上年增加0.6万户，增长7.3%；年销售管道天然气2.32亿立方米。年销售液化天然气328万立方米。高压燃气管道40千米，中低压燃气管道670千米。

(李小错)

【保障液化石油气供应】年内，全区液化气年销售量7553.2吨，居民用户95297户，非居民用户1028户。依托北京市液化石油气有限公司LPG智能云平台系统，持续推进瓶装液化石油气充装、运输、储存、使用等环节信息化监管工作，实现液化石油气钢瓶全链条可追溯管理。

(李小错)

【送气下乡安全管理】年内，"送气下乡"工程累计发展用户84927户，销售液化石油气280130瓶。修订完善《怀柔区液化石油气"送气下乡"工作实施方案》，经区政府常务会议审议通过后正式印发执行。组织属地、燃气企业召开了方案解读工作会。完成送气下乡招投标工作。积极开展新开户、销户的资料审核工作，协调液化气公司与属地做好开户和销户工作。对龙山街道、庙城镇、杨宋镇等9个镇乡街道开展了入户抽查。送气下乡三级服务网络运行正常，保障了农村供气平稳。

(李小错)

【居民燃气安全型配件更换】年内，在全区范围内为燃气居民用户更换、安装安全型调压器和金属丝织包覆连接软管，消除用户端安全隐患，完成18465户瓶装液化石油气用户和26726户管道天然气用户安全型配件更换工作。

(李小错)

【城镇燃气安全专项整治】年内，制定《燃气安全隐患大排查大整治专项工作方案》《怀柔区城镇燃气安全专项整治工作方案》，经区政府常务会审议通过后实施。统筹各街道（乡镇）、行业（领域）、部门坚持问题导向，全面起底、摸排整治城镇燃气全链条风险隐患，建立整治台账，重点聚焦"问题气、问题瓶、问题阀、问题软管、问题灶、问题管网、问题环境"，切实消除餐饮企业等人员密集场所和"九小场所"等燃气使用安全突出风险隐患。检查供气企业及非居民用户5828家次，发现隐患1075处，均已整改完毕；检查居民用户13.6万户，整改隐患3.7万处，取得了集中攻坚整治阶段性成果。广泛开展燃气安全宣传，开展"燃气安全进媒体"，在怀柔新闻、《怀柔报》和融媒公众号等平台普及燃气知识。会同属地、燃气供应企业张贴发放燃气安全"明白纸"，开展多种形式燃气安全宣传培训活动。

(李小错)

【长输管线日常管理】年内，对区内涉及42.4千米的大唐煤制气管道和陕京四线天然气管道2条长输管线及高压7所调压箱开展日常检查，共计检查20次。

(李小错)

市政公用设施运行管理

【地下管线综合协调管理】年内，结合

大排查大整治工作，已经初步形成挖掘必登录平台发布工程信息的态势，新系统今年已发布工程85项。督促圣德水等3家单位及时登录平台发布工程信息。

（武文静）

【企业安全生产主体责任评估】年内，对所属供暖等12家行业企业开展了安全生产主体责任落实情况检查评估工作。经评估，优秀企业2家，良好8家，整改合格2家。整改合格的企业根据评估结果在规定期限内整改完毕，提交整改报告由第三方公司组织现场复评，复评后合格率为100%。评估结果在怀柔区信息网上进行了公示。

（彭丽静）

【城市安全风险评估】年内，区城市管理委共有42家企业在"北京市安全风险云服务系统"进行了网上填报，共上报风险源467个，汇总登记应急队伍44支、应急专家16人、应急装备3213件、应急物资5604件，及时完成生产经营单位风险源信息及风险等级等在线审核。根据行业监管台账，实地检查及安全风险源清单，完成安全风险数据库及信息管理系统录入及动态更新工作；撰写安全风险评估报告、应急资源调查报告和应急能力评估报告等工作。

（彭丽静）

【开展火灾隐患大排查大整治】年内，组织制定《怀柔区城市管理委安全生产和火灾隐患大排查大整治任务分工方案》《北京市怀柔区城市管理委员会关于深入开展燃气安全隐患大排查大整治专项工作方案》《北京市怀柔区城市管理委员会关于进一步加强燃气安全大排查大整治工作方案》《怀柔区深化地下管线安全专项整治行动方案》《怀柔区城市管理委安全生产和火灾隐患大排查大整治宣传工作方案》等相关方案、计划，聚焦燃气、城市生命线、电力、供热、环卫设施、环卫作业、车用能源站、广告牌匾、有限空间作业、限额以下工程10个领域的安全排查整治专项行动，组织召开部署会30余次，对各行业领域大排查大整治工作进行高频调度。共检查企业1692家次，出动人员3395人次，发现并整改隐患383处。

（张　静）

【开展消防安全专项整治行动】年内，按照市、区消防总体安排部署，以安全生产和火灾隐患大排查大整治和2023年度消防工作要点为重点，持续加大消防安全监管查处力度，切实消除影响消防工作的隐患问题，坚决防范和遏制重特大安全生产事故，确保城市管理行业领域消防安全形势稳定向好。一是开展彩钢板建筑消防安全专项整治。对电力、供暖、燃气、固废、环卫等行业领域进行排查，使用彩钢板建筑使用场所41个，彩钢板建筑面积25642.85平方米，未发现消防安全隐患。

二是开展行业领域内部餐饮场所火灾隐患大排查大整治专项行动。检查行业领域内部食堂39家次，未发现消防安全隐患。三是开展动火作业和特种作业专项检查行动。行业领域范围内全面开展动火作业和特种作业专项检查行动，共排查企业209家次，排查隐患21处，已整改21处。四是加强施工现场消防安全专项整治。重点检查安全生产机制体制、规章制度建立情况，设备检修作业、带电作业、动火作业等重要环节和重点领域安全管控情况，以及事故防范相关措施。

（刘槟芃）

【名录】

单位名称：北京市怀柔区城市管理委员会

党组书记、主任：彭明卫

地址：北京市怀柔区兴怀大街18号

邮编：101400

电话：010-69642935

传真：010-69659458

邮箱：cgw@bjhr.gov.cn

（崔亚娟）

密云区

概　况

北京市密云区城市管理委员会（简称区城管委）是密云区主管城市管理工作的区政府工作部门，同时作为密云区城乡环境建设管理委员会的办事机构，加挂北京市密云区城乡环境建设管理委员会办公室牌子，负责城乡环境建设、城市管理的综合协调，市政基础设施、市政公用事业、市容环境卫生、能源日常运行等管理工作。内设7个行政科室（办公室、机关纪委、财务审计科、市政公用设施管理科、环境建设管理科、法制宣传科、广告管理科），1个副处级执法机构（城管执法局），15个事业单位（环境卫生服务中心、垃圾渣土事务中心、城市运行和铁路道口安全协调中心、能源事务中心、生活垃圾事务促进中心、市政设施和照明事务中心、停车事务中心、供热事务中心、市政重点工程建设推进中心、市政重点工程服务中心、城市管理协调考评中心、环境建设协调检查中心、市政设施巡查中心、市政设施巡查队、市政工程管理处）。编制355名，其中行政编制17名、行政执法编制49名，事业编制289名。设主任、书记1名，副主任3名，行政执法副处1人，事业副处1人。

年内，区城管委全面推进全国文明城区创建工作。做好国家卫生区复审工作，实施密云水库周边、上游及水源保护地环境综合整治提升工程（二期）。持续开展垃圾分类工作，做好垃圾分类日常检查考核工作，加大分类宣传，持续推进示范村居建设，建成全覆盖的生活垃圾排放登记管理信息平台，持续强化可回收体系建设管理。开展户外广告设施规划编制，加强户外广告管理。完成年度无灯路建设工作，做好市政设施日常管护工作，市政设施完好率98%以上，市政设施病害处理率达到100%。做好春节景观布置工作，在城区热点位置布置重要节日景观，打造出"一横两纵、十节点、五处水景观"。完成年度密云区老旧小区管线改造工程，加强供热行业管理，开展"冬病夏治"工作，强化安全检查，提高供热服务群众满意度。加强电力行业管理，在全区安装62台公共充电桩。加强渣土消纳和运输管理，开展城区非法小广告清理工作。强力推进电力、燃气等27项市区两级重点工程，用心开展燃气安全型配件更换、有路无灯补建等8项市区实事工程。

（朱 聪）

城乡环境建设

【创建全国文明城区】年内，按照全国文明城区创建指标要求，聚焦城市精细化管理、环境卫生、市容秩序、基础设施建设等方面存在的突出问题，进一步创新体制机制、完善治理举措、补齐设施短板、治理城市顽疾，围绕"整齐、有序、亮丽"的城市精细化管理目标，全面推进全国文明城区创建工作。持续开展环境卫生整治，集中整治77条大街"小广告"，对户外广告设施、护栏、座椅、果皮箱等不间断进行巡查检查，105条道路、356.55万平方米清扫保洁实现全覆盖，城市颜值水平进一步提升。持续开展基础设施整治，优化80座室外公厕卫生及配套设施，不断提升如厕环境；抓好日常设施养护，完成修复破损路面、步道、退线区5.3万余平方米，更换路灯1268支；依托市级环境项目，已完成25条道路基础设施提升改造工程，总计修整道路28万平方米。城市功能品质进一步提升。持续开展街面环境整治，加大与属地和部门协作力度，完成施划路侧停车位1648个、公共区域停车位2231个、交通标线24621平方米、整改各类环境秩序问题54287处，城市秩序水平进一步提升。

（张 英）

【实施环境提升工程】年内，区城管委实施密云水库周边、上游及水源保护地环境综合整治提升工程（二期），累计完成整修道路25.36万平方米，绿化1.87万平方米，清洗粉饰和改造外立面6.69万平方米，新建和修复围墙614米，完善照明设施3825套，完善公共服务设施633处，梳理架空线200米，新建和翻修围栏护栏2.66万米，清运垃圾1.43万立方米。

（裴崇盛）

【通过国家卫生区复审】年内，密云区成功通过国家卫生区复审。制定《密云区国家卫生区复审工作实施方案》，成立由区长担任组长，区委常委、副区长担任副组长，主管创卫和爱卫的副区长担任执行副组长的工作领导小组，组建实体化复审办公室，统筹协调国家卫生区复审相关工作。在全国爱卫办组织的创卫工作满意度调查中，密云区以97.33%的分数在北京市14个区中位列第2名，在全国270个城市中位列第17名。复审办对老旧小区、城乡接合部、城中村、"七小"行业、农贸市场等重点领域持续开展督查检查，发现各类问题4120个，下发整改督办单10次，督促各单位、各街道（乡镇）整改落实；各单位、各街道（乡镇）开展"拉网式"自查自纠发现的问题共计20582（户），发现乱堆乱放、店外经营、食品安全等各类问题6358处，立即整改5730处，限期整改628处。全国爱卫办专家组于9月16—22日，对密云区国家卫生区复审工作进行了现场评估。11月8日，收到市爱卫办反馈，密云区以866.3的分数通过本次复审。

（李　航）

环境卫生管理

【环境检查】年内，区城管委优化完善城乡环境建设管理体系，贯彻落实首环办工作新精神，修改制定《2023年密云区城乡环境建设管理工作方案（试行）》；建立"检查—复查—复核—通报—督办—约谈"环境检查模式，加大环境巡查范围、力度、频次，对全区范围进行全覆盖检查，打造常态化管理新模式；进一步落实城市精细化管理工作，探索开发门前责任区智能化系统，建立商户自查、属地主管、行业共治、群众监督、执法处罚的闭环管理模式，逐步形成共治共管的良好氛围；全年共整治市级脏乱点1845个，实现了市级现场检查点位百分百达标。

（王东江）

【垃圾分类日常检查考核】年内，区城管委持续以"日检查、日曝光、周排名、月考核"的方式开展全覆盖检查考核，每月对各街道（乡镇）、各社区（村）、各物业公司进行考核排名，建立村居动态分级管理机制，以"好、中、差"三个评分等次推进督导检查，创新"2+1"复查复核机制，并强化叠加轮动式检查。根据各街道（乡镇）分类重点考核项目排名情况，针对短板指标，加强分析研判，发送整改通知、提醒函及各项工作提示，强化工作调度，促进提升落后考核指标。

（胡新征）

【垃圾分类宣传】年内，区城管委多元化开展垃圾分类系列宣传活动，依托《北京市生活垃圾管理条例实施》三周年，多元化开展垃圾分类系列宣传活动，组织垃圾分类基层赋能活动、"让垃圾分类成为低碳生活新时尚"垃圾分类主题巡回展，打造"会分类 绘生活"垃圾分类主题宣传新阵地，绘制垃圾分类宣传文化墙，选取口袋公园设置垃圾分类主题"绿色生活角"，强化"科普指导+艺术展示+互动体验"方式，让垃圾分类融入生活。开展精准入户宣传、指导，全区入户宣传率、居民知晓率均达到100%。

（胡新征）

【垃圾分类成效明显】年内，20个街道（乡镇）已全部通过市级示范片区检查验收，覆盖率达到100%。创新开展"市、区、镇"三级示范村居创建工作，已创建109个市级示范村居，96个区级示范村居，155个镇街级示范村居。完成293家示范单位、8座商务楼宇、1条商业街区创建的市级申报工作。建成20个街道（乡镇）、中关村密云园全覆盖的生活垃圾排放登记管理信息平台，全区垃圾分类所有环节实现有效监管。持续强化可回收体系建设管理，推进全区再生资源经营备案、生活垃圾分类驿站备案办理工作，完成再生资源回收经营者备案29个，居住小区内68座驿站全部备案完成。资源化利用成效明显，生活垃圾回收利用率逐步提高，稳定在39%以上。

（胡新征）

【道路清扫保洁】年内，区城管委做好道路清扫保洁工作，切实落实一、二、三级城市道路作业频次和工艺要求，加大道路清扫保洁作业力度，机械作业率达96.65%。城区垃圾清运作业及时规范，负责城区46座垃圾收集站、180个小区、350家餐饮单位、133家医疗单位的垃圾收运工作，全年生活垃圾共收运38130.66吨，厨余垃圾8877.46吨，餐厨垃圾2228.82吨，医疗垃圾634.68吨。做好城区80座公厕的运行维护。加强渗沥液处理运行管理，进一步强化设施设备的维护、保养工作。2023年车辆更新购置工作共计采购作业车辆16台，其中，吸污车1台、高压清洗车3台、吸尘车1台、洗扫车2台、医疗垃圾车4台、皮卡车5台，更新合规电动三轮车69台。

（徐晨亮）

【公厕升级改造】年内，区城管委完成汽车站及富民街2座二类公厕整体改造，改造后公厕实现多功能、数字现代化、舒适便捷为一体的城市公厕，加强市民使用舒适感，体现具有城市特点的公厕设施。

（徐晨亮）

【渣土管理】年内，区城管委加强渣土消纳和运输管理。一是加强消纳场所管理。紧盯源头管理，按照《密云区建筑垃圾暂存点管理规定》对191余个临时暂存点进行抽查；对现有4家资源化处置场共开展检查182余次，完成4家资源化处置场的半年验收和全年联审。二是开展建筑垃圾治理工作。全年组织区生态环境局、住建委、交通局、交通支队和城管执法局开展联合执法91次，其中夜查36次，检查施工工地201个，共查处建筑垃圾违法违规行为808起，罚款425.802万元。每月定期组织召开规范管理工作联席会议。三是加强运输企业管理。对30余家重点监测企业进行审验，组织运输企业安全会议12次。四是做好审批手续办理工作。全年共办理建筑垃圾车辆准运许可2017余张，审批运输企业4家，办理建筑垃圾消纳备案452件。五是牵头组织开展清理整治违法违规砂石料、渣土、建筑垃圾堆放场（点）专项行动，共清理整治点位34处。

（席婷婷）

市容环境管理

【违规户外广告设施治理】 年内，区城管委严格按照时间节点要求全面完成市、区两级违规户外广告牌匾设施及标语宣传品销账任务，共处置市级违规治理41块，处置区级违规治理台账161块。

（张 英）

【启动户外广告设施规划编制】 年内，区城管委按照《北京市户外广告设施、牌匾标识和标语宣传品设置管理条例》相关要求，聘请专业规划部门进行密云区街区户外广告设施规划编制工作，现已完成全域初稿编制工作，等待市城管委回复意见，进行下一步工作流程。

（张 英）

【户外广告管理】 年内，区城管委做好户外广告、牌匾标识安全管理工作，与3家特许经营广告单位签订《2023年户外广告设施安全运行责任承诺书》，开展日常检查与双随机巡查检查，全年共计检查103次，并在极端天气时向各产权单位、镇街下发大风预警通知，共计下发46次；4月23日，组织各属地街道（乡镇）开展户外广告设施和牌匾标识安全隐患大排查大整治工作，各属地街道（乡镇）共计开展巡查6368次，排查户外广告设施总量共8248处次，牌匾标识共37248块次；按照相关职责，结合密云区实际，将安全检定抽测与安全风险评估工作合并进行，选定第三方专业机构进行区级安全风险评估工作，按照市级规定比例，抽取24处广告设施进行安全检定抽测，密云区整体风险评估等级为低风险；做好户外广告类电子显示屏安全运行排查治理工作，对建成区5块电子屏进行现场检查，并要求电子屏运行单位签订安全运行承诺书；做好标语宣传品等行政审批工作，共计查处违规设置设施13处，累计线下办理密马、鱼王美食节等5次行政许可。

（张 英）

【清理非法小广告】 年内，区城管委委托北京宜捷通物业管理服务有限公司负责清理城区非法小广告工作，清理范围：以密云区大剧院为中心，东至檀东路（密云区医院东侧）、西至101国道兴云路口、南至水源路（含水源路）、北至沙河铁路桥范围内的77条主街，全年共清理3.8万张非法小广告。

（席婷婷）

【市级无灯路补建实事办理】 年内，完成市级无灯路补建实事任务，对彩澄路、碧澄环路东段、碧澄环路西段、镜澄路、启源二街、启源三街实施路灯建设工程，共计安装路灯130基。督促照明设施管护单位定期对城区范围内各道路照明、景观照明设施进行巡查，发现断亮、安全隐患等问题及时进行维修，特别是重大节假日期间，确保各类设施运行安全稳定，共计更换光源1960个，处理各类故障事件1291起。

（张　英）

【春节景观布置】年内，密云城区春节和元宵节景观布置工程按照"整体统筹、全面融合；突出重点、主题鲜明；简约适当、节俭利旧；创新形式"的工作原则，围绕"一横两纵、十节点、五处水景观"，从密云的"自然和山水、民俗和传统、历史和人文、国潮和时尚、科技和产业"五个方面进行思考和研究，统筹兼顾但不均质化，有主有次，在民俗传统的基础上融入时代特色、人文产业和现代时尚等元素，同时利用旧有设备和管线做到利旧而不守旧，打造出"一横两纵、十节点和五处水景观"。

（曹德满）

能源日常管理

【燃气行业管理】年内，区城管委紧抓燃气行业安全管理工作，一是年初与各燃气企业签订《安全生产责任书》，要求各燃气企业加强自身管理，层层分解落实目标责任，确保安全供气；二是持续开展隐患排查治理，对7家燃气供应企业的场站、管线等燃气设施进行全面排查，将隐患排查治理工作常态化，督促企业及时完成隐患整改，保障运行安全，全年共检查燃气企业176家次，出动人员352人次；三是认真履行燃气行政审批职责，接件办理燃气经营许可4件，燃气燃烧器具安装维修企业资质2件，事故应急预案备案1件；四是做好日常管理工作，每月召开燃气行业安全生产例会，强化"12345"工单承办能力。

（蒋月昌）

【安装安全型燃气配件】年内，区城管委安全型燃气配件安装工作被列为市级实事工程，按照"应换尽换，应装尽装"的原则，完成15000户天然气用户安全型配件的更换、液化气安全型配件安装。全年，天然气配件已完成29055户，完成年计划的193.7%；液化气配件完成15979户。

（蒋月昌）

【城镇燃气安全专项整治】年内，区城管委开展城镇燃气安全专项整治工作，一是开展燃气安全隐患排查治理，制定并印发《北京市密云区城镇燃气安全专项整治工作方案》，成立密云区城镇燃气安全专项整治工作专班，累计出动检查人员29.6万人次，发现隐患960项，已整改隐患924项，共查处各类违法违规行为25起，罚款14.36万余元。二是要求燃气供应企业落实入户巡检全覆盖工作，密云区非居民用户

1848 户；完成入户巡检 1848 户，居民用户 219016 户，完成入户巡检 200366 户，居民用户到访不遇 18650 户。三是完成禁用区内非居民用户液化石油气替代工作。四是加快燃气管线占压隐患治理，51 处燃气管线占压隐患全部治理完成。

（蒋月昌）

【供热行业管理】组织供热单位有序实施 2023 年"冬病夏治"改造项目，对康居小区、花园小区等 15 个小区的部分供热管网进行改造，管网跑冒滴漏问题显著改善。开展供热安全检查百余次，配备供热应急抢险队伍 3 支，供热安全水平及应急处置能力稳步提升。约谈供热单位 7 家，召开约谈会 14 家次，供热服务质量明显提高。开展供热行业现场督导 7 次，重点小区供热分析会 1 次，群众座谈及"访民问暖"活动各 3 次，充分发挥供热行业管理职责，主动了解群众诉求。配合属地做好"接诉即办"工作，每日对供热单位进行工单督办，供热服务电话由专人负责，24 小时畅通，及时解决群众诉求，群众满意度进一步提升。

（周　楠）

【电力风险防控】年内，区城管委加强风险防控及隐患排查，督促区供电公司等企业严格落实安全生产主体责任，同时对全区输变电站进行安全检查 15 次，对涉及公共交通、景区的公共充换电设备进行随机抽查 16 次。定期对密云区供电设施进行抽查，汇总密云区窨井盖、配电箱未整改隐患数据，及时督促区供电公司整改。

（李月新）

【安装电动汽车公共充电桩】年内，区城管委在成福城公寓停车场、福城小区停车场、宁静之都停车场、市场监管局停车场、太师屯工商局停车场、捧河岩风景区停车场、供电局停车场共 7 处公共停车区域安装 62 台公共充电桩，满足居民日常出行需求，解决电动汽车充电问题。

（李月新）

市政公用设施运行管理

【市政设施管护】年内，共发现修复各类市政设施病害、处理市政设施故障 28021 件，其中道路设施类 9490 件、排水设施类 6895 件、照明设施类 10843 件、交通设施类 793 件，市政设施完好率 98% 以上，市政设施病害处理率达到 100%。加强井盖、占掘路管理，加大私挖处置力度，全年共对城区 14 处已审批的道路占掘路施工进行全程监督，确保道路设施完好。

（曹德满）

【协调管理地下管线管廊】年内，区城管委完成 2023 年密云区城市地下管线运行综合协调管理工作。持续做好防范施工破坏地下管线工作，督促相关管线单位完成

"北京市地下管线防护系统"中70件工程项目的管线对接工作。会同管线行业管理部门开展地下管线安全运行检查13次。完成2022年度密云区城市地下管线和地下综合管廊（古北水镇景区地下综合管廊）基础信息统计工作。

（王来运）

【老旧小区管线改造】年内，区城管委完成2023年度密云区老旧小区管线改造工程，分别为檀城东区、宾阳里小区2个小区。完成花园小区、宾阳里、果园新里北区等共19个加装电梯点位管线拆改移施工，与加装电梯实施主体同步完成场地移交。

（王来运）

【名录】

单位名称：北京市密云区城市管理委员会

党组书记、主任：王东利

地址：北京市密云区新西路60号

邮编：101500

电话：010-69044627

（朱　聪）

延庆区

概况

北京市延庆区城市管理委员会（简称区城市管理委）是区政府工作部门，加挂北京市延庆区城乡环境建设管理委员会办公室（简称区环境建设管理办）牌子，负责延庆区城市管理、城乡环境建设的综合协调和市容环境卫生管理、能源日常运行管理、相关市政公用事业管理工作。

年内，区城市管理委制定并印发实施《延庆区深入推进街巷环境精细化治理三年（2023—2025）行动方案》，完成37条市级任务、40条区级任务街巷精细化治理，修订《延庆区城乡环境建设管理考核评价工作方案》和《2023年城乡环境建设管理以奖代补工作方案》，2023年度在首都环境建设管理考评中，延庆区综合成绩位列全市第一。促进垃圾分类与再生资源回收"两网融合"。生活垃圾无害化处理率达到100%，回收再利用率达到39%以上。完成川北小区、龙聚山庄小区、小丰营小区部分阀门及供热管网更新改造工作，累计改造供热管网5.4千米。

（任韩旭）

环境建设管理

【背街小巷环境整治】年内，制定并印发实施《延庆区深入推进街巷环境精细化治理三年（2023—2025）行动方案》，完成37条市级任务、40条区级任务街巷精细化治理，对198条街巷进行常态化管护，群众身边环境面貌得到显著改善。其中，永宁古城北街获评2023年十大"北京最美街巷"，建业胡同、药厂南街、新兴小区南门入口路、胜芳南路4条背街小巷被命名为首都文明街巷，创建评选区级最美街巷10条、区级最美农村街坊路10条和街巷治理示范片区1个。

（陈 慧）

【制定区级新版环境考核方案】年内，修订《延庆区城乡环境建设管理考核评价工作方案》和《2023年城乡环境建设管理以奖代补工作方案》，组织区内环境成员单位和各街道（乡镇）对首环办和区级环境考评方案进行培训，进一步增强城乡环境管理工作力度。2023年度在首都环境建设管理考评中，延庆区综合成绩位列全市第一。

（乔　路）

【重大活动环境保障】年内，牵头北京市第十一届民族传统体育运动会城市运行及环境保障部，统筹赛会期间全区城市运行及环境保障工作，落实景观环境保障任务。开展环境整治并围绕进延道路、运动会举办场地及运动员驻地周边的公共区域进行布置，营造赛会氛围；赛时每日进行环境保障，保持优美环境。2023—2024赛季系列冰雪赛事期间，牵头运行及环境保障组，统筹水、电、气等部门全面做好城市运行保障工作，重点围绕"三点一线"（园区、冬运中心、区医院，城区至园区交通线路）开展外围环境保障。累计整治各类环境问题648个。

（乔　路）

【开展城乡环境"每月一题"】年内，深入落实城乡环境"每月一题"，持续向堵点弱点发力，向痛点难点攻坚，每年梳理影响广泛、表现突出、群众关心、领导关切的环境问题，开展"月主题"活动，逐项整治攻坚，台账式跟踪督办，有效解决"沉疴痼疾"，全年，开展"门前三包"、垃圾分类、户外广告牌匾等活动，整治各类环境问题6.5万余个，创建8条市级示范街区。

（乔　路）

【建立发现问题和解决问题机制】年内，建立"一网统管"机制，即发现问题机制。将环境成员单位、公服企业巡查队伍和各街道（乡镇）林长、田长、路长、河长纳入网格化管理，共同履行日常环境的巡查、发现、上报职责，并将网格员发现问题情况纳入城乡环境考核，使环境管理的触角和视线延伸到全区每一个角落。建立"周末大扫除"机制，即解决问题机制。号召社会齐参与，全民都行动，时空全覆盖，广泛发动干部职工、人民群众开展问题整治。按照"有分工、有任务、有安排、有检查、有效果"的原则，次次检查、周周通报，累计开展集中活动29次，动员67余万人次参与活动。

（乔　路）

【城市家具治理】年内，规范整治城市家具，制定《城市家具精细化规范治理工作方案》，明确权属，对公共座椅、废物箱、阻车桩、设备箱等开展规范治理，撤除存在安全隐患、丧失功能、闲置废弃的城市家具322处，规范整治破损、歪斜、变形等城市家具671处，开展主要道路沿线公服设施治理，拆除交通护栏28427米，绿地围网69484米，切实提高城市家具的安全性、功能性和景观性。

（乔　路）

【整治凌乱架空线】年内，组织移动、联通、电信、歌华4家通信运营商在全区开展凌乱架空线专项整治工作。全区共整治凌乱架空线8500余个点位，梳理线缆216万余米，更换、修复废旧、破损线箱570余个。

（罗　然）

环境卫生管理

【垃圾分类】年内，对全区106辆垃圾运输车完成称重计量改造，实现点对点追踪"公交式"管理。补齐全品类垃圾处理短板，垃圾终端处理设施实现全链条全品类100%全覆盖，资源化、减量化、无害化水平显著提升。2023年，在全市率先完成全领域低值可回收物能分尽分、能收尽收工作，促进垃圾分类与再生资源回收"两网融合"。生活垃圾无害化处理率达到100%，回收再利用率达到39%以上。

（曹文娟）

【垃圾分类"五进"宣传】年内，打造"节日+垃圾分类"常态化的宣传品牌，累计开展宣传活动214次，受众5万余人。利用电视、网络等途径宣传垃圾分类知识，形成市级宣传报道30余次、区级宣传报道70余次。

（曹文娟）

【强化垃圾乱倒治理】年内，组织专项整治行动，加大现场督办力度，利用网格化治理机制，大力整治小卫星问题点位，规范低值可回收物"投收运处"机制，指导各街道乡镇补齐原有管理模式短板，形成长效治理机制。

（曹文娟）

【环卫清扫保洁】年内，接收世园村中路等11条道路清扫作业工作，新增作业面积90412.3856平方米。城市道路机械化作业率和"冲、扫、洗、收"组合作业率达95.5%。人工清扫保洁范围达331万平方米，机械化作业面积达175.99万平方米。管理果皮箱746组，更新果皮箱标识15176张，负责161处擦拭公交站台的清擦保洁任务。成功应对"12·13"等5次降雪，出动15486人次，776车次；完成空气重污染天气环境保障5次，出动6031人次，3518车次，用水291吨；年内机械作业出动32542车次，用水72335吨，其中自来水31978吨，再生水40357吨。收集垃圾28095车，约702吨，更新果皮箱标识15176张，清理小广告371处，清理卫生死角160处，清理大面积遗撒46处，出动600余人次，清理垃圾杂物约5吨。清理祭祀残留物3500余堆，出动215车次，760人次，用水64吨。

（于海镜）

【环卫清运】年内，负责城区60个居

民区，440家沿街门店、7座垃圾中转站、442家社会单位的其他垃圾收运工作；负责城区56个小区、延庆镇22个村、588家涉及餐饮的单位和4个乡镇的厨余垃圾收运工作；负责城内所有小区及三街一镇机关事业单位的有害垃圾清运工作。全年清运其他垃圾31946.37吨，厨余垃圾14486.32吨，有毒有害垃圾102桶，抽运粪污17002吨。7座生活垃圾中转站转运垃圾6873.88吨。签订生活垃圾委托清运协议632份，餐厨垃圾委托清运协议654份，粪污委托抽运协议60份。

（曹玉军）

【推进农村厕所革命】年内，完成3座公厕提级改造、7座公厕加装无障碍设施、2座公厕加装除臭设施，进一步提升农村公厕服务品质。

（郑 璐）

【垃圾处理】年内，严格垃圾进场检查标准，拒收违规垃圾进场，安排专人对进场垃圾进行检查和指导垃圾分类工作，倒逼企事业单位自觉做到垃圾分类，垃圾进场量同比减少27%。全年两座垃圾填埋场填埋垃圾62679.85吨，处理渗沥液35017吨，处理填埋气50376立方米。粪便消纳站共处理粪便10693.3吨。

（宋佳佳 刘春霞）

【环卫车辆采购】7月，完成第一批车辆采购工作，购置18吨纯电动干式扫路车5辆、12吨纯电动干式扫路车5辆、3.5吨纯电动小型垃圾收集车5辆、4.5吨纯电动小型桶装垃圾车6辆、2.5吨纯电动多功能扫路机7辆。12月完成第二批车辆采购工作，购置18吨纯电动洗扫车4辆、4吨纯电动洗扫车2辆、5吨纯电动压缩车9辆、10.5吨纯电动道路污染清除车1辆、4.5吨纯电动道路污染清除车1辆。12月完成电动三轮车辆采购工作，购置电动三轮清运车158辆、电动三轮高压冲洗车8辆、电动三轮清扫车23辆。

（胡 健）

能源日常管理

【供暖管理】年内，完成川北小区、龙聚山庄小区、小丰营小区部分阀门及供热管网更新改造工作，累计改造供热管网5.4千米。

（朱晨阳）

【燃气安全专项整治】年内，深刻汲取燃气爆炸事故教训，组建燃气专班，开展燃气安全集中攻坚阶段，对城镇燃气全链条风险隐患深挖细查，做到全覆盖、无死角，坚决消除风险隐患。完成天然气安全型配件安装10016户，超额完成原定任务。完成10.4万余户居民燃气入户巡检工作，营造安全的用气环境，筑牢燃气安全防线。

（崔丹婷）

【配套电网建设】12月，旧县镇耿家营110千伏输变电工程顺利投产。该工程新建110千伏变电站一座，架空线0.9千米，新建电力隧道0.4千米，改造架空线14千米，新增变电容量10万千伏安，优化支撑东部山区电网网架结构，提升区域电网供电能力。

（崔丹婷）

【充电设施建设】年内，完成充电基础设施建设规划编制工作，在社区、街道（乡镇）、机关单位新建电动汽车充电桩400个，新增电动自行车充电接口2500个，有效满足了居民充电需求。

（崔丹婷）

【液化气非居民用户替代】年内，按照"体制内率先替代"的工作目标，要求全区机关企事业单位全部完成液化石油气替代，共涉及34家单位151户，其中计划改电为126户（18户整改完成），机关单位计划准备改电110户已经纳入生态环境局项目库推进中。

（纪运彤）

【名录】

单位名称：北京市延庆区城市管理委员会

党组书记、主任：李新生

地址：北京市延庆镇东外大街89号

邮编：102100

电话：010-69103648

（任韩旭）

第十六部分
行业企业、社团

国网北京市电力公司

国网北京市电力公司（以下简称"国网北京电力"）是国家电网有限公司（以下简称"国网公司"）的全资子公司。负责北京地区1.64万平方千米范围内的电网规划建设、运行管理、电力销售和供电服务工作。下辖二级单位34个，包括供电公司16个、业务支撑和实施机构12个、合资公司3个、其他单位3个。2023年完成售电量1285.52亿千瓦时，同比增长7.17%。

北京电网现有110千伏及以上变电站549座、变电容量1.54亿千伏安，线路长度1.25万千米，形成了"500千伏扩大双环网、220千伏分区供电、110千伏辐射状供电"的坚强网架结构。北京电网是典型的超大型城市电网，从供给侧看，外受电比例超过60%，本地装机以燃气发电为主，占比超过70%；从消费侧看，电能在终端能源消费占比达到50.06%，其中第三产业和居民用电占比近77%；城市供电可靠率达到99.997%，处于国内领先水平。

加大攻坚力度，取得51项立项核准。扎实开展CBD、亦庄工程建设，加快科城、丰台工程前期工作，首次实现500千伏"四站同推进"。开工大营、永旺等48项工程，投产柴务、路东等39项工程，投产轨道交通平谷线、京雄高速等15项配套迁改工程，完成首都核心区14条6.47千米架空线入地任务。2项小型基建挂账项目迁址开工。张北柔直工程获国家优质工程金奖，丰益、喇叭沟门2项工程获国网优质工程金银奖，塘峪、于庄2项工程获评中国电力优质工程，CBD等9项工程被授予国家电网公司输变电工程标杆工地，塘峪等3项工程获评绿色建造星级工程。

推进"春季百日安全攻坚""控风险、盯现场、保安全"专项行动。各级领导干部"四不两直"检查超3万人次，安监体系组织现场巡检12.1万人次。针对灾后重建、山区"煤改电"等重点工程，安排71人开展专项安全监督，完成1860个作业点位全覆盖检查。针对500千伏设备检修、多人塔上作业等高风险工作，开展风险管控"三查"，确保各环节措施有效落实。将产业外揽工程等全口径现场纳入计划管控，全年计划准确率提升至98%。推进重大事故隐患专项排查整治，制定9类636项隐患排查标准，组织排查治理隐患1191项，整改消防问题隐患544项，解决了一批痛点难点问题。深化安全管理体系建设落地，优化修订程序文件42类，对10类程序文件执行情况全流程审查，国网北京电力本部和城区、通州两家试点单位高质量通过验收。强化各级领导班子"两个清单"和全员安全责任清单督办检查，开展16家单位安全生产巡查，闭环整改各类问题371项，进一步规范照单履责。深化安全实训基地建设，面向社会面施工人员免费开展"万人安全大讲堂"，完成913名工作负责人、2177名作业人员安全实训。大力开展安全大讲堂等系列活动，国网北京电力"一把手讲安全课"获得国家电网省公司级优秀课件第一名。

完成全国"两会"、第三届"一带一路"国际合作高峰论坛等重大活动保电任务，全年累计完成保电任务234项，保电天数337天，实现"五个确保""四个零"保电目标，得到国网公司、北京市委、市政府以及相关筹（组）委会高度肯定。落实"国网一盘棋"决策部署，调派技术专家、业务骨干233人次跨省支援成都大运会、杭州亚运会等重大活动保电，积极分享"北京方案"，贡献"首都经验"。

完成220千伏张仪站全站改造，完成110千伏永乐店、于家务、十里堡站主变增容更换投产及杨镇、北小营站隔离开关改造。完成1200台高耗能配变更换，5.7千米油纸电缆更换、55座运行超过30年的配电室等改造工程。建成数字化隧道无人巡检示范区，实现地下无定位信号电力隧道自主巡视、检测和应急处置。配电自动化实用化水平大幅提升，终端在线率97.8%，成功率92.4%。馈线自动化动作正确率91.9%。全面应用12.8千赫兹高精度故指，实现全域架混线路单相接地故障段定位准确率85.7%。按照"市区集约、郊区协同"不停电作业模式，有序推进"8+8"配网不停电示范区建设完成中压架空配电线路带电作业8312次，有效减少停电时户数327747时·户，减少用户平均停电时间1.51小时；带电作业化率为89.72%，同比增加4.7%。

深化"两级三维度"应用，实现165家供电所全覆盖。上线智慧财务平台，发布通用报账等43个场景。建立三级催收责任机制，实现电费颗粒归仓。聚焦"指标完成、业绩贡献"双争先，全覆盖落实责任、全层级激发动能，业绩考核排名创历史新高。开展"合规管理提升年"行动，印发"一库两清单"，编制重点领域合规指引327项，举办"合规在我身边"演讲。严格管控设备入网风险，约谈供应商177家次，退换货0.75亿元。完成2项国网经责审计，扎实开展产业单位经营等27项审计，遗留问题全部整改。配合第三轮输配电价核定，实现成本水平和认定标准双突破，成功促请政府出台分时电价、交叉补贴等配套政策。推进工商变更、财务并表、关联交易消差等重点工作，省管产业单位改革改制圆满收官，35家产业单位全部纳入国资监管体系。推动北京与山西签订国网首个省间绿电供应协议，全年消纳绿电325亿千瓦时，完成绿证交易44万张。落实新一轮国企改革深化提升行动部署，制定实施110项重点任务。完成8家单位内设机构优化调整。双宽带岗级薪级工资体系稳步实施，激励员工安心岗位工作，稳促职业发展。

研究制定优化电力营商环境三年提升方案，提升"三零"供电容量至200千伏安。推动市城管委印发"五联"服务实施细则，打造"中国书店"等13个优秀典型案例，被央视等多家主流媒体关注报道。实现电费核算省级集约，建成"1+16"电费核算体系，客服中心设立32个电费核算岗位，实现减员71%，电费发行时间压缩至6天以内。建立电费回收三级催收责任机制和"日会商、周调度、周通报"机制，国网北京电力年度电费回收率达到99.996%，陈欠电费实现历史性清零。持续深化"一台区一指标"精准治理，高损台区数量压降超过80%，台区线损率压降至2.29%。

深化"三零+全电餐饮"服务，完成2077户非居民液化气改电，全年实现替代电量12.7亿千瓦时。成功促请通州区政府出台全市第一个区级虚拟电厂支持政策，虚拟电厂接入31万千瓦可调节负荷。车网互动平台接入充电桩10.4万台，完成国内最大规模公交充电桩聚合响应。初步建成"1+1+16"的市、区两级负荷管理体系，排查负荷资源客户351户，负荷规模154万千瓦。

优化服务渠道，新增线上注册用户132.04万户，线上办电率提升至99.34%。升级改造19个"三型一化"营业厅，新投运23个网格服务"微中心"，95598话务量同比降低15.47%。建立"供电所+街镇""客户经理+社区"两级联动机制，实现"网格+电力"融合共建，1319名客户经理融合政府网格开展服务，178个村级"电力驿站"建成投运。强化投诉管控，95598客户投诉同比下降12.02%，供电服务合规率达到99%以上，12345排名保持全市前列。完成103个老旧小区改造，惠及居民6.63万户。完成88个村、2.8万户"煤改电"建设，全市电采暖用户超136万户。

电动汽车充电桩检测专利技术斩获日内瓦国际发明展最高奖、中关村5G创新应用大赛一等奖、ICQCC金奖2项。全年获得省部级及以上科技奖励25项，其中参与获北京市科学技术一等奖1项，牵头获二等奖1项；参与获国家电网公司科学技术特等奖2项，牵头获二等奖1项。牵头获得电力科技创新一等奖1项，中国能源研究会技术创新奖一等奖1项。发布国网首个ITU标准，立项1项IEEE标准，新增发明专利授权188项。建成动静态电网一张图，实现4900万台设备同源维护，支撑PMS 3.0等系统图上应用。部署人工智能专业模型64个，构建无人机智能巡检等8个典型场景，推广363款RPA应用，助力节省工时5.5万小时。治理异常数据245万条，拓展"电力看"7项产品。数字化成果获金砖国家工业创新大赛二等奖、中国工业互联网大赛决赛前十名。

(邢 蕊)

【名录】

单位名称：国网北京市电力公司
党委书记、董事长：王昕伟
地址：北京市前门西大街41号
邮编：100031
电话：010-66205589

(邢 蕊)

北京市燃气集团有限责任公司

北京市燃气集团有限责任公司（以下简称"北京燃气集团"）是一个有着60余年历史的国有企业。2006年12月31日，原燃气集团管道天然气业务与非管道天然气业务分立，分立后的北京燃气集团主要从事城市天然气业务，并于2007年5月在香港实现资产上市。北京燃气集团是负责京内外燃气项目的投资、建设、运营和服务，并围绕燃气产业链，参与上游资源开发、长输管线及储气库建设运营，下游分布式能源、车用气等业务，是覆盖天然气全产业链的能源企业。

北京燃气集团作为市场主体企业，通过统一经营、统一规划、统一调度、统一服务、统一融资，推动了北京市天然气市场的快速发展，构建了国产气与进口气、海上气与内陆气、常规气与非常规气并存的供气格局。建立"五环六级七放射"的天然气配气体系，实现北京市管道燃气"区区通"。通过大规模的煤改气工程，平原地区基本实现无煤化。在京外市场，集团投资陕京一线、二线、三线、四线、唐山LNG接收站，天津南港LNG接收站以及西气东输管线，参与页岩气勘探开发。按照"一带一路"倡议，投资俄罗斯石油上乔油气田20%股权。集团大力发展天然气与可再生能源耦合，推动分布式能源使用，在北京市行政副中心开展了天然气耦合地源热泵分布式能源项目。北京燃气集团政治优势突出，拥有一支充满朝气、正气、大气，能拼搏、能奉献的职工队伍。集团坚持市场化发展，通过自我积累、自我发展，推进城市燃气配气管网建设，保障了城市发展对基础设施的需求。企业现金流充足、资产负债水平合理、信用指标稳健。集团运营着中国规模最大、压力级制最复杂的天然气管网，在行业处于领先地位，是中国燃气行业内首家取得高新技术企业资质的集团级企业，将北斗技术全面应用于管线建设、巡检、泄漏检测、应急抢修，定位精度从10米提高到亚米级、厘米级。

年内，北京燃气集团以习近平新时代中国特色社会主义思想为指导，全面落实市委、市政府、市国资委及北控集团的决策部署，牢牢把握"安全、服务、增效"工作主线，着力推进重点项目建设，扎实推动重点工作开展，主要经营指标总体完成，经营质量效益巩固提升，创新发展动能持续增强，能源转型扎实推进，高质量发展迈出坚实步伐。

一是全力以赴完成年度经营任务目标。全年实现购入气量240亿立方米，营业收入615亿元，剔除提前采暖增量成本影响后，实现利润总额45亿元，资产总额1055亿元。从具体经营指标来看，受北京市提前供暖和极端寒潮天气影响，2023年气量较上年度增长19.5亿立方米，创历史新高；营业收入较上年度增加12亿元；投资收益超预期增长，有效弥补了外汇损失和保供成本的增加；剔除保供政策影响后，集团较好地完成了年度经营目标。

二是坚决保障区域能源安全稳定供应。全力应对极寒天气，京内日供气量连续5天突破历史极值，最高达到1.36亿立方米。天津南港项目一期工程顺利投产开始试运营，接卸液化天然气46.4万吨，向首都输送保供气近3亿立方米，有效提升了京津冀地区天然气供应保障能力，为应对极端寒潮天气发挥了重要作用。深入落实隐患排查治理、燃气管线更新改造等专项行动，全力消除各类风险隐患，确保管网设施运行安全。统筹京内外企业安全管理，推进依法合规经营，持续提升集团整体安全管理水平，为区域经济社会发展筑牢安全防线。

三是全心全意服务社会民生用能。圆满完成党的二十届二中全会、全国"两会"、国际服贸会、第三届"一带一路"国际合作高峰论坛等26项重大服务保障任务。全力以赴应对"23·7"特大暴雨洪涝灾害，第一时间组建抢险救灾队伍，出动抢险人员3000余人次、车辆设备807台次，迅速恢复受灾用户燃气供应，积极配合属地政府制定恢复重建方案。全面开展安全巡检"攻坚行动"，超额完成安全配件加装任务，深化社区燃气安全管家服务机制，积极推进居民楼房通气工作，更好地服务百姓民生。

四是持续激发经营发展的活力和动力。在巩固主责主业的基础上，积极拓展LNG贸易、综合能源供热和新能源发电业务，探索开展氢能、储能业务。全力支持企业经营发展，全资、控股企业全部实现盈利，完成营业收入295亿元，利润总额11.73亿元，较上年度增长25%。持续开展购销差管理，全口径购销差率控制在2%以下，实现利润增加1.3亿元。加强财务资金管理，合理节约利息、税费超过2亿元。大幅精简会议、文件，减轻基层单位负担，支持企业集中精力开展生产经营，经营管理效率持续提升。

（代伟丽）

【名录】

名称：北京市燃气集团有限责任公司

党委书记、董事长：冯军

地址：北京市西城区西直门南小街22号

邮编：100035

电话：010-66205589

（代伟丽）

北京市热力集团有限责任公司

北京市热力集团有限责任公司（以下简称"北京热力"）隶属于北京能源集团有限责任公司，拥有65年供热历史，是集供热规划、供热设计、供热工程建设、供热设备制造和供热运营管理于一体的国有集中供热企业，担负着中央党政军机关及各国驻华使馆、北京市党政机关、大型企事业单位和市民的供热服务保障职责。管理供热面积4.96亿平方米，覆盖全市供热面积的38%，管理锅炉房近600座，热力站约6500座，热用户368万户。

年内，北京热力坚持以习近平新时代中国特色社会主义思想为指导，坚持党建引领，紧紧围绕供热重点工作任务，持续开展四项主要工作。

一是供热保障能力不断提升。鲁谷北重热源厂18台29兆瓦锅炉建设完工，宝能热源厂5台58兆瓦锅炉、左家庄热源厂3台58兆瓦锅炉已进入调试阶段，北小营热源厂7台58兆瓦锅炉完成调试进入试运行，市政热网新增供热能力406兆瓦，市政热网保供能力进一步增强。鲁谷北重热源厂外线工程全面开工建设，军委小井市政热力管线万丰路段已开工，广渠路东延等24项重点管线工程顺利完工，新增一次管线21千米，市政热网网架结构持续优化。投入20.24亿元，实施检修技改5.8万项，其中改造热源项目2294项、一次管线项目14480项、热力站项目28524项、二次线楼底盘项目12811项，改造老旧管线256.2千米，设备设施健康水平稳步提升。安装锅炉房"双联动、双报警"装置357套，安装热网温度胶囊3392个，安装用户室温监测设备7万个，市政热网泄漏报警系统上线运行，供热感知系统进一步完善。持续推进"三年百分百入户巡检"工作，巡检用户65.7万户。完成上个供热季集中投诉小区问题整改769项。

二是安全基础持续巩固。委托北京安全生产技术服务中心梳理安全管理体系，指导编制全员安全生产责任制，建立安全风险分级管控和隐患排查治理双控机制；聘请专业机构对热源厂和泵站进行了安全性评价，发现问题1231项，整改完成1110项；针对有限空间作业、消防、施工等14方面开展安全专项督查40次，发现并整改问题357项；建立安全生产黄牌警示工作机制，对发现存在严重安全问题的3家企业给予挂牌警示；修订《直埋供热管线管理规定》《事故调查管理标准》等安全管理制度27项及应急预案18项，开展安全专题培训900场，组织应急演练705次，安全意识、安全技能和应急处突能力进一步提升。

三是面积拓展步伐加快。年内全市新增上账面积1364万平方米，新增烟气余热供热能力84兆瓦，新增可再生能源供热面积85万平方米，实施分布式光伏发电项目开发建设5.24兆瓦，开展全国首个氢能空气源热泵供热项目试点，完成了《丰台河西地区供热规划方案》编制。

四是推进数字热力建设。年内科技研发投入6.72亿元。获得国家专利17项、软件著作权10项，主编或参编了国家、行业、地方、团体标准共20项。"智慧城市供热系统仿真分析与调度决策平台"荣获"国企数字场景创新专业赛"三等奖，"高密度复合材料电热锅炉供热性能研究与示范项目"荣获第十三届中国国际储能大会最佳新型储能技术奖。投入2.06亿元完成智慧供热改造2418万平方米，打造了10个示范项目，改造项目可实现节热28万吉焦。54座锅炉房开展了锅炉群控技术应用，探索常压锅炉房实现"无人值守，少人巡视"的管理模式。"一网通览"系统、物资管理系统上线投入使用。

（张　妍）

【名录】

名称：北京市热力集团有限责任公司

党委书记、董事长：安振源

地址：北京市朝阳区柳芳北街6号　　　　电话：010-65339500
邮编：100028

(张　妍)

北京环境卫生工程集团有限公司

北京环境卫生工程集团有限公司（以下简称"北京环卫集团"）是北京市人民政府出资设立的一级大型国有独资企业，长期致力于公共空间清洁、固废收运、固废处理、废弃物资源化利用、固废装备制造等领域，主要为中南海、天安门广场、长安街、北京市副中心行政办公区等重点区域提供清洁和垃圾收运服务；为奥林匹克公园、北京二环及三环主辅路、四环辅路提供道路清扫保洁服务；为东城区、西城区提供其他垃圾、粪便和餐厨垃圾清运处理服务；为房山区、平谷区提供清扫保洁、垃圾收运处理服务；为通州区、昌平回天地区提供清扫保洁、垃圾收运服务；为丰台区提供垃圾收运、转运处理服务；京内现有各类环卫设施33座，实际负责约6600吨/日的生活垃圾处理任务、1830吨/日的餐厨厨余垃圾处理任务、850吨/日的粪便处理任务、60吨/日的医疗垃圾处理任务、40吨/日的病死动物处理任务；此外，设计规模5100吨/日的安定焚烧厂已经建成并调试运行。北京环卫集团曾出色完成中华人民共和国成立以来历次周年庆典、党的历次盛会、阅兵活动、北京奥运会、北京冬奥会等系列重大活动的环卫服务保障任务。拥有全国第一家环卫企业研发机构、4家国家高新技术企业、1家北京市工程技术中心、1家中关村开放实验室、2家北京市企业技术中心，拥有北京市科技领军人才1人、科技新星1人，获得国家科技进步奖1项、省部级科技进步奖12项，获得授权专利300余项，参与制定国家、地方、行业等各类标准120余项。具备16个系列86款环卫车辆生产制造能力，先后引领过道路清扫革命和公厕革命。业务范围覆盖全国22个省、自治区、直辖市的59个县级以上城市，多年位列"中国环卫行业十大影响力企业"榜首。

年内，北京环卫集团全面贯彻落实党的二十大精神，深入贯彻落实市委、市政府、市国资委和市城市管理委各项部署，紧紧围绕服务首都"四个中心"建设，坚持综合服务、品质优先、智慧运营的战略方针，统筹推进高质量发展和高水平安全，质量、效率和效益得到提升。

一是出色完成应急和重大活动保障任务。高效率应对北京"23·7"特大暴雨洪水灾害。及时启用应急库容，为全市生活垃圾安全稳定处置提供了兜底保障；完成门头沟和房山区的城市道路和4个乡镇14个自然村包村清淤任务，以及灾区冷库贮藏品应急处理任务。发挥专业优势，高水平应对冬季降雪寒潮天气。高质量完成全国"两会"、服贸会、第三届"一带一路"国际合作高峰论坛、马拉松等重大活动环卫保障任务。

二是持续优化工艺工序。天安门地区进一步优化网格化作业模式，保持"双三"质量标准。重点路段试行"以洗代保"，优化不同行车道的作业频次。试点工地扬尘专业化服务治理模式取得良好效果。结合电动三轮车治理，优化人机配置，提升作业效率。改进和完善固废处理设施异味治理方式，深入推进异味治理取得显著成效。"接诉即办"工作实现9个月综合成绩排名位列市属国企第一。

三是加快基建项目建设，稳步提升固废处理能力。安定循环经济园项目建成投运，排放标准优于国家和欧盟标准，成为"环境友好型、社区友好型"的园区示范；园区的医废处理厂从前端卸料、中端输送、预处理、后端资源化处理整个环节，在国内首次实现全自动化、无人化，实现了"无人固废处理厂"的示范。大屯转运站提标改造工程完成投运。北神树填埋场生态修复项目建成。平谷园区焚烧二条线建成，完成中央环保督察整改任务。积极推动丰台园区餐厨厨余扩容升级项目建设，湿解厂实现带料运行，完成餐厨预处理改造。完成董村园区臭气治理再升级任务。

四是关键事项管控原则逐步落地。完善绩效考核机制及薪酬激励机制。出台集团业务承揽与市场开发办法，规范京内各公司业务承揽工作流程。修订作业质量考评办法，加强作业质量检查和考核评价。修订投资管理办法，加强资本性支出管理。修订资金支付管理办法，完善资金支付流程。修订采购与招标管理办法，加强招标文件审核，提升采购质量，降低采购成本。加强全面预算管理，完善集团定额/预算基准，强化定额/预算基准管控、预算管控和计划管控。完成分子战略制定，战略管控原则落地。

五是深挖降本潜能，有效降低成本费用。加强焚烧厂飞灰处理管控，京内焚烧厂飞灰处理成本平均下降超30%。坚持贷款比价，进行贷款置换，实现京内公司平均贷款利率较上年末下降47个BP，年节省财务成本约6000万元。严控外包，完成清退外包项目9项，消减外包人员约600人。减员增效，消化冗余人员，全年减员约1500人。进一步规范采购管理，大宗物资采购管理模式由之前委托子公司统谈统签调整为集团统谈分签，各公司大宗物资年采购成本平均下浮8%。

六是深入落实战略规划，改善收入结构。京内，为武警总队、国务院国资委、北京大学人民医院等单位提供专业环卫服务，创造了专业环卫服务进单位的示范，构建了"环卫+物业"综合服务模式。京外，主动服务解放军某部队、乌鲁木齐国际机场、海口美兰国际机场、海南大学、贵阳康城花溪小区等单位和社区，提高非政府付费收入比例。加强资源化产品管理，提升废弃油脂处理量，开展粗油脂、炉渣资源化产品公开竞价；与京能集团、北京热力集团、北京燃气集团对接合作，探索提高固废处理园区对外供气供热资源化收入。通州公司新增280万平方米的清洁服务面积。

七是积极解决历史遗留问题，化解和防范风险。持续推进城矿板块改革调整、京环鹏鹞公司退出、第伍空间公司破产清算、隆亨纸业公司破产重整工作。六环国际征地拆迁完成价格评估。阿苏卫填埋场增容优化工程和安定增容挖潜项目完成财政评审。积极清理应收账款，推动应收账款清理与考核挂钩。印发集团合规管理办法、合规行为准则、违规经营投资责任追究实施办法等合规管理制度，进一步强化合规管理，实现新发案件胜诉率和调解率同比"双上升"、行政处罚数量和金额同比"双下降"。

八是完善安防措施，筑牢安全生产基础。聚焦安全生产责任制建设和隐患排查治理，构建常态化的安全生产管理体系。强化安全生产监督检查，组织安全领域专家开展设施安全评价。健全完善重点岗位安全操作规程，修订印发集团生产安全事故综合应急预案和专项应急预案。扎实开展多层次、多形式的安全教育培训，全年未发生生产安全和火灾事故，安全生产形势总体平稳有序。落实新时代枫桥经验要求，用心用情开展信访维稳工作，未发生群访事件和重大影响社会稳定事件。

九是重点支持项目成果不断涌现。联合高校院所企业成功申报2023年度国家重点研发计划项目"医疗垃圾与生活垃圾无害化协同焚烧关键技术"和2023年国有资本经营预算资金项目"基于工业4.0背景下医疗废弃物处理智慧化应用场景建设与示范项目"。餐厨垃圾车臭气收集处理设备开发项目，有效地解决了餐厨垃圾车内垃圾发酵产生气体无法及时排除造成箱体内压力过高的问题；立道牙清洁设备研发项目，实现多应用场景下的通用化、模块化以及多功能化的技术改造；提油残渣生物处理项目，可实现自动化进料、卸料以及养殖条件控制，产品可作为饲料原料及肥料原料，该工艺为集团探索餐厨垃圾资源化、减量化新工艺路线提供参考；餐厨浆液填埋单元构建及运行研究为填埋场应急安全处置餐厨浆液提供参考，协同处置实现降本增效。

（陈 豹 章夏夏）

【名录】

单位名称：北京环境卫生工程集团有限公司

党委书记、董事长：高踪阳
地址：北京市朝阳区北湖渠路15号院
邮编：100101
电话：010-59682721

（陈　豹　章夏夏）

北京城市管理学会

北京城市管理学会成立于2007年8月，是专业新型智库和学者交流平台。城市管理学会会员由三部分组成：专业研究的专家学者，城市管理行政机构的领导，城市公共服务企业（水电热气路环境绿化交通，建设等）。学会的主要业务范围包括：针对国内外城市在规划、建设、管理领域的相关问题，开展学术研究研讨、交流考察、决策咨询、推介展览、专业培训和认证考评等。主要包括城市公用事业、公共秩序、基础设施、公共交通、城市生态、城市景观、园林绿化、环境卫生、城市治理、城管执法、人力资源、智慧城市、城市经济、城市文化、精神文明和社区建设等领域。

年内，北京城市管理学会坚持以服务政府、服务行业、服务社会为核心工作目标，对自身定位进行持续完善，积极推进智库建设，深度参与社会治理，切实履行社会责任，为首都城市治理能力现代化水平的持续提升贡献智慧和力量。2023年，城市管理学会顺利完成办公地点的搬迁工作，新的办公地点位于首都经济贸易大学红庙校区图书馆6层，并已正式挂牌。同时，圆满完成换届后的法人更换工作，王德起教授担任新一届法人代表。此外，还进行了内部管理机构的调整，修订和新建20多项规章制度，并增设副秘书长人选，理事会推选胡睿和汤文仙担任学会副秘书长职务。学会顺利通过了北京市民政局2022年的年检，并获得良好的评价。同时，在业务主管部门的指导下，学会也积极开展党建工作，确保党的路线方针政策在学会中得到全面贯彻。年内，学会共承接3项科研项目，其中包括建设部的城市基层治理模式研究项目，2022年度北京城市总体规划实施体检：京津冀区域经济发展的历史梳理与特征分析项目，以及通州区城管委决策研究课题"进一步深化城市副中心精细化管理研究"。这些项目的开展，不仅展现了学会在城市管理领域的专业实力，也为推动首都城市治理体系和治理能力现代化提供了有力支撑。在学术活动方面，召开学术研讨会，深入探讨学会未来如何更好地发展和做好社会服务工作。学会代表还积极参加2023年第23届中国国际环卫与市政设施及清洁设备展览会，与业内同行交流学习。此外，学会还与通州区城管委共同举办关于提升副中心（通州）城市深度治理效能的研究座谈会，为推动区域治理水平的提升贡献智慧。在合作交流领域，学会也取得显著成果。与山西大同平城区成功签署合作协议，为当地提供智库服务，展现学会在跨区域合作中的积极作用和影响力。通过这一合作，学会不仅拓宽服务范围，也为推动区域协同发展贡献了力量。

（胡　睿）

【名录】

单位名称：北京城市管理学会
会长、法人代表：王德起
地址：北京市朝阳区金台里2号
邮编：100070
电话：010-82389354
传真：010-82389354

（胡　睿）

北京照明学会

北京照明学会1978年12月27日经北京市科协技术协会批复同意成立，北京市民政局注册，业务主管单位为北京市科学技术协会（简称市科协），是具有独立法人的学术性群众团体。2011年、2017年、2023年被北京市民政局授予中国社会组织评估等级4A级学会。

北京照明学会的办事机构由秘书处、工作委员会（8个）、专业委员会（12个）组成。秘书处负责处理学会日常事务，各工作委员会、专业委员会按理事会决定和工作条例范围组织开展活动。截至年底，学会共有团体会员201家，个人会员1573人；会员中照明科技人员占80%、管理人员占20%，具有高级职称的占会员总数的40%。

本会的办会宗旨：遵守宪法、法律、法规和国家政策，践行社会主义核心价值观，遵守社会道德风尚，恪守公益宗旨，积极履行社会责任，诚实守信，规范发展，提高社会公信力。通过"四服务"（服务科技工作者、服务创新驱动发展、服务全民科学素质提高、服务党和政府科学决策），广泛开展学术交流、科普宣传、技术咨询、政府购买服务等活动。

年内，学会坚持党建引领，多次召开党建工作会议，组织党员认真学习习近平新时代中国特色社会主义思想，认真贯彻党的二十大精神，组织党员和积极分子赴重庆、遵义参观学习，接受红色教育。履行与市城市管理委签订的"2023年重点地区和市属景观照明设施巡视检查服务"协议，定期进行安全巡检并将巡检结果汇总报送市城市管理委，为北京市的景观照明在平日、节假日及重大政治活动的安全运行和视觉效果，提供技术和信息保障。承接市城市管理委"北京市城市照明节能双碳对策研究"课题，通过专家评审。应国内相关部门、石景山区、朝阳区、东城区邀请，学会派出专家为该地区的照明规划、照明工程、行政审批和景观照明设施安全检查提供技术咨询及专家评审。

坚持学术优先，突出创新，举办多种形式的照明科技论坛和学术研讨、沙龙、培训，为驱动照明行业高质量发展做出贡献。4月18日，"2023北京照明学会建筑电气专业委员会年会暨学术研讨会"在京召开，300余人出席会议。4月19日，专委会副主任论坛"初心·你我的行业编年史"在京召开。5月13日，科学日活动"光与健康——科学合理健康光环境助力青少年近视防控"在京举办。5月17日，"北京照明学会咨询工作委员会换届会议"在京召开。5月24日，"北京照明学会视觉艺术与科技专业委员会"成立会议在京召开。5月25—26日，"北京照明学会2023年学术年会、2023北京照明科技论坛暨第四届创新科技成果转化展示"与"北京照明学会第十届三次会员代表大会和理事会"在京召开，650余人线下参会，线上视频直播达到5.95万人次观看量，图片直播浏览量达6.9万次。7月21日，"携手、共荣、共享技术交流会"会议在京召开。7月23日，"文物保护暨历史建筑光环境"在云冈召开。8月1日，"室内照明控制策略研讨交流会"在京召开。9月23日，"建筑电气高级学术研讨会"在京召开。9月22—23日，"《梦回太行》沉浸式夜游暨北京照明学会文旅照明专业委员会副主任论坛"在太行水镇召开。9月24日，北京照明学会健康照明专业委员会协办的"光影节与创新夜游设计暨北京国际设计周分会场论坛"在京举办。10月19—20日，组团参加四个直辖市共同主办的"2023四直辖市照明科技论坛（重庆）"并提供论文17篇。10月30日，组织专家参加"中国国家博物馆展陈光环境课题研讨会"。10月31日，"照明的国际化进程暨德珂照明推广会"在京召开。11月16日，"探访千年红楼、品味中清盛宴"主题研学活动在京举办。12月6日，"2023年北京照明学会青年工作委员会活动沙龙"在京召开并参观朝阳国际灯光节。12月14日，"用光影艺术传达文化价值"沙龙在京召开。

为提高全民科学素养，学会坚持科学普及工作。4月24日，北京照明学会科普教育工作委员会、北京照明学会照明装置专业委员会主办的专题栏目"照明设计科普进校园"在京开讲。通过与多家高校联合，聚焦不同专业在校生感兴趣的照明专业话题，邀请行业资深讲师进行专题分享，旨在通过输出行业价值内容，让更多在校学生了解照明行业，从而为行业科技人才的引入和培养提供支撑。6—12月，北京照明学会举办系列专业科普活动；9—10月，举办"基层科普行动计划中央专项"系列科普活动，受到市科协表彰，评为科普工作最佳组织奖。

坚持科技创新，为会员做好科技成果转化服务。3月21日，"第二届创新创意产品发布会"在南京召开。9月26日，学会主编的国家标准《城市光环境景观照明设施运行维护服务规范》审查会通过专家审查。3月10—12日，组织北京赛区8名选手参加"2022年全国行业职业技能竞赛——全国照明设计职业技能竞赛决赛"，获得一等奖、二等奖、三等奖各2名。

此外，积极做好数据统计工作，支持市科协数据管理平台的建设和完善了学会的数据平台建设。组织马拉松爱好者参加市科协举办的2023首都科技工作者半程马拉松4人接力赛、2023科学跨年系列活动首都学术专场会议、科技社团分支机构成立于规范管理专题培训、北京市科协融媒体平台建设座谈会。依照北京照明学会章程，如期召开常务理事会、党建工作小组会议、监事会会议、理事会、会员代表大会。四十五年来，学会如期出版学术期刊《照明技术与管理》（季刊），免费赠送会员和从事照明事业的企事业单位、照明科技工作者。

（王政涛　姜丽娜　王晓英）

【名录】

单位名称：北京照明学会

会长、法人代表：王政涛

地址：北京市朝阳区南三里屯核桃园

北里乙3号4层
邮编：100020
电话：010-67737052

（王政涛　姜丽娜　王晓英）

北京市城市照明协会

北京市城市照明协会成立于2012年3月。是由北京市城市照明管理中心、北京清华城市规划设计研究院和北京源深节能技术公司三家单位共同发起筹备、在北京市政市容委（现北京市城市管理委员会）指导下成立的，当时的北京市副市长刘敬民担任协会名誉理事长。协会的宗旨是发展繁荣城市照明事业，发挥政府与企事业间的桥梁和纽带作用，维护会员利益，反映会员愿望，为城市照明发展服务。业务范围是制定和宣贯行业发展规划、法规、标准，规范行业行为，开展技术培训、调研和交流，参与行业资质和执业资格的研究和评审，组织新技术、新产品的鉴定推广，出版城市照明刊物，开展法律、政策、技术、管理、市场等咨询服务等。2017年，协会被民政局社团办授予4A级协会；2022年通过复审，成立流动党员支部。截至2023年12月底共有会员99家，其中单位会员84家，个人会员15人。

年内，照明协会贯彻落实党的二十大精神，适应城市照明发展的新变化，在市管理委照明处指导下，从加强"两个服务"、提升协会影响力、发展动力、增强会员队伍凝聚力方面发力，开创了城市照明发展新局面。在党建工作中，坚持把党务融入整体工作部署中，使主题教育形成推动工作的强大动力。全年分别召开支部扩大会二次、党小组会二次，"七一"前夕组织党员、入党积极分子参观了中国历史第一档案馆。协会崇尚并践行社会主义核心价值，保持良好社会信誉，未接受境外捐赠，未与境外非政府组织开展合作活动。协会按照章程开展活动，2023年上、下半年各召开一次理事长办公会，各召开一次监事会。新制定（修订）《监事会制度》《财务管理制度》《会员大会制度》《理事会制度》《信息公开制度》5项制度。协会助力行业发展，推动团体标准的编制工作。6月26日，发布《道路和隧道照明用LED灯具》T/BULA 0001—2023。8月15日发布《多功能灯杆应用技术规范》T/BULA 0002—2023。在照明处指导下，参与对十六区照明产业链问题调研。召开"智慧照明及多功能灯杆应用与管理"学术年会。组织会员单位组团赴广州参加光亚展并参观走访照明行业公司。组织开展12次技术交流活动，内容涉及安全生产、配电设备、LED灯具光源、多功能杆等。持续做好《北京城市照明》杂志的编辑发行工作，截至年底已连续发行50期。协会按章程程序成立了道路照明专业委员会、空间艺术照明专业委员会，设立由16名专家组成的专家库，增强了协会服务能力和配合上级主管部门工作能力。

（郄书堂）

【名录】

单位名称：北京市城市照明协会

理事长、支部书记：白鹭

地址：北京市丰台区方庄路2号

邮编：100078

电话：010-67617054

（郄书堂）

北京市地下管线协会

北京市地下管线协会于2022年12月8日经市民政局核准登记正式成立。管线协会以推动北京市地下管线领域健康发展、充分调动社会力量构建安全高效的地下管线建设运营模式、提升地下管线运行管理水平为使命，以助力城市高质量发展，让地下管线更安全、更健康、更科学、更智慧为指导目标，以"强自身，拓业务，扩影响"为工作要求。协会会员从成立之初的50家，发展到目前的91家，涵盖地下管线、综合管廊、长输管道等生产经营企业以及市政设施领域相关的科研、勘测设计、工程建设、技术服务等企事业单位，基本形成类型多样、覆盖面宽、影响力大、代表性强的会员群体。

年内，管线协会召开两次理事会。完成首次年检（年报）工作"合格"过审，积极提高会员数量。重新选择办公地址，顺利完成装修、搬迁，形成良好的文化氛围和办公环境。建立《法人证书保管与使用制度》《印章保管与使用制度》《民主决策制度》《财务及固定资产管理制度》等内部管理制度。设立协会秘书处办公室，明确工作人员职责分工，梳理规范协会公文流转、用印审批、财务支出等工作流程。参加市城市管理委组织的赴雄安新区、上海、南京与合肥等地的考察调研，实地察看指挥监测中心和综合管廊水、气、热、电力和通信舱室运行情况，学习考察城市基础设施精细化治理经验。骨干工作人员系统掌握了党建、财税、年检、星级评定、媒体传播、舆情管控、会员服务、社会治理创新、公益活动及内部规范化建设等知识。分类建立专家库，从行业内选拔具有丰富经验的专家和优秀人才，组建一支高素质的专家队伍。充分发挥专家资源作用，为后续组织开展政策宣传引导、领域研究分析、标准体系建设、技术交流培训等工作积聚资源力量。积极服务推动交流对接。与市城市管理委管廊、管线、管保、公用站4个部门及相关领域行业企业分别召开了交流座谈会。通过交流座谈，协会与各处室、行业企业充分对接，紧紧围绕首都地下管线运行安全和韧性城市建设需求，与各地下管线企业加强沟通对接，实现信息互通，建立了良好的沟通机制。组织召开市政管线领域民营企业座谈会，推动政企的高效沟通，形成了协会搭平台、政府推政策、行业提需求、民企出方案的合作模式。开展形式多样的交流活动，组织会员参观北京排水展览馆，了解北京水文化和水生态治理知识以及北京排水事业的发展历程与光辉成就，增强与会员的联络交流。与市城市管理高级技术学校举行"北京市地下管线协会培训基地"签约揭牌仪式，双方整合资源、优势互补、供需对接，保障就业，共同建立地下管线领域专业性人才培养体系，更好、更长远地守护首都城市生命线的安全与发展。配合服务政府重点工作。8月，配合市城市管理委召开地下管线复建工作专题会，有效对接了需求，助力灾后重建。11月，配合市城市管理委召开了昌平区管道老化更新改造工作推进会，为助力昌平区的更新改造发挥平台作用。配合市城市管理委科信处与中关村环都绿色发展产业联盟共同编写《地下管线技术汇编》，向全市推介核心测绘与感知技术。以管线安全可靠运行为重点，与市城市管理委共同组织地下管线防护系统应用推进部署培训会，组织召开2023年度城市管理行业领域安全生产培训会，承接"北京市地下管线防护系统对接机制检查服务项目"，服务轨道交通建设地下管线安全防护机制检查组对轨道交通建设工程施工现场的地下管线安全防护情况检查工作，共计293次。承担"高峰论坛地下管线安全运行巡检服务"项目，联合会员共同开展"一带一路"国际合作高峰论坛周边相关区域城市地下管线的系统性安全巡查。协会持续在深化行业影响力和社会影响力上下大力气，在北京举办了主题为"提升韧性城市建设，科技赋能城市生命线"的2023首届城市生命线安全与发展大会。邀请中国工程院院士杜彦良等专家学者进行专题报告、技术和经验交流，安排了共性技术及数智化建设与应急保障论坛、专项领域发展论坛和综合管廊建设与发展论坛三个分论坛，设置城市生命线科技成果展览展示区，汇聚展示燃气、热力、电力、供水、排水、通信、综合管廊等26家最新成果。积极开展城市间交流。先后与广州、杭州、上海、深圳等市搭建交流对接的平台。创建维护协会微信公众号，面向会员、管线行业相关单位以及社会公众积极传播协会正能量，为首都安全助力。与市城市管理委在海淀公园联合主办"防范施工破坏地下管线 共护首都城市安全"主题公益宣传活动，携手共护城市生命线。"23·7"特大洪涝灾害之后，协会在第一时间积极响应号召，闻"汛"而动，发挥平台优势，对受灾会员表示慰问，积极筹备物资捐助工作，向房山灾区捐助价值3万元的防汛应急救灾专用包并以最快的速度送达灾区。

（高新然）

【名录】

单位名称：北京市地下管线协会

秘书长、法人代表：张雁

地址：北京市朝阳区紫月路18号院6号楼西侧六层606

邮编：100012

电话：010-64958887

传真：010-64958887

（高新然）

第十七部分

附 录

附录一

北京市城市管理委员会
（首都城市环境建设管理委员会办公室）
领导班子成员

（截至2023年12月31日）

陈　清　党组书记、主任，首都城市环境建设管理委员会办公室主任

张　岩（女）　党组成员、副主任

韩　利　党组成员、市城管执法局党委书记、局长、一级巡视员

李如刚　党组成员、副主任

杨中元　党组成员、市纪委市监委驻市城市管理委纪检监察组组长

徐　利　党组成员、副主任

闫剑峰　党组成员、副主任

南　斌　党组成员、副主任（2023年6月任）

柴文忠　一级巡视员（2023年6月批准退休）

张春贵　一级巡视员（2023年11月批准退休）

贾明雁　一级巡视员

邹焱星　一级巡视员

谢国民　二级巡视员

赵　功　一级巡视员（2023年7月任一级巡视员，2023年11月批准退休）

北京市城市管理综合行政执法局领导班子成员

(截至 2023 年 12 月 31 日)

韩　利　党委书记、局长、一级巡视员

王连峰　党委委员、纪委书记、副局长、督办

温天武　党委委员、副局长、督办

张　旎　党委委员、副局长

郭　勇　副局长

附录二

北京市城市管理委员会
（首都城市环境建设管理委员会办公室）
组织序列

（截至 2023 年 12 月 31 日）

序号	市城市管理委处室
1	办公室
2	研究室
3	法制处
4	综合计划处
5	环境建设规划发展处
6	城市管理综合协调处
7	城市管理督查考评处
8	网格化城市管理办公室（城市管理监督指挥中心）
9	市容景观管理处
10	市容环境整治处
11	户外广告管理处
12	城市照明管理处
13	环境卫生管理处
14	固体废弃物管理处
15	环境卫生设施处
16	能源运行管理处
17	电力煤炭管理处（北京市电力管理办公室、北京市煤炭管理办公室）
18	燃气管理办公室
19	供热管理办公室
20	车用能源站管理处
21	地下综合管廊管理处（市政设施建设协调处）

续表

序号	市城市管理委处室
22	市政管线管理处
23	石油天然气管道保护办公室
24	安全应急工作处
25	科技信息处
26	服务联络处
27	宣传动员处
28	财务处（审计处）
29	组织人事处
30	机关党委（党建工作处）
31	机关纪委
32	工会
33	离退休干部处

序号	市城市管理委直属单位
1	北京市公用工程质量监督站
2	北京市垃圾分类治理促进中心
3	北京市环境卫生管理事务中心
4	北京市城市管理委员会综合事务中心
5	北京市城市运行管理事务中心
6	北京市城市管理研究院（北京市环境卫生监测中心）
7	北京市环境卫生涉外服务中心
8	北京市城市管理委员会宣传教育中心
9	北京市城市管理高级技术学校

北京市城市管理综合行政执法局组织序列

（截至 2023 年 12 月 31 日）

序号	市城管执法局机关处室
1	办公室
2	法制处（信访处）
3	执法规划处（研究室）
4	执法协调处
5	执法监督考核处
6	宣传处
7	装备财务处
8	专业执法指导处
9	干部人事处
10	队伍建设指导处
11	党群工作处
12	纪检办公室
13	工会
序号	市城管执法局直属行政执法机构
1	北京市城市管理综合行政执法局督察总队
2	北京市城市管理综合行政执法局执法总队
3	北京市城市管理综合行政执法局指挥中心
4	北京市城市管理综合行政执法局教育训练总队
	市城管执法局直属事业单位
1	北京市城市管理综合行政执法局执法保障中心

附录三

北京市城市管理委员会机关处室名录

(截至 2023 年 12 月 31 日)

序号	市城市管理委处室	处长
1	办公室	王竹(女)
2	研究室	堵锡忠(二级巡视员,2023 年 5 月退休) 李娟(女,副主任,2023 年 5 月主持工作)
3	法制处	彭霞(女)
4	综合计划处	王爱民
5	环境建设规划发展处	冯向鹏
6	城市管理综合协调处	王波
7	城市管理督查考评处	孟庆海
8	网格化城市管理办公室(城市管理监督指挥中心)	杜娟(女)
9	市容景观管理处	郭夯(2023 年 1 月免) 瞿利建(女,副处长,2023 年 1 月主持工作)
10	市容环境整治处	谢广庆(2023 年 6 月免) 陈龙(2023 年 7 月任)
11	户外广告管理处	南斌(2023 年 6 月免) 姚亮(2023 年 7 月任)
12	城市照明管理处	路根喜(二级巡视员,2023 年 6 月免) 吴旻硕(2023 年 7 月任)
13	环境卫生管理处	张跃升
14	固体废弃物管理处	康凯(2023 年 6 月免) 李彦富(2023 年 7 月任)
15	环境卫生设施处	康凯(2023 年 6 月任)
16	能源运行管理处	许晓晨

续表

序号	市城市管理委处室	处长
17	电力煤炭管理处（北京市电力管理办公室、北京市煤炭管理办公室）	郭连启
18	燃气管理办公室	李　毅
19	供热管理办公室	许　红（女）
20	车用能源站管理处	徐　芳（女，土家族）
21	地下综合管廊管理处（市政设施建设协调处）	郭　夯（2023年1月任）
22	市政管线管理处	周　李
23	石油天然气管道保护办公室	舒瑞清
24	安全应急工作处	朱　虎（2023年6月免） 赵宇光（2023年6月主持工作，2023年8月任）
25	科技信息处	武　斌
26	服务联络处	刘　杰（回族，2023年7月任）
27	宣传动员处	陈　瑞（女）
28	财务处（审计处）	王　冬（满族）
29	组织人事处	姚军辉
30	机关党委（党建工作处）	潘　琦（女）
31	机关纪委	宋勤琦（女）
32	工会	王清文（2023年8月免） 朱　虎（2023年8月任）
33	离退休干部处	王　新（女）

北京市城市管理综合行政执法局机关处室名录

（截至 2023 年 12 月 31 日）

序号	市城市管理委处室	处长
1	办公室	郭勇（2023 年 7 月免） 章仑（女，2023 年 7 月任）
2	法制处（信访处）	安沛
3	执法规划处（研究室）	刘生富
4	执法协调处	尹民（2023 年 7 月任）
5	执法监督考核处	党学锋（满族）
6	宣传处	章仑（女，2023 年 7 月免） 李雪（女，2023 年 7 月任）
7	装备财务处	岳桂东
8	专业执法指导处	葛嘉
9	干部人事处	张国仿（督办）
10	队伍建设指导处	桑太生（2023 年 7 月免） 陈志成（2023 年 7 月任）
11	党群工作处	沈鹏
12	纪检办公室	连晓刚
13	工会	曹文辉

附录四

北京市城市管理委员会受市级以上表彰奖励先进一览表

（截至 2023 年 12 月 31 日）

一、先进个人（8 个）

姓名	所在单位	授予称号	批准单位	批准时间
秘晓月	办公室	2022 年度应急值守工作先进个人	市应急管理局	2023 年 1 月
李 岩	网格办	2022 年度应急值守工作先进个人	市应急管理局	2023 年 1 月
葛 军	应急处	2022 年度应急值守工作先进个人	市应急管理局	2023 年 1 月
潘 冲	城运中心	2022 年度应急值守工作先进个人	市应急管理局	2023 年 1 月
冒翠娥	督考处	2022 年度首都绿化美化先进个人	首都绿化委员会办公室、市人力资源和社会保障局	2023 年 3 月
王纪超	管线处	北京市安全生产先进个人	市安委会办公室、市人力资源和社会保障局	2023 年 3 月
王 洋	车用能源站管理处	北京市安全生产先进个人	市安委会办公室、市人力资源和社会保障局	2023 年 3 月
姜 伟	宣传处	首都拥军优属拥政爱民模范个人	市退役军人服务局、市人力资源和社会保障局、卫戍区政治工作部、双拥办	2023 年 4 月

二、先进集体（7个）

先进集体	授予称号	批准单位	批准时间
应急处	2022年度应急值守工作基层先进单位	市应急管理局	2023年1月
城运中心	2022年度应急值守工作基层先进单位	市应急管理局	2023年1月
市城市管理委	2022年度北京市安全生产工作先进单位	北京市安全生产委员会	2023年2月
综合事务中心	2022年度首都全民义务植树先进单位	首都绿化委员会办公室、市人力资源和社会保障局	2023年3月
应急处	北京市安全生产先进单位	市安委会办公室、市人力资源和社会保障局	2023年3月
电煤处	北京市安全生产先进单位	市安委会办公室、市人力资源和社会保障局	2023年3月
市城市管理委	2022年度北京市消防工作先进单位	北京市防火安全委员会	2023年4月

北京市城市管理综合行政执法局受市级以上表彰奖励先进一览表

（截至2023年12月31日）

一、先进个人（22个）

姓名	所在单位	授予称号	批准单位	批准时间
谢韶伟	市局法制处	2022年度巩固深化"强基础、转作风、树形象"专项行动表现突出个人	住房和城乡建设部	2023年1月
郭　帅	市局执法总队	2022年首都绿化美化先进个人	北京市人民政府首都绿化委员会	2023年3月
王旭辉	市局办公室	2022年度应急值守先进个人	北京市突发事件应急委员会	2023年1月
于跃洋	市局督察总队	2022年度应急值守先进个人	北京市突发事件应急委员会	2023年1月
王秀文	市局工会	在2022年网评工作中做出突出贡献的网评员	市委网络安全和信息化委员会办公室	2023年2月
吴世平	市局执法总队	在2022年网评工作中做出突出贡献的网评员	市委网络安全和信息化委员会办公室	2023年2月
裴德伟	市局指挥中心	2022年度首都城市环境建设管理突出贡献个人	首都城市环境建设管理委员会	2023年3月
张颖哲	市局督察总队	2022年度首都城市环境建设管理突出贡献个人	首都城市环境建设管理委员会	2023年3月
陈　晨	市局执法总队	2022年度首都城市环境建设管理突出贡献个人	首都城市环境建设管理委员会	2023年3月
张颖哲	市局督察总队	2022年度首都城市环境建设管理突出贡献个人	首都城市环境建设管理委员会	2023年3月
陈　晨	市局执法总队	2022年度首都城市环境建设管理突出贡献个人	首都城市环境建设管理委员会	2023年3月
裴德伟	市局指挥中心	2022年度首都城市环境建设管理突出贡献个人	首都城市环境建设管理委员会	2023年3月

续表

姓名	所在单位	授予称号	批准单位	批准时间
贾天度	市局执法总队	2023年北京市生活垃圾分类达人	北京市垃圾分类推进工作指挥部办公室	2023年6月
孙　超	市城管局指挥中心	2023年北京市生活垃圾分类达人	北京市垃圾分类推进工作指挥部办公室	2023年6月
高海生	市局办公室	当选"2023北京榜样"七月第五周周榜人物	首都文明委	2023年7月
唐兴盛	市局执法规划处	第十批省市优秀援疆干部人才	新疆维吾尔自治区委员会	2023年7月
赵振华	市局执法总队	2022—2023年度北京市扫黄打非暨文化市场管理工作先进个人	北京市扫黄打非工作领导小组办公室、北京市人力资源和社会保障局、北京市文化市场综合执法总队	2023年12月
张明芳	市局教育训练总队	2023年北京市职工职业技能大赛行政执法人员竞赛决赛奖（第五名）	北京市司法局、北京市总工会	2023年12月
吕志云	市局法制处	2023年北京市职工职业技能大赛行政执法人员竞赛优胜奖	北京市司法局、北京市总工会	2023年12月
谢韶伟	市局法制处	2023年北京市职工职业技能大赛行政执法人员竞赛优胜奖	北京市司法局、北京市总工会	2023年12月
余琪	市局执法总队	2023年北京市职工职业技能大赛行政执法人员竞赛优胜奖	北京市司法局、北京市总工会	2023年12月
张阳跃	市局执法总队	首都禁毒工作先进个人	中共北京市委政法委员会、北京市禁毒委员会办公室、北京市公安局、北京市人力资源和社会保障局	2023年12月

二、先进集体（9个）

先进集体	授予称号	批准单位	批准时间
市局执法保障中心	2022年度巩固深化"强基础、转作风、树形象"专项行动表现突出单位	住房和城乡建设部	2023年1月
市局指挥中心	2022年度应急值守先进基层单位	北京市突发事件应急委员会	2023年1月
市局执法总队	全国行政执法先进集体	司法部	2023年2月
市局教育训练总队	2022年度首都城市环境建设管理样板单位	首都城市环境建设管理委员会	2023年3月
市局督察总队督察三大队	2022—2023年度北京市扫黄打非暨文化市场管理工作先进集体	北京市扫黄打非工作领导小组办公室、北京市人力资源和社会保障局、北京市文化市场综合执法总队	2023年12月
市城管执法局	2023年北京市职工职业技能大赛行政执法人员竞赛优秀组织奖	北京市司法局、北京市总工会	2023年12月
市城管执法局	2023年北京市法治文艺大赛优秀组织奖	中共北京市委全面依法治市委员会	2023年12月
市城管执法局	2023年北京市法治文艺大赛优秀作品奖	中共北京市委全面依法治市委员会	2023年12月
市局执法总队执法一队	首都禁毒工作先进集体	中共北京市委政法委员会、北京市禁毒委员会办公室、北京市公安局、北京市人力资源和社会保障局	2023年12月

图书在版编目（CIP）数据

北京城市管理年鉴.2024 / 北京市城市管理委员会，首都城市环境建设管理委员会办公室编. -- 北京：光明日报出版社，2024.11. -- ISBN 978-7-5194-7969-5

Ⅰ.F299.271-54

中国国家版本馆CIP数据核字第2024T8J821号

北京城市管理年鉴.2024
BEIJING CHENGSHI GUANLI NIANJIAN.2024

编　　者：北京市城市管理委员会　首都城市环境建设管理委员会办公室		
责任编辑：郭玫君	**责任校对**：房　蓉　李佳莹	
封面设计：中联华文	**责任印制**：曹　净	

出版发行：光明日报出版社

地　　址：北京市西城区永安路106号，100050

电　　话：010-63169890（咨询），010-63131930（邮购）

传　　真：010-63131930

网　　址：http://book.gmw.cn

E - mail：gmrbcbs@gmw.cn

法律顾问：北京市兰台律师事务所龚柳方律师

印　　刷：三河市华东印刷有限公司

装　　订：三河市华东印刷有限公司

本书如有破损、缺页、装订错误，请与本社联系调换，电话：010-63131930

开　　本：210mm×285mm

字　　数：578千字　　　　　　印　　张：33

版　　次：2024年11月第1版　　印　　次：2024年11月第1次印刷

书　　号：ISBN 978-7-5194-7969-5

定　　价：198.00元

版权所有　　翻印必究